Schaltsysteme

Heinz-Dietrich Wuttke
Karsten Henke

Schaltsysteme

Eine automatenorientierte Einführung

ein Imprint der Pearson Education Deutschland GmbH

Die Deutsche Bibliothek verzeichnet diese Publikation in der Deutschen Nationalbibliografie; detaillierte bibliografische Daten sind im Internet über *http://dnb.ddb.de* abrufbar.

10 9 8 7 6 5 4 3 2 1

06 05 04 03

ISBN   3-8273-7035-3

© 2003 by Pearson Studium,
ein Imprint der Pearson Education Deutschland GmbH
Martin-Kollar-Straße 10–12, D-81829 München/Germany
Alle Rechte vorbehalten
www.pearson-studium.de
Lektorat: Dr. Isabel Schneider, ischneider@pearson.de
Produktion: Anna Plenk, aplenk@pearson.de
Satz: Arne Zellentin für mediaService, Siegen
Einbandgestaltung: Julia Graff, dyadesign, Düsseldorf
Druck und Verarbeitung: Kösel, Kempten (www.koeselbuch.de)
Printed in Germany

Inhaltsverzeichnis

Vorwort

Die Vorteile der Digitaltechnik sind spätestens mit der breiten Markteinführung der Compact Disk allgemein nachvollziehbar. Begründet in der Aussagenlogik und der darauf aufbauenden Algebra nach George Boole (1815 - 1864) hat diese Technik inzwischen nahezu alle Bereiche des täglichen Lebens erobert.

Die in den Anfängen der Digitaltechnik entwickelten Methoden sind inzwischen weitgehend in computergestützten Werkzeugen (also digital ;-) integriert und Erfahrungen aus jahrzehntelanger Entwicklung digitaler Systeme füllen die Bibliotheken der Entwurfswerkzeuge. Je komplexer diese Werkzeuge und die mit ihnen lösbaren Probleme werden, um so wichtiger ist ein grundlegendes Verständnis der Prozesse und Algorithmen, die im Hintergrund der Oberflächen dieser Werkzeuge ablaufen. Das Erzeugen einer Schaltung ist damit wesentlich vereinfacht. Die Fehler, die gemacht werden können, liegen heute nicht mehr im Schaltungsaufbau sondern im Entwurf. In der Entwurfsphase muss ein tiefes Verständnis der Abläufe vorhanden sein, die z.B. durch eine unterschiedliche Reihenfolge bestimmter Anweisungen, durch Verwendung von auf den ersten Blick funktionell gleichwertigen Bibliothekselemente u.ä. im Werkzeug ausgelöst werden. Dies ist meist nur durch intensive Variantenvergleiche und werkzeugspezifische Untersuchungen wie z.B. in [Hag95] möglich und wird schließlich zum Erfahrungsschatz des Entwerfers. Der sichere Umgang mit der dahinter stehenden Theorie und die detaillierte Kenntnis von Entwurfsfallen bietet eine gute Voraussetzung für eine kritische Betrachtung der Entwurfswerkzeuge und deren optimale Nutzung.

Dieses Buch widmet sich deshalb den Grundlagen des Entwurfsweges digitaler Systeme unter Verwendung einer einheitlichen Symbolik und erklärt diese durch zahlreiche Beispiele und Fallstudien. Besonderer Wert wird dabei auf die Diskussion von Beweggründen bestimmter Entwurfsentscheidungen gelegt. Die Autoren stützen sich auf eine von Dr. Michael Krapp in den 90er Jahren in [Kra91] beschriebene Entwurfsmethodik und auf eine zehnjährige Lehrerfahrung an der Technischen Universität Ilmenau. Die Skripte zu den Lehrveranstaltungen *»Grundlagen der Technischen Informatik«*, *»Schaltsysteme«* sowie *»Entwurf und Validierung komplexer digitaler Systeme«* und die begleitenden Materialien im Internet dazu bildeten der Grundstock für dieses Buch.

Wir möchten uns an dieser Stelle bei allen Kollegen bedanken, die in diesen Lehrprozess integriert sind und ideenreich diese Lehrveranstaltungen mitgestalten. Jahrelange Erfahrungen der KollegInnen Dr. Elke Hübel, Dr. Volker Zerbe, Dipl.-Ing. Wolfram Kattanek, Dipl.-Inf. Rolf Peukert und Dipl.-Ing. Issam Saleh waren uns dabei eine wertvolle Hilfe. Die im Rahmen der Lehrveranstaltungen durchgeführten Praktika lieferten wichtige Anregungen für die Fallstudien. Für deren technische Konzeption und Realisierung danken wir besonders Herrn Dipl.-Ing. Jürgen Schmidt.

Des weiteren möchten wir allen Studenten danken, die sich im Verlaufe ihres Studiums mit interessanten Fragestellungen, Recherchen und Arbeiten an Entwurfswerkzeugen an der Aufbereitung des Stoffgebietes beteiligt haben. Unser besonderer Dank gilt dabei den StudentInnen Gabi Frings, Monika Wuttke und Sven Hellbach, die durch viele kritische Hinweise zum Manuskript zu dessen Verständlichkeit und Korrektheit beigetragen haben.

Unser Dank gilt auch Frau Dr. Isabel Schneider, die als zuständige Lektorin von Pearson Education Deutschland dieses Buchprojekt gefördert und begleitet hat.

Nicht zuletzt möchten wir uns bei unseren Familien bedanken, von denen wir während der intensiven Arbeitsphasen verständnisvoll unterstützt wurden.

Noch ein Hinweis an unsere Leserinnen: Die zumeist in der männlichen Form gewählten personenbezogenen Bezeichnungen gelten selbstverständlich für beide Geschlechter. Sie wurden lediglich im Interesse einer einfacheren Lesbarkeit und eines einheitlichen Schreibstils in der vorliegenden Form verwendet.

Mit unseren hoffentlich zahlreichen Leserinnen und Lesern möchten wir gerne in Erfahrungsaustausch treten. Bitte teilen Sie uns Ihre Hinweise, Anregungen und Kritiken über die genannten E-Mail-Adressen mit. Wir werden auf unseren Autoren-Webseiten [WH02a] diesen Kontakt pflegen und die Ergebnisse dort veröffentlichen. Weiterhin möchten wir Sie ermuntern, unsere Applet-Sammlung intensiv zu nutzen und ggf. durch eigene Ideen zu bereichern.

Ilmenau,
im November 2002

Heinz-Dietrich Wuttke
dieter.wuttke@tu-ilmenau.de

Karsten Henke
karsten.henke@tu-ilmenau.de

Kapitel 1

Einleitung

Der Entwurf digitaler Systeme bedient sich einer Reihe klassischer Methoden und Theorien, deren Kenntnis zum Kernwissen der Technischen Informatik und Informationstechnik gezählt werden kann. Diese Methoden sind weitgehend in Werkzeugen implementiert, die in der Entwurfspraxis breite Anwendung finden. Trotzdem oder gerade deswegen ist es erforderlich, diese Methoden in ihrem Wesen zu verstehen. Nur so können Entwurfsentscheidungen sachkundig getroffen werden. Newsgroups, in denen Entwurfingenieure ihr Wissen austauschen, beschäftigen sich immer wieder mit grundlegenden Fragen wie z.B. dem zeitlichen Regime der realisierten Implementierungen und zeigen, dass das Thema von großer praktischer Relevanz ist. Davon soll auch die im **Kapitel 1** gegebene Einführung überzeugen und einige Verwendungstipps zum Buch geben. Im Buch wird eine geschlossene Darstellung des Entwurfsweges, basierend auf einer formalen Beschreibung, anhand zahlreicher Beispiele und Fallstudien vorgenommen. Anliegen ist es, beginnend bei den für den Entwurfsweg relevanten mathematischen Grundlagen ein durchgängiges Instrumentarium an Begriffen, Beschreibungsweisen und Methoden zu vermitteln, das schrittweise eingeführt wird und von den Grundlagen bis zu speziellen Problemen des Entwurfes in allen Kapiteln angewendet wird.

Die für die formale Beschreibung notwendigen mathematischen Grundlagen werden den Kapiteln, die sich mit dem Entwurf digitaler Systeme beschäftigen, in **Kapitel 2** vorangestellt. Um ein Verständnis mathematisch exakter Definitionen beim Leser zu erzeugen, wird eine kurze Einführung in die Aussagen- und Prädikatenlogik gegeben mithilfe derer grundlegende Definitionen der Mengentheorie dargestellt werden. Diese dient als Voraussetzung für das Verständnis von Relationen und Abbildungen, die einen weiteren Schwerpunkt dieses Kapitels bilden. Beispiele und Aufgaben aus dem Alltag begleiten dieses einführende Kapitel.

Kapitel 3 beschäftigt sich mit dem Entwurf kombinatorischer Schaltungen. Dabei wird systematisch der Weg von einer funktionellen Beschreibung mittels Boolescher Mengenalgebra und Boolescher Ausdrucksalgebra bis hin zur Struktursynthese verfolgt. Am Anfang werden deshalb zunächst die formalen Grundlagen für eine funktions- und strukturorientierte Beschreibung digitaler Systeme geschaffen. Die Boolesche Mengenalgebra, welche mehr für eine funktionsorientierte Beschreibung geeignet ist, wird der Booleschen Ausdrucksalgebra gegenübergestellt. Es wird gezeigt, wie mithilfe der Wertfunktion eine Darstellungsweise in die andere überführt werden kann und wie partielle Unbestimmtheiten in beiden Algebren notiert werden können. Für ein tiefer gehendes Verständnis dieses komplexen Zusammenhanges steht im Internet ein Lernmodul bereit, welcher Eingaben in beiden Algebren gestattet und die Auswirkungen in der jeweils anderen Algebra korrespondierend berechnet und visualisiert. So können einerseits die Beispiele aus dem Buch nachempfunden, andererseits aber auch eigene Beispiele erprobt werden. Darauf aufbauend werden Regeln für die Umformung unter Beachtung partieller Unbestimmtheiten eingeführt, die für die Behandlung praxisorientierter Beispiele von besonderer Bedeutung sind. Mithilfe verschiedener Minimierungsverfahren, die vorgestellt und miteinander verglichen werden, lassen sich vereinfachte, strukturorientierte Gleichungen herleiten, die sich letztlich in eine digitale Schaltungsstruktur aus gekoppelten Modulen überführen lassen. Diese Überführung in eine Schaltungsstruktur wird – ausgehend von der Realisierung kleinerer Schaltungen mit Standardgattern – anhand verschiedener Realisierungsmöglichkeiten unter Verwendung komplexer kombinatorischer Strukturen und programmierbarer Logik diskutiert. Konkrete Fallbeispiele runden dieses Kapitel ab.

Kapitel 4 widmet sich der Analyse kombinatorischer Schaltungen. Ausgehend von der Schaltungsstruktur wird die Herleitung der Funktion beschrieben. Besonderer Wert wird dabei auf die Analyse dynamischer Probleme gelegt, die bei der praktischen Realisierung digitaler Schaltungen infolge technologiebedingter Signalverzögerungen entstehen können. Möglichkeiten der Vermeidung derartiger unerwünschter Laufzeiteffekte (Hasards) und deren Bedeutung für den Entwurf sicherheitskritischer Systeme werden exemplarisch erörtert. Auch hier erfolgt ein Verweis auf Lernmodule im Internet, mit deren Hilfe der Leser eigene Untersuchungen durchführen kann und so zu weiteren Erfahrungen beim Umgang mit der Problematik gelangt.

Kapitel 5 zeigt in einem einführenden Beispiel die Grenzen der in den vorangegangenen Kapiteln eingeführten Beschreibungsmittel und leitet daraus systematisch die Beschreibung sequentieller Funktionen und Strukturen ab. Grundlage hierfür bildet die Theorie endlicher Automaten. Unterschiede zwischen verschiedenen Automatenmodellen und Darstellungsweisen sowie die schaltungstechnischen Konsequenzen, die sich daraus ergeben, sind dabei von besonderer Bedeutung für das Verständnis der Ausführungen in den folgenden Kapiteln. Es wird zwischen *Moore*- und *Mealy*-Automaten, Zustands- und Automatengraphen aber auch zwischen graphorientierten Zustands- und realisierungsorientierten z-Gleichungen unterschieden. Die Vorteile der Einbeziehung von nichtdeterminierten Eingangs- und z-Variablenbelegungen in die einzelnen Notationsformen werden herausgearbeitet. Anhand von Aufgabenstellungen kann der Leser seinen Wissensstand überprüfen.

Das **6. Kapitel** setzt sich mit der Synthese sequentieller Schaltungen auseinander und baut dabei auf den Kenntnissen zur Synthese kombinatorischer Schaltungen auf. Detaillierte Kenntnisse zeitlicher Randbedingungen, die in diesem Kapitel vermittelt werden, helfen bei der Auswahl geeigneter Flip-Flops und führen zu sicheren Lösungen. Mit der dargestellten Klassifizierung von Flip-Flop-Typen und ihrer automatentheoretischen Beschreibung sind komplizierte interne Abläufe gut nachvollziehbar. Die praktische Realisierung sequentieller Schaltungen wird anhand von Beispielen sowohl für asynchrone, als auch für synchrone und programmierbare Strukturen gezeigt. Besondere Beachtung gilt den Fallstudien dieses Kapitels, da hier sehr ausführlich auf Beweggründe eingegangen wird, die zu bestimmten Entwurfsentscheidungen führen. Erfahrungsgemäß ist dieser kreative Prozess der schwierigste, aber bedeutungsvollste, da die weiteren Schritte weitestgehend algorithmisch beschreibbar und damit in entsprechende CAD-Tools implementierbar sind.

Kapitel 7 gibt einen kurzen Überblick über die Analyse sequentieller Schaltungen. Dabei wird auf Beschreibungsmethoden und Erkenntnisse aus Kapitel 4 zurückgegriffen. Es wird gezeigt, wie aus einer sequentiellen Struktur mithilfe der Schnittmethode Automatengraphen erzeugt werden können, die das Verhalten der Schaltung detailliert beschreiben. Eine Analyse dieser detaillierten Verhaltensbeschreibung zeigt, dass eine Reihe von instabilen Zuständen auftreten können, die sich jedoch nicht immer auf den Ausgang der Schaltung auswirken. In diesem Fall kann man eine Abstraktion des Automatengraphen vornehmen, der das an der Schnittstelle gezeigte Verhalten vollständig beschreibt.

Die Realisierung paralleler Automaten ist von hoher praktischer Relevanz, da auf diese Weise komplexe Systeme beherrschbar werden. Die in diesem abschließenden **8. Kapitel** diskutierten Methoden sollen dem Leser einen Überblick zu den in parallelen Systemen auftretenden Problemen und deren Erkennung bzw. Vermeidung geben. Analysemethoden, mit deren Hilfe bestimmte Eigenschaften paralleler Systeme überprüft werden können, sind ebenfalls Gegenstand dieses Kapitels. Von besonderer Bedeutung sind dabei Synchronisations- und Blockierungssituationen, die sich systematisch mithilfe von Modelcheckern ermitteln lassen. Weitere Beschreibungs- und Verifikationsmethoden werden ebenfalls kurz vorgestellt und sollen Anregungen für weitergehende Literaturstudien geben.

Die im Internet zur Verfügung stehenden Lernmodule werden im **Anhang** kurz vorgestellt und laden den Leser zu eigenen Experimenten ein.

Als Orientierungshilfe ist ein umfangreiches **Stichwort- und Symbolverzeichnis** sowie ein Glossar zu den wichtigsten Begriffen im Anhang enthalten.

Kapitel 2

Mathematische Grundlagen

In diesem Kapitel findet der Leser eine Zusammenfassung von Definitionen und formalen Hilfsmitteln, die für das Verständnis der im Weiteren benutzten Symbolik vorausgesetzt werden. Der in den Grundlagen der Mengenlehre und Aussagenlogik erfahrene Leser kann dieses Kapitel überspringen und im Bedarfsfall auf einzelne Erläuterungen anhand des Stichwortverzeichnisses zurückgreifen.

2.1 Aussagen und Prädikate

2.1.1 Aussagen

Wir bedienen uns bei der Definition von formalen Sachverhalten zur Erläuterung des Entwurfsweges digitaler Systeme häufig der Aussagen- und Prädikatenlogik sowie der Mengenlehre. Hier folgt nun eine kurze Zusammenfassung und Erklärung entsprechender Definitionen:

Eine **Aussage** ist ein Satz zur Beschreibung eines Sachverhaltes, dessen Wahrheitsgehalt unabhängig von Zeit und Ort eindeutig den Werten »*wahr*« oder »*falsch*« zugeordnet werden kann.

»7 ist durch 3 teilbar«

ist z. B. eine Aussage mit dem Wahrheitswert »*falsch*«, während die Aussage

»Montag ist ein Wochentag«

eindeutig als »*wahr*« bestimmt werden kann. Zur Ermittlung des Wahrheitswertes müssen wir überprüfen (können), ob die in der Aussage formulierte Eigenschaft (»*ist durch 3 teilbar*«, »*ist Dienstag*«) auf das Subjekt (»*7*«, »*Montag*«) zeit- und ortsunabhängig zutrifft.

»Morgen ist Dienstag«

ist dementsprechend *keine Aussage*, da der Wahrheitsgehalt nur zeitabhängig bestimmt werden kann.

Aussagen und/oder deren Bestandteile können auch durch Symbole ersetzt werden und bilden so die Grundlage formaler Definitionen und Beschreibungen. Nachfolgend wird diese Symbolik schrittweise eingeführt und allgemein definiert.

Aussagenvariable   *Def. (2.1)*

$A, B, \ldots$ sind Symbole für Aussagen.

Elementare Aussagen   *Def. (2.2)*

beschreiben jeweils eine Eigenschaft (Prädikat) $p, q, \ldots$ eines Individuums $x_0, x_1, \ldots$ aus einem bestimmten Individuenbereich $\{x_0, x_1, \ldots\}$.
z.B.: x_0 hat die Eigenschaft p.

Aussagenlogische Ausdrücke   *Def. (2.3)*

sind syntaktisch folgendermaßen induktiv definiert:

1. Wahrheitswerte w und f sind Ausdrücke,

2. Aussagenvariablen $A, B, \ldots$ sind Ausdrücke,

3. wenn A und B Ausdrücke sind, so sind auch $\overline{A}, (A \wedge B), (A \vee B), (A \rightarrow B)$ und $(A \leftrightarrow B)$ Ausdrücke,

4. andere Zeichenketten sind keine aussagenlogischen Ausdrücke.

Zusammengesetzte Aussagen   *Def. (2.4)*

werden mithilfe aussagenlogischer Ausdrücke gebildet.

Den Wahrheitswert aussagenlogischer Ausdrücke ermittelt man, indem man schrittweise die Symbole der elementaren Aussagen durch ihre Wahrheitswerte ersetzt und die verbleibenden Werte gemäß Tabelle 2.1 unter Beachtung der Klammerung iterativ zu einem neuen Wert verknüpft.

Zur Vereinfachung der Schreibweise aussagenlogischer Ausdrücke können Klammern dort weggelassen werden, wo folgende Prioritätsskala eindeutig die Reihenfolge der Verknüpfung regelt:

Negation	($^-$)
Konjunktion	($\wedge$)
Disjunktion	($\vee$)
alle weiteren	

Tabelle 2.1 Wahrheitswerte zusammengesetzter Aussagen

		Negation		Konjunktion	Disjunktion	Implikation	Äquivalenz
		A nicht	B nicht	A und B	A oder B	wenn A, dann B	A genau dann, wenn B
A	B	$\overline{A}$	$\overline{B}$	$A \wedge B$	$A \vee B$	$A \rightarrow B$	$A \leftrightarrow B$
f	f	w	w	f	f	w	w
f	w	w	f	f	w	w	f
w	f	f	w	f	w	f	f
w	w	f	f	w	w	w	w

So kann beispielsweise $(((A \vee B) \wedge C) \vee (C \wedge D))$ auch als $(A \vee B) \wedge C \vee C \wedge D$ geschrieben werden, da die Konjunktion ($\wedge$) eine höhere Priorität besitzt als die Disjunktion ($\vee$).

Bild 2.1 zeigt am Beispiel des Ausdrucks $A \vee B \wedge C$ die Gefahren, die bei falscher Anwendung der Prioritätenregel entstehen können.

Bild 2.1 Prioritätenregel am Beispiel $A \vee (B \wedge C)$

	richtige Anwendung der Prioritätenregel	falsche Anwendung der Prioritätenregel
Beispiel	$A \vee (B \wedge C)$	$(A \vee B) \wedge C$
$A = w$ $B = w$ $C = w$	$w \vee (w \wedge w) = w \vee w = w$	$(w \vee w) \wedge w = w \wedge w = w$
$A = w$ $B = w$ $C = f$	$w \vee (w \wedge f) = w \vee f = w$	$(w \vee w) \wedge f = w \wedge f = \boxed{f}$

Wir verzichten an dieser Stelle auf eine exakte Definition einer Algebra für die Aussagenlogik, da diese analog der in den Abschnitten 3.1 und 3.2 diskutierten Algebren vorgenommen werden kann und führen weitere Umformungsregeln intuitiv ein. Wie man durch Ermittlung der Wahrheitswerte leicht überprüfen kann, gelten folgende, bei der vergleichenden Betrachtung aussagenlogischer Ausdrücke nützliche *Äquivalenzen*:

$$A \rightarrow B \qquad \text{ist äquivalent mit} \qquad \overline{A} \vee B \tag{2.1}$$

$$A \leftrightarrow B \qquad \text{ist äquivalent mit} \qquad (A \wedge B) \vee (\overline{A} \wedge \overline{B}) \tag{2.2}$$

$$\overline{A \wedge B} \qquad \text{ist äquivalent mit} \qquad \overline{A} \vee \overline{B} \tag{2.3}$$

$$\overline{A \vee B} \qquad \text{ist äquivalent mit} \qquad \overline{A} \wedge \overline{B} \tag{2.4}$$

Am Ende der Ausführungen zum Thema »Aussagen« möchten wir noch auf drei
spezielle Formen aussagenlogischer Ausdrücke hinweisen, die dem interessierten
Leser im Zusammenhang mit den Grundlagen der Künstlichen Intelligenz wieder
begegnen werden [Kna93].

Kontradiktion   *Def. (2.5)*

ist ein aussagenlogischer Ausdruck, welcher nach Zuweisung beliebiger Werte
zu Aussagevariablen *immer* den Wert f hat.
Beispiele:

- $A \wedge \overline{A}$

- $A \wedge f$

- $(A \rightarrow B) \wedge (A \wedge \overline{B})$

Tautologie   *Def. (2.6)*

ist ein aussagenlogischer Ausdruck, welcher nach beliebiger Wertzuweisung
zu Aussagenvariablen *immer* den Wert w hat.
Beispiele:

- $A \vee \overline{A}$

- $A \vee w$

- $(A \rightarrow B) \vee A$

HORN-Klauseln   *Def. (2.7)*

sind aussagenlogische Ausdrücke der Form:

- $A_1 \wedge A_2 \wedge \ldots \wedge A_n \rightarrow B$ »Regel«

- $w \rightarrow B$ »Fakt«

Sie bilden die Grundlage für Wissensbasen der Künstlichen Intelligenz.

2.1.2 Prädikate

Prädikate sind uns bereits als Bestandteile von Aussagen bekannt, können aber
unter bestimmten Bedingungen auch zur Definition einer eigenständigen Algebra
genutzt werden.

> *Prädikat*   *Def. (2.8)*
>
> ist der Teil einer Aussage, der eine klassifizierende Eigenschaft beinhaltet. Prädikate können ebenfalls durch Symbole dargestellt werden.

Analog der Vorgehensweise bei der Beschreibung der Aussagenlogik werden wir die **Prädikatenlogik** auch nur intuitiv diskutieren und so weit einführen, wie sie für das Verständnis der weiteren Ausführungen notwendig ist. Der interessierte Leser sei für weitere Ausführungen zu diesem Thema auf [Kna93] verwiesen. Wir benötigen prädikatenlogische Ausdrücke für die Definition formaler Regeln im Entwurfsweg digitaler Systeme. Mithilfe prädikatenlogischer Ausdrücke lassen sich *abhängige Aussagen* formulieren, deren Wahrheitswert erst ermittelt werden kann, wenn diese Abhängigkeit beseitigt ist. Abhängigkeit in diesem Zusammenhang bedeutet, dass das Subjekt (das »Individuum«) der Aussage durch eine Variable (das »Individuensymbol«) ersetzt wurde und somit der Wahrheitswert der Aussage vom Wert der Variablen abhängig ist. Ersetzt man z.B. die Zahl »7« im einführenden Beispiel durch eine Variable x, so lautet die abhängige Aussage:

»x ist durch 3 teilbar«.

Ersetzt man das Prädikat durch ein Symbol, z.B. »p«, so kann man obige abhängige Aussage verkürzt als »$p(x)$«[1] schreiben. Legt man den Wert der Variablen x als die Zahl »7« fest, erhält man wieder die ursprüngliche Aussage mit dem Wahrheitswert »*falsch*«; setzt man für x hingegen die Zahl »6« ein, erhält die so entstandene Aussage den Wahrheitswert »*wahr*«. Von Interesse ist hier neben dem Prädikat auch die Menge möglicher Werte (der »Individuenbereich«), die die Variable annehmen kann.

> *Abhängige Aussagen*   *Def. (2.9)*
>
> bestehen aus Individuensymbolen und Prädikaten. Der Wahrheitswert abhängiger Aussagen (z.B. $p(x)$, $q(y)$, ...) kann erst bestimmt werden, wenn die Individuensymbole (z.B. $x, y, ...$) durch konkrete Individuen eines Individuenbereiches ersetzt werden.

Tabelle 2.2 enthält einige Beispiele für derartige abhängige Aussagen.

Abhängige Aussagen sind eine Form prädikatenlogischer Ausdrücke. Darüber hinaus können prädikatenlogische Ausdrücke durch Einbeziehung von Quantoren (auch als *einstellige Junktoren* bezeichnet) und Termen gebildet werden.

Quantoren haben einen durch Klammern ( ) eingegrenzten Wirkungsbereich und legen in diesem fest, ob ein entsprechendes Prädikat p **für alle** Individuen x (All-

---

[1] Sprich: »*Es gilt p von x*«, was so viel bedeutet wie »*x hat Eigenschaft p*«

Tabelle 2.2 Beispiele für abhängige Aussagen

	abhängige Aussage	*Individuenbereich von x, y*
$p(x)$	x ist durch 3 teilbar	natürliche Zahlen
$q(y)$	y ist ein Wochentag	alle Wochentage
$r(x, y)$	x ist Student in y	x ... alle Einwohner Thüringens
		$y = \{Ilmenau, Jena, Weimar\}$

quantor $\forall$) gelten soll oder ob mindestens ein Individuum x im Wirkungsbereich **existieren** (Existenzquantor $\exists$) soll, für das das Prädikat p gilt. Ersteres würde symbolisch durch $\forall x\big(p(x)\big)$ und Letzteres durch $\exists x\big(p(x)\big)$ ausgedrückt.

Zum besseren Verständnis der Sprechweise derartiger Ausdrücke folgen hier einige weitere Beispiele:

(a) $\exists x\big(r(x)\big)$

es existiert (mindestens) ein Element im Individuenbereich von x, für das gilt, das Prädikat r ist für x *wahr* (für $r(x)$ sprich: »r *von* x«).

(b) $\forall y\big(s(y)\big)$

für alle Elemente des Individuenbereiches von y gilt, die Aussage $s(y)$ ist *wahr*;

(c) $\forall x\big(\overline{\overline{r(x)}}\big)$

es gilt nicht, dass für alle Elemente aus dem Individuenbereich von x $r(x)$ nicht *wahr* ist – gleicher Sachverhalt wie unter (a);

(d) $\overline{\exists y\big(\overline{s(y)}\big)}$

es gibt kein y, für das $s(y)$ nicht wahr ist – gleicher Sachverhalt wie unter (b);

(e) $\forall y\exists x\big(t(x, y)\big)$

für alle Elemente des Individuenbereiches von y existiert (mindestens) ein Element aus dem Individuenbereich von x, für welches gilt, dass $t(x, y)$ *wahr* ist;

(f) $\exists y\forall x\big(r(x) \rightarrow s(y)\big)$

es existiert (mindestens) ein Element im Individuenbereich von y, für das gilt, dass für alle Elemente des Individuenbereiches von x die Implikation $r(x) \rightarrow s(y)$ (sprich: »aus $r(x)$ *folgt* $s(y)$«) *wahr* ist.

Die in diesen prädikatenlogischen Ausdrücken verwendeten Operatoren entsprechen denen der Aussagenlogik. In allen gezeigten Beispielen für prädikatenlogische Ausdrücke kommen die Individuensymbole x und y *gebunden* vor, da sie im Wirkungsbereich des *Allquantors* $\forall$ bzw. des *Existenzquantors* $\exists$ stehen. Prädikatenlogische Ausdrücke, in denen *nur* gebundene Individuensymbole vorkommen, stellen Aussagen dar. Schließt der Wirkungsbereich der Quantoren nicht alle Variablen vollständig ein, z.B.

$$\forall y \exists x \big(t(x,y)\big) \wedge p(y),$$

so sind die außerhalb des Wirkungsbereiches liegenden Variablen *frei* und der prädikatenlogische Ausdruck ist eine abhängige Aussage.

Prädikate können auch n-stellig sein und über n-stelligen Funktionen definiert werden. Nachfolgende Definitionen beschreiben diesen Sachverhalt ausgehend von einer Termdefinition rekursiv. Damit schließt der kurze Überblick zu Aussagen und Prädikaten, die grundlegend für das Verständnis und die Lesbarkeit nachfolgender Definitionen sind.

Term *Def. (2.10)*

Es gilt:

1. Die Wahrheitswerte w und f und alle Individuensymbole $x, \ldots$ sind Terme;

2. wenn g ein n-stelliges Funktionssymbol ist und $t_1, \ldots, t_n$ Terme sind, so ist auch $g(t_1, \ldots, t_n)$ ein Term;

3. andere Terme existieren nicht.

Elementarausdruck *Def. (2.11)*

Es gilt:

1. Wenn p ein n-stelliges Prädikatensymbol und $t_1, \ldots, t_n$ Terme sind, so ist auch $p(t_1, \ldots, t_n)$ ein elementarer Ausdruck;

2. wenn t_1 und t_2 Terme sind, so ist auch $t_1 = t_2$ ein elementarer Ausdruck.

Prädikatenlogischer Ausdruck   *Def. (2.12)*

Es gilt:

1. Jeder Elementarausdruck ist Ausdruck;

2. sind A und B Ausdrücke, so sind auch $\overline{A}, A \wedge B, A \vee B, A \rightarrow B$ und $A \leftrightarrow B$ Ausdrücke;

3. wenn $A(x)$ Ausdruck und x ein in $A(x)$ vorkommendes Individuensymbol ist, wobei in $A(x)$ keine Symbolfolge der Art $\forall x$ oder $\exists x$ vorkommt, so sind auch $\forall x A(x)$ oder $\exists x A(x)$ Ausdrücke;

4. nur die nach (1) bis (3) gebildeten Zeichenreihen sind prädikatenlogische Ausdrücke.

2.2 Mengen, Relationen, Abbildungen

Die in Abschnitt 2.1 eingeführten Aussagen über Individuen eines bestimmten Individuenbereiches, die sich durch eine gemeinsame Eigenschaft p von anderen Individuen des gleichen Individuenbereiches unterscheiden, unterteilen den Individuenbereich in zwei Teile: einen Teil, für den die Eigenschaft zutrifft (»*gilt*«, »*wahr*« ist) und einen, für den sie nicht zutrifft.

2.2.1 Mengen

Im Sinne der intuitiven **Mengenlehre** bezeichnet man die Individuen als »*Elemente*«, den Individuenbereich als »*Grundmenge M*«, den Teil des Individuenbereiches, für den die Aussage wahr ist, als die durch diese Aussage definierte »*Menge B*« und den anderen Teil als »*Komplementmenge $\overline{B}$*«.

An dieser Stelle wird deutlich, dass Aussagenlogik und Mengenlehre zwei unterschiedliche Sichtweisen zur Definition von Sachverhalten darstellen. Während in der Aussagenlogik die Ermittlung des Wahrheitswertes der Aussagen das Ziel der definierten Operationen ist, sind die Operationen der Mengenlehre auf die Zugehörigkeit von Elementen zu Ergebnismengen gerichtet. Wir werden auf diesen Zusammenhang in Kapitel 3 bei der Einführung der Booleschen Mengen- und Ausdrucksalgebra zurückkommen. Hier sollen zunächst die grundlegenden Definitionen der Mengenlehre zusammengestellt werden. Für eine möglichst kompakte Darstellungsweise bedienen wir uns dabei der im vorigen Abschnitt eingeführten Schreibweise für Aussagen und Prädikate. Für die Definition von Mengen gibt es unterschiedliche Schreibweisen.

Menge   *Def. (2.13)*

Eine Menge lässt sich definieren unter Verwendung von:

entweder Aussagen: $\forall b(b \in B \leftrightarrow p_B(b))$ sprich: Für alle b gilt: b ist Element
                                                                          der Menge B genau dann, wenn
                                                                          $p_B(b)$ gilt (d.h. die Aussage »*Für b
                                                                          gilt* $p_B(b)$« ist *wahr*).

oder Prädikaten: $B = \{b|p_B(b)\}$ sprich: B ist die Menge aller b mit
                                                                          der Eigenschaft $p_B(b)$.

oder Aufzählungen: $B = \{b_0, b_1, \ldots, b_{m-1}\}$ sprich: B ist die Menge der m Ele-
                                                                          mente b_0 bis b_{m-1}.

Nachfolgende Zusammenfassung der wichtigsten Begriffe und Beziehungen der Mengenlehre werden wir im Verlauf der weiteren Erklärungen voraussetzen. Der in dieser Thematik ungeübte Leser sollte daher um das Verständnis der zugehörigen Aufgaben bemüht sein und sich die formalen Definitionen anhand einfacher Beispiele verdeutlichen. Zum tieferen Verständnis ist es dabei immer nützlich, auch Gegenbeispiele zu finden, die die formulierten Eigenschaften nicht besitzen. Auf diese Weise kann man sich beispielsweise verdeutlichen, dass zu einem Mengenprodukt (2.23) alle geordneten Paare von Elementen gehören, deren erste Komponente aus der links vom Operationszeichen stehenden Menge stammen und deren zweite Komponente Element der rechts neben dem Operationszeichen stehenden Menge sein müssen. Alle anderen bildbaren Paare, in denen beispielsweise nur Elemente aus einer der beiden Mengen vorkommen oder die in ihrer Reihenfolge vertauscht sind, gehören nicht zum Kreuzprodukt.

Mengenmächtigkeit $|B| = m \leftrightarrow B$ enthält m Elemente   (2.5)

die leere Menge $\emptyset; \quad |\emptyset| = 0$ (2.6)

Teilmenge $(B \subseteq C) \leftrightarrow (\forall b(b \in B \rightarrow b \in C) \vee (B = \emptyset))$ (2.7)

echte Teilmenge $(B \subset C) \leftrightarrow (\exists b(\overline{b \in B} \wedge b \in C) \wedge \forall b(b \in B \rightarrow b \in C))$ (2.8)

Potenzmenge $\mathcal{P}(B) = \{C \mid C \subseteq B\}$ (2.9)

Mengengleichheit $(B = C) \leftrightarrow (\forall b(b \in B \leftrightarrow b \in C))$ (2.10)

Mengenvereinigung	$B \cup C = \{b \mid b \in B \vee b \in C\}$	(2.11)

$$\text{allgemein} \qquad \bigcup_{i=1}^{m} B_i = \bigcup_{i=1}^{m-1} B_i \cup B_m \qquad\qquad (2.12)$$

Mengenschnitt	$B \cap C = \{b \mid b \in B \wedge b \in C\}$	(2.13)

$$\text{allgemein} \qquad \bigcap_{i=1}^{m} B_i = \bigcap_{i=1}^{m-1} B_i \cap B_m \qquad\qquad (2.14)$$

Mengendifferenz	$C \setminus B = \{b \mid b \in C \wedge \overline{b \in B}\}$	(2.15)
Komplement	$\overline{B} = M \setminus B$	(2.16)

Komplement der Menge B bzgl. der Grundmenge M

disjunkte Mengen	B disjunkt $C \leftrightarrow \overline{\exists b (b \in B \wedge b \in C)}$ bzw. $B \cap C = \emptyset$	(2.17)
Partition	Für $\Pi(B) \subset \mathcal{P}(B)$ gilt:	(2.18)
	1. $\emptyset \notin \Pi(B)$	(2.19)
	2. $\forall C_1, C_2 \in \Pi(B) \left(C_1 \neq C_2 \Rightarrow C_1 \cap C_2 = \emptyset \right)$	(2.20)

$$3. \quad \bigcup_{C_i \in \Pi(B)} C_i = B \qquad\qquad (2.21)$$

n-Tupel	$L = [l_{n-1}, l_{n-2}, \ldots, l_0]$ (geordnete Menge)	(2.22)
Mengenprodukt	$B \times C = \{[b,c] \mid b \in B \wedge c \in C\}$	(2.23)
(Kreuzprodukt)	$B \times C$ (sprich: »B kreuz C«)	
Mengenpotenz	$B^m = B^{m-1} \times B$ mit: $B^1 = B$	(2.24)

In Bild 2.2 sind einige Beispiele zu Mengenoperationen in der Darstellung als **Mengendiagramm** (in der Literatur auch als VENN-Diagramme bezeichnet) angegeben. Die Ergebnismenge ist jeweils grau hinterlegt.

Bild 2.2 Mengenoperationen, dargestellt durch VENN-Diagramme

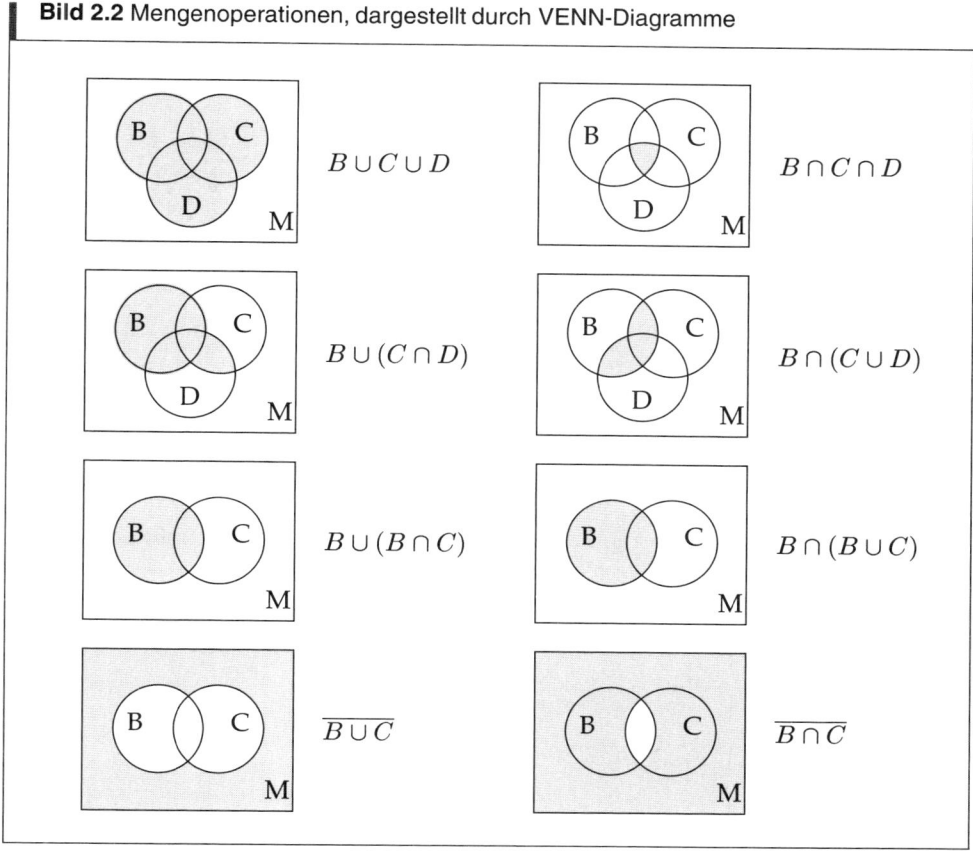

Geordnete Mengen bilden den Ausgangspunkt einer weiteren Kategorie formaler Beschreibungsmöglichkeiten, mit denen Beziehungen zwischen Elementen der gleichen Menge ausgedrückt werden können.

2.2.2 Relationen

Elemente *einer* Menge können in einer Beziehung (Relation) zueinander stehen, anhand derer sie geordnet werden können. So kann man z.B. mithilfe der »größergleich-Relation« ($\geq$) für beliebige endliche Mengen von natürlichen Zahlen eine Reihenfolge (»Ordnung«) der Zahlen innerhalb der Mengen festlegen. Da bei dieser Relation jeweils zwei Elemente betrachtet werden, spricht man von zweistelligen Relationen. Dementsprechend gibt es natürlich auch drei-, vier- und allgemein n-stellige Relationen. Ein Beispiel für eine dreistellige Relation im Bereich der natürlichen Zahlen wäre die Relation $sum(a, b, c)$ mit der Interpretation $a + b = c$. Ihr würden alle 3-Tupel angehören, die als drittes Element die Summe der beiden ersten Elemente enthalten.

---

n-stellige Relationen Def. (2.14)

$$\mathcal{R} \subseteq B^n, \quad \forall t(t \in \mathcal{R} \leftrightarrow t \in B^n \wedge r(t))$$

Relationen können in **Präfix**-Notation, bei der das Relationssymbol (z.B. »*sum*«) *vor* den Elementen steht, oder in **Infix**-Notation, bei der Relationssymbole *zwischen* den Elementen stehen (z.B. $a \geq b$), dargestellt werden.

Für unsere weiteren Betrachtungen sind nur zweistellige Relationen und bestimmte Eigenschaften dieser Relationen von Interesse. Die Eigenschaften bestimmen in ihrem Zusammenwirken die Art der Ordnung, die durch die Relation erzeugbar ist. Bevor wir darauf eingehen, sollen die Eigenschaften zunächst definiert werden.

Für $r \in \mathcal{R}$ mit $\mathcal{R} \subseteq B^2$; $b, c, d \in B$ gilt [2]:

$$\textit{Reflexivität} \qquad \forall b(b\,r\,b) \tag{2.25}$$

$$\textit{Irreflexivität} \qquad \forall b\,\overline{(b\,r\,b)} \tag{2.26}$$

$$\textit{Transitivität} \qquad \forall b, c, d(b\,r\,c \wedge c\,r\,d \rightarrow b\,r\,d) \tag{2.27}$$

$$\textit{Symmetrie} \qquad \forall b, c(b\,r\,c \rightarrow c\,r\,b) \tag{2.28}$$

$$\textit{Antisymmetrie} \qquad \forall b, c(b\,r\,c \wedge c\,r\,b \rightarrow b = c) \tag{2.29}$$

$$\textit{Asymmetrie} \qquad \forall b, c(b\,r\,c \rightarrow \overline{c\,r\,b}) \tag{2.30}$$

$$\textit{Linearität} \qquad \forall b, c(b\,r\,c \vee c\,r\,b) \tag{2.31}$$

$$\textit{Konnexität} \qquad \forall b, c(b\,r\,c \vee b = c \vee c\,r\,b) \tag{2.32}$$

Zum besseren Verständnis können die Eigenschaften zusätzlich grafisch in so genannten **Relationsgraphen** dargestellt werden. Kreise (»*Knoten*«) in diesem Graphen repräsentieren unterschiedliche Elemente, Pfeile (»*gerichtete Kanten*«) zeigen an, dass der jeweilige Knoten mit dem anderen in der betrachteten Relation steht. Die Eigenschaften spiegeln sich in den jeweils möglichen Kanten wider. Anhand der Beispielrelationen kann sich der Leser gewiss recht schnell von der Gültigkeit

---

[2] Infixnotation: $b\,r\,c$ sprich »*b ist in Relation r zu c*«

und Zweckmäßigkeit dieser Darstellung überzeugen. Bild 2.3 fasst die Eigenschaften *transitiver* Relationen anhand von Beispielen zusammen:

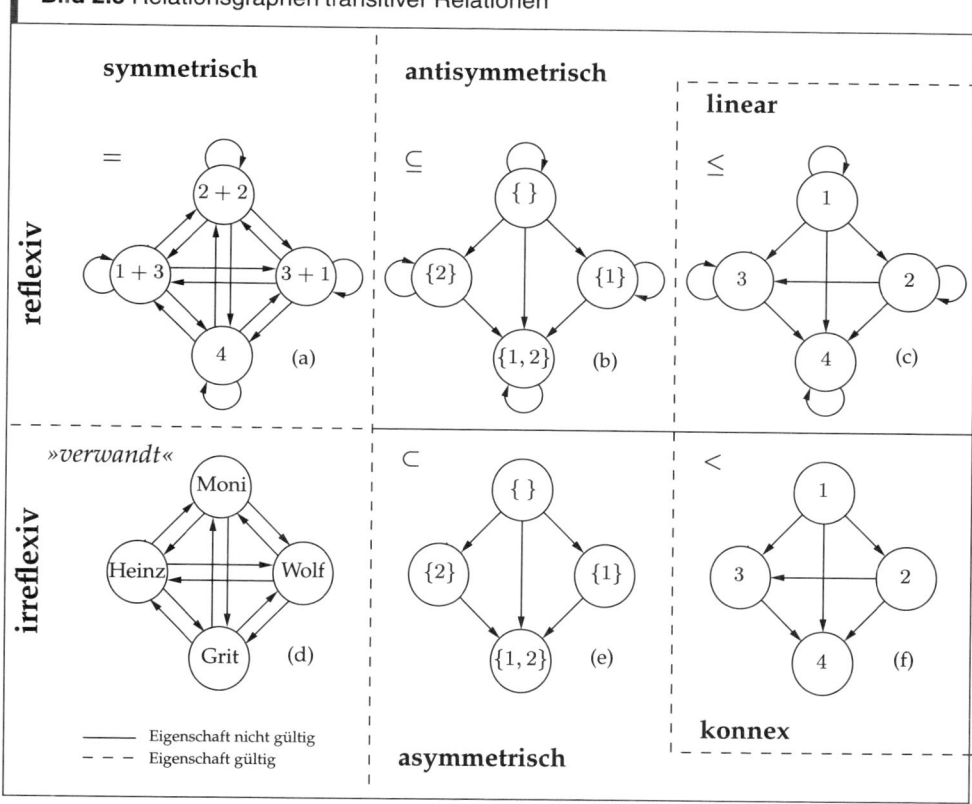

Bild 2.3 Relationsgraphen transitiver Relationen

Der Wirkungsbereich der Eigenschaften erstreckt sich jeweils über die gestrichelten Linien hinaus in waagerechter (z.B. reflexiv von links nach rechts) bzw. senkrechter (z.B. symmetrisch von oben nach unten) Richtung bis zur nächsten durchgezogenen Linie. So hat z.B. die Relation »<« die Eigenschaften *transitiv, irreflexiv, asymmetrisch* und *konnex*. Eine zweistellige Relation heisst *Halbordnungsrelation*, wenn sie reflexiv, antisymmetrisch und transitiv ist. Eine Halbordnungsrelation heisst *Ordnungsrelation*, wenn sie linear ist.

2.2.3 Abbildungen

Abbildungen beschreiben die Zuordnung von Elementen nach bestimmten Regeln. Man unterscheidet die Abbildungsarten u.a. danach, ob die Elemente zu unterschiedlichen Mengen gehören, ob alle Elemente genutzt werden, ob jedes Element genau einem anderen Element zugeordnet ist usw. Wir wollen hier einen

Überblick über die wesentlichen, für das Verständnis der im Buch verwendeten Formalismen notwendigen Abbildungsarten geben.

Abbildung $\mathcal{A}$	Def. (2.15)

$$\mathcal{A} = \left\{ [b, c] \mid [b, c] \in B \times C \wedge p_A([b, c]) \right\}$$

Allen gemeinsam ist, dass ein oder mehrere Elemente der einen Menge (*Vorbereich*) einem oder mehreren Elementen der anderen Menge (*Nachbereich*) zugeordnet werden. Vor- und Nachbereich müssen dabei nicht unbedingt unterschiedliche Mengen sein. Ergebnis einer Abbildung ist im einfachsten Fall eine Menge von (geordneten) Paaren, deren erste Komponente dem Vorbereich und deren zweite Komponente dem Nachbereich angehört. Somit lassen sich Abbildungen als Teilmengen des kartesischen Mengenproduktes (Kreuzprodukt) von Vor- und Nachbereich der Abbildung definieren, die eine bestimmte gemeinsame Eigenschaft (*Prädikat*) besitzen.

Bild 2.4 zeigt anhand zweier Mengen, welche Elemente (zweistellige) Abbildungen prinzipiell enthalten könnten.

Bild 2.4 Mögliche Zuordnungen von Elementen zweier Mengen

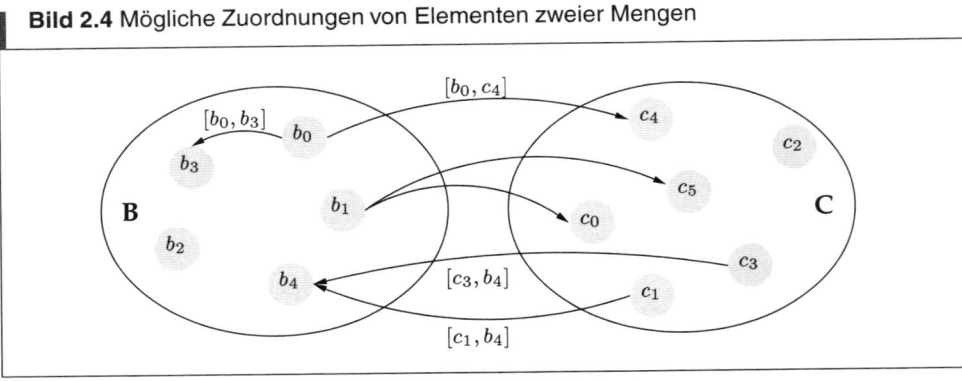

Die nachfolgenden Definitionen schränken diese Möglichkeiten durch die Spezifikation entsprechender Eigenschaften ein und beschreiben damit spezielle Abbildungen. Eine solche einschränkende Eigenschaft könnte z.B. sein, dass jedem Element der Menge B *genau* ein Element der Menge C zugeordnet sein muss. Einzig zulässiges Paar aus Bild 2.4 wäre dann $[b_0, c_4]$, alle anderen eingezeichneten Zuordnungen verletzen diese Eigenschaft. Die weiteren Elemente dieser Abbildung müssten als Paare gebildet werden, die die übrigen Elemente von B ($b_1 \cdots b_4$) als erste Komponente enthalten. Notieren wir diesen Sachverhalt mithilfe der im vorigen Abschnitt kennen gelernten Schreibweise, ist die Überlegenheit einer formalen Notationsweise gegenüber der verbalen Beschreibung offensichtlich. Mit

$b \in 3$, $c \in C$, $d \in C$ und $c \neq d$ ist die oben beschriebene Abbildung $\mathcal{A}$ definiert durch[3]:

$$\mathcal{A} = \left\{ [b,c] \mid [b,c] \in \mathcal{A} \Rightarrow \overline{\exists d([b,d] \in \mathcal{A})} \right\}$$

Im Folgenden werden spezielle Abbildungen formal definiert und – soweit möglich – grafisch veranschaulicht.

Vorbereich (V) $\qquad V(\mathcal{A}) = \left\{ b \mid \exists c([b,c] \in \mathcal{A}) \right\}$ $\qquad\qquad$ (2.33)

Nachbereich (N) $\qquad N(\mathcal{A}) = \left\{ c \mid \exists b([b,c] \in \mathcal{A}) \right\}$ $\qquad\qquad$ (2.34)

partielle Abbildung $\qquad \mathcal{A}$ ist partiell $\leftrightarrow \exists b(b \in B \wedge \overline{b \in V(\mathcal{A})})$ $\qquad$ (2.35)

Funktion $(\mathcal{F})$ $\qquad$ eindeutige Abbildung, d.h. es gilt zusätzlich zu (2.15):

$$\mathcal{F} = \left\{ [b,c] \mid \overline{\exists d(c \neq d \wedge [b,d] \in \mathcal{F})} \right\}$$ $\qquad$ (2.36)

weitere Schreibweisen:

$$\mathcal{F} : B \Rightarrow C \quad \text{bzw.}$$ $\qquad\qquad$ (2.37)

$$c = \mathcal{F}(b) \quad \text{mit } b \in B \text{ und } c \in C$$ $\qquad$ (2.38)

Boolesche Funktion $\qquad$ Funktion nach (2.36)
mit dem Nachbereich $N = \{0, 1\}$ $\qquad\qquad$ (2.39)

Operation $(\mathcal{O})$ $\qquad$ Funktion nach (2.36) mit $V = B^n$ und $N = B$ $\qquad$ (2.40)

$$\mathcal{O} = \{[b,c] \mid b \in B^n \wedge c \in B \wedge n > 1\}$$ $\qquad$ (2.41)

weitere Schreibweisen:

$$\mathcal{O} : B^n \Rightarrow B \quad \text{bzw.}$$ $\qquad\qquad$ (2.42)

$$b = \mathcal{O}[b_{n-1}, b_{n-2}, \dots, b_0]$$ $\qquad\qquad$ (2.43)

---

[3] Zur Erinnerung hier noch einmal die Sprechweise: $\mathcal{A}$ ist die Menge aller geordneten Paare $[b, c]$ mit der Eigenschaft: »wenn $[b, c]$ Element der Abbildung $\mathcal{A}$ ist, so stimmt es nicht, dass ein weiteres Element d aus C existiert, mit dem ein Paar $[b, d]$ gebildet werden kann, das Element der Abbildung $\mathcal{A}$ ist«.

Kodierung $(\mathcal{K})$ eindeutige Funktion nach (2.36),

d.h. es gilt zusätzlich:

$$\mathcal{K} = \left\{ [b, c] \mid \overline{\exists d(b \neq d \wedge [d, c] \in \mathcal{K})} \right\} \qquad (2.44)$$

weitere Schreibweisen:

$$\mathcal{K} : B \Leftrightarrow C \quad \text{bzw.} \qquad (2.45)$$

$$c = \mathcal{K}(b) \qquad (2.46)$$

Dekodierung $(\mathcal{D})$ $b = \mathcal{K}^{-1}(c)$ $\qquad\qquad\qquad$ (2.47)

Transformation $(\mathcal{T})$ Kodierung nach (2.44) mit $V = N = B$ $\qquad$ (2.48)

weitere Schreibweisen:

$$\mathcal{T} : B \Leftrightarrow B \qquad (2.49)$$

2.3 Zusammenfassung

Der kurze Ausflug in die Welt der Aussagen- und Prädikatenlogik sowie der Mengen und Relationen liefert uns die Ausdrucksmittel, mit denen wir in den nächsten Kapiteln den Entwurfsweg digitaler Systeme in kompakter und exakter Weise beschreiben können. Wir sind dadurch in der Lage, auch Sachverhalte, die verbal nicht oder nur schwer exakt zu beschreiben sind, in zweifelsfreier Weise sehr präzise zu formulieren.

Erkenntnisse aus der Prädikaten- und Aussagenlogik werden wir bei der Einführung der Booleschen Ausdrucksalgebra in Kapitel 3 und für alle weiteren Definitionen benötigen. Wir werden damit in der Lage sein, digitale Schaltungen aus Bausteinen zusammenzusetzen, die logische Grundoperationen realisieren und die Ausdrucksstruktur in der Schaltung wiederfinden.

Auf der Mengenlehre bauen wir auf, wenn wir die Funktionalität digitaler Systeme beschreiben. Wir drücken damit z.B. in Kapitel 5 aus, ob ein von uns realisierter Automat vollständig beschrieben ist, d.h. in allen möglichen Situationen definiert weiterarbeitet.

Die nachfolgenden Aufgaben sollen noch einmal die wichtigsten Begriffe vertiefen und exemplarisch deren Anwendbarkeit belegen.

2.4 Aufgaben

Aufgabe 2.1

Gegeben sei die Menge $B = \{1, 2, 3, 5\}$.

(a) Gesucht werden die Relationsgraphen für folgende Relationen $r \in R_i$ mit $R_i \subseteq B^2$ und $i \in \{=, <, >, \leq, \geq\}$.

Aufgabe 2.2

Auf der Grundmenge $P(M)$ mit $M = \{a, b\}$ seien die Relationen »$\subset$«, »$\supset$« und »$\subseteq$« explizit definiert.

(a) Gesucht ist jeweils der dazugehörige Relationsgraph.

(b) Untersuche diese Relationen auf »*Symmetrie*«, »*Transitivität*«, »*Asymmetrie*«, »*Antisymmetrie*« sowie »*Reflexivität*«.

Aufgabe 2.3

Folgende prädikatenlogische Ausdrücke definieren zusammen eine kombinatorische Funktion mit $x = [x_3, x_2, x_1, x_0]$ und $y = [y_1, y_0]$:

$$\forall i (X_i \in X^A \Leftrightarrow \exists j, k (X_i(x_j) = 1 \ \wedge \ X_i(x_k) = 1 \ \wedge \ j \neq k))$$

$$\forall i (X_i \in X^B \Leftrightarrow \exists j, k (X_i(x_j) = 0 \ \wedge \ X_i(x_k) = 0 \ \wedge \ j \neq k))$$

$$\forall i (\lambda_0(X_i) = 1 \Leftrightarrow X_i \in X^A \cap X^B)$$

$$\forall i (\lambda_1(X_i) = 0 \Leftrightarrow X_i \in X^A \backslash X^B)$$

Gesucht ist die Wertetabelle.

Aufgabe 2.4

Gegeben sind folgende echte Teilmengen ($X^k \subset X$) von Eingangsbelegungen $X_i \in X^k$ mit $|X| = 16$, $k \in \{1, 2, 3\}$ und $i \in \{0, 1, 2, \ldots, 15\}$:

$$X^1 = \{X_0, X_1, X_2, X_5, X_{11}\}$$

$$X^2 = \{X_0, X_1, X_4, X_5, X_6, X_8, X_{15}\}$$

$$X^3 = \{X_0, X_2, X_3, X_4, X_5, X_9, X_{10}, X_{15}\}$$

(a) Gesucht sind: das Mengendiagramm – einschließlich Grundmenge X,

(b) eine Wertetabelle für y_0, y_1 und y_2, wobei gilt:

$$\forall i \left(X_i \in X^1 \cap X^2 \Leftrightarrow \lambda_0(X_i) = 1 \right)$$

$$\forall i \left(X_i \in X^2 \cup X^3 \Leftrightarrow \lambda_1(X_i) = 1 \right)$$

$$\forall i \left(X_i \in X^1 \cap X^2 \Leftrightarrow \lambda_0(X_i) = 1 \right)$$

Aufgabe 2.5

Geben Sie Vorbereich und Nachbereich der Operationen der Booleschen Mengenalgebra an!

Aufgabe 2.6

Entscheiden Sie, ob folgende Zeichenketten schaltalgebraische Ausdrücke sind:

(a) $(x_2 x_1 \vee (x_2 \rightarrow (x_3 \wedge x_2)))$

(b) $x_2 \rightarrow (x_3 \wedge \vee x_1)$

(c) $x_1 \overline{x_0} \vee x_2 x_0$

(d) $x_3 \overline{x_2} \ \overline{\vee} \ x_1 \wedge x_0$

Veranschaulichen Sie die Struktur der gefundenen Ausdrücke durch Mengendiagramme!

Aufgabe 2.7

Markieren Sie in der folgenden Wertetabelle die Elemente X_3, $X_3(x_1)$, $\lambda(X_5)$, $\lambda_1(X_1)$, Y_3, $Y_3(y_0)$.

i	x_2	x_1	x_0	y_1	y_0
0	0	0	0	0	1
1	0	0	1	1	1
2	0	1	0	0	0
3	0	1	1	1	0
4	1	0	0	0	1
5	1	0	1	0	0
6	1	1	0	1	1
7	1	1	1	1	1

Aufgabe 2.8

Herr Graf teilt seinem Butler mit:

(a) Zu jeder Mahlzeit müssen Sie Eiscreme reichen, wenn Sie kein Brot reichen.

(b) Wenn Sie Brot und Eiscreme zur gleichen Mahlzeit servieren, darf es dazu keine sauren Gurken geben.

(c) Wenn saure Gurken gereicht werden oder Brot nicht serviert wird, darf es keine Eiscreme geben.

Wie sieht der Speiseplan »verständlich« aus?

Aufgabe 2.9

Ein völlig verwirrter Autohausbesitzer erklärt einem Kunden:

(a) Der Golf ist nicht grün und der Passat ist nicht weiß.

(b) Der Passat ist rot und Aussage (d) ist richtig.

(c) Der Audi ist grün oder der Golf ist rot.

(d) Der Audi ist rot oder Aussage (a) ist falsch.

(e) Der Audi ist weiß oder der Golf ist grün.

Welche Farben haben die drei Autos?
(Bemerkung: Nur eine der Aussagen (a) bis (e) ist wahr.)

Aufgabe 2.10

Es ist zu beweisen, dass die Aussagen

(a) $(A \vee \overline{AB})$ und

(b) $(AB)(\overline{A \vee B})$

Tautologien bzw. Kontradiktionen sind!

Hinweis: Für den Nachweis sind die Beziehungen aus Tabelle 2.1 und (2.1) bis (2.4) zu verwenden.

Aufgabe 2.11

Aus folgenden Angaben sind die Einzelmengen A, B, C zu ermitteln:

(a) $A \cup B = \{2, 3, 4, 5, 6, 7, 8\}$

(b) $B \cup C = \{1, 2, 4, 6, 8\}$

(c) $A \cup C = \{1, 2, 3, 4, 5, 7, 8\}$

(d) $A \cap B = \{2\}$

(e) $B \cap C = \{2, 4, 8\}$

(f) $A \cap C = \{2\}$

Teil I

Kombinatorische Schaltungen

Die in **Kapitel 2** eingeführten Begriffe und mathematischen Methoden bilden die Grundlage für einen systematischen Entwurf digitaler Systeme sowie deren Analyse. In **Kapitel 3** wird der Entwurfsweg kombinatorischer digitaler Schaltungen detailliert dargestellt. Die einzelnen Entwurfsschritte werden formal eingeführt und anhand zahlreicher Beispiele erläutert. Dabei wird sowohl der funktionelle als auch der strukturelle Aspekt des Entwurfsweges diskutiert. **Kapitel 4** beschreibt darauf aufbauend den Analyseweg von einer gegebenen kombinatorischen Schaltung zu einer funktions- oder strukturorientierten Beschreibung. Diese bildet den Ausgangspunkt für weitergehende Untersuchungen zum zeitlichen Verhalten kombinatorischer Schaltungen. Auch hier unterstützen zahlreiche Beispiele das Verständnis der Darlegungen. Beide Kapitel schließen mit einer Zusammenstellung von Übungsaufgaben.

Kapitel 3

Entwurf kombinatorischer Schaltungen

Ein digitales System realisiert bezogen auf die im vorigen Kapitel eingeführte Begriffswelt eine spezielle Abbildung, deren Vor- und Nachbereich aus geordneten Mengen (Tupeln) von nur zwei Werten (»binäre Werte«) bestehen.

Ein **digitales System** ist somit ein System, welches in definierter Weise n-Tupeln binärer Eingangswerte (bzw. Folgen von Eingangswerten) binäre Ausgangswerte (bzw. Folgen von Ausgangswerten) zuordnet. Wir bezeichnen die binären Werte mit den Ziffern 0 und 1, unabhängig von ihrer physikalischen Repräsentation. Physikalisch können derartige Werte z.B. durch zwei unterschiedliche Spannungswerte, Magnetisierungsrichtungen oder durch optisch unterscheidbare Strukturen realisiert werden. Wir werden digitale Systeme anhand digitaler Schaltungen diskutieren, bei denen die binären Werte in der Regel durch zwei unterschiedliche Bereiche elektrischer Spannung (z.B. 0V bis 1,2V für den Wert »0« und 3,6V bis 5V als »1«) repräsentiert werden. Eine digitale Schaltung besteht im einfachsten Fall aus einem Strukturelement, welches die gewünschte Funktion λ realisiert. Bild 3.1 zeigt ein Symbol für eine solche Schaltung:

Bild 3.1 Digitale Schaltung

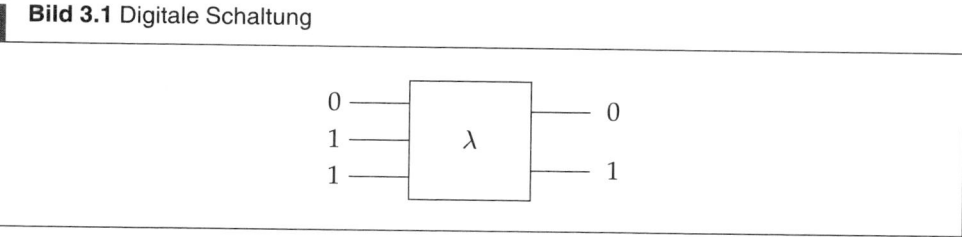

Die Funktion λ bildet beispielsweise das Tupel $[0, 1, 1]$ am Eingang der Schaltung auf das Tupel $[0, 1]$ am Ausgang der Schaltung ab.

In Kapitel 3 wird der systematische Entwurfsweg für *kombinatorische Schaltungen* schrittweise eingeführt. Sie bilden als Untermenge digitaler Schaltungen die Grundlage für das Verständnis sequentieller Schaltungen, die Gegenstand der Kapitel 5 bis 8 sind. Der Entwurfsweg führt ausgehend von der Beschreibung der Funktion zur Struktur der Schaltung. Dementsprechend widmen sich Abschnitte 3.2 bis 3.3 zunächst dem *funktionellen Entwurf*. Der *strukturelle Entwurf* ist Gegenstand der Abschnitte 3.5 und 3.6. Zunächst soll anhand eines Beispiels die Art der Problemstellungen charakterisiert werden, die mithilfe kombinatorischer Schaltungen gelöst werden können. Was ist typisch für derartige Aufgabenstellungen?

Typisch *ist, dass eine* **kombinatorische Schaltung** *eine* **Funktion** *realisiert, d.h. eine eindeutige Abbildung von Eingangswerten auf Ausgangswerte.*

Solche Abbildungen sind z.B. bei der arithmetischen Verknüpfung von Zahlen in Digitalrechnern erforderlich. Als Beispiel betrachten wir deshalb die Additionsfunktion. Die zu verknüpfenden Zahlen werden im Dualzahlensystem dargestellt und die einzelnen Stellen ziffernweise addiert. Bild 3.2 zeigt das Rechenschema am Beispiel der Addition[1] der Zahlen $a = 60$ (111100_{dual}) und $b = 90$ (1011010_{dual}) zur Summe $s = 150$ (10010110_{dual}).

Bild 3.2 Exemplarisches Rechenschema zur Addition von Dualzahlen

2^7	2^6	2^5	2^4	2^3	2^2	2^1	2^0	Stellenwert	
		1	1	1	1	0	0	**Summand**	**a**
+	1	0	1	1	0	1	0	**Summand**	**b**
1	1	1	1					Übertrag	
1	0	0	1	0	1	1	0	**Summe**	**s**

Um eine Schaltung zu realisieren, die diese Art von Aufgabenstellungen löst, können wir das Problem weiter untergliedern: Wenn es uns gelingt, eine elementare Schaltung zur Verknüpfung für einen Stellenwert im Rechenschema zu realisieren, kann die Gesamtschaltung aus solchen Elementarschaltungen (»**Volladder**« genannt) zusammengesetzt werden. Ein in der Addition auftretender Übertrag ist dabei jeweils der nächsten Stelle (d.h. dem nächsten Volladder) zu übergeben.[2]

Wie gelangt man nun von einer Aufgabenstellung zur kombinatorischen Schaltung? Gibt es genau eine oder mehrere Lösungen? Die nächsten Abschnitte sollen Antwort auf diese Fragen geben.

3.1 Mengenorientierte Funktionsbeschreibung

3.1.1 Digitale Schaltung, Wertetabelle

Eine kombinatorische Schaltung realisiert eine eindeutige Abbildung, eine *Funktion*. Für gleiche Eingangswerte müssen stets gleiche Ausgangswerte erzeugt werden. Als Beispiel betrachten wir deshalb die in der Einführung beschriebene Additionsfunktion. Präzisiert lautet die Aufgabenstellung:

---

[1] Rechenregeln: 0+0=0 Übertrag 0; 0+1=1+0=1 Übertrag 0; 1+1=0 Übertrag 1

[2] Beispielsweise erhält Volladder 5, der den Stellenwert 2^5 berechnet, den Übertrag des Volladders 4 (in unserem Zahlenbeispiel 1) und stellt den Übetag von Stellenwert 2^5 (in unserem Zahlenbeispiel ebenfalls 1) für Volladder 6 zur Verfügung.

Es soll eine digitale Schaltung entwickelt werden, die als Kernstück eines Rechenwerkes in der Lage ist, die zwei Ziffern a_i und b_i der i-ten Stelle einer Dualzahl unter Berücksichtigung eines Übertrages der vorgehenden Stelle u_{i-1} zu addieren. Als Ergebnis sind die Summe s_i und der Übertrag u_i der i-ten Stelle zu ermitteln. Der Übertrag u_i ist für die Stelle $i+1$ von Bedeutung.

Zur Lösung der Aufgabenstellung sind die Eingangs- und Ausgangswerte sowie die der Addition zu Grunde liegende Abbildung zu ermitteln. Von Interesse ist die Anzahl der Werte des Vor- und Nachbereiches der Abbildung sowie die Zuordnungsvorschrift. Bild 3.3 zeigt das gegenüber Bild 3.2 erweiterte Rechenschema, bei dem der an die nächste Stelle zu übergebende Übertrag zusätzlich als Ergebnis der i-ten Stelle in der letzten Zeile eingetragen ist und Leerstellen mit dem Wert 0 ausgefüllt sind. Der waagerechte Strich trennt nun klar erkennbar den Vor- und Nachbereich der Abbildung, der eingerahmte, grau markierte Bereich kennzeichnet die i-te Stelle ($i = 5$).

Bild 3.3 Erweitertes Rechenschema zur Addition von Dualzahlen

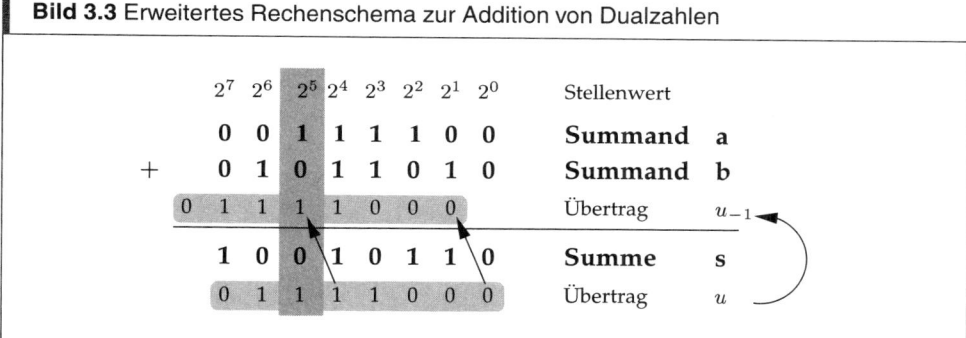

Zum Entwurf eines Volladders für die i-te Stelle ist eine Abbildung von Tupeln aus drei Eingangswerten auf Tupel mit zwei Ausgangswerten zu realisieren. Um die Abbildung allgemein notieren zu können, führen wir für die Ein- und Ausgangswerte binäre Variablen ein, die entweder den Wert »0« oder den Wert »1« annehmen können. Die allgemeine Notation der Abbildung lautet dann:

$$[a_i, b_i, u_{i-1}] \Rightarrow [s_i, u_i]$$

Für unser konkretes Zahlenbeispiel wird bei Stellenwert 2^5 die Abbildung $[1, 0, 1] \Rightarrow [0, 1]$ realisiert. Bei anderen zu addierenden Zahlen (z.B. 64 + 12) würde an dieser Stelle eine andere Wertekombination (z.B. $[0, 0, 0] \Rightarrow [0, 0]$) auftreten, sodass es prinzipiell von Interesse ist, welche Tupel von Eingangswerten möglich sind und auf welche Tupel von Ausgangswerten diese abzubilden sind. Ein Blick in die mathematischen Regeln der Kombinatorik gibt eine Antwort bzgl. der Anzahl möglicher Tupel von Eingangswerten: Die Anzahl der Zusammenstellungen von jeweils n Werten der m verschiedenen Elemente mit Berücksichtigung der Reihenfolge und zugelassener Wiederholung (»Variation mit Wiederholung«) berechnet sich zu m^n.

Angewendet auf unser Beispiel gibt es $m = 2$ verschiedene Elemente (die binären Werte 0 und 1) die zu jeweils $n = 3$ Werten (die 3-Tupel des Vorbereiches der Addition) zusammengestellt werden sollen, somit also

$$2^3 = 8.$$

Wir stellen diese acht möglichen Tupel von Eingangswerten in einer Tabelle (Tabelle 3.1) zusammen und ermitteln dann die Zuordnung zu den gewünschten Tupeln von Ausgangswerten. Dabei hilft uns das Beispiel, denn die Zahlen sind so gewählt, dass bei den Ziffern der anderen Stellen[3] alle Variationen auftreten. Die Abbildung kann nun wie folgt notiert werden:

Tabelle 3.1 Funktionsbeschreibung eines Volladders

	Vorbereich			Nachbereich	
	a_i	b_i	u_{i-1}	s_i	u_i
0	0	0	0	0	0
1	0	0	1	1	0
2	0	1	0	1	0
3	0	1	1	0	1
4	1	0	0	1	0
5	1	0	1	0	1
6	1	1	0	0	1
7	1	1	1	1	1

Damit ist die Funktion der Schaltung eines Volladders vollständig beschrieben. Wir erkennen, dass die Funktionsbeschreibung für s und u jeweils als Boolesche Funktion interpretierbar ist, da für den Nachbereich der Funktionen gemäß Formel 2.39 gilt: $N = \{0, 1\}$. Der Vorbereich dieser Booleschen Funktionen besteht jeweils aus der Menge X der acht möglichen Eingangsbelegungen.

Nachfolgend werden wir diese Vorgehensweise nun verallgemeinern. Dazu führen wir allgemeine Bezeichnungen für Variablen ein, die am Eingang und am Ausgang einer digitalen Schaltung auftreten. Bild 3.4 zeigt die symbolische Darstellung einer digitalen Schaltung, für die wir folgende Festlegungen vereinbaren:

Nehmen wir an, die Schaltung sei ein Volladder, so korrespondiert der grau markierte Bereich mit dem in Tabelle 3.1. Die Variablen x_2, x_1 und x_0 bilden den **Eingangsvektor** x der Schaltung, die Variablen y_1 und y_0 den **Ausgangsvektor** y. Wir

---

[3]   Achtung: Wir ermitteln alle möglichen Variationen von Eingangswerten, die bei unterschiedlichen Zahlen an der 5. Stelle auftreten könnten. Dank der geschickten Wahl der Zahlen im Beispiel finden wir jede mögliche Variante an irgend einer Stelle. Die Variation von Zeile 3 ($[0, 1, 1]$) finden wir beispielsweise bei Stelle 6 und können die entsprechende Zuordnung ($[0, 1, 1] \Rightarrow [0, 1]$) dort ablesen.

Bild 3.4 Digitale Schaltung mit drei Eingangs- und zwei Ausgangsvariablen

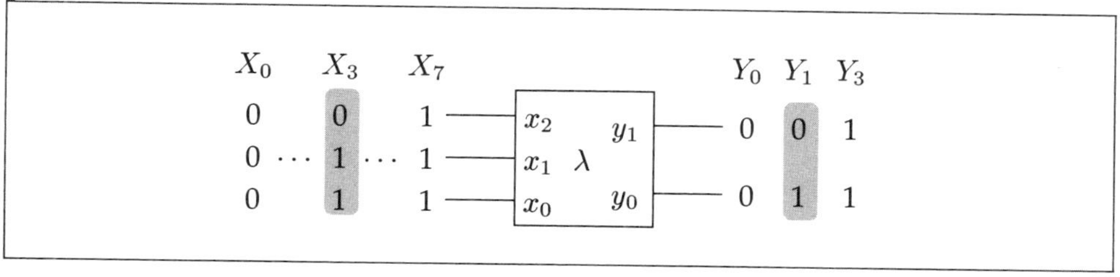

$$
\begin{array}{cccccc}
X_0 & X_3 & X_7 & & Y_0 & Y_1 & Y_3 \\
0 & 0 & 1 & \begin{array}{|cc|} \hline x_2 & y_1 \\ x_1 & \lambda \\ x_0 & y_0 \\ \hline \end{array} & 0 & 0 & 1 \\
0 \cdots & 1 \cdots & 1 & & & \\
0 & 1 & 1 & & 0 & 1 & 1 \\
\end{array}
$$

bezeichnen die Variablen immer mit Kleinbuchstaben, um sie von Belegungen zu unterscheiden, die wir mit den gleichnamigen Großbuchstaben bezeichnen (groß X für **Eingangs-** und Y für **Ausgangsbelegungen**).

Im Folgenden sind die wichtigsten Begriffsdefinitionen zusammengefasst:

Eingangsvektor

$$x = [x_{n-1}, \ldots, x_r, \ldots, x_0] \tag{3.1}$$

aus binären Variablen x_r mit n als Stelligkeit von x

Bit der Eingangsbelegung

$$X_i(x_r) \in \{0, 1\} \tag{3.2}$$

Wert der Eingangsvariablen x_r in der Belegung X_i

Eingangsbelegung

$$X_i(x) \Rightarrow \{0, 1\}^n \tag{3.3}$$

als geordnete Menge von n Bits; $n = |x|$

$$X_i = [X_i(x_{n-1}), \ldots, X_i(x_r), \ldots, X_i(x_0)] \tag{3.4}$$

Eingangsbelegungsmenge

$$X = \{X_i \mid 0 \le i \le 2^n - 1\} \tag{3.5}$$

Eingangsbelegungsindex

$$i = \sum_{r=0}^{n-1} X_i(x_r) \cdot 2^r \tag{3.6}$$

Indexmenge

$$I = \{i \mid 0 \le i \le 2^n - 1\}; \qquad |I| = |X| \tag{3.7}$$

Menge der Indizes der Eingangsbelegungen

Ausgangsvektor

$$y = [y_{m-1}, \ldots, y_k, \ldots, y_0] \tag{3.8}$$

aus binären Variablen y_k mit m als Stelligkeit von y

Bit der Ausgangsbelegung $Y_t(y_k) \in \{0, 1\}$ (determiniert)   (3.9)

$Y_t(y_k) \in \{0, 1, *, h(g)\}$ (nichtdeterminiert)   (3.10)

Ausgangsbelegung $Y_t(y) \Rightarrow \{0, 1\}^m$ (determiniert)   (3.11)

$Y_t(y) \Rightarrow \{0, 1, *, h(g)\}^m$ (nichtdeterminiert)   (3.12)

$$Y_t = [Y_t(y_{m-1}), \ldots, Y_t(y_k), \ldots, Y_t(y_0)]$$ (3.13)

$$= [\lambda_{m-1}(X_i), \ldots, \lambda_k(X_i), \ldots, \lambda_0(X_i)]$$ (3.14)

$$= \lambda(X_i)$$ (3.15)

Ausgangsbelegungsmenge $Y = \{Y_t \mid 0 \leq t \leq 2^m - 1\}$ (3.16)

Ausgangsbelegungsindex $$t = \sum_{k=0}^{m-1} Y_t(y_k) \cdot 2^k$$ (3.17)

Die tabellarische Darstellung der Funktion $Y = \lambda(X)$, wie wir sie in Tabelle 3.1 kennen gelernt haben, hat allgemein für eine Funktion mit n Eingangs- und m Ausgangsvariablen folgende Gestalt:

Tabelle 3.2 Wertetabelle

BI	x_{n-1}	...	x_r	...	x_0	y_{m-1}	...	y_k	...	y_0	BI
0	0	...	0	...	0						
$\vdots$	$\vdots$		$\vdots$		$\vdots$	$\vdots$		$\vdots$		$\vdots$	$\vdots$
i	$X_i(x_{n-1})$	...	$X_i(x_r)$	...	$X_i(x_0)$	$\lambda_{m-1}(X_i)$	...	$\lambda_k(X_i)$	...	$\lambda_0(X_i)$	t
$\vdots$	$\vdots$		$\vdots$		$\vdots$	$\vdots$		$\vdots$		$\vdots$	$\vdots$
$2^n - 1$	1	...	1	...	1						

BI ... Belegungsindex

Die Anzahl der Zeilen in Tabelle 3.2 ist durch die Anzahl möglicher Eingangsbelegungen $|X|$ bestimmt, die sich gemäß der Überlegungen zum Volladder als »*Variation mit Wiederholung*« zu

$$2^n = 2^{|x|} = |X| \tag{3.18}$$

berechnet[4].

Um einzelne Elemente der Wertetabelle zu bezeichnen, verfahren wir, wie am Beispiel einer Funktion mit drei Eingangs- und zwei Ausgangsvariablen in Tabelle 3.3 gezeigt:

Tabelle 3.3 Beispiel einer Wertetabelle

X_7: verbotene Eingangsbelegung (Ausgang beliebig; gekennzeichnet durch $*$)

Im nächsten Abschnitt werden wir nun eine Algebra definieren, um mit Mengen von Belegungen formale Umformungen vornehmen zu können, die uns bei der anschaulichen Erklärung von Operationen der Booleschen Ausdrucksalgebra unterstützen.

3.1.2 Belegungsmengen – Boolesche Mengenalgebra

Am einführenden Beispiel der Additionsfunktion haben wir gesehen, dass wir das Verhalten einer digitalen Schaltung mit m Ausgängen durch eine Menge von m Booleschen Funktionen der Form

$$\{0,1\}^n \Rightarrow \{0,1\} \tag{3.19}$$

---

[4] Man beachte den Unterschied zwischen klein x (Eingangsvektor) im Exponenten und groß X (Menge der Eingangsbelegungen X_i).

beschreiben können. Jede dieser Funktionen teilt (»partitioniert«) die Menge der Eingangsbelegungen in eine Menge X^1, deren Elemente auf den Wert »1« am jeweiligen Ausgang der Schaltung abgebildet werden und eine Menge X^0, deren Elemente eine »0« am jeweiligen Ausgang der Schaltung erzeugen. Für eine eindeutige Funktionsbeschreibung ist es demzufolge ausreichend, je Ausgang eine der beiden Mengen X^1 bzw. X^0 zu betrachten. Bei gegebener Anzahl n von Eingangsvariablen lässt sich die Zahl der unterschiedlichen bildbaren Funktionen zu

$$\left(2^2\right)^n = 2^{|X|} \tag{3.20}$$

ermitteln, da wir analog zu Gleichung 3.18 wieder alle Variationen der Zuordnung der Werte »0« und »1« zu den $2^n = |X|$ möglichen Eingangsbelegungen betrachten müssen. Wir werden diesen Gedanken in Abschnitt 3.6.1 wieder aufgreifen, wenn wir beschreiben, welche Elemente für die Realisierung digitaler Schaltungen benötigt werden.

Hier soll uns zunächst interessieren, wie man die Funktion digitaler Schaltungen mithilfe von Belegungsmengen formal beschreiben kann, ohne die Funktion vollständig *explizit* in einer Wertetabelle darzustellen. Betrachten wir wieder die Funktion des Volladders: Die Funktion des Übertrages u könnte auch wie folgt verbal beschrieben werden:

> *Ein Übertrag entsteht immer, wenn in der Eingangsbelegung zwei oder mehr Variablen den Wert »1« haben.*

Mit den Erkenntnissen aus Kapitel 2 und Abschnitt 3.1.1 können wir diese Aussage formal beschreiben, indem wir die Menge X^1 für die Übertragsfunktion definieren:

$$X^1 = \{X_i | X_i \in X \wedge \exists r, s\left(X_i(x_r) = X_i(x_s) = 1 \wedge r \neq s\right)\} \tag{3.21}$$

Um nun zu beschreiben, für welche Eingangsbelegungen der Ausgang den Wert »0« annimmt, können wir gemäß (2.16) das Komplement der Menge X^1 bezüglich der Menge X nutzen. Weitere derartige Betrachtungen lassen sich unter Verwendung der Booleschen Mengenalgebra durchführen, die nun definiert werden soll.

Eine **Algebra** besteht aus einer sog. »*Trägermenge*« (in unserem Falle die Eingangsbelegungsmenge X bzw. die Indexmenge I und alle ihre Teilmengen, d.h. $P(X)$ bzw. $P(I)$), *Operationen* über dieser Menge, die bestimmte Eigenschaften (*Axiome*) erfüllen sowie *neutralen Elementen* für diese Operationen, die sich bei Anwendung der Operation neutral verhalten, d.h. keinen Einfluss auf das Ergebnis der Operation haben.

Wir definieren die **Boolesche Mengenalgebra (BMA)** als:

Boolesche Mengenalgebra (BMA)   *Def. (3.1)*

$$BMA = [\mathcal{P}(X), \cup, \cap, \,^{-}, \emptyset, X]$$

mit:

- $\mathcal{P}(X)$ als Trägermenge
- $\cup, \cap, \,^{-}$ als Operationen
- $\emptyset$ als neutrales Element der Vereinigung ($\cup$)
- X als neutrales Element der Schnittbildung ($\cap$)

Die **Axiome** beschreiben, in welcher Weise die Operationen angewendet werden dürfen. Sie bilden das Regelwerk der Algebra und sind per Definition und ohne Beweis gültig, wobei B, C und D beliebige Mengen aus $P(X)$ sind.

Kommutativität	$B \cup C = C \cup B$	(3.22)
	$B \cap C = C \cap B$	(3.23)
Assoziativität	$B \cup (C \cup D) = (B \cup C) \cup D = B \cup C \cup D$	(3.24)
	$B \cap (C \cap D) = (B \cap C) \cap D = B \cap C \cap D$	(3.25)
Distributivität	$B \cup (C \cap D) = (B \cup C) \cap (B \cup D)$	(3.26)
	$B \cap (C \cup D) = (B \cap C) \cup (B \cap D)$	(3.27)
Operationen mit neutralen Elementen	$B \cup \emptyset = B$	(3.28)
	$B \cap X = B$	(3.29)
Komplementarität	$B \cup \overline{B} = X$	(3.30)
	$B \cap \overline{B} = \emptyset$	(3.31)

Aus den Axiomen lassen sich eine Reihe von nützlichen **Umformungsregeln** ableiten, die (im mathematischen Sinn) als *Sätze* aus den Axiomen hergeleitet und damit als gültig bewiesen werden können. Übungsaufgaben 3.1 bis 3.4 geben dem Leser einen Einblick in diese Thematik.

de MORGANsche Regel	$\overline{B \cup C} = \overline{B} \cap \overline{C}$	(3.32)
	$\overline{B \cap C} = \overline{B} \cup \overline{C}$	(3.33)
Idempotenz	$B \cup B = B$	(3.34)
	$B \cap B = B$	(3.35)
Adjunktivität	$B \cap (B \cup C) = B$	(3.36)
	$B \cup (B \cap C) = B$	(3.37)
Vereinigungsregel	$B \cup X = X$	(3.38)
Schnittregel	$B \cap \emptyset = \emptyset$	(3.39)
Komplementregel	$\overline{\overline{B}} = B$	(3.40)
	$\overline{\emptyset} = X$	(3.41)
	$\overline{X} = \emptyset$	(3.42)

Die Beziehungen zwischen X, X^1 und X^0 lassen sich damit als

$$X^1 \cup X^0 = X \tag{3.43}$$

und

$$X^1 \cap X^0 = \emptyset \tag{3.44}$$

beschreiben.

Wegen der eindeutigen Zuordnung von Belegung und Index gelten diese Beziehungen ebenfalls für die entsprechenden Indexmengen :

$$I^1 \cup I^0 = I \tag{3.45}$$

und

$$I^1 \cap I^0 = \emptyset \tag{3.46}$$

Wir werden die Beziehungen 3.43 bis 3.46 im Abschnitt 3.2.4 erweitern und verallgemeinern.

Eine Funktionsbeschreibung digitaler Schaltungen mithilfe der Booleschen Mengenalgebra ist immer dann von Vorteil, wenn das Verhalten der Schaltung für bestimmte Mengen von Eingangsbelegungen definiert werden soll. Sie dient damit zur formalen Beschreibung von Wertetabellen und ist *funktionsorientiert*. Für eine schaltungstechnische Realisierung ist eher eine *strukturorientierte* Beschreibungsmöglichkeit von Interesse, die Gegenstand des nächsten Abschnittes sein soll.

3.2 Strukturorientierte Funktionsbeschreibung

Die Ermittlung der Schaltungsstruktur führt zu einer weiteren Beschreibungsmöglichkeit Boolescher Funktionen: der **Booleschen Ausdrucksalgebra (BAA)**. Im Gegensatz zur BMA, bei der die formale Beschreibung die Bedingungen für bestimmte Ausgangsbelegungen beschreibt, werden mit der Booleschen Ausdrucksalgebra (auch »Schaltalgebra« genannt) Terme beschrieben, die sich direkt als Strukturelemente interpretieren lassen.

Wir werden zunächst die Syntax derartiger Ausdrücke definieren und dann den Zusammenhang zur BMA herstellen, sodass der Leser die Äquivalenz zwischen beiden Beschreibungsweisen erkennt. Zur Erklärung des Strukturbegriffs sei dabei auf Abschnitt 3.5 verwiesen.

3.2.1 Schaltalgebraische Ausdrücke, Wertfunktion

Die Syntax[5] von Ausdrücken der Booleschen Ausdrucksalgebra (kurz: »schaltalgebraische Ausdrücke«) lässt sich wie folgt induktiv definieren:

Schaltalgebraischer Ausdruck *Def. (3.2)*

1. Konstanten 0 und 1 sind schaltalgebraische Ausdrücke;

2. binäre Variablen x_r eines n-stelligen Vektors x sind schaltalgebraische Ausdrücke;

3. wenn $h_i(x)$ und $h_j(x)$ Ausdrücke sind, so auch:

$$\overline{h_i(x)}, \qquad (h_i(x) \rightarrow h_j(x)),$$
$$(h_i(x) \wedge h_j(x)), \qquad (h_i(x) \sim h_j(x)),$$
$$(h_i(x) \vee h_j(x)), \qquad (h_i(x) \not\sim h_j(x))$$

4. andere Zeichenketten sind keine schaltalgebraischen Ausdrücke.

---

[5] Syntax definiert die Regeln zur Erzeugung formal korrekter Zeichenketten. Sie definiert die gültigen Zeichen und deren zulässige Aneinanderreihung, kann somit gültige von ungültigen Zeichenreihen unterscheiden und bildet damit die Voraussetzung für eine eindeutige Interpretierbarkeit der Zeichenreihen.

Damit können wir entscheiden, dass $(x_2 \lor x_1)$ ein gültiger Ausdruck ist, während $x_2 \lor x_1 \land x_0$ zunächst als syntaktisch falsch betrachtet würde. Um die strenge Klammerung, die die obige Definition verlangt, zu vereinfachen, führen wir ähnlich der aus der Schulmathematik bekannten Regel »Punkt- vor Strichrechnung« eine Prioritätsregelung ein, die die Konjunktion ($\land$) gegenüber der Disjunktion ($\lor$) privilegiert. Damit ist auch der Ausdruck $x_2 \lor x_1 \land x_0$ interpretierbar und gleichbedeutend mit $(x_2 \lor (x_1 \land x_0))$.

Tabelle 3.4 fasst die Vereinbarungen zur Schreibweise zusammen:

Tabelle 3.4 Verkürzte Schreibweise schaltalgebraischer Ausdrücke

Regel	ausführlich	verkürzt
äußere Klammern weglassen	$(x_2 \lor (x_1 \land x_0))$	$x_2 \lor (x_1 \land x_0)$
Konjunktion vor Disjunktion	$x_2 \lor (x_1 \land x_0)$	$x_2 \lor x_1 \land x_0$
Konjunktionsoperator weglassen	$x_2 \lor x_1 \land x_0$	$x_2 \lor x_1 x_0$

Alle syntaktisch richtigen Ausdrücke fassen wir zur Menge E zusammen.

Nachdem die Syntax schaltalgebraischer Ausdrücke festliegt, wollen wir deren *Semantik* beschreiben, d.h. wir erklären einerseits den Zusammenhang zur – im vorigen Abschnitt eingeführten – Booleschen Mengenalgebra und andererseits den Weg von der Ausdrucksstruktur zur Struktur einer digitalen Schaltung.

Dem aufmerksamen Leser, der sich zunächst mit den mathematischen Grundlagen in Kapitel 2 beschäftigt hat, wird sicherlich die Ähnlichkeit zur Definition (2.3) der aussagenlogischen Ausdrücke nicht entgangen sein. In der Tat kann man hier einen direkten Zusammenhang herstellen, indem man Aussagenvariable durch Eingangsvariable der digitalen Schaltung und die Wahrheitswerte $\{w, f\}$ durch die binären Werte $\{1, 0\}$ ersetzt. Die Operationen Konjunktion ($\land$) und Disjunktion ($\lor$) sowie die Negation ($^-$) finden auch hier Anwendung und können zur Ermittlung des Wertes eines schaltalgebraischen Ausdrucks gemäß der in Tabelle 2.1 zusammengestellten Wahrheitswerte angewendet werden.

Im Gegensatz zur Aussagenlogik, bei der die Aussagenvariablen für Aussagen stehen, deren Wert a priori entweder als *wahr* oder *falsch* festliegt, ist der Wert der hier betrachteten Eingangsvariablen von der jeweiligen Belegung am Eingang der Schaltung abhängig. Dementsprechend lässt sich der Wert eines schaltalgebraischen Ausdrucks nur im Zusammenhang mit einer bestimmten Belegung mithilfe der Wertfunktion ermitteln. Ausgenommen hiervon sind lediglich Ausdrücke, die im Sinne der Aussagenlogik eine Tautologie bzw. Kontradiktion darstellen, d.h. für alle Belegungen den gleichen Wert (konstant 1 bzw. konstant 0) annehmen. Die **Wertfunktion** W ist eine Boolesche Funktion, deren Vorbereich durch die Menge E syntaktisch korrekter schaltalgebraischer Ausdrücke und die Belegungsmenge X gebildet wird:

$$W : E \times X \Rightarrow \{0, 1\} \tag{3.47}$$

Sowohl die Menge X als auch die Ausdrücke aus E müssen dabei selbstverständlich über dem gleichen Eingangsvektor x gebildet werden.

Mithilfe der Wertfunktion lässt sich beispielsweise der Wert des Ausdrucks $x_2 \lor x_1 x_0$ aus Tabelle 3.4 für alle möglichen Belegungen aus $X = \{X_0, X_1, \ldots, X_7\}$ des 3-elementigen Eingangsvektors $x = [x_2, x_1, x_0]$ ermitteln. Für die Wertberechnung nutzen wir die in Tabelle 2.1 festgelegten Beziehungen entsprechend der oben genannten Substitutionen ($w \Rightarrow 1$, $f \Rightarrow 0$). Für den Wert des Ausdrucks $x_2 \lor x_1 x_0$ bei der Belegung $X_6 = [1, 1, 0]$ ergibt sich z.B. nach Ersetzen der Variablen des Ausdrucks durch die jeweiligen Bits[6] der Belegung X_6 und der Berücksichtigung der vereinfachten Schreibweise gemäß Tabelle 3.4 folgender Ausdruck in Konstanten:

$$
\begin{aligned}
W(x_2 \lor x_1 x_0, X_6) &= W(x_2, X_6) \lor W(x_1, X_6) \land W(x_0, X_6) \\
&= X_6(x_2) \lor X_6(x_1) \land X_6(x_0) \\
&= 1 \lor 1 \land 0 \text{ bzw. ausführlich } (1 \lor (1 \land 0))
\end{aligned}
$$

Wir berechnen zunächst die innere Klammer $(1 \land 0) = 0$ und setzen das Ergebnis 0 in den Restausdruck ein. Der so erhaltene Ausdruck berechnet sich zu $(1 \lor 0) = 1$. Auf diese Weise kann der Wert für alle Belegungen ermittelt und als Wertetabelle dargestellt werden (Tabelle 3.5):

Tabelle 3.5 Wertberechnung des Ausdrucks $x_2 \lor x_1 x_0$

i	x_2	x_1	x_0	$W(x_1 x_0, X_i)$	$W(x_2 \lor x_1 x_0, X_i)$
0	0	0	0	0	0
1	0	0	1	0	0
2	0	1	0	0	0
3	0	1	1	1	1
4	1	0	0	0	1
5	1	0	1	0	1
6	1	1	0	0	1
7	1	1	1	1	1

Damit stellt die Wertfunktion die Brücke zwischen der Booleschen Mengenalgebra und der Booleschen Ausdrucksalgebra dar. Wir können diese Brücke bis jetzt aber nur in einer Richtung (vom Ausdruck zur Wertetabelle) beschreiten. Für die Ermittlung von Ausdrücken aus Wertetabellen benötigen wir Regeln zur Umformung von Ausdrücken, die die Boolesche Ausdrucksalgebra liefert. Bevor wir diese definieren können, müssen wir die Frage der *Gleichheit* schaltalgebraischer Ausdrücke klären.

---

[6] $W(x_2, X_6) = X_6(x_2) = 1$, $W(x_1, X_6) = X_6(x_1) = 1$, $W(x_0, X_6) = X_6(x_0) = 0$

3.2.2 Wertverlaufsgleichheit

Offensichtlich sind zwei schaltalgebraische Ausdrücke h_i und h_j ($h_i, h_j \in E$) funktionell gleichwertig, wenn sie die gleiche Wertetabelle definieren, d.h. ihre Werte für alle Belegungen übereinstimmen. Wir bezeichnen diese Gleichheit deshalb als **Wertverlaufsgleichheit** und definieren sie formal als:

$$h_i = h_j \Leftrightarrow \forall X_k \big(W(h_i, X_k) = W(h_j, X_k) \big) \tag{3.48}$$

Zur Unterscheidung der im nächsten Abschnitt eingeführten verallgemeinerten Wertverlaufsgleichheit bezeichnen wir diese »strenge« Wertverlaufsgleichheit auch mit dem Zeichen »$\underset{0}{=}$«. Wertverlaufsgleiche schaltalgebraische Ausdrücke partitionieren somit die Menge X der Eingangsbelegungen in die in Abschnitt 3.1.2 eingeführten Mengen X^0 und X^1.

Bild 3.5 illustriert diesen Zusammenhang anhand des in Tabelle 3.5 angegebenen Beispiels. Die Eingangsbelegungsmenge $X = \{X_0, X_1, X_2, X_3, X_4, X_5, X_6, X_7\}$ wird dabei disjunkt in die beiden Teilmengen $X^1 = \{X_3, X_4, X_5, X_6, X_7\}$ und $X^0 = \{X_0, X_1, X_2\}$ zerlegt (X-Partitionierung).

Bild 3.5 X-Partitionierung des Ausdrucks $x_2 \vee x_1 x_0$

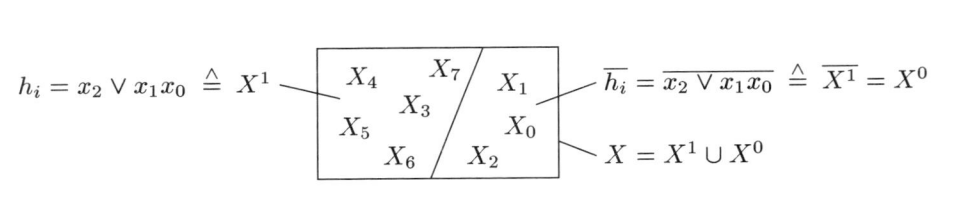

Für jede Teilmenge von X findet man einen schaltalgebraischen Ausdruck, der für genau diese Menge von Eingangsbelegungen den Wert 1 liefert.

Damit ist der Zusammenhang zwischen der BMA und der im nächsten Abschnitt einzuführenden BAA auch grafisch anschaulich nachvollziehbar. Schaltalgebraische Ausdrücke beschreiben dementsprechend bei bekanntem Eingangsvektor x in eindeutiger Weise eine Boolesche Funktion $\{0,1\}^n \Rightarrow \{0,1\}$ und können zu deren Repräsentation genutzt werden. Der Vorbereich dieser Funktion $\{0,1\}^n$ ist dabei die Eingangsbelegungsmenge X des n-stelligen Eingangsvektors x, der Nachbereich ist der Wert der betrachteten Ausgangsvariablen y_k eines m-stelligen Ausgangsvektors y.

3.2.3 Boolesche Ausdrucksalgebra

Für die Definition der Booleschen Ausdrucksalgebra müssen wir analog dem Vorgehen in Abschnitt 3.1.2 zunächst eine endliche Trägermenge, die Operationen und deren neutrale Elemente festlegen. Bei der Festlegung der Trägermenge können wir jedoch nicht einfach von der Menge E aller syntaktisch richtigen schaltalgebraischen Ausdrücke ausgehen, da diese sowohl wertverlaufsgleiche als auch ungleiche Ausdrücke enthält. Vielmehr müssen wir eine Menge von Ausdrücken definieren, die sich alle in ihrem Wertverlauf unterscheiden.

Um dies zu verdeutlichen, betrachten wir nochmals die Zahl der unterschiedlichen mit n Variablen bildbaren Funktionen (vgl. Tabelle 3.17). Für $n = 2$ Eingangsvariablen sind dies $\left(2^2\right)^2 = 16$ Funktionen. Jede dieser Funktionen lässt sich durch unendlich viele Ausdrücke beschreiben[7].

Für uns von Interesse sind aber nur diese 16 unterschiedlichen Funktionen und somit je Funktion *genau ein* Ausdruck, der den gleichen Wertverlauf wie diese Funktion hat.

Tabelle 3.17 im Abschnitt 3.6.1 listet diese 16 Funktionen und die zugehörigen Strukturelemente auf. Jeweils einer der Ausdrücke in DNF, KNF[8] oder einer weiteren Form kann dabei als Repräsentant für die jeweilige Funktion dienen. Diese Repräsentanten bilden die Trägermenge für die Definition der Booleschen Ausdrucksalgebra.

Allgemein definieren wir die Menge H als *Menge von Repräsentanten* h_i jeweils einer unendlichen Menge E^i wertverlaufsgleicher Ausdrücke e_i mit $E^i \subset E$. Es gibt für eine gegebene Anzahl n von Eingangsvariablen genau $2^n = |X|$ unterschiedliche Eingangsbelegungen und damit $2^{|X|} = |P(X)|$ unterschiedliche Repräsentanten. Somit gilt:

$$e_i \underset{\circ}{=} h_i \leftrightarrow h_i, e_i \in E^i \qquad |E^i| = \infty, \; |X| = 2^n, \; 0 \le i \le |H| - 1 \tag{3.49}$$

$$|H| = |P(X)| = 2^{2^n} \qquad \text{mit } n = \text{Anzahl der } x\text{-Variablen} \tag{3.50}$$

So gilt beispielsweise für $n = 2$:

$$|X| = 2^2 = 4; \quad |H| = 2^{2^2} = 16 \text{ (siehe auch Tabelle 3.17)}$$

$$H = \{h_0, h_1, \ldots, h_{15}\}$$

$$E^9 = \{x_1 x_0 \vee \overline{x_1}\,\overline{x_0}, \; (\overline{x_1} \vee x_0)(x_1 \vee \overline{x_0}), \; x_1 \sim x_0, \; \ldots\}$$

$$h_9 = x_1 x_0 \vee \overline{x_1}\,\overline{x_0} \text{ als Repräsentant aus } E^9 \text{ in DNF}$$

---

[7] Die »ODER«-Funktion $\{[00] \Rightarrow 0; [01] \Rightarrow 1; [10] \Rightarrow 1; [11] \Rightarrow 1\}$ lässt sich z.B. durch $x_1 \vee x_0$, aber auch durch $x_1 \vee x_0 x_0$, durch $x_1 \vee x_0 x_0 x_0 x_0$ usw. repräsentieren.

[8] Disjunktive Normalform, Konjunktive Normalform – detaillierte Ausführungen dazu siehe Abschnitt 3.2.5.2.

Die Menge H bildet somit die Trägermenge unserer Algebra und wir definieren die Boolesche Ausdrucksalgebra zu:

Boolesche Ausdrucksalgebra (BAA)	Def. (3.3)

$BAA = [H, \vee, \wedge, ^-, 0, 1]$

mit:

- ▨ H als Trägermenge
- ▨ $\vee, \wedge, ^-$ als Operationen
- ▨ 0 als neutrales Element der Disjunktion ($\vee$)
- ▨ 1 als neutrales Element der Konjunktion ($\wedge$)

Die **Axiome** der BAA werden analog zu denen der BMA eingeführt.

Für $h_i, h_j, h_k \in H$ und $h_i \neq h_j \neq h_k$ gelten per Definition:

$$\textit{Kommutativität} \qquad h_i \vee h_j \underset{0}{=} h_j \vee h_i \tag{3.51}$$

$$h_i \wedge h_j \underset{0}{=} h_j \wedge h_i \tag{3.52}$$

$$\textit{Assoziativität} \qquad h_i \vee (h_j \vee h_k) \underset{0}{=} (h_i \vee h_j) \vee h_k \underset{0}{=} h_i \vee h_j \vee h_k \tag{3.53}$$

$$h_i \wedge (h_j \wedge h_k) \underset{0}{=} (h_i \wedge h_j) \wedge h_k \underset{0}{=} h_i \wedge h_j \wedge h_k \tag{3.54}$$

$$\textit{Distributivität} \qquad h_i \vee (h_j \wedge h_k) \underset{0}{=} (h_i \vee h_j) \wedge (h_i \vee h_k) \tag{3.55}$$

$$h_i \wedge (h_j \vee h_k) \underset{0}{=} (h_i \wedge h_j) \vee (h_i \wedge h_k) \tag{3.56}$$

$$\textit{Operationen mit den} \qquad h_i \vee 0 \underset{0}{=} h_i \tag{3.57}$$
$$\textit{neutralen Elementen}$$

$$h_i \wedge 1 \underset{0}{=} h_i \tag{3.58}$$

$$\textit{Komplement} \qquad h_i \vee \overline{h_i} \underset{0}{=} 1 \tag{3.59}$$

$$h_i \wedge \overline{h_i} \underset{0}{=} 0 \tag{3.60}$$

$$\overline{\overline{h_i}} \underset{0}{=} h_i \tag{3.61}$$

$$\overline{0} \underset{0}{=} 1 \tag{3.62}$$

$$\overline{1} \underset{0}{=} 0 \tag{3.63}$$

In der Literatur werden häufig für die Konjunktion auch das Multiplikationszeichen »∗« und für die Disjunktion das Additionszeichen »+« verwendet. Bis auf die Distributivitätsregel (3.55, 3.56) und die Komplementregeln (3.59-3.63) unterscheiden sich die Axiome nicht von denen der »normalen« Zahlenalgebra. Gerade hierin liegt aber die Ursache für die Schwierigkeiten beim Verständnis der Umformungsregeln.

Während die Komplementarität in der Zahlenalgebra keine Entsprechung findet und als »neu« akzeptiert wird, existieren die anderen Axiome ebenfalls. Wir wollen deshalb insbesondere das Axiom der »Distributivität« (3.55, 3.56) und die Auswirkungen mehrfach auftretender identischer Teilausdrücke an Beispielen hervorheben und im Vergleich mit den Rechenregeln der natürlichen Zahlen betrachten (siehe Tabellen 3.6 und 3.7):

Tabelle 3.6 Unterschiede zwischen Zahlenalgebra und BAA (Distributivgesetz)

Zahlenalgebra	BAA
$(a * c) + (b * c) = (a + b) * c$	$(h_j * h_i) + (h_k * h_i) = (h_j + h_k) * h_i$
$(a + c) * (b + c) = a * b + a * c + c * b + c * c$	$(h_j + h_i) * (h_k + h_i) = (h_j * h_k) + h_i$

Tabelle 3.7 Unterschiede zwischen Zahlenalgebra und BAA (identische Teilausdrücke)

Zahlenalgebra	BAA
$a + (b + c) = (a + b) + c = a + b + c$	$h_i + (h_j + h_k) = (h_i + h_j) + h_k = h_i + h_j + h_k$
$a + (b + a) = (a + b) + a = 2 * a + b$	$h_j + (h_j + h_i) = h_i + h_j$
$a * (b + a) = a * b + a * a = a^2 + a * b$	$h_j * (h_j + h_i) = h_j$

Die Zahlenalgebra ist uns seit der Schulzeit so vertraut, dass wir die Unsymmetrie im Distributivgesetz nicht mehr wahrnehmen und uns eher über die Symmetrie in der BAA wundern. In der BAA gelangen wir bei systematischem Austauschen der Operationszeichen stets zu gültigen Regeln, was in der Zahlenalgebra nicht der Fall ist. Diese in der BAA zulässige systematische Austauschbarkeit der Operationszeichen wird auch **Dualitätsprinzip**[9] genannt.

Am einfachsten verdeutlicht man sich die Sinnfälligkeit der Beziehung (3.55) anhand von Analogien zur Schaltungstechnik: Unter einer Konjunktion kann man sich eine Reihenschaltung von Schaltern vorstellen, unter einer Disjunktion deren Parallelschaltung. Verdeutlicht man in dieser Weise die Struktur obiger Ausdrücke, so wird deren Gültigkeit offensichtlich:

Ein Signal kann die Schalter von links nach rechts durchlaufen, wenn mindestens Schalter h_j oder Schalter h_i geschlossen ist und mindestens einer der Schalter h_k

---

[9] Dualitätsprinzip: Sind zwei Ausdrücke äquivalent, dann sind auch ihre dualen Ausdrücke äquivalent (z.B. Axiome 3.51 und 3.52).

Bild 3.6 Distributivgesetz der BAA

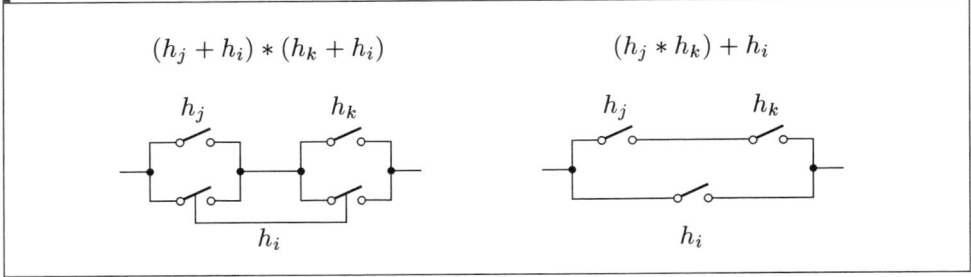

$$(h_j + h_i) * (h_k + h_i) \qquad\qquad (h_j * h_k) + h_i$$

oder h_i geschlossen ist. Da der Schalter h_i in beiden Teilschaltungen vorkommt, kann der untere Bereich der Schaltung entsprechend vereinfacht werden, ohne an der Funktionsweise etwas zu ändern. Für die Umformung schaltalgebraischer Ausdrücke lassen sich aus den Axiomen eine Reihe von Regeln ableiten, die (im mathematischen Sinn) *Sätze* darstellen und als gültig bewiesen werden können.

Im Folgenden sind die wichtigsten Umformungsregeln noch einmal zusammengefasst:

de MORGANsche Regel	$\overline{h_i \vee h_j} \underset{0}{=} \overline{h_i} \wedge \overline{h_j}$	(3.64)
	$\overline{h_i \wedge h_j} \underset{0}{=} \overline{h_i} \vee \overline{h_j}$	(3.65)
Idempotenz	$h_i \vee h_i \underset{0}{=} h_i$	(3.66)
	$h_i \wedge h_i \underset{0}{=} h_i$	(3.67)
Adjunktivität	$h_i \wedge (h_i \vee h_j) \underset{0}{=} h_i$	(3.68)
	$h_i \vee (h_i \wedge h_j) \underset{0}{=} h_i$	(3.69)
Disjunktionsregel	$h_i \vee 1 \underset{0}{=} 1$	(3.70)
Konjunktionsregel	$h_i \wedge 0 \underset{0}{=} 0$	(3.71)
Implikationsregel	$h_i \rightarrow h_j \underset{0}{=} \overline{h_i} \vee h_j$	(3.72)
Äquivalenzregel	$h_i \sim h_j \underset{0}{=} h_i\, h_j \vee \overline{h_i}\, \overline{h_j}$	(3.73)

Antivalenzregel $\qquad h_i \not\sim h_j \overset{}{\underset{0}{=}} \overline{h_i \sim h_j} \overset{}{\underset{0}{=}} h_i \, \overline{h_j} \vee \overline{h_i} \, h_j$ (3.74)

Absorptionsgesetze $\qquad h_i \, h_j \vee \overline{h_i} \, h_j \overset{}{\underset{0}{=}} (h_i \vee h_j)(\overline{h_i} \vee h_j) \overset{}{\underset{0}{=}} h_j$ (3.75)

$$h_i \vee h_i \, h_j \overset{}{\underset{0}{=}} h_i(h_i \vee h_j) \overset{}{\underset{0}{=}} h_i \tag{3.76}$$

$$h_i \vee \overline{h_i} \, h_j \overset{}{\underset{0}{=}} h_i \vee h_j \tag{3.77}$$

$$h_i(\overline{h_i} \vee h_j) \overset{}{\underset{0}{=}} h_i \, h_j \tag{3.78}$$

$$h_i \, h_j \vee h_i \, \overline{h_k} \vee h_j \, h_k \overset{}{\underset{0}{=}} h_i \, \overline{h_k} \vee h_j \, h_k \tag{3.79}$$

$$(h_i \vee h_j)(h_i \vee \overline{h_k})(h_j \vee h_k) \overset{}{\underset{0}{=}} (h_i \vee \overline{h_k})(h_j \vee h_k) \tag{3.80}$$

Wir wollen hier die Vorgehensweise zum Beweis obiger Regeln aus den Axiomen am Beispiel der Herleitung der Regel 3.69 (Adjunktivität) beschreiben.

$$h_i \vee (h_i \wedge h_j) = (h_i \wedge 1) \vee (h_i \wedge h_j) \qquad\qquad \text{nach Regel 3.58}$$

$$= h_i \wedge (1 \vee h_j) \qquad\qquad \text{nach Regel 3.56}$$

$$= h_i \wedge (h_j \vee \overline{h_j} \vee h_j) \qquad\qquad \text{nach Regel 3.59}$$

$$= h_i \wedge (h_j \vee h_j \vee \overline{h_j}) \qquad\qquad \text{nach Regel 3.51}$$

$$= h_i \wedge ((h_j \vee h_j) \vee \overline{h_j}) \qquad\qquad \text{nach Regel 3.53}$$

$$= h_i \wedge ((h_j \vee h_j) \wedge 1 \vee \overline{h_j}) \qquad\qquad \text{nach Regel 3.58}$$

$$= h_i \wedge ((h_j \vee h_j) \wedge (h_j \vee \overline{h_j}) \vee \overline{h_j}) \qquad\qquad \text{nach Regel 3.59}$$

$$= h_i \wedge ((h_j \wedge \overline{h_j}) \vee h_j \vee \overline{h_j}) \qquad\qquad \text{nach Regel 3.55}$$

$$= h_i \wedge (0 \vee h_j \vee \overline{h_j}) \qquad\qquad \text{nach Regel 3.60}$$

$$= h_i \wedge (h_j \vee \overline{h_j}) \qquad\qquad \text{nach Regel 3.57}$$

$$= h_i \wedge 1 \qquad\qquad \text{nach Regel 3.59}$$

$$= h_i \qquad\qquad \text{nach Regel 3.58}$$

Man sieht, dass dies nicht trivial und der Leser gut beraten ist, sich auch einige der Umformungsregeln einzuprägen. Insbesondere gilt dies für die Regeln 3.64 und 3.65.

Für die praxisnahe Beschreibung digitaler Schaltungen hat die hier eingeführte Wertverlaufsgleichheit den Nachteil, dass stets *alle* Belegungen und deren Abbildungen vollständig definiert sein müssen. In der Praxis gibt es jedoch häufig Einschränkungen und Randbedingungen, die bestimmte Belegungen am Eingang einer Schaltung nicht zulassen. Wir werden deshalb im nächsten Abschnitt den Begriff der Wertverlaufsgleichheit erweitern bzw. verallgemeinern und folgen dabei der Methodik aus [Kra91]. Die in diesem Abschnitt definierte Wertverlaufsgleichheit erscheint dabei als Spezialfall.

3.2.4 Verallgemeinerte Wertverlaufsgleichheit

Zum besseren Verständnis wollen wir zunächst wieder ein Beispiel betrachten: In einem Pegelmesser nach Bild 3.7 ist es nicht möglich, dass der Pegelfühler x_0 eine 0 und der Pegelfühler x_1 eine 1 meldet, da Pegel 1 nur erreicht wird, wenn auch Pegel 0 erreicht ist, d.h. $x_1 \rightarrow x_0 = 1$.

Bild 3.7 Einrichtung zur Pegelmessung

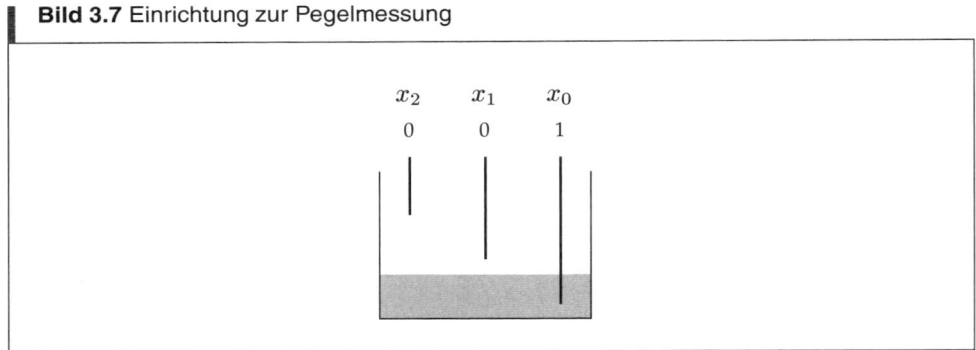

Für die praktische Realisierung einer Auswerteschaltung bedeutet dies, dass nur für bestimmte Eingangsbelegungen ein Funktionswert zu garantieren ist, während die weiteren möglichen Eingangsbelegungen für die Funktion der Schaltung unwichtig sind. Man nennt solche Funktionen, die nur für einen Teil (oder *Part*) des Vorbereiches definiert sind, **partielle Funktionen**. Um Ausdrücke als gleich bezeichnen zu können, die diese Anforderungen erfüllen, muss die Übereinstimmung des Funktionswertes nur für bestimmte Werte des Vorbereiches erfüllt sein. Die nicht interessierenden Eingangsbelegungen (auch »don't cares« bzw. »verbotene Eingangsbelegungen« genannt) fassen wir zur **Menge X^*** zusammen und repräsentieren sie durch einen Ausdruck, den wir mit h^* bezeichnen. In der Wertetabelle 3.8 ist dieser nicht definierte Bereich $X^* = \{X_2, X_4, X_5, X_6\}$ sowie der Wertverlauf des Ausdrucks h^* grau unterlegt.

Wir notieren den Wertverlauf einer partiellen Funktion in der Wertetabelle, indem wir – außer den determinierten Funktionswerten – als Funktionswert der verbotenen Eingangsbelegungen $X_i \in X^*$ einen »∗« eintragen. Diese können bei der Realisierung für Optimierungszwecke genutzt werden und beliebig zu »0« oder »1« gewählt werden.

Tabelle 3.8 Partielle Funktion

i	x_2	x_1	x_0	$W(h^*, X_k)$	$W(h^r, X_k)$	$W(h_i, X_k)$	$W(h_j, X_k)$	$W(h^\bullet, X_k)$
0	0	0	0	0	0	0	0	0
1	0	0	1	0	0	0	0	0
2	0	1	0	1	∗	0	0	0
3	0	1	1	0	1	1	1	0
4	1	0	0	1	∗	0	1	1
5	1	0	1	1	∗	0	1	1
6	1	1	0	1	∗	0	1	1
7	1	1	1	0	1	1	1	0

Greifen wir hier den Gedanken der X-Partitionierung aus Abschnitt 3.2.2 wieder auf, stellen wir fest, dass die Eingangsbelegungsmenge X nun in drei disjunkte Teilmengen X^0, X^1 und X^* mit folgenden Eigenschaften partitioniert wird:

$$X^0 = \left\{ X_i \mid \mathcal{W}(h_j, X_i) \underset{0}{=} 0 \right\} \tag{3.81}$$

$$X^1 = \left\{ X_i \mid \mathcal{W}(h_j, X_i) \underset{0}{=} 1 \right\} \tag{3.82}$$

$$X^* = \left\{ X_i \mid \mathcal{W}(h^*, X_i) = 1 \right\} \tag{3.83}$$

$$X = X^0 \cup X^1 \cup X^* \tag{3.84}$$

$$X^1 \cap X^0 \cup X^0 \cap X^* \cup X^1 \cap X^* = \emptyset \tag{3.85}$$

Bild 3.8 stellt diesen Zusammenhang für den Ausdruck h^r aus Tabelle 3.8 noch einmal grafisch dar.

Tabelle 3.8 enthält darüber hinaus den Wertverlauf zweier Ausdrücke h_i und h_j, die wir bereits aus Tabelle 3.5 kennen und somit ohne Vorgriff auf Abschnitt 3.2.5 verwenden können. Sie dienen uns für die weiteren Ausführungen als Beispiel.

Für die Verallgemeinerung der Wertverlaufsgleichheit müssen wir die Definition der »strengen« Wertverlaufsgleichheit (Gleichung 3.48) um eine Aussage zum Wert von h^*, d.h. $W(h^*, X_k)$ disjunktiv erweitern. Dadurch beziehen wir die verbotenen Eingangsbelegungen (repräsentiert durch den Ausdruck h^*) ein und erfassen die Belegungen, bei denen die Funktion nicht definiert ist.

Bild 3.8 Verallgemeinerte X-Partitionierung für h^r aus Tabelle 3.8

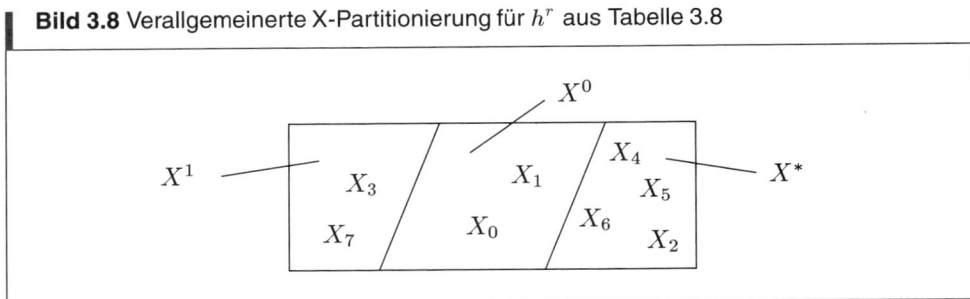

Die **verallgemeinerte Wertverlaufsgleichheit**[10] (in Zeichen »$\underset{*}{=}$«) zweier Ausdrücke h_i und h_j wird wie folgt definiert:

$$h_i \underset{*}{=} h_j \Leftrightarrow \forall X_k \Big(\big(W(h_i, X_k) = W(h_j, X_k) \big) \vee \big(W(h^*, X_k) = 1 \big) \Big) \qquad (3.86)$$

Falls der Ausdruck h^* für alle Belegungen den Wert 0 hat, d.h. keine don't cares existieren ($X^* = \emptyset$), liefert obige Beziehung wieder die Definition der »strengen« Wertverlaufsgleichheit, wodurch die Verwendung des Symbols »$\underset{0}{=}$« (wertverlaufsgleich bezüglich 0) plausibel wird.

Betrachten wir die Ausdrücke $h_i = x_1 x_0$ und $h_j = x_2 \vee x_1 x_0$ aus Tabelle 3.8 bzw. Tabelle 3.5, so stellen wir fest, dass offenbar *beide* den gleichen Wertverlauf bzgl. h^* haben, auch wenn sie bei den Belegungen X_4, X_5 und $X_6 \in X^*$ unterschiedliche Funktionswerte liefern. Wir könnten also eine Schaltung, die den partiell definierten Wertverlauf eines Ausdrucks h^r erzeugen soll, sowohl nach Ausdruck $h_i = x_1 x_0$ als auch nach Ausdruck $h_j = x_2 \vee x_1 x_0$ realisieren.

Insgesamt gibt es bei vier verbotenen Eingangsbelegungen 2^4 unterschiedliche Wertverläufe, die als Realisierungsgrundlage für verschiedene Schaltungsrealisierungen genutzt werden können. h_i und h_j sind zwei Beispiele dafür.

In den folgenden Abschnitten werden wir diese Betrachtung wieder aufgreifen und die praktischen Konsequenzen daraus erläutern.

Hier wollen wir uns zunächst mit den weiteren Konsequenzen der verallgemeinerten Wertverlaufsgleichheit für die Umformung schaltalgebraischer Ausdrücke beschäftigen. Betrachtet man die Ausdrücke $h_i = x_1 x_0$ und $h_j = x_2 \vee x_1 x_0$ aus Tabelle 3.8, so ist offensichtlich nur eine Teilmenge von X^* notwendig, um deren verallgemeinerte Wertverlaufsgleichheit sicherzustellen. Bei der Belegung X_2 liefern beide Ausdrücke den gleichen Funktionswert 0, sodass der ebenfalls in Tabelle 3.8 enthaltene Ausdruck $h^\bullet$ bereits die verallgemeinerte Wertverlaufsgleichheit beider Ausdrücke gewährleistet. Der Ausdruck $h^\bullet$ repräsentiert eine Teilmenge $X^\bullet \subseteq X^*$ und genügt folgenden Beziehungen:

---

[10] Sprechweise für $h_i \underset{*}{=} h_j$: »*Ausdruck h_i ist bezüglich h^* wertverlaufsgleich mit Ausdruck h_j*«

$$h^{\bullet} = h_i \not\sim h_j \tag{3.87}$$

$$h^{\bullet} \to h^* \underset{0}{=} 1 \tag{3.88}$$

Während die Menge X^* (repräsentiert durch den Ausdruck h^*) die technologischen Randbedingungen eines digitalen Systems erfasst, beschreibt der Ausdruck $h^{\bullet}$ die Menge der Belegungen $X^{\bullet}$, in denen sich zwei gegebene Ausdrücke h_i und h_j unterscheiden. Nur wenn $X^{\bullet} \subseteq X^*$ und damit $h_i \underset{*}{=} h_j$ gilt, d.h. alle Belegungen in $X^{\bullet}$ als (technologisch) »verbotene« Eingangsbelegungen spezifiziert sind, kann das digitale System wahlweise mit einem der beiden Ausdrücke realisiert werden. Wir wollen dies im Weiteren voraussetzen, d.h. nur solche Ausdrücke betrachten, die sich ausschließlich in Belegungen aus X^* unterscheiden und somit die Gleichung 3.88 erfüllen. Gemäß dieser Verallgemeinerung gelten auch **verallgemeinerte Umformungsregeln**, von denen hier die wichtigsten aufgeführt seien:

$$h_i \underset{*}{=} h_i \vee h^{\bullet} \qquad \text{(verallgemeinerte Disjunktionsregel)} \tag{3.89}$$

$$h_i \underset{*}{=} h_i \wedge \overline{h^{\bullet}} \qquad \text{(verallgemeinerte Konjunktionsregel)} \tag{3.90}$$

Bild 3.9 zeigt diesen Zusammenhang grafisch, wobei X^* die 1-Menge von h^* sowie X^i und X^j die 1-Mengen zweier Ausdrücke h_i und h_j darstellen und $I^*, I^{\bullet}, I^i$ und I^j die dazugehörigen Indexmengen.

Bild 3.9 Zusammenhang zwischen X^*, $X^{\bullet}$, X^i und X^j bzw. I^*, $I^{\bullet}$, I^i und I^j

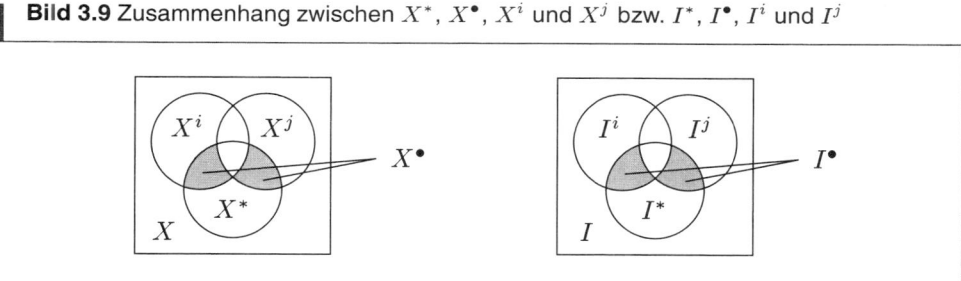

Ein $h^{\bullet}$, welches die Äquivalenz von h_i und h_j bezüglich h^* gewährleistet, hätte dann die Form

$$h^{\bullet} = h^* \overline{(h_i \sim h_j)} \tag{3.91}$$

$$\overline{h^{\bullet}} = \overline{h^*} \vee (h_i \sim h_j) \tag{3.92}$$

Analog würde für die Eingangsbelegungen

$$X^{\bullet} = \left(X^* \cap (X^i \cup X^j) \right) \cap \overline{(X^i \cap X^j)} \tag{3.93}$$

bzw. die Indexmengen

$$I^{\bullet} = \left(I^* \cap (I^i \cup I^j)\right) \cap \overline{(I^i \cap I^j)} \tag{3.94}$$

gelten.

Nachfolgend wollen wir drei Beispiele zur wertverlaufsgleichen Umformung unter Nutzung von h^* zeigen, die alle den Ausdruck $h^* = x_1\overline{x_0} \vee x_2\overline{x_1}x_0$ für die Umformung nutzen. Der Ausdruck $h_i = \overline{x_1}$, der die Belegungsmenge $X^i = \{X_0, X_1, X_4, X_5\}$ repräsentiert, soll ebenfalls für alle drei Beispiele gleich sein. Wir repräsentieren die Ausdrücke jeweils durch die zugehörigen 1-Belegungsmengen, zum Beispiel h^* durch die Belegungsmenge $X^* = \{X_2, X_5, X_6\}$, wobei wir zur besseren Übersichtlichkeit nur die Indizes der Belegungen notieren. Für $X^* = \{X_2, X_5, X_6\}$ schreiben wir dementsprechend als Indexmenge $I^* = \{2, 5, 6\}$.

Beispiel 3.1 *Anwendung der **verallgemeinerten Disjunktionsregel***
Gegeben sei neben dem Ausdruck h_i der Ausdruck $h_j = \overline{x_1}(\overline{x_2} \vee \overline{x_0})$, der die Belegungsmenge $I_j^1 = \{0, 1, 4\}$ repräsentiert (siehe Tabelle 3.9).

Die verallgemeinerte Disjunktionsregel (Regel 3.89) erlaubt es uns, Terme aus h^* hinzuzufügen, was einer Vereinigung der zugehörigen Belegungsmengen entspricht. Entsprechend kann man auf der Ebene der Belegungen Teilmengen oder einzelne Belegungen aus X^* als $X^{\bullet}$ wählen, um fehlende Belegungen mithilfe der Vereinigungs-Operation ($\cup$) zu ergänzen. Mit $I^{\bullet} = \{5\}$ ergibt sich für dieses Beispiel:

$$I_j^1 \cup I^{\bullet} = \{0, 1, 4\} \cup \{5\} = \{0, 1, 4, 5\}$$

Tabelle 3.9 Anwendung der verallgemeinerten Disjunktionsregel

i	x_2	x_1	x_0	h^*	h_i	h_j	$h^{\bullet}$	$h_j \vee h^{\bullet} \underset{*}{=} h_i$
0	0	0	0	0	1	1	0	1
1	0	0	1	0	1	1	0	1
2	0	1	0	1	0	0	0	0
3	0	1	1	0	0	0	0	0
4	1	0	0	0	1	1	0	1
5	1	0	1	1	1	0	1	1
6	1	1	0	1	0	0	0	0
7	1	1	1	0	0	0	0	0

Das gleiche Ergebnis kann man auch unter Nutzung von Regel 3.89 mithilfe wertverlaufsgleicher Umformungen in der BAA nachweisen:

$$h_j \vee h^{\bullet} \underset{*}{=} \overline{x_1}(\overline{x_2} \vee \overline{x_0}) \vee x_2\overline{x_1}x_0$$

$$\underset{*}{=} \overline{x_2}\ \overline{x_1} \vee \overline{x_1}\ \overline{x_0} \vee x_2\overline{x_1}x_0$$

$$\underset{*}{=} \overline{x_1}(\overline{x_2} \vee \overline{x_0} \vee x_2x_0)$$

$$\underset{*}{=} \overline{x_1}(\overline{x_2} \vee x_0 \vee \overline{x_0})$$

$$\underset{*}{=} \overline{x_1}$$

$$\underset{*}{=} h_i$$

Bild 3.10 stellt diesen Zusammenhang grafisch dar.

Bild 3.10 Anwendung der verallgemeinerten Disjunktionsregel

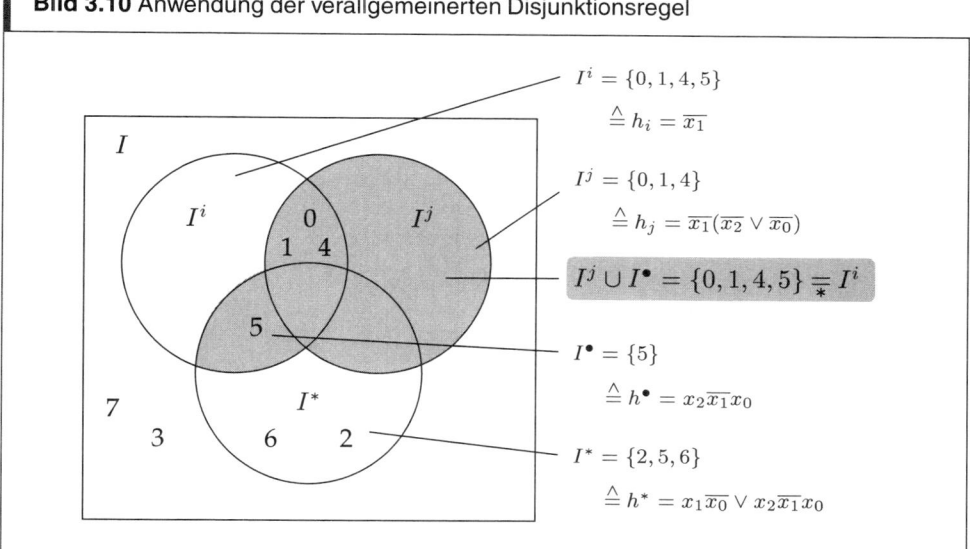

$I^i = \{0, 1, 4, 5\}$
$\overset{\triangle}{=} h_i = \overline{x_1}$

$I^j = \{0, 1, 4\}$
$\overset{\triangle}{=} h_j = \overline{x_1}(\overline{x_2} \vee \overline{x_0})$

$I^j \cup I^{\bullet} = \{0, 1, 4, 5\} \underset{*}{=} I^i$

$I^{\bullet} = \{5\}$
$\overset{\triangle}{=} h^{\bullet} = x_2\overline{x_1}x_0$

$I^* = \{2, 5, 6\}$
$\overset{\triangle}{=} h^* = x_1\overline{x_0} \vee x_2\overline{x_1}x_0$

Beispiel 3.2 *Anwendung der **verallgemeinerten Konjunktionsregel***

Der Ausdruck $h_k = \overline{x_1} \vee \overline{x_2}\ \overline{x_0}$ (siehe Tabelle 3.10), repräsentiert durch die Menge der Eingangsbelegungs-Indizes $I_k^1 = \{0, 1, 2, 4, 5\}$, lässt sich mithilfe der verallgemeinerten Konjunktionsregel (Regel 3.90) ebenfalls in den Ausdruck h_i umformen. Die Konjunktionsregel bewirkt dabei, dass die in $h^{\bullet}$ gewählten Anteile von h^* aus dem entsprechenden Ausdruck entfernt werden. Als äquivalente Umformung in der BMA wird die Schnittoperation ($\cap$) ausgeführt. Wir wählen für unser Beispiel $I^{\bullet} = \{2\}$ und somit $\overline{I^{\bullet}} = \{0, 1, 3, 4, 5, 6, 7\}$:

$$I^k \cap \overline{I^{\bullet}} = \{0, 1, 2, 4, 5\} \cap \{0, 1, 3, 4, 5, 6, 7\} = \{0, 1, 4, 5\}$$

Tabelle 3.10 Anwendung der verallgemeinerten Konjunktionsregel

i	x_2	x_1	x_0	h^*	h_i	h_k	$h^\bullet$	$\overline{h^\bullet}$	$h_k \overline{h^\bullet} \underset{*}{=} h_i$
0	0	0	0	0	1	1	0	1	1
1	0	0	1	0	1	1	0	1	1
2	0	1	0	1	0	1	1	0	0
3	0	1	1	0	0	0	0	1	0
4	1	0	0	0	1	1	0	1	1
5	1	0	1	1	1	1	0	1	1
6	1	1	0	1	0	0	0	1	0
7	1	1	1	0	0	0	0	1	0

Für die Ausdrücke gilt entsprechend (3.90) in der BAA:

$$h_k \wedge h^\bullet \quad \underset{*}{=} \quad (\overline{x_1} \vee \overline{x_2}\,\overline{x_0})(\overline{\overline{x_2}\,x_1\,\overline{x_0}})$$

$$\underset{*}{=} \quad (\overline{x_1} \vee \overline{x_2}\,\overline{x_0})(x_2 \vee \overline{x_1} \vee x_0)$$

$$\underset{*}{=} \quad x_2\overline{x_1} \vee \overline{x_1} \vee \overline{x_2}\,\overline{x_1}\,\overline{x_0} \vee \overline{x_1}x_0$$

$$\underset{*}{=} \quad \overline{x_1}$$

$$\underset{*}{=} \quad h_i$$

Dieser Zusammenhang ist in Bild 3.11 dargestellt.

Beispiel 3.3 *Kombinierte Anwendung der verallgemeinerten Disjunktions- und Konjunktionsregeln*

Der Ausdruck $h_l = \overline{x_2}(\overline{x_1} \vee \overline{x_0}) \vee \overline{x_1}\,\overline{x_0}$, repräsentiert durch die Menge $I^l = \{0,1,2,4\}$, erfordert ein kombiniertes Anwenden von Disjunktions- und Konjunktionsregel, um ebenfalls zur Menge $I^i = \{0,1,4,5\}$ zu gelangen (siehe Tabelle 3.11).

Dabei ist – abweichend zu Beispiel 3.1 – die Disjunktionsregel so anzuwenden, dass dabei der mithilfe der Konjunktionsregel eliminierte Teil aus $I^\bullet$ (in unserem Beispiel die Belegung X_2, d.h. Index 2) nicht wieder hinzugefügt wird. Wir suchen deshalb zunächst einen Ausdruck, der nur den außerhalb von $I^\bullet$ liegenden Anteil beschreibt. Ausgehend von der auf unser Beispiel angewendeten, verallgemeinerten Disjunktionsregel (3.90) in Index-Mengendarstellung

$$I^l \underset{*}{=} I^l \cup I^\bullet$$

erhalten wir durch Schnittbildung mit dem neutralen Element I (siehe 3.46) und entsprechender Umformung

$$I^l \cup I^\bullet = (I^l \cup I^\bullet) \cap I = (I^l \cup I^\bullet) \cap (I^l \cup \overline{I^l}) = I^l \cup \overline{I^l} \cap I^\bullet$$

Bild 3.11 Anwendung der verallgemeinerten Konjunktionsregel

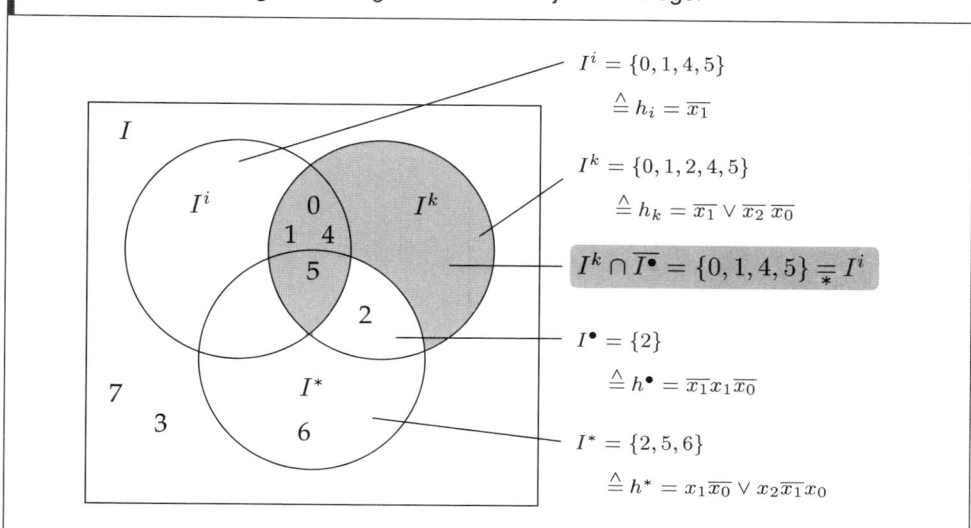

$$I^i = \{0, 1, 4, 5\}$$
$$\stackrel{\triangle}{=} h_i = \overline{x_1}$$

$$I^k = \{0, 1, 2, 4, 5\}$$
$$\stackrel{\triangle}{=} h_k = \overline{x_1} \vee \overline{x_2}\,\overline{x_0}$$

$$I^k \cap \overline{I^\bullet} = \{0, 1, 4, 5\} \underset{*}{=} I^i$$

$$I^\bullet = \{2\}$$
$$\stackrel{\triangle}{=} h^\bullet = \overline{x_1} x_1 \overline{x_0}$$

$$I^* = \{2, 5, 6\}$$
$$\stackrel{\triangle}{=} h^* = x_1 \overline{x_0} \vee x_2 \overline{x_1} x_0$$

Tabelle 3.11 Verallgemeinerte Disjunktions- und Konjunktionsregel

i	x_2	x_1	x_0	h^*	h_i	h_l	$h^\bullet$	$h_l \overline{h^\bullet}$	$\overline{h_l} h^\bullet$	$h_l \overline{h^\bullet} \vee \overline{h_l} h^\bullet \underset{*}{=} h_i$
0	0	0	0	0	1	1	0	1	0	1
1	0	0	1	0	1	1	0	1	0	1
2	0	1	0	1	0	1	1	0	0	0
3	0	1	1	0	0	0	0	0	0	0
4	1	0	0	0	1	1	0	1	0	1
5	1	0	1	1	1	0	1	0	1	1
6	1	1	0	1	0	0	0	0	0	0
7	1	1	1	0	0	0	0	0	0	0

einen Ausdruck, der den zu ergänzenden, außerhalb von $\{2\} \in I^\bullet$ liegenden Anteil enthält. Lassen wir nun in der Beziehung $I^l \cup \overline{I^l} \cap I^\bullet$ den Anteil I^l weg, erhalten wir offensichtlich die Beschreibung für den gesuchten Anteil von $I^\bullet$ als $\overline{I^l} \cap I^\bullet$. Es sind dies offensichtlich alle Belegungen aus $X^\bullet$, die nicht in X^l liegen, d.h. die für die Ergänzung von X^l benötigten Elemente aus $X^\bullet$. Die Konjunktionsregel kann wie in Beispiel 3.2 angewendet werden, sodass wir als Gesamtmenge für die gesuchte Operation zur Ermittlung einer zu I^i bezüglich I^* wertverlaufsgleichen Menge folgende Belegungsindexmenge erhalten (siehe Bild 3.12):

$$I^i \underset{*}{=} \overline{I^l} \cap I^\bullet \cup I^l \cap \overline{I^\bullet}$$

Bild 3.12 Verallgemeinerte Disjunktions- und Konjunktionsregel

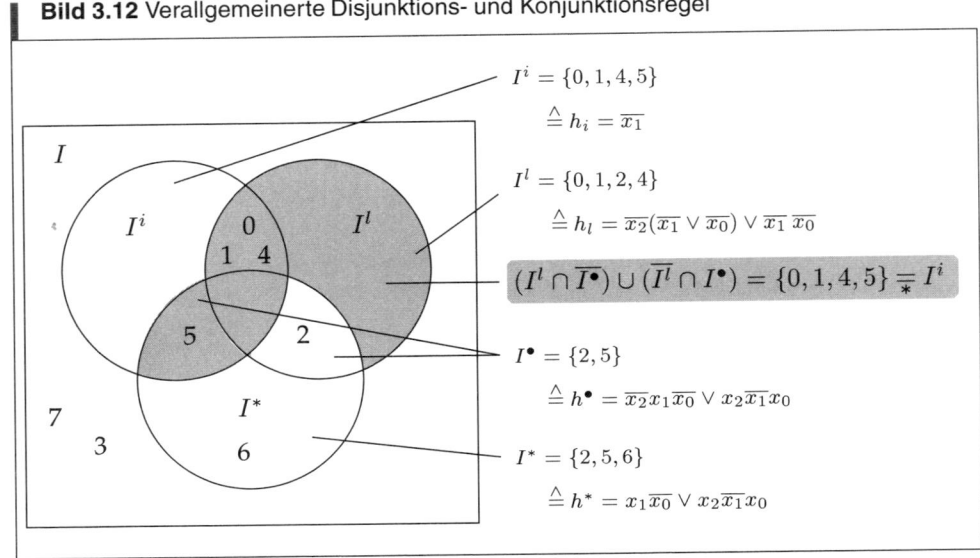

Die in diesem Beispiel beschriebenen Operationen lassen sich – analog der beiden vorangegangenen Beispiele – natürlich auch mithilfe der Ausdrucksalgebra durchführen. Dies sei dem interessierten Leser zur Übung überlassen.

In Abschnitt 3.2.5.1 werden wir die eben vorgestellten Regeln vorteilhaft zur Minimierung schaltalgebraischer Ausdrücke nutzen und auf diese Beispiele zurückkommen.

Während X^* den technologisch erlaubten Rahmen für die verallgemeinerte Umformung setzt, erfasst $h^\bullet$ die tatsächlich bei der Umformung genutzten Terme. Damit sind wir in der Lage, Ausdrücke wertverlaufsgleich umzuformen und können uns im nächsten Abschnitt der Ermittlung von schaltalgebraischen Ausdrücken aus Wertetabellen widmen.

3.2.5 Gleichungen und Normalformen

Vor der Einführung der Booleschen Ausdrucksalgebra haben wir uns bereits in Abschnitt 3.2.2 ausführlich mit der Gleichheit von schaltalgebraischen Ausdrücken beschäftigt und definiert, dass zwei Ausdrücke gleich sind, wenn sie den gleichen Wertverlauf haben. Diesen Sachverhalt haben wir als

$$h_i = h_j$$

notiert.

Betrachtet man zwei beliebige Ausdrücke und versucht deren Gleichheit nachzuweisen, so muss man entweder den einen auf die syntaktische Struktur des anderen Ausdrucks umformen oder beide Ausdrücke in eine dritte syntaktische Struktur überführen. Eine weitere Möglichkeit besteht darin, nachzuweisen, dass beide Ausdrücke die gleiche Wertetabelle repräsentieren. Bei beiden Verfahren können die gleichen Variablen sowohl auf der linken als auch auf der rechten Seite der Gleichung auftreten. Wir bezeichnen sie als implizite Gleichungen und diskutieren sie in Abschnitt 3.2.5.4.

3.2.5.1 Explizite Gleichungen und Elementarterme

In diesem Abschnitt betrachten wir eine andere Form der Gleichheit, bei der der Wertverlauf einer Variablen *explizit* dem Wertverlauf eines Ausdrucks gleichgesetzt wird. Diese Gleichsetzung realisieren wir, wenn wir das funktionelle Verhalten einer Ausgangsvariablen y_k einer digitalen Schaltung mithilfe eines Ausdrucks in Eingangsvariablen der Schaltung beschreiben. Wir nehmen damit a priori eine Dekomposition[11] der Ausgabefunktion in unabhängige Teilschaltungen vor und erhalten Gleichungen der Form

$$y_k = h(x) \tag{3.95}$$

mit $y_k \in y$. Wir beschreiben die Funktion einer digitalen Schaltung mit mehreren Ausgängen durch ein Gleichungssystem mit $m = |y|$ **expliziten Gleichungen**. Ein *Gleichungssystem* mit m Gleichungen bezeichnen wir mit

$$y = h(x), \tag{3.96}$$

einzelne Gleichungen mit

$$y_k = h_k(x). \tag{3.97}$$

Den Index k lassen wir im Allgemeinen bei $h(x)$ weg, da der Bezug eindeutig aus der Indizierung von y hervorgeht.

Ausgangspunkt für die Notation dieser Gleichungen kann eine direkte Interpretation der Aufgabenstellung sein, d.h. die BAA wird als *primäres Beschreibungsmittel genutzt*. Die Methode besteht darin, die zusammengesetzten Aussagen der Aufgabenstellung als schaltalgebraische Ausdrücke zu formulieren. Z.B. könnte die Aufgabenstellung

»*Die Alarmanlage in Raum 1 (y_1) soll ausgelöst werden, wenn das Fenster (x_0) **oder** der Notausgang (x_1) geöffnet sind **und** der Bewegungsmelder (x_2) anspricht.*«

als schaltalgebraischer Ausdruck

$$y_1 = (x_0 \vee x_1)x_2$$

---

[11] Siehe dazu Abschnitt 8.2

notiert werden und würde tatsächlich eine Lösung ergeben. Dieses Verfahren ist für kleine, überschaubare Aufgabenstellungen durchaus praktikabel. Es zeigt sich jedoch, dass **verbale Aufgabenstellungen** nicht immer konsistent, d.h. vollständig und widerspruchsfrei formuliert und unterschiedlich interpretierbar sind. Folgendes Beispiel aus der Spezifikation zur Überwachung des Schiebedachs eines Automobils illustriert diese Unzulänglichkeit:

> »*Das Schiebedach ist ok (y), wenn der Öffnungskontakt (x_0) **oder** der Schließkontakt (x_1) funktionieren **oder beide nicht** aktiv sind (Mittelstellung des Daches).*«

Nach der Methode des vorigen Beispiels würden wir daraus den Ausdruck

$$y = x_0 \vee x_1 \vee \overline{x_0 x_1}$$

ableiten, der sich nach Anwendung der Umformungsregeln 3.65, 3.59 und 3.70 als Tautologie

$$y = 1$$

erweist.

Was eigentlich verbal ausgedrückt werden sollte, zeigt der Wertverlauf in Tabelle 3.12:

Tabelle 3.12 Beispiel »Schiebedachüberwachung«

i	x_1	x_0	y
0	0	0	1
1	0	1	1
2	1	0	1
3	1	1	0

Es ist also äußerste Vorsicht geboten! Wir haben gleich zwei Missverständnisse in unseren Ausdruck eingebaut:

1. Das Wort »*oder*« meint umgangssprachlich »*entweder oder*«, die ODER-Funktion liefert aber auch eine 1, wenn beide Variablen mit 1 belegt sind (X_3!).

2. »*Beide nicht*« kann umgangssprachlich sowohl als »x_1 *und* x_0 *nicht*« aber auch als »x_1 *nicht und* x_0 *nicht*« ausgedrückt werden und meint immer dasselbe. Als Ausdruck formuliert führt dies jedoch zu völlig unterschiedlichen Wertverläufen.

Tabelle 3.13 zeigt die einzelnen verbalen Formulierungen, deren Umsetzung in schaltalgebraische Ausdrücke sowie die entsprechenden Wertverläufe. Der grau hinterlegte Bereich zeigt die fehlerhaften Interpretationen.

Tabelle 3.13 Interpretationsmöglichkeiten verbaler Aufgabenstellungen

i	x_1	x_0	x_1 oder x_0	$x_1 \vee x_0$	beide nicht	x_1 und x_0 nicht	$\overline{x_1 x_0}$	x_1 nicht und x_0 nicht	$\overline{x_1}\,\overline{x_0}$
0	0	0	0	0	1	1	1	1	1
1	0	1	1	1	0	0	1	0	0
2	1	0	1	1	0	0	1	0	0
3	1	1	0	1	0	0	0	0	0

Diese Fehler können mit formalen Methoden erkannt und vermieden werden.

Eine weitere Möglichkeit, explizite *Gleichungen* aufzustellen besteht darin, diese *aus einer Wertetabelle abzuleiten*. Ziel ist es, für das Beispiel aus Tabelle 3.5 den ursprünglichen Ausdruck $x_0 x_1 \vee x_2$ aus der Wertetabelle 3.14 zu reproduzieren. Wir gehen dabei schrittweise vor und suchen zunächst nach einer zusammengesetzten Aussage, die einen Ausdruck beschreibt, der für *genau eine Zeile* der Wertetabelle den Wert 1 hat. Für Zeile 7 hat eine solche verbale Beschreibung die Form:

> »*Eingangsvariable x_2* **und** *Eingangsvariable x_1* **und** *Eingangsvariable x_0 haben alle den Wert 1.*«

Tabelle 3.14 Ermittlung von Elementarkonjunktionen

i	x_2	x_1	x_0	$W(x_2 \vee x_1 x_0, X_i)$
0	0	0	0	0
1	0	0	1	0
2	0	1	0	0
3	0	1	1	1
4	1	0	0	1
5	1	0	1	1
6	1	1	0	1
7	1	1	1	1

Als schaltalgebraischen Ausdruck erhalten wir einen Ausdruck, der nur bei der Belegung X_7 den Wert »1«, sonst den Wert »0« hat und aus der Konjunktion aller Eingangsvariablen besteht. Wir bezeichnen ihn deshalb mit klein k und versehen ihn mit dem Index 7 der Belegung (X_7), bei der er den Wert »1« annimmt:

$$k_7 = x_2 \wedge x_1 \wedge x_0$$

In den weiteren Belegungen der Wertetabelle sind Variablen auch mit dem Wert »0« belegt, sodass die Formulierung für Zeile 6 z.B. lauten müsste:

> »*Eingangsvariable* x_2 *und Eingangsvariable* x_1 *haben den Wert 1 und Eingangsvariable* x_0 *hat nicht den Wert 1.*«

$$k_6 = x_2 \wedge x_1 \wedge \overline{x_0}$$

Die gesamte Funktion aus Tabelle 3.14 können wir durch einen Ausdruck beschreiben, der sich ausschließlich aus solchen elementaren Termen zusammensetzt. Wir nennen diese Form von Termen **Elementarkonjunktion**[12] und ermitteln sie allgemein nach folgender Beziehung:

$$\text{Elementarkonjunktion} \quad k_i(x) = \bigwedge_{r=0}^{n-1} (X_i(x_r) \sim x_r) \qquad (3.98)$$

Das Zeichen »$\wedge$« ist dabei als Präfixnotation des Konjunktions-Operators analog des in der Mathematik üblichen Produkt-Zeichens »$\prod$« zu interpretieren.

So berechnet sich z.B. die Elementarkonjunktion k_3 für $i = 3$ nach Gleichung 3.98 folgendermaßen:

i	x_2	x_1	x_0
0	0	0	0
1	0	0	1
2	0	1	0
3	0	1	1
$\vdots$	$\vdots$	$\vdots$	$\vdots$

$$\begin{aligned}
k_3(x) &= ((X_3(x_0) \sim x_0) \wedge (X_3(x_1) \sim x_1) \wedge (X_3(x_2) \sim x_2)) \\
&= (1 \sim x_0)(1 \sim x_1)(0 \sim x_2) \\
&= (1x_0 \vee 0\overline{x_0})(1x_1 \vee 0\overline{x_1})(0x_2 \vee 1\overline{x_2}) \\
&= (x_0 \vee 0)(x_1 \vee 0)(0 \vee \overline{x_2}) \\
&= x_0 x_1 \overline{x_2} \\
&= \overline{x_2} x_1 x_0
\end{aligned}$$

Mit gleichem Erfolg können wir auch einen Ausdruck ermitteln, der für genau eine Zeile den Wert »0« hat und daraus den Gesamtausdruck zusammensetzen. Eine disjunktive Verknüpfung aller Variablen erfüllt diese Bedingung, da bei disjunktiv verknüpften Variablen alle Bits den Wert »0« haben müssen, um den Gesamtausdruck auf »0« abzubilden und bereits der Wechsel *eines* Bits ausreicht, um den Gesamtausdruck auf »1« abzubilden (Regel 3.70). Gemäß dem Dualitätsprinzip müssen wir nur konsequent das Gegenteil der zur Ermittlung von Elementarkonjunktionen durchgeführten Schritte ausführen, d.h. Disjunktion statt Konjunktion, »0« statt »1«, negierte Variable statt unnegierte verwenden und erhalten so die **Elementardisjunktion**[13]. Beispielsweise hat d_1 die folgende Form:

$$d_1 = x_2 \vee x_1 \vee \overline{x_0}$$

---

[12] auch Minterm genannt (repräsentiert die minimale Anzahl von 1-Belegungen, da k_i nur bei der Belegung X_i den Wert »1« hat).

[13] auch Maxterm genannt (repräsentiert die maximale Anzahl von 1-Belegungen ($2^n - 1$), da d_i für alle Belegungen außer X_i den Wert »1« annimmt).

Allgemein gilt:

$$\textit{Elementardisjunktion} \quad d_i(x) = \bigvee_{r=0}^{n-1} (X_i(x_r) \not\sim x_r) \tag{3.99}$$

Hierbei ist das Zeichen »$\vee$« als Präfixnotation des Disjunktions-Operators analog der Verwendung eines Summen-Zeichens »$\sum$« in der Mathematik zu interpretieren.

Durch eine disjunktive Verknüpfung aller Elementarkonjunktionen, die auf »1« abgebildet werden, oder eine konjunktive Verknüpfung aller Elementardisjunktionen, die auf »0« abgebildet werden, erhalten wir jeweils einen Ausdruck, der die Funktion der Wertetabelle repräsentiert. Damit wir den Ausdruck aus Tabelle 3.14 erhalten, müssen wir allerdings noch wertverlaufsgleiche Umformungen nach (3.51) bis (3.80) ausführen, um zu der ursprünglichen syntaktischen Form zu kommen. In Abschnitt 3.3 werden wir systematische Methoden für diese Umformungen einführen.

Elementarkonjunktionen und Elementardisjunktionen bilden die elementaren Bestandteile von kanonischen Normalformen, die u.a. Gegenstand des nächsten Abschnittes sind.

3.2.5.2 Normalformen

Unter einer **Normalform** versteht man einen Ausdruck, der eine einheitliche syntaktische Struktur besitzt und dementsprechend mit einer allgemeinen Formel beschrieben werden kann. Die in Abschnitt 3.2.5.1 diskutierte Methode der Ermittlung expliziter Gleichungen aus Elementartermen führt zu kanonischen Normalformen, d.h. Normalformen, bei denen in jedem Term alle Variablen (»im Kanon«) vorkommen. Kanonische Formen von beliebigen schaltalgebraischen Ausdrücken sind (bis auf die Reihenfolge der Terme) identisch und ineinander überführbar. Damit ist es möglich, die Wertverlaufsgleichheit zweier Ausdrücke auch mithilfe der kanonischen Normalformen nachzuweisen.

Die folgenden Definitionen beschreiben die gebräuchlichsten kanonischen Normalformen und zeigen Möglichkeiten der Überführung von einer Normalform in eine andere unter Anwendung der Umformungsregeln (3.64) bis (3.80):

$KDNF$

Kanonisch
Disjunktive
Normalform

$$y_k = \bigvee_{i=0}^{2^n-1} k_i(x) \wedge \lambda_k(X_i) \tag{3.100}$$

$$h^*(x) \underset{0}{=} \bigvee_{i \in I_k^*} k_i(x) \tag{3.101}$$

$$\text{wobei } I_k^* = \{ i \mid \lambda_k(X_i) = * \}$$

$KKNF$

Kanonisch
Konjunktive
Normalform

$$y_k = \bigwedge_{i=0}^{2^n-1} (d_i(x) \vee \lambda_k(X_i)) \tag{3.102}$$

$$h^*(x) \underset{0}{=} \bigwedge_{i \in \overline{I_k^*}} d_i(x) \tag{3.103}$$

$$\text{wobei } I_k^* = \{ i \mid \lambda_k(X_i) = * \}$$

$KNANF$

Kanonische
NAND-
Normalform

$$KDNF \xleftrightarrow{\substack{\text{doppelte Negation} \\ \text{und de Morgan}}} KNANF$$

$$y_k = \bigwedge_{i=0}^{2^n-1} \overline{k_i(x) \wedge \lambda_k(X_i)} \tag{3.104}$$

$KNONF$

Kanonische
NOR-
Normalform

$$KKNF \xleftrightarrow{\substack{\text{doppelte Negation} \\ \text{und de Morgan}}} KNONF$$

$$y_k = \bigvee_{i=0}^{2^n-1} \overline{d_i(x) \vee \lambda_k(X_i)} \tag{3.105}$$

In Abschnitt 3.2.4 haben wir auch für partielle Funktionen entsprechende Notationsmöglichkeiten in Wertetabellen kennen gelernt. Will man Normalformen in dieser verallgemeinerten Form beschreiben, so notiert man zusätzlich zu der die X^1- oder X^0-Menge repräsentierenden Normalform einen Ausdruck, der den Wertverlauf von X^* repräsentiert. Notiert man den h^*-Ausdruck in KKNF, so ist zu beachten, dass für die Bestimmung der Elementardisjunktionen die Menge $\overline{X^*}$ verwendet wird, d.h. die Indizes der d_i entsprechen denen der *nicht* verbotenen Belegungen. Betrachtet man den Wertverlauf des Ausdrucks h^* in Tabelle 3.8, wird dies offensichtlich:

$$h^* \overset{}{\underset{0}{=}} \bigvee_{i \in I^*} k_i \quad \text{bzw.} \quad h^* \overset{}{\underset{0}{=}} \bigwedge_{i \in \overline{I^*}} d_i$$

Damit sind wir in der Lage, schaltalgebraische Ausdrücke für beliebige Wertetabellen zu ermitteln, solange die Funktion in der Wertetabelle determiniert oder partiell determiniert gegeben ist. Wir haben nun auch alle formalen Mittel zur Verfügung, um nichtdeterminierte Funktionen zu beschreiben. Dies wird im nächsten Abschnitt gezeigt.

Beispiel 3.4

Im folgenden Beispiel sind für eine (als Wertetabelle) gegebene Funktion y noch einmal die Normalformen (3.100) bis (3.105) angegeben.

i	x_2	x_1	x_0	y
0	0	0	0	1
1	0	0	1	1
2	0	1	0	0
3	0	1	1	0
4	1	0	0	1
5	1	0	1	0
6	1	1	0	1
7	1	1	1	1

$$
\begin{aligned}
y &= \overline{x_2}\,\overline{x_1}\,\overline{x_0} \vee \overline{x_2}\,\overline{x_1}\,x_0 \vee x_2\,\overline{x_1}\,\overline{x_0} \vee x_2\,x_1\,\overline{x_0} \vee x_2\,x_1\,x_0 && \text{KDNF} \\[4pt]
&= \overline{x_2}\,\overline{x_1} \vee x_2\,\overline{x_0} \vee x_2\,x_1 && \text{DNF} \\[4pt]
&= \overline{x_2}\,\overline{x_1} \vee \overline{x_1}\,\overline{x_0} \vee x_2\,x_1 && \text{DNF}
\end{aligned}
$$

$$
\begin{aligned}
y &= (x_2 \vee \overline{x_1} \vee x_0)(x_2 \vee \overline{x_1} \vee \overline{x_0})(\overline{x_2} \vee x_1 \vee \overline{x_0}) && \text{KKNF} \\[4pt]
&= (x_2 \vee \overline{x_1})(\overline{x_2} \vee x_1 \vee \overline{x_0}) && \text{KNF} \\[4pt]
&= x_2\,x_1 \vee x_2\,\overline{x_0} \vee \overline{x_2}\,\overline{x_1} \vee \overline{x_1}\,\overline{x_0} && \\[4pt]
&= \overline{x_2}\,\overline{x_1} \vee x_2\,\overline{x_0} \vee x_2\,x_1 && \text{DNF} \\[4pt]
&= \overline{x_2}\,\overline{x_1} \vee \overline{x_1}\,\overline{x_0} \vee x_2\,x_1 && \text{DNF}
\end{aligned}
$$

$$y = \overline{\overline{\overline{x_2}\ \overline{x_1}\ \overline{x_0}} \vee \overline{\overline{x_2}\ \overline{x_1}\ x_0} \vee \overline{x_2\ \overline{x_1}\ \overline{x_0}} \vee \overline{x_2\ x_1\ \overline{x_0}} \vee \overline{x_2\ x_1\ x_0}} \qquad \overline{\overline{\text{KDNF}}}$$

$$= \overline{\overline{(\overline{x_2}\ \overline{x_1}\ \overline{x_0})} \wedge \overline{(\overline{x_2}\ \overline{x_1}\ x_0)} \wedge \overline{(x_2\ \overline{x_1}\ \overline{x_0})} \wedge \overline{(x_2\ x_1\ \overline{x_0})} \wedge \overline{(x_2\ x_1\ x_0)}} \qquad \text{KNANF}$$

$$y = \overline{\overline{(x_2 \vee \overline{x_1} \vee x_0)(x_2 \vee \overline{x_1} \vee \overline{x_0})(\overline{x_2} \vee x_1 \vee \overline{x_0})}} \qquad \overline{\overline{\text{KKNF}}}$$

$$= \overline{\overline{(x_2 \vee \overline{x_1} \vee x_0)} \vee \overline{(x_2 \vee \overline{x_1} \vee \overline{x_0})} \vee \overline{(\overline{x_2} \vee x_1 \vee \overline{x_0})}} \qquad \text{KNONF}$$

3.2.5.3 Schaltalgebraische Ausdrücke nichtdeterminierter Funktionen

Neben den in Abschnitt 3.2.4 aus praktischen Erwägungen eingeführten verbotenen Eingangsbelegungen kann es auch vorkommen, dass zu einer Eingangsbelegung mehrere Ausgangsbelegungen zulässig sind. Derartige Funktionen heißen **nichtdeterminierte Funktionen**, denn es ist nicht bestimmt, welcher der möglichen Werte tatsächlich angenommen wird. Lediglich die Menge, aus der der Funktionswert stammt, ist bekannt und eine Teilmenge der Menge möglicher Ausgangsbelegungen Y.

Da wir für verbotene Eingangsbelegungen alle Funktionswerte, d.h. die Menge Y zulassen wollen, können wir diesen nicht definierten Teil auch als spezielle nichtdeterminierte Abbildung auffassen. In Verallgemeinerung der Funktion λ drücken wir nichtdeterminierte und partielle Funktionen durch

$$\lambda(X) = P(Y)\backslash\{\emptyset\} \qquad (3.106)$$

aus.

Tabelle 3.15 zeigt eine Wertetabelle einer bei X_3 und X_4 nichtdeterminierten und bei X_6 und X_7 partiellen Funktion mit drei Eingangs- und zwei Ausgangsvariablen:

$$x = [x_2, x_1, x_0] \quad \Rightarrow \quad X = \{X_7, X_6, \ldots, X_0\}$$
$$y = [y_1, y_0] \quad \Rightarrow \quad \lambda(X) = P\big(\{Y_3, Y_2, Y_1, Y_0\}\big)\backslash\{\emptyset\}$$

Für die Darstellung der Mehrdeutigkeiten haben wir mit den bisher beschriebenen Methoden nur die Möglichkeit, unter Nutzung des $*$-Symbols die gesamte Ausgangsbelegungsmenge zu notieren. Die zur schaltalgebraischen Darstellung notwendige Separierung für einzelne Variablen ist damit nicht beschreibbar, weshalb wir Fragezeichen an den entsprechenden Stellen in den Zeilen 3 und 4 eingetragen haben. Zur Beschreibung dieser Mehrdeutigkeiten führen wir so genannte **g-Parameter**[14] ein, deren Wert frei zu »0« oder »1« gewählt werden kann. Unab-

---

[14] »g« steht dabei für »gleichgültig«

Tabelle 3.15 Nichtdeterminierte, partielle Funktion

BI	$x_2\,x_1\,x_0$	$W(h^*, X_k)$	y_1	y_0	$\lambda(X)$	$\lambda(X)$
0	0 0 0	0	0	0	$\{Y_0\}$	$\{[0,0]\}$
1	0 0 1	0	1	0	$\{Y_2\}$	$\{[1,0]\}$
2	0 1 0	0	0	1	$\{Y_1\}$	$\{[0,1]\}$
3	0 1 1	0	?	?	$\{Y_1, Y_2\}$	$\{[0,1],[1,0]\}$
4	1 0 0	0	?	?	$\{Y_0, Y_1, Y_2\}$	$\{[0,0],[0,1],[1,0]\}$
5	1 0 1	0	0	0	$\{Y_0\}$	$\{[0,0]\}$
6	1 1 0	1	*	*	$\{Y_0, Y_1, Y_2, Y_3\}$	$\{[0,0],[0,1],[1,0],[1,1]\}$
7	1 1 1	1	*	*	$\{Y_0, Y_1, Y_2, Y_3\}$	$\{[0,0],[0,1],[1,0],[1,1]\}$

hängige Parameter würden bei frei wählbaren Belegungen alle 2^m Kombinationen der Ausgangsbelegungen zulassen und somit dem entsprechen, was wir durch das »*«-Symbol in der Ausgangsbelegung darstellen. Um zu gewährleisten, dass nur bestimmte Ausgangsbelegungen auftreten können, müssen wir Abhängigkeiten zwischen den g-Parametern so festlegen, dass trotz freier Wahl der Belegung einzelner Parameter nur die gewünschten Belegungen am Ausgang der Schaltung entstehen.

Betrachten wir zunächst **Zeile 3**: Hier soll offensichtlich der eine Ausgang der Schaltung immer den entgegengesetzten Wert des anderen haben. Durch Zuordnung der Ausdrücke

$$\lambda_1(X_3) = g \qquad \text{und} \qquad \lambda_0(X_3) = \overline{g}$$

können wir genau dieses Verhalten beschreiben. Wir tragen die entsprechenden g-Parameterausdrücke in die Wertetabelle anstelle der Fragezeichen, d.h. als Funktionswerte $\lambda(X_3)$ für die entsprechende Eingangsbelegung X_i ein.

Für **Zeile 4** ist das Auffinden entsprechender Ausdrücke nicht mehr ganz so einfach und wir wollen an diesem Beispiel eine allgemeine Methodik zur Ermittlung von g-Parameterausdrücken beschreiben, die für jede Eingangsbelegung $X_i \in X$ mit

- $\lambda(X_i) \subseteq \{Y_l \mid 0 \leq l \leq 2^m - 1\}$ und

- $|\lambda(X_i)| > 1$ (nichtdeterminierter Funktionswert bei der Belegung X_i)

anzuwenden ist.

Wir gehen dabei in folgenden Schritten vor:

1. Ermittlung der g-Parameterausdrücke *für eine bestimmte Belegung* X_i

   (a) Bestimmung der Anzahl der g-Parameter des Vektors g^i der i-ten Belegung:
   $$|g^i| = \lceil ld|\lambda(X_i)|\rceil \qquad\qquad \lceil\ \rceil\ldots \text{aufgerundet auf ganze Zahlen}$$

(b) Aufstellen einer Wertetabelle für g^i, die alle Ausgangsbelegungen $Y_l \in \lambda(X_i)$ enthält, die willkürlich und ggf. auch mehrfach zugeordnet werden können:

g^i_{s-1} $\cdots$ g^i_t $\cdots$ g^i_0	$\lambda_{m-1}(X_i) \ldots \lambda_k(X_i) \ldots \lambda_0(X_i)$	$\lambda(X_i)$
0 $\cdots$ 0 $\cdots$ 0	0 $\cdots$ 0 $\cdots$ 1	$Y_v \in \lambda(X_i)$
$\vdots$	$\vdots$	$\vdots$
1 $\cdots$ 1 $\cdots$ 1	0 $\cdots$ 1 $\cdots$ 0	$Y_w \in \lambda(X_i)$

(c) Bestimmung der Ausdrücke $h_k(g^i)$ für die einzelnen Komponenten $\lambda_k(X_i)$ für $k = 0, 1, \ldots, m-1$

$$\lambda_0(X_i) = h_0(g^i)$$

$$\vdots$$

$$\lambda_k(X_i) = h_k(g^i)$$

$$\vdots$$

$$\lambda_{m-1}(X_i) = h_{m-1}(g^i)$$

(d) Die Ausdrücke $h_k(g^i)$ werden in der Wertetabelle in die y_k-Spalten der i-ten Zeile eingetragen.

BI	$x_2\, x_1\, x_0$	$W(h^*, X_k)$	y_1	y_0
0	0 0 0	0	0	0
1	0 0 1	0	1	0
2	0 1 0	0	0	1
3	0 1 1	0	$h_1(g^3)$	$h_0(g^3)$
4	1 0 0	0	$h_1(g^4)$	$h_0(g^4)$
5	1 0 1	0	0	0
6	1 1 0	1	*	*
7	1 1 1	1	*	*

2. Die Bestimmung der g-Parameter *für alle weiteren Belegungen* erfolgt analog zu Punkt 1.

Zur Vermeidung der Doppelindizierung der g-Parameter (g^i_t) werden wir die g-Parameter künftig fortlaufend nummerieren:

$$g = [g_{r-1}, \ldots, g_u, \ldots, g_0] \quad \text{mit} \quad r = \sum_{i=0}^{2^n-1} |g^i|$$

Anhand dieses Verfahrens lassen sich nun die expliziten Gleichungen für die in Tabelle 3.15 gegebene partielle, nichtdeterminierte Funktion ermitteln:

1. Bestimmung der g-Parameter für $\lambda(X_3) = \{Y_1, Y_2\}$:

   (a) $|g| = \lceil ld2 \rceil = 1$

   (b)

g_0	$\lambda_1(X_3)$	$\lambda_0(X_3)$	$\lambda(X_3)$
0	0	1	Y_1
1	1	0	Y_2

   (c) $\lambda_1(X_3) = h_1 = g_0$ $\lambda_0(X_3) = h_0 = \overline{g_0}$

   (d) Eintragen von h_1 und h_0 in der Zeile 3 der Wertetabelle

2. Bestimmung der g-Parameter für $\lambda(X_4) = \{Y_0, Y_1, Y_2\}$:

   (a) $|g| = \lceil ld3 \rceil = 2$

   (b)

g_2	g_1	$\lambda_1(X_4)$	$\lambda_0(X_4)$	$\lambda(X_4)$
0	0	0	0	Y_0
0	1	0	1	Y_1
1	0	1	0	Y_2
1	1	1	0	Y_2

   (c) $\lambda_1(X_4) = h_1 = g_2$ $\lambda_0(X_4) = h_0 = \overline{g_2}g_1$

   (d) Eintragen von h_1 und h_0 in Zeile 4 der Wertetabelle

Damit haben wir alle Fragezeichen aus Tabelle 3.15 durch g-Parameter-Ausdrücke ersetzt:

BI	$x_2\,x_1\,x_0$	$W(h^*, X_k)$	y_1	y_0	$\lambda(X)$	
0	0 0 0	0	0	0	Y_0	
1	0 0 1	0	1	0	Y_2	
2	0 1 0	0	0	1	Y_1	$h_1(g)$ für Belegung X_3
3	0 1 1	0	g_0	$\overline{g_0}$	$\{Y_1, Y_2\}$	
4	1 0 0	0	g_2	$\overline{g_2}g_1$	$\{Y_0, Y_1, Y_2\}$	
5	1 0 1	0	0	0	Y_0	$h_0(g)$ für Belegung X_4
6	1 1 0	1	$*$	$*$	$\{Y_0, Y_1, Y_2, Y_3\}$	
7	1 1 1	1	$*$	$*$	$\{Y_0, Y_1, Y_2, Y_3\}$	

Die so entstandene Wertetabelle kann (analog dem Verfahren für determinierte Funktionen) zur Ermittlung der expliziten Gleichungen verwendet werden. Dabei werden diese g-Parameter-Ausdrücke konjunktiv (bzw. disjunktiv) mit der entsprechenden Elementarkonjunktion (bzw. Elementardisjunktion) verknüpft und somit in die BAA übernommen. Wir erhalten für unser Beispiel:

$$y_0 = \overline{x_2}\, x_1\, \overline{x_0} \vee \overline{x_2}\, x_1\, x_0\, \overline{g_0} \vee x_2\, \overline{x_1}\, \overline{x_0}\, \overline{g_2}\, g_1$$

$$y_1 = \overline{x_2}\, \overline{x_1}\, x_0 \vee \overline{x_2}\, x_1\, x_0\, g_0 \vee x_2\, \overline{x_1}\, \overline{x_0}\, g_2$$

Für die Realisierung einer Schaltung sind dann mithilfe von Fallunterscheidungen die günstigsten Belegungen der g-Parameter zu ermitteln.

3.2.5.4 Implizite Gleichungen

Betrachtet man zwei beliebige Ausdrücke und versucht deren Gleichheit nachzuweisen, so wird man vergeblich nach entsprechenden Umformungsregeln suchen, um eine Seite der Gleichung so umzuformen, dass sie nur noch aus einer Variablen besteht, d.h. explizit deren Verhalten beschreibt. Es gibt in der Booleschen Ausdrucksalgebra – ähnlich wie in der Algebra der natürlichen Zahlen – *keine* Umkehroperationen, die für beliebige Werte eine Lösung liefern. So ist z.B. im Bereich der natürlichen Zahlen die Gleichung $a \cdot b + c = b$ nur für bestimmte Werte von a, b und c erfüllt (z.B. für $a = 0$, $b = 7$ und $c = 7$) und die bekannte Lösung $b = \frac{c}{(1-a)}$ für $a \neq 1$ ist im Bereich der natürlichen Zahlen nicht lösbar, da es für die Addition und die Multiplikation keine vollständig definierte Umkehrfunktion gibt. Genauso verhält es sich mit den Operationen der BAA: Für die Konjunktion und die Disjunktion gibt es keine Umkehrfunktionen. Wir sind daher darauf angewiesen, die Gleichheit anhand von Wertberechnungen und Vergleichen zu überprüfen. Nachfolgend wird dafür ein systematisches tabellarisches Verfahren skizziert, bei dem für alle Belegungen aller in den Ausdrücken vorkommenden Variablen die Werte des Ausdruckes der linken Seite der Gleichung denen des Ausdruckes der rechten Seite gegenübergestellt werden. Haben beide Seiten der Gleichung bei einer Belegung denselben Wert, so existiert *für diese Belegung* eine Lösung der Gleichung. Das Verfahren kann für die Extraktion beliebiger Variabler angewendet werden. Wir haben die Ausdrücke so gewählt, dass die zu separierenden Variablen (die »abhängigen« Variablen) mit y und die Variablen, aus denen die Ausdrücke mit gleichem Wertverlauf ausschließlich zu bilden sind (die »unabhängigen« Variablen), mit x bezeichnet werden. Die implizite Gleichung hat damit die Form $h_l(x,y) = h_r(x,y)$ und die für jedes y_k zu ermittelnde explizite Gleichung die Form $y_k = h(x)$.

Im Folgenden ist das Lösungsverfahren noch einmal zusammengefasst:

gegeben:	$h_l(x,y) = h_r(x,y)$	(implizite Gleichung)
gesucht:	$y = h(x)$	(explizites Gleichungssystem für y)
Lösung:	*Tabellenverfahren*:	Vergleich von h_l und h_r

	Y_0 $\quad\cdots\quad$ Y_t $\quad\cdots\quad$ Y_{m-1}	Lösungsmenge $\lambda(X)$
X_0	$W(h_l, X_0, Y_t) \overset{?}{=} W(h_r, X_0, Y_t)$	$\lambda(X_0) = \{Y_t | W(h_l, X_0, Y_t) = W(h_r, X_0, Y_t)\}$
X_1	$W(h_l, X_1, Y_t) \overset{?}{=} W(h_r, X_1, Y_t)$	$\lambda(X_1) = \{Y_t | W(h_l, X_1, Y_t) = W(h_r, X_1, Y_t)\}$
$\vdots$	$\vdots$	$\vdots$
X_i	$W(h_l, X_i, Y_t) \overset{?}{=} W(h_r, X_i, Y_t)$	$\lambda(X_i) = \{Y_t | W(h_l, X_i, Y_t) = W(h_r, X_i, Y_t)\}$
$\vdots$	$\vdots$	$\vdots$
X_{2^n-1}	$W(h_l, X_{2^n-1}, Y_t) \overset{?}{=} W(h_r, X_{2^n-1}, Y_t)$	

- Für die jeweiligen Belegungen (X_i, Y_t) werden die Werte der Ausdrücke h_l auf der linken und h_r auf der rechten Seite der Gleichung ermittelt und verglichen.

- Bei Übereinstimmung wird ein »=«, andernfalls ein »$\neq$« im Kreuzungspunkt der jeweiligen Belegungen eingetragen.

- Ausgangsbelegungen Y_t, die bei einer Eingangsbelegung X_i für h_l und h_r den gleichen Wert liefern, werden in die entsprechende Lösungsmenge $\lambda(X_i)$ der i-ten Zeile aufgenommen.

- Beim Vergleich zweier Ausdrücke können prinzipiell die folgenden Varianten auftreten:

1. $|\lambda(X_i)| = 1 \Rightarrow$ eindeutige Lösung für Eingangsbelegung X_i

   Es existiert in einer Zeile[15] genau eine Spalte[16], in der die linke und rechte Seite der Gleichung den selben Wert haben. Für diese Zeile ist die Belegung der abhängigen Variablen die *eindeutige* Lösung der Gleichung.

2. $|\lambda(X_i)| > 1 \Rightarrow$ mehrdeutige Lösung für Eingangsbelegung X_i

   Es existieren in einer Zeile mehrere Spalten, in denen die linke und rechte Seite der Gleichung den selben Wert haben. Für diese Zeile sind die Belegungen der abhängigen Variablen aller dieser Spalten eine Lösung der Gleichung. Es existiert also eine *mehrdeutige* Lösung für diese Zeile, die Eingangsbelegung wird auf eine Menge von Ausgangsbelegungen abgebildet.

3. $\lambda(X_i) = \emptyset \Rightarrow$ keine Lösung für Eingangsbelegung X_i

   Es existiert in einer Zeile keine Spalte, in der die linke und rechte Seite der Gleichung den selben Wert haben. Für diese Zeile gibt es *keine* Lösung der Gleichung. Dies führt dazu, dass die implizite Gleichung nicht lösbar im Sinne der strengen Wertverlaufgleichheit nach (3.48) ist. Falls alle derartigen Belegungen der Menge X* zugeordnet werden können, ist die Gleichung im Sinne der verallgemeinerten Wertverlaufgleichheit nach (3.86) lösbar.

---

[15] Belegung der unabhängigen Variablen

[16] Belegung der abhängigen Variablen

Das implizite Gleichungssystem ist demzufolge:

- **eindeutig lösbar**, wenn $\forall i$ gilt: $|\lambda(X_i)| = 1$ $(0 \leq i \leq 2^n - 1)$

- **partiell lösbar**, wenn $\forall i$ mit $\lambda(X_i) = \emptyset$ gilt: $W(h^*, X_i) = 1$

- **mehrdeutig lösbar**, wenn $\exists \lambda(X_i)$ mit $|\lambda(X_i)| > 1$

Mehrdeutige Lösungen sind mit g-Parametern (siehe 3.2.5.3) beschreibbar. Das folgende Beispiel soll diese Zusammenhänge noch einmal demonstrieren.

Beispiel 3.5

Gegeben ist folgende implizite Gleichung:

$$y_0 \vee \overline{y_1}\,\overline{x_2}\,x_0 \vee \overline{y_1}\,\overline{x_0} \vee x_1\,\overline{x_0} \vee y_1\,x_2 = \overline{y_0}\,\overline{x_1}\,\overline{x_0} \vee \overline{y_1}\,x_2\,\overline{x_1}\,\overline{x_0} \vee \overline{y_1}\,\overline{y_0}\,x_2\,x_1 \vee \overline{y_1}\,y_0\,\overline{x_2}\,x_1$$

Gesuch sind die expliziten Gleichungen für y_0 und y_1.

Lösung:

1. Schritt: Tabellenverfahren

Zunächst werden für die jeweiligen Belegungen (X_i, Y_t) über das Tabellenverfahren die Werte der Ausdrücke der linken (1) und rechten (2) Seite ermittelt und miteinander verglichen (3). Im Ergebnis des Vergleiches werden die entsprechenden Lösungsmengen (4) ermittelt und ebenfalls in die Tabelle eingetragen.

i	$x_2\ x_1\ x_0$	$\begin{matrix}y_0\\y_1\end{matrix}$	$\begin{matrix}0\\0\end{matrix}$	$\begin{matrix}1\\0\end{matrix}$	(4) $\begin{matrix}0\\1\end{matrix}$	$\begin{matrix}1\\1\end{matrix}$	$\lambda(X)$	y_1	y_0
0	0 0 0		$1=1$	$1 \neq 0$	$0 \neq 1$	$1 \neq 0$	Y_0	0	0
1	0 0 1		$1 \neq 0$	$1 \neq 0$	$0 \overset{(3)}{\underline{\equiv}} 0$	$1 \neq 0$	Y_2	1	0
2	0 1 0		$1 \neq 0$	$1=1$	$1 \neq 0$	$1 \neq 0$	Y_1	0	1
3	0 1 1		$1 \neq 0$	$1=1$	$0=0$	$1 \neq 0$	Y_1, Y_2	?	?
4	1 0 0		$1=1$	$1=1$	$1=1$	$1 \neq 0$	Y_0, Y_1, Y_2	?	?
5	1 0 1		$0=0$	$1 \neq 0$	$1 \neq 0$	$1 \neq 0$	Y_0	0	0
6	1 1 0		$1=1$	$1 \neq 0$	$1 \neq 0$	$1 \neq 0$	Y_0	0	0
7	1 1 1		$0 \neq 1$	$1 \neq 0$	$1 \neq 0$	$1 \neq 0$	$\emptyset$	?	?

(1) linke Seite: $W(y_0 \vee \bar{y_1}\bar{x_2}x_0 \vee \cdots \vee y_1 x_2, [0,0,1], [1,0]) = 0$

(2) rechte Seite: $W(\bar{y_0}\bar{x_1}\bar{x_0} \vee \bar{y_1}x_2\bar{x_1}\bar{x_0} \vee \cdots, [0,0,1], [1,0]) = 0$

(3) Überprüfung auf Wertgleichheit; $\rightsquigarrow$ Eintragen von »=«

(4) Ermitteln von $\lambda(X_1) = [1,0] = Y_2$ und eintragen in die Wertetabelle

2. Schritt: Bestimmung der g-Parameter:

Wir stellen fest, dass die implizite Gleichung für X_3 und X_4 mehrdeutig lösbar und für X_7 nicht lösbar ist, sodass für $\lambda(X_3) = \{Y_1, Y_2\}$ und $\lambda(X_4) = \{Y_0, Y_1, Y_2\}$

nach dem unter 3.2.5.3 beschriebenen Verfahren g-Parameter-Ausdrücke ermittelt werden müssen. Als eine mögliche Lösung erhalten wir dabei:

$$\begin{aligned}
\lambda_1(X_3) &= g_0 \\
\lambda_0(X_3) &= \overline{g_0} \\
\lambda_1(X_4) &= g_2 \\
\lambda_0(X_4) &= \overline{g_2}g_1
\end{aligned}$$

3. Schritt: Eintragen der g-Parameter-Ausdrücke bzw. $*$ in die Wertetabelle

Anstelle der Fragezeichen werden bei

▨ mehrdeutigen Lösungen ($\lambda(x_3)$, $\lambda(x_4)$) g-Parameter-Ausdrücke und bei

▨ Belegungen, für die keine Lösung existiert ($\lambda(x_7) = \emptyset$) Sterne ($*$) eingetragen.

i	x_2 x_1 x_0	y_0 : 0 y_1 : 0	1 0	0 1	1 1	$\lambda(X)$	y_1	y_0
0	0 0 0						0	0
1	0 0 1						1	0
2	0 1 0						0	1
3	0 1 1						g_0	$\overline{g_0}$
4	1 0 0						g_2	$\overline{g_2}g_1$
5	1 0 1						0	0
6	1 1 0						0	0
7	1 1 1						$*$	$*$

4. Schritt: Ermittlung der (partiellen) Lösung für y

Unter der Annahme, dass $X_7 \in X^*$ gilt, erhalten wir schließlich als Ergebnis folgende explizite Gleichungen für y_0 und y_1:

$$y_0 \underset{*}{=} \overline{x_2}\,x_1\,\overline{x_0} \vee \overline{x_2}\,x_1\,x_0\,\overline{g_0} \vee x_2\,\overline{x_1}\,\overline{x_0}\,\overline{g_2}\,g_1 \qquad \text{mit} \qquad h^* = x_2\,x_1\,x_0$$

$$y_1 \underset{*}{=} \overline{x_2}\,\overline{x_1}\,x_0 \vee \overline{x_2}\,x_1\,x_0\,g_0 \vee x_2\,\overline{x_1}\,\overline{x_0}\,g_2 \qquad \text{mit} \qquad h^* = x_2\,x_1\,x_0$$

Die Lösung impliziter Gleichungen kann für die Dekomposition kombinatorischer Strukturen genutzt werden, indem schaltalgebraische Ausdrücke der Ausgangsstruktur und der Zielstruktur gleichgesetzt werden und die entstehenden Lösungen iterativ ermittelt werden. Die dabei entsehenden Lösungsmengen erschweren die Praktikabilität dieses Verfahrens erheblich [Kra91], weshalb in der Praxis eine intuitive Dekomposition bevorzugt wird.

3.3 Minimierung Boolescher Funktionen

Boolesche Funktionen können durch unterschiedliche schaltalgebraische Ausdrücke repräsentiert werden. Für eine Realisierung, die wir in Abschnitt 3.6 näher kennen lernen werden, ist es dabei meist interessant, Ausdrücke mit möglichst wenigen Variablen und Termen auszuwählen. Die Umformungsregeln (3.64 bis 3.80) stellen die dafür notwendigen Methoden bereit, sind aber nur dann erfolgreich, wenn man sie zielgerichtet anwendet. Selbst dann kann es passieren, dass man eine ungünstigere Lösung findet, die nicht dem Minimum entspricht.

Beispiel 3.6

Gegeben ist folgender Ausdruck:

$$
\begin{aligned}
h(x) &= \boxed{k_{10} \vee k_{11}} \vee \boxed{k_{15} \vee k_{13}} \vee k_9 \vee k_7 \vee \boxed{k_6 \vee k_{14}} \\[4pt]
&= \boxed{x_3 \, \overline{x_2} \, x_1 \, \overline{x_0}} \vee x_3 \, \overline{x_2} \, x_1 \, x_0 \\[4pt]
&\quad \vee x_3 \, x_2 \, x_1 \, x_0 \vee \boxed{x_3 \, x_2 \, \overline{x_1} \, x_0} \\[4pt]
&\quad \vee \boxed{x_3 \, \overline{x_2} \, \overline{x_1} \, x_0} \vee \boxed{\overline{x_3} \, x_2 \, x_1 \, x_0} \\[4pt]
&\quad \vee \boxed{\overline{x_3} \, x_2 \, x_1 \, \overline{x_0}} \vee x_3 \, x_2 \, x_1 \, \overline{x_0}
\end{aligned}
\tag{3.107}
$$

Wir fassen bei der **Umformung** zunächst solche Ausdrücke zusammen, die Regel (3.75) genügen (grau hinterlegt) und erhalten daraus:

$$
\begin{aligned}
h(x) &= \boxed{x_3 \, \overline{x_2} \, x_1} \vee \boxed{x_3 \, x_2 \, x_0} \vee \boxed{x_2 \, x_1 \, \overline{x_0}} \\[4pt]
&\quad \vee x_3 \, \overline{x_2} \, \overline{x_1} \, x_0 \vee \overline{x_3} \, x_2 \, x_1 \, x_0
\end{aligned}
\tag{3.108}
$$

Unter Mehrfachverwendung der Ausdrücke k_{13} und k_6 können auch k_9 und k_7 noch weiter zusammengefasst werden zu

$$
h(x) = x_3 \, \overline{x_2} \, x_1 \vee x_3 \, x_2 \, x_0 \vee x_2 \, x_1 \, \overline{x_0} \vee \boxed{x_3 \, \overline{x_1} \, x_0} \vee \boxed{\overline{x_3} \, x_2 \, x_1}
\tag{3.109}
$$

Eine weitere Zusammenfassung dieser Terme scheint[17] nicht mehr möglich, da zwischen den Termen keine benachbarten Terme zu finden sind.

Wir erhalten als **Ergebnis** einen scheinbar minimalen Ausdruck. Der Leser möge sich aber durch Ermittlung des Wertverlaufes überzeugen, dass folgender Ausdruck offensichtlich die gleiche Funktion beschreibt und mit weniger und kürzeren Termen auskommt:

$$
h(x) = x_3 \, x_0 \vee x_3 \, x_1 \vee x_2 \, x_1
$$

Wir werden im Folgenden verschiedene systematische Verfahren zur Ermittlung von Minimalformen beschreiben, mit deren Hilfe der Leser systematisch diesen minimalen Ausdruck ermitteln kann. Die Verfahren unterscheiden sich in ihrer An-

---

[17] Prinzipiell wäre eine Erweiterung ausgewählter Terme und eine neue Zusammenfassung möglich. Dies erfordert aber viel Erfahrung, um die geeigneten Terme auszuwählen.

wendbarkeit für bestimmte Aufgaben, die am Ende des Abschnittes zusammengefasst werden. Grundlage aller Verfahren ist die oben angewandte Kürzungsregel, die zwischen den Ausdrücken jeweils zweier benachbarter Belegungen ausgeführt werden kann.

Benachbarte Belegungen sind Belegungen, die sich in genau einem Bit unterscheiden. Die Nachbarschaft hat also nichts mit der fortlaufenden Nummerierung der Belegungen zu tun, denn während X_0 und X_1 benachbart sind, gilt dies für X_1 und X_2 nicht.

Allgemein heißen zwei Belegungen X_i und X_j **benachbart**, wenn sie sich in genau einem Bit $X_j(x_r)$ an der r-ten Stelle unterscheiden, d.h. es gilt:

$$X_i(x_s) = \begin{cases} \overline{X_j(x_s)} & \text{falls} \quad s = r \\ X_j(x_s) & \text{sonst} \end{cases} \qquad \text{mit} \ \ s = 0, 1, \ \ldots, n-1 \qquad (3.110)$$

Elementarkonjunktionen benachbarter Belegungen sind nach Kürzungsregel (3.75) in der Variablen x_r kürzbar zu so genannten **Fundamentalkonjunktionen**[18]:

$$h_i(x) \underset{0}{=} x_r \, h_i(x) \vee \overline{x_r} \, h_i(x) \qquad (3.111)$$

Allen Minimierungsverfahren ist gemeinsam, dass mit ihrer Hilfe nicht weiter kürzbare Terme einer DNF oder KNF ermittelt werden. Jeder dieser Terme repräsentiert eine maximale Menge benachbarter Belegungen. Häufiger wird mit der DNF gearbeitet, obwohl aufgrund des Dualitätsprinzips alle Verfahren auch für die Ermittlung einer minimalen KNF genutzt werden können. Die für eine DNF ermittelten minimalen[19] Terme implizieren den Funktionswert zu »1« und werden deshalb **Primimplikanten** p_u genannt, die zugehörige Belegungsmenge P^u.

Die Belegungsmengen der Primimplikanten sind i.A. nicht disjunkt. Zur Ermittlung einer Minimalform muss deshalb eine Zusammenstellung von Primimplikanten gefunden werden, deren Belegungsmengen vollständig die Menge X^1 abdecken. Hierfür kann es mehrere Varianten geben. Wir werden bei der Vorstellung der einzelnen Minimierungsverfahren darauf zurückkommen und in Abschnitt 3.3.1 ein Verfahren für die Zusammenstellung der Primimplikanten angeben. Man unterscheidet **essentielle**, d.h. für die Realisierung der Funktion unbedingt notwendige Primimplikanten, **redundante**, d.h. für die Realisierung nicht notwendige Primimplikanten sowie **alternative Primimplikanten**, die wahlweise zur Realisierung der Funktion genutzt werden können. Auch hierzu sei auf die weiteren Ausführungen in den nächsten Abschnitten verwiesen, in denen wir konkrete Beispiele für die unterschiedlichen Arten von Primimplikanten geben werden.

---

[18] Gekürzte Terme heißen allgemein **Fundamentalterme**. Die Kürzung von Elementardisjunktionen führt zu **Fundamentaldisjunktionen**.

[19] Der Begriff »minimale Terme« sollte nicht mit dem Begriff der »Minterme« aus Abschnitt 3.2.5.1 verwechselt werden!

3.3.1 Karnaugh-Veith-Diagramme

Karnaugh-Veith-Diagramme (oder kurz KV-Diagramme) stellen den Inhalt einer Wertetabelle für eine Ausgangsvariable in zweidimensionaler Form so dar, dass benachbarte Belegungen in Spalten oder Zeilen nebeneinander oder an den Rändern des Diagramms angeordnet sind. Im Gegensatz zur Anordnung in der Wertetabelle folgt im KV-Diagramm auf die Belegung [01] zunächst die Belegung [11] und erst darauf die Belegung [10]. Weitere Darstellungsvarianten, die sich in einer mehr belegungs- oder mehr ausdrucksorientierten Beschriftung unterscheiden, folgen ebenfalls der gleichen Grundidee.

Bild 3.13 Darstellungsvarianten von KV-Diagrammen

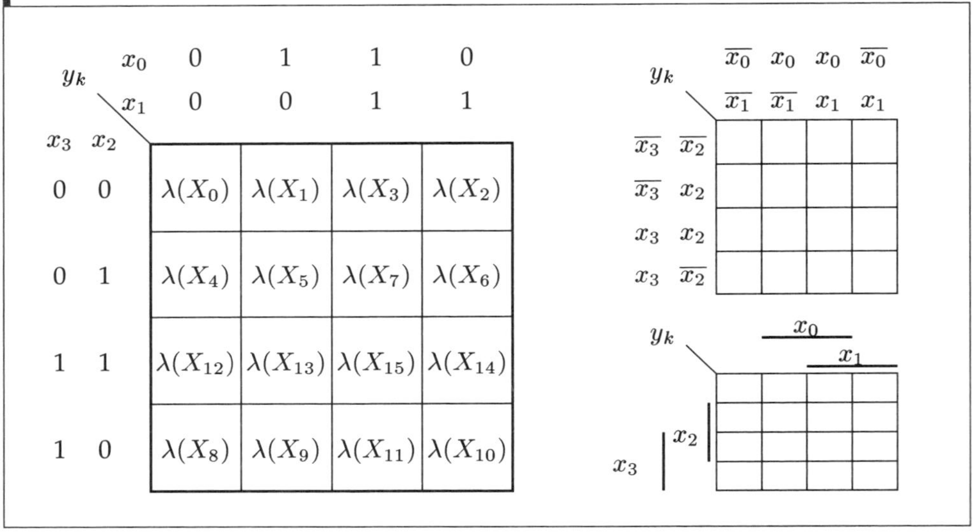

Der innere Bereich enthält in allen Varianten die Funktionswerte $\lambda(X_i)$ des zu minimierenden Ausdrucks der Gleichung $y_k = h(x)$. Beim Aufstellen des KV-Diagramms ist es unerheblich, mit welcher Belegung begonnen wird, denn die Belegungen des linken Randes sind mit denen des rechten und die oberen mit denen des unteren Randes entsprechend 3.110 benachbart[20].

Bild 3.14 zeigt das KV-Diagramm für das einführende Beispiel zu diesem Abschnitt in drei unterschiedlichen Varianten der Variablenanordnung. Dabei kann man verfolgen, wie die im linken KV-Diagramm rechts unten angeordneten, benachbarten Belegungen an geometrisch unterschiedlichen benachbarten Stellen in den anderen Diagrammen erscheinen. Der besseren Übersichtlichkeit und Vergleichbarkeit wegen werden wir künftig einheitlich die Variablenanordnung des linken KV-Diagramms benutzen.

---

[20] Man kann sich das KV-Diagramm im dreidimensionalen Raum als Schlauch (Torus) vorstellen.

Bild 3.14 Variablen-Anordnung in KV-Diagrammen

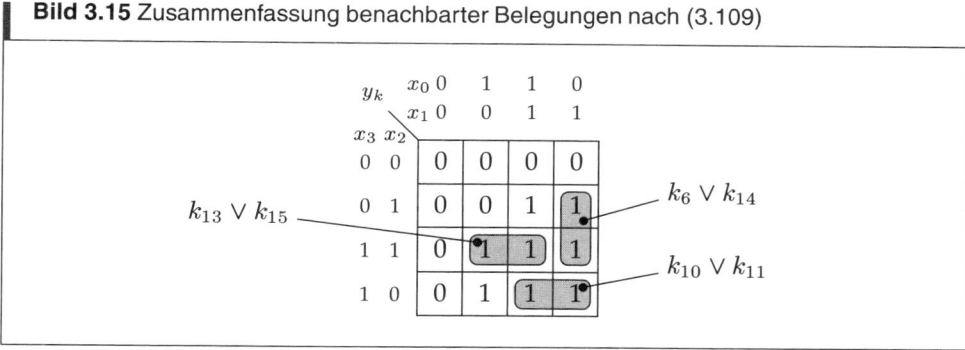

Wenn wir die oben gezeigte Minimierung schrittweise im KV-Diagramm nachvollziehen, erkennen wir, dass jeweils zwei benachbarte Belegungen zu einem neuen Ausdruck zusammengefasst wurden (Bild 3.15).

Bild 3.15 Zusammenfassung benachbarter Belegungen nach (3.109)

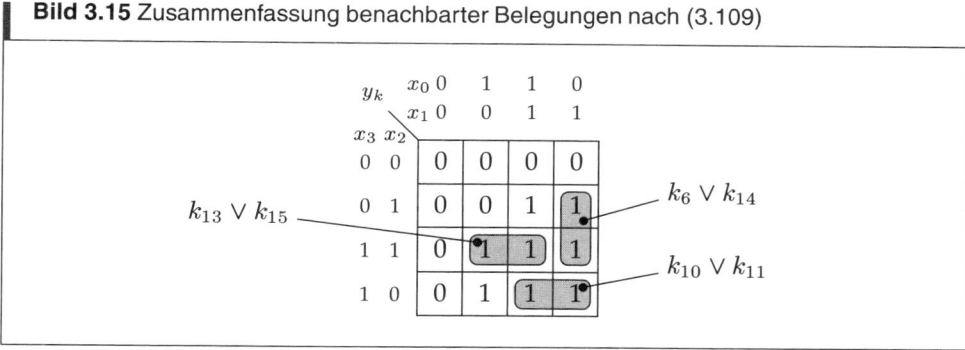

Wir erkennen auch, dass es noch andere Möglichkeiten gibt, je zwei benachbarte Belegungen zusammenzufassen. Beispielsweise können auch k_{14} und k_{15} zu $x_3\, x_2\, x_1$ zusammengefasst werden (Bild 3.16(a)).

Bild 3.16 Zusammenfassung weiterer Blöcke aus Beispiel 3.6

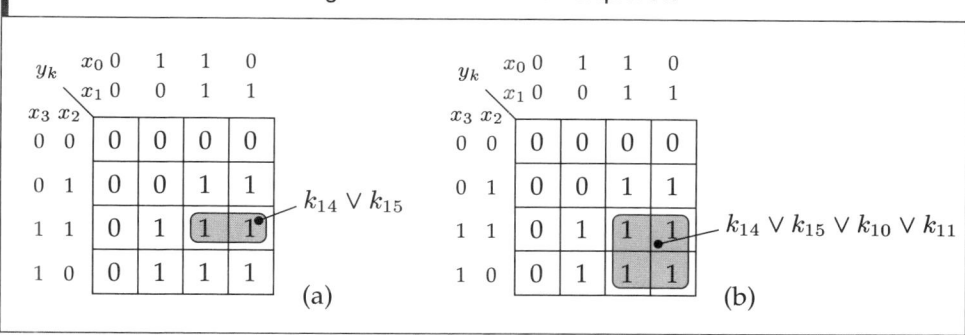

Damit erhalten wir einen Term, der zusammen mit dem bereits als Gleichung (3.109) ermittelten Term $\overline{x_3}\,x_2\,x_1$ zu $x_2\,x_0$ minimiert werden kann und damit einen Teil des gewünschten Ergebnisses liefert. Betrachtet man diese 2er-Blöcke im KV-Diagramm, sieht man, dass auch sie benachbart angeordnet sind. So, wie beim Minimieren iterativ zunächst von vier Termen mit vier Variablen je zwei zu einem Term mit drei Variablen und aus je zwei benachbarten Termen mit drei Variablen schließlich je ein Term mit zwei Variablen zusammenfaßbar sind, kann im KV-Diagramm die Zusammenfassung eines Blockes von vier benachbarten Belegungen auch gleich in einem Schritt vorgenommen werden (Bild 3.16(b)).

Ebenso ist es möglich, 8-er-, 16-er-Blöcke usw. zusammenzufassen. Dass dabei Teile von Blöcken mehrfach verwendet werden können, ergibt sich aus den Minimierungsregeln und wurde auch im einführenden Beispiel bereits genutzt. Die Variablen, deren Wert innerhalb eines Blockes konstant ist, bilden den diese Belegungen P^u repräsentierenden Primimplikanten p_u.

Bild 3.17 zeigt die drei 4er Blöcke des minimierten Ausdruckes.

Bild 3.17 Minimale Blöcke für Beispiel 3.6

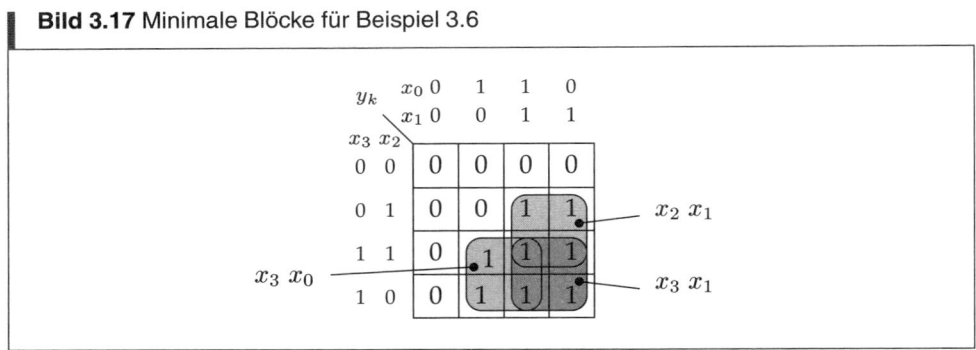

In diesem Beispiel finden wir ausschließlich essentielle Primimplikanten, da es in den zugehörigen Belegungsmengen jedes Primimplikanten mindestens eine Belegung gibt, die nicht von anderen Primimplikanten repräsentiert wird.

Zur Minimierung partieller Funktionen werden für die unbestimmten Funktionswerte Sterne ($*$) eingetragen und wahlweise als 1 oder 0 in die Blockbildung einbezogen, wie es das folgende Beispiel verdeutlicht.

Beispiel 3.7
Gesucht ist ein minimaler Ausdruck für die gegebene Funktion y unter Berücksichtigung des gegebenen h^*-Ausdruckes!

$$
\begin{aligned}
y &= k_0 \vee k_2 \vee k_5 \vee k_8 \vee k_{10} \vee k_{15} \\
h^* &= k_1 \vee k_{11} \vee k_{13} \vee k_{14}
\end{aligned}
$$

Die Minimierung in der gezeigten Weise führt zu Ausdrücken in DNF. Entsprechend dem Dualitätsprinzip sind auch Ausdrücke in KNF minimierbar, indem man die Blöcke über den 0-Werten bildet (siehe Bild 3.18).

Bild 3.18 Minimierung partieller Funktionen (Beispiel 3.7)

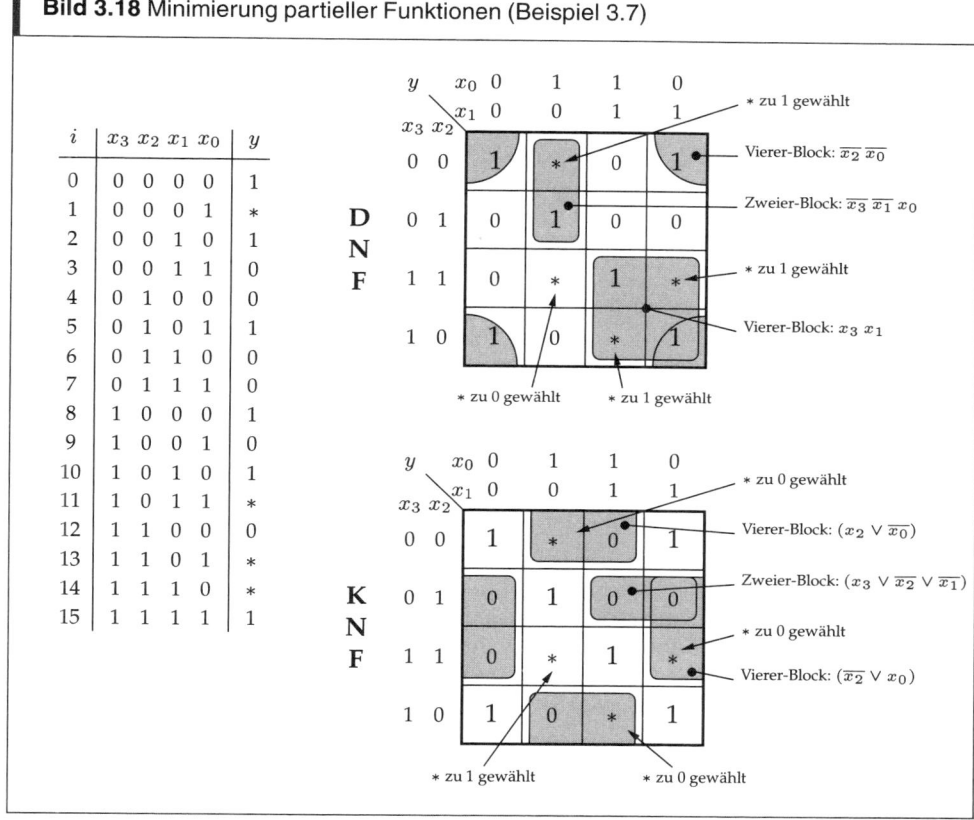

Als Ergebnis für das Beispiel erhalten wir:

$$y_{min} \underset{0}{=} \overline{x_2}\,\overline{x_0} \vee x_3 x_2 x_1 x_0 \vee \overline{x_3} x_2 \overline{x_1} x_0$$

und unter Berücksichtigung von $h^* = \overline{x_3}\,\overline{x_2}\,\overline{x_1} x_0 \vee x_3 \overline{x_2} x_1 x_0 \vee x_3 x_2 \overline{x_1}\, x_0 \vee x_3 x_2 x_1 \overline{x_0}$

$$y_{min} \underset{*}{=} \overline{x_2}\,\overline{x_0} \vee x_3 x_1 \vee \overline{x_3}\,\overline{x_1} x_0$$

und $h^\bullet = \overline{x_3}\,\overline{x_2}\,\overline{x_1} x_0 \vee x_3 \overline{x_2}\, x_1 x_0 \vee x_3 x_2 x_1 \overline{x_0}$

Beispiel 3.8

KV-Diagramme sind bis zu sechs Variablen praktikabel. Hierzu ist eine räumliche Darstellung oder zumindest eine gedankliche Vorstellung davon erforderlich, da die Blockbildung in allen drei Dimensionen durchgeführt wird. Bild 3.19 zeigt die

Bild 3.19 Blockbildung im KV-Diagramm mit 6 Variablen (Beispiel 3.8)

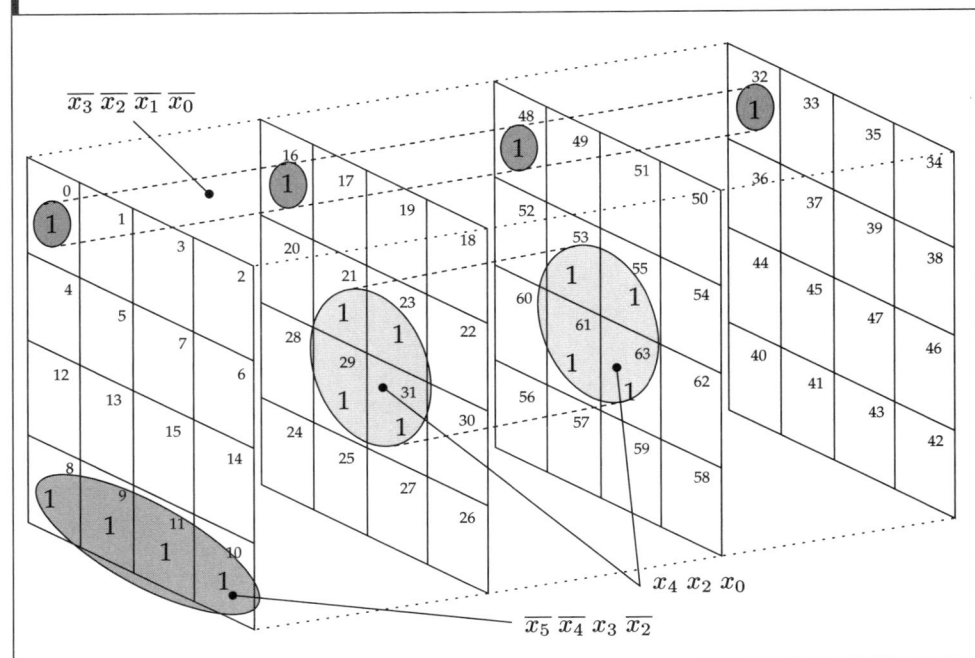

Blockbildung für KV-Diagramme mit sechs Variablen am Beispiel einer determinierten Funktion, die über folgende Indexmenge

$$I^1 \quad = \quad \{0, 8, 9, 10, 11, 16, 21, 23, 29, 31, 32, 48, 53, 55, 61, 63\}$$

gegeben ist.

Zur Orientierung und Übersichtlichkeit sind die Indizes der Belegungen eingetragen und die 0-Belegungen weggelassen worden.

Im Bild 3.20 ist die zweidimensionale Variante des Beispiels aus Bild 3.19 dargestellt.

3.3.2   Minimierung nach Quine McCluskey

Das Verfahren nach Quine Mc Cluskey arbeitet über den Indexmengen des zu minimierenden Ausdrucks. Kürzbare Terme können durch Differenzbildung der Indizes ermittelt werden, da die Dualzahlinterpretation der Indizes mit der jeweiligen Belegung korrespondiert und die Differenz der Indizes benachbarter Belegungen somit eine Potenz von 2 ergibt. Der Exponent gibt dabei den Index der Variablen an, die gekürzt wurde[21].

---

[21] Z. B. sind $X_{15} = [1, 1, 1, 1]$ und $X_7 = [0, 1, 1, 1]$ benachbart; die Differenz der Indizes ergibt: $15 - 7 = 8 = 2^3$. Das bedeutet, dass die Variable x_3 gekürzt werden kann.

Bild 3.20 zweidimensionale Anordnung des KV-Diagramms aus Bild 3.19

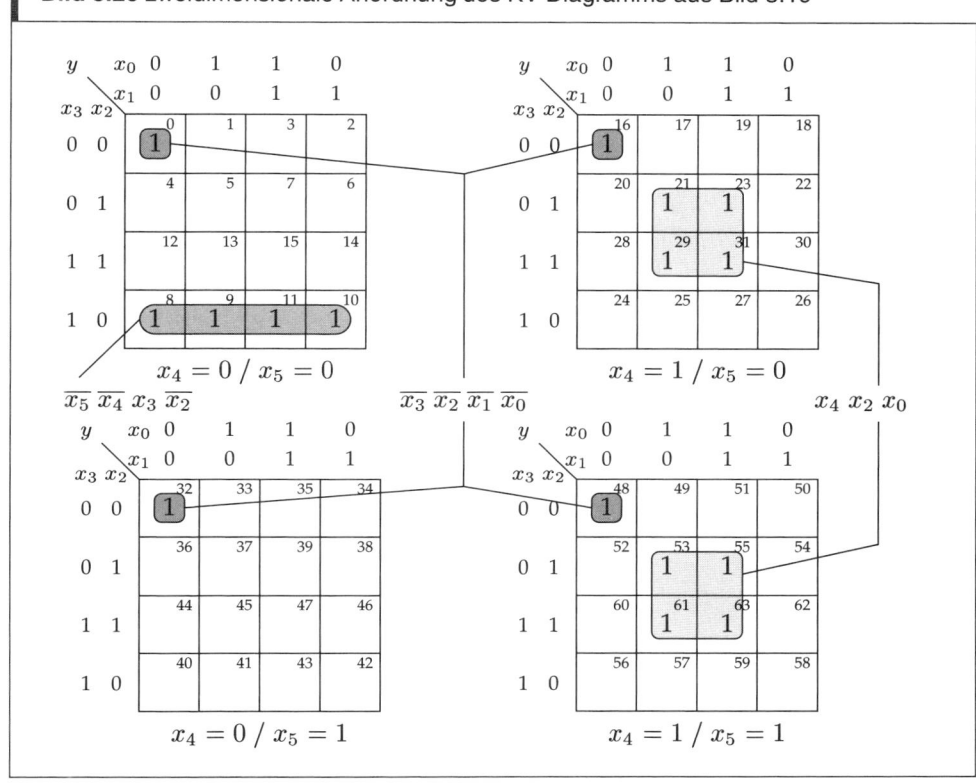

Im Folgenden wollen wir das Verfahren am Beispiel der Funktion

$$y = \overline{x_3}\,\overline{x_2}\,x_1\,x_0 \vee \overline{x_3}\,x_2\,\overline{x_1}\,\overline{x_0} \vee x_3\,\overline{x_2}\,\overline{x_1}\,\overline{x_0} \vee x_3\,\overline{x_2}\,x_1\,x_0$$

$$h^* = \overline{x_3}\,\overline{x_2}\,\overline{x_1}\,\overline{x_0} \vee \overline{x_3}\,\overline{x_2}\,\overline{x_1}\,x_0 \vee \overline{x_3}\,x_2\,x_1\,x_0 \vee x_3\,\overline{x_2}\,\overline{x_1}\,x_0 \vee x_3\,x_2\,x_1\,x_0$$

schrittweise vorstellen. Aus diesen Ausdrücken werden die Indexmengen

$$I^1 = \{3, 4, 8, 11\} \qquad \text{und} \qquad I^* = \{0, 1, 7, 9, 15\}$$

ermittelt.

1. **Schritt:** *Indexgruppenbildung*

   Für eine DNF-Realisierung werden die Mengen I^1 und I^* betrachtet. Da sich benachbarte Belegungen in genau einem bit unterscheiden, schränkt eine Sortierung der Belegungen nach der Anzahl der enthaltenen 1-Belegungen den Suchraum für den Vergleich aller Belegungen untereinander ein und bildet somit den ersten Schritt dieses Verfahrens. Man fasst dabei jeweils alle Belegungen, die j 1-Belegungen beinhalten zur j-ten Indexgruppe I_j zusammen und repräsentieren sie durch ihre Indizes:

   $$I_j = \{i \mid X_i \text{ enthält genau } j \text{ 1-Belegungen}; i \in I^1 \cup I^*\}$$

Beispielsweise enthält die Eingangsbelegung $X_3 = [0, 0, 1, 1]$ zwei 1-Belegungen und wird deshalb der Indexgruppe 2 zugeordnet.

Indexgruppe	Index	Belegung
0	0	$X_0 = [\,0, 0, 0, 0\,]$
1	1	$X_1 = [\,0, 0, 0, 1\,]$
	4	$X_4 = [\,0, 1, 0, 0\,]$
	8	$X_8 = [\,1, 0, 0, 0\,]$
2	3	$X_3 = [\,0, 0, 1, 1\,]$
	9	$X_9 = [\,1, 0, 0, 1\,]$
3	7	$X_7 = [\,0, 1, 1, 1\,]$
	11	$X_{11} = [\,1, 0, 1, 1\,]$
4	15	$X_{15} = [\,1, 1, 1, 1\,]$

2. Schritt: *Differenzbildung und Aufstellen der ersten Kürzungstabelle*

Die Differenzbildung erfolgt nun jeweils zwischen den Indizes k und l aus zwei Indexgruppen, wobei der größere Index jeweils aus der Indexgruppe mit der größeren Anzahl von 1-Belegungen stammt und somit folgende Bedingung erfüllt sein muß:

$$(k \in I_{j+1}) \wedge (l \in I_j) \wedge (k > l) \tag{3.112}$$

Beispielsweise ergibt sich für eine Differenzbildung zwischen Indizes der 3. und 2. Indexgruppe:

$$7 - 3 = 4 \qquad \Rightarrow \quad \text{erlaubt}$$

$$7 - 9 = -2 \qquad \Rightarrow \quad \text{verboten}$$

Ergibt die Differenzbildung unter Einhaltung der Bedingung (3.112) eine Zweierpotenz, werden die Indizes und die entstandene Differenz in einer so genannten Kürzungstabelle notiert, die ebenfalls nach Indexgruppen ($I_{j/j+1}$) sortiert wird. Nicht verwendete (d. h. nicht weiter zusammenfaßbare) Zeilen werden fortlaufend als $P_1, P_2, \ldots$ nummeriert und dienen der Ermittlung der Primimplikanten p_u (siehe Schritt 5).

$$k - l = 2^n \qquad \Rightarrow \quad \text{eintragen}$$

$$k - l \neq 2^n \qquad \Rightarrow \quad \text{ignorieren}$$

$$k - l < 0 \qquad \Rightarrow \quad \text{ignorieren}$$

Anhand folgender Beispiele (9 und 3 aus Indexgruppe I_2, 4 und 1 aus Indexgruppe I_1) kann nachvollzogen werden, dass mit dieser Methode benachbarte Belegungen ermittelt werden:

$$9\,([1001]) - 1\,([0001]) = 2^3 \quad \Rightarrow \quad \text{sind benachbart und kürzbar bei } x_3$$

$$3\,([0011]) - 4\,([0100]) = -1 \quad \Rightarrow \quad \text{sind nicht benachbart}$$

$$9\,([1001]) - 4\,([0100]) = 5 \quad \Rightarrow \quad \text{Differenz ist keine Zweierpotenz}$$

Für unser Beispiel entsteht nach diesem Schritt folgende erste Kürzungstabelle:

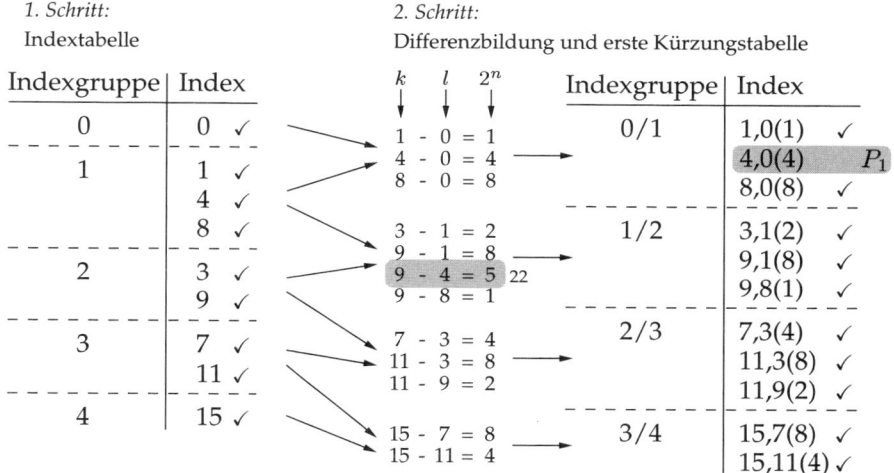

3. Schritt: *Aufstellen weiterer Kürzungstabellen*

Nachdem alle Belegungsindizes bezüglich der Differenzbildung überprüft wurden, bildet die Kürzungstabelle den Ausgangspunkt für den nächsten Kürzungsvorgang, bei dem Indexpaare $[k, l]$ und $[r, s]$ aus benachbarten Gruppen miteinander verglichen werden, die die gleiche Differenz (2^p) bei der ersten Kürzung aufweisen. Auch hier werden erfolgreich gekürzte Indizes und deren Differenz in eine weitere Kürzungstabelle aufgenommen und in der ursprünglichen Tabelle markiert:

$$k - r = l - s = 2^p \quad \text{mit} \quad (k > l \wedge r > s) \quad \Rightarrow \quad \text{eintragen}$$

$$k - r = l - s \neq 2^p \qquad\qquad\qquad\qquad \Rightarrow \quad \text{ignorieren}$$

Wenn zwei Zeilen einer Indexgruppe die gleiche Nachbarschaftsbeziehung repräsentieren, da sich sowohl die Indizes als auch die Differenzen nur in ihrer Reihenfolge unterscheiden, wird nur eine der äquivalenten Zeilen nummeriert und weiter verwendet.

Das Verfahren der Differenzbildung wird solange wiederholt, bis keine weiteren Kürzungstabellen mehr bildbar sind.

---

[22] Differenz keine Zweierpotenz

Im Beispiel bricht das Verfahren bereits nach dem Aufstellen der nachfolgenden zweiten Kürzungstabelle ab:

Indexgruppe	Index	
0/1/2	9,1,8,0(8,1)	P_2
	9,8,1,0(1,8)	
1/2/3	11,3,9,1(8,2)	P_3
	11,9,3,1(2,8)	
2/3/4	15,7,11,3(8,4)	P_4
	15,11,7,3(4,8)	

Die beiden Zeilen der Indexgruppe 0/1/2 repräsentieren die gleiche Nachbarschaftsbeziehung, so dass P_2 diese Gruppe vollständig beschreibt. Eine weitere Differenzbildung zwischen den Zeilen der Indexgruppen ist im Beispiel nicht möglich, da jeweils Differenzen entstanden sind. Deshalb endet das Verfahren für das Beispiel mit der zweiten Kürzungstabelle.

4. **Schritt:** *Aufstellen der Auswahltabelle*

Die nicht verwendeten, als $P_1, P_2, \ldots$ nummerierten Zeilen bilden den Ausgangspunkt für eine systematische Ermittlung der Minimalformen. An dieser Stelle wird auf die Darstellung eines algorithmischen Verfahrens zur Ermittlung der Minimalformen verzichtet und statt dessen ein Tabellenverfahren beschrieben (der interessierte Leser sei hier auf [Sca96, Pil77] verwiesen).

Um einen Ausdruck y_{min} in Primimplikanten p_u zu finden, der die gewünschte Funktion repräsentiert, stellt man eine so genannte Auswahltabelle auf, deren Spalten aus den Indizes der Menge I^1 gebildet werden. Die Zeilen der Tabelle werden aus den nicht verwendeten Zeilen aller Kürzungstabellen gebildet, indem man neben der Nummerierung P_u der jeweiligen Zeile die Spalten markiert, die als Indizes in der Zeile P_u vorkommen.

Für unser Beispiel sieht die Auswahltabelle wie folgt aus:

P_u	I^1	3	4	8	11	
P_1	4,0(4)		×			} unverzichtbar
P_2	9,1,8,0(8,1)			×		
P_3	11,3,9,1(8,2)	×		×		} wählbar
P_4	15,7,11,3(8,4)	×		×		

5. **Schritt:** *Auswertung der Auswahltabelle*

Aus dieser Tabelle stellt man minimale Auswahlen von Zeilen P_u so zusammen, dass sie jeweils alle Indizes der I^1-Menge enthalten. Bei der Zusammenstellung sucht man als erstes nach Indizes, die durch nur eine Zeile repräsentiert werden. Diese Zeilen sind unverzichtbar und mussen in allen Auswahlen enthalten sein. Die weiteren, durch sie repräsentierten Indizes aus I^1 können in der Tabelle gestrichen werden (Streichen der entsprechenden Spalten).

Aus den unverzichtbaren Zeilen werden in Schritt 6 so genannte *Kernprimimplikanten* gebildet, die Bestandteil jeder Minimalform sein müssen.

Für die restlichen Indizes sind danach die Zeilen P_u auszuwählen, die möglichst viele Indizes abdecken. Auf diese Weise kann man alle möglichen Zusammenstellungen systematisch ermitteln.

In unserem Beispiel sind die Zeilen P_1 und P_2 unverzichtbar, da P_1 als einzige die Belegung X_4 und P_2 als einzige die Belegung X_8 abdeckt. P_3 und P_4 repräsentieren jeweils die Belegungen X_3 und X_{11}, so dass die Verwendung einer der beiden Zeilen für die Zusammenstellung einer minimalen Auswahl genügt. Man erhält somit zwei minimale Auswahlmengen:

$$P_1, P_2, P_3 \qquad \text{bzw.} \qquad P_1, P_2, P_4$$

6. Schritt: *Aufstellen der expliziten Booleschen Gleichung*

Aus einer minimalen Auswahl von Zeilen können minimale Ausdrücke ermittelt werden, indem man je Zeile P_u den zugehörigen Primimplikanten p_u bestimmt und diese Primimplikanten disjunktiv verknüpft.

Für die Ermittlung der Primimplikanten p_u wählt man je Zeile einen darin enthaltenen Index und notiert die zugehörige Elementarkonjunktion in x-Variablen. Daraus streicht man alle Variablen, die im Verlauf der Differenzbildung gekürzt wurden. Die Indizes der gekürzten Variablen x_r ergeben sich aus den im Kürzungsverfahren ermittelten Differenzen d durch die Beziehung

$$r = ld(d).$$

Die Ermittlung der Primimplikanten für unser Beispiel führt zu folgenden Ergebnissen:

P_1: 4,0(4)					P_2:0,1,8,9(1,8)					P_3: 1,3,9,11(2,8)					P_4: 3,7,11,15(4,8)			
	8	4	2	1		8	4	2	1		8	4	2	1		8	4	2	1
X_4	0	1	0	0	X_0	0	0	0	0	X_1	0	0	0	1	X_3	0	0	1	1
X_0	0	0	0	0	X_1	0	0	0	1	X_3	0	0	1	1	X_7	0	1	1	1
					X_8	1	0	0	0	X_9	1	0	0	1	X_{11}	1	0	1	1
					X_9	1	0	0	1	X_{11}	1	0	1	1	X_{15}	1	1	1	1

$$p_1 = \overline{x_3}\,\overline{x_1}\,\overline{x_0} \qquad p_2 = \overline{x_2}\,\overline{x_1} \qquad p_3 = \overline{x_2}\,x_0 \qquad p_4 = x_1 x_0$$

Es ist erkennbar, dass jede der Eingangsbelegungen einer Zeile ausgewählt werden kann und zum gleichen Primimplikanten führt. Aus der Auswahltabelle läßt sich erkennen, dass wir in unserem Fall zwei Minimalformen bilden:

$$y_{min_1} \; \overset{=}{_*} \; p_1 \vee p_2 \vee p_3 \overset{=}{_*} \overline{x_3}\,\overline{x_1}\,\overline{x_0} \vee \overline{x_2}\,\overline{x_1} \vee \overline{x_2}\,x_0$$

$$\text{mit } h^{\bullet} = k_0 \vee k_1 \vee k_9 = \overline{x_3}\,\overline{x_2}\,\overline{x_1} \vee \overline{x_2}\,\overline{x_1}\,x_0$$

$$y_{min_2} \; \overset{=}{_*} \; p_1 \vee p_2 \vee p_4 \overset{=}{_*} \overline{x_3}\,\overline{x_1}\,\overline{x_0} \vee \overline{x_2}\,\overline{x_1} \vee x_1 x_0$$

$$\text{mit } h^{\bullet} = k_0 \vee k_1 \vee k_7 \vee k_9 \vee k_{15} = \overline{x_3}\,\overline{x_2}\,\overline{x_1} \vee x_2\,x_1\,x_0 \vee \overline{x_2}\,\overline{x_1}\,x_0$$

Nachfolgend sei noch eine alternative Vorgehensweise für die Schritte 2 und 3 vorgestellt, bei der keine Differenzbildung erfolgt, sondern eine Zusammenfassung benachbarter Belegungen (ähnlich wie beim KV-Diagramm) nach Regel (3.110). Gekürzte Stellen markieren wir in den Belegungen mit einem »Strich«.

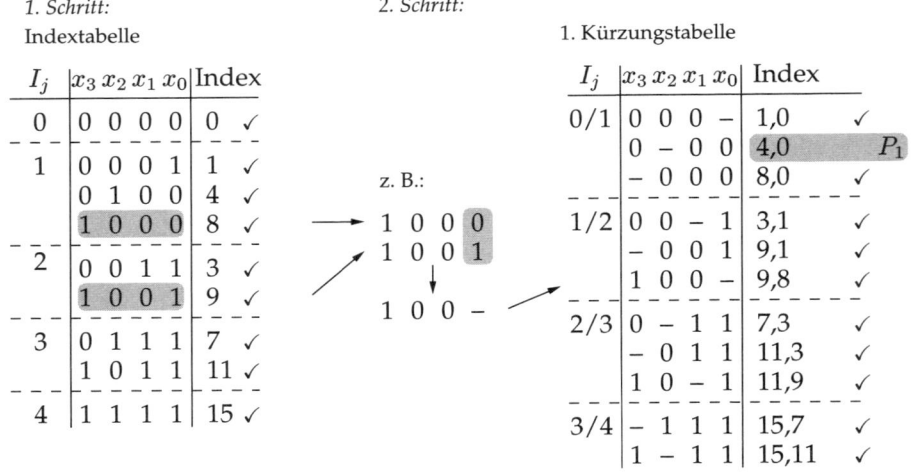

1. Schritt:
Indextabelle

I_j	$x_3\,x_2\,x_1\,x_0$	Index	
0	0 0 0 0	0	✓
1	0 0 0 1	1	✓
	0 1 0 0	4	✓
	1 0 0 0	8	✓
2	0 0 1 1	3	✓
	1 0 0 1	9	✓
3	0 1 1 1	7	✓
	1 0 1 1	11	✓
4	1 1 1 1	15	✓

2. Schritt:
1. Kürzungstabelle

I_j	$x_3\,x_2\,x_1\,x_0$	Index	
0/1	0 0 0 –	1,0	✓
	0 – 0 0	4,0	P_1
	– 0 0 0	8,0	✓
1/2	0 0 – 1	3,1	✓
	– 0 0 1	9,1	✓
	1 0 0 –	9,8	✓
2/3	0 – 1 1	7,3	✓
	– 0 1 1	11,3	✓
	1 0 – 1	11,9	✓
3/4	– 1 1 1	15,7	✓
	1 – 1 1	15,11	✓

z. B.:

1 0 0 0
1 0 0 1
↓
1 0 0 –

In den weiteren Kürzungstabellen dürfen nur solche Belegungen miteinander verglichen werden, die an der gleichen Stelle einen Strich aufweisen.

3. Schritt:

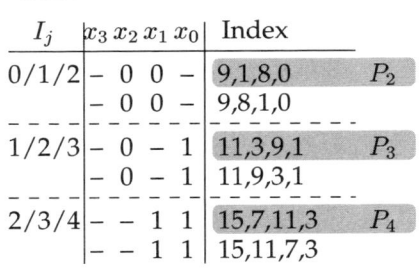

I_j	$x_3\,x_2\,x_1\,x_0$	Index	
0/1/2	– 0 0 –	9,1,8,0	P_2
	– 0 0 –	9,8,1,0	
1/2/3	– 0 – 1	11,3,9,1	P_3
	– 0 – 1	11,9,3,1	
2/3/4	– – 1 1	15,7,11,3	P_4
	– – 1 1	15,11,7,3	

Das Minimierungsverfahren nach Quine McCluskey bildet die Basis für Minimierungsverfahren in Entwurfssystemen. Die implementierten Algorithmen unterscheiden sich im Wesentlichen in der Datenstruktur, mit der die Belegungen bzw. Ausdrücke repräsentiert werden.

3.3.3 Minimierung nach Kasakow

Um die Vielfalt möglicher Ansätze für die Minimierung zu demonstrieren, sei als Letztes hier noch das Verfahren nach Kasakow beschrieben. Dieses Verfahren ist ein heuristisches, an den Praktiker gewandtes Verfahren, welches für eine partielle Funktion mit großer Anzahl von Variablen und großer X^*-Menge sinnvoll anwendbar ist. Man notiert die Belegungen der X^0- und der X^1-Menge explizit untereinander, sodass eine Matrix entsteht. In dieser Matrix sucht man Teilbelegungen in Spalten oder Kombinationen von Spalten, die ausschließlich in einer der Mengen X^0 oder X^1 vorkommen. Die »1«-Belegung von x_4 kommt im Beispiel 3.9 z.B. nur in X^1 und X^*, nicht aber in X^0 vor. Hat man dabei minimale Kombinationen gefunden, so entsprechen diese Teilbelegungen den Primimplikanten (z.B. $p_1 = x_4$).

Die folgenden zwei Beispiele sollen dieses Minimierungsverfahren noch einmal verdeutlichen.

Beispiel 3.9

Die als Indexmengen I^0 und I^1 gegebene Funktion y ist unter Berücksichtigung des h^*-Ausdruckes mithilfe des Verfahrens nach »Kasakow« zu minimieren.

$$I^0 = \{96, 109, 110\}$$
$$I^1 = \{27, 42, 116, 120\}$$
$$I^* = I \setminus (I^1 \cup I^0)$$

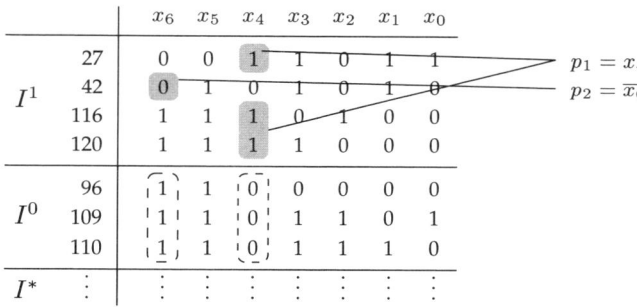

$$y_{min} = p_1 \lor p_2 = x_4 \lor \overline{x_6}$$

Beispiel 3.10

Minimieren Sie die Funktion y unter Berücksichtigung des gegebenen h^*-Ausdruckes mithilfe des Verfahrens nach »Kasakow«.

$$y = \overline{x_3}\,\overline{x_2}\,x_1\,x_0 \lor \overline{x_3}\,x_2\,\overline{x_1}\,\overline{x_0} \lor x_3\,\overline{x_2}\,\overline{x_1}\,\overline{x_0} \lor x_3\,\overline{x_2}\,x_1\,x_0$$
$$h^* = \overline{x_3}\,\overline{x_2}\,\overline{x_1}\,x_0 \lor \overline{x_3}\,\overline{x_2}\,\overline{x_1}\,\overline{x_0} \lor \overline{x_3}\,x_2\,x_1\,x_0 \lor x_3\,\overline{x_2}\,\overline{x_1}\,x_0 \lor x_3\,x_2\,x_1\,x_0$$

Aus den gegebenen Ausdrücken lassen sich die erforderlichen Indexmengen ableiten:

$$I^0 = \{2, 5, 6, 10, 12, 13, 14\}$$
$$I^1 = \{3, 4, 8, 11\}$$
$$I^* = \{0, 1, 7, 9, 15\}$$

Linke Tabelle:

		x_3	x_2	x_1	x_0	
	3	0	0	1	1	$p_3 = \overline{x_2}\, x_0$
I^1	4	0	1	0	0	$p_1 = \overline{x_3}\, \overline{x_1}\, \overline{x_0}$
	8	1	0	0	0	$p_2 = \overline{x_2}\, \overline{x_1}$
	11	1	0	1	1	p_3
	2	0	0	1	0	
	5	0	1	0	1	
	6	0	1	1	0	
I^0	10	1	0	1	0	
	12	1	1	0	0	
	13	1	1	0	1	
	14	1	1	1	0	
I^*	$\vdots$	$\vdots$	$\vdots$	$\vdots$	$\vdots$	

oder

Rechte Tabelle:

		x_3	x_2	x_1	x_0	
	3	0	0	1	1	$p_4 = x_1 x_0$
I^1	4	0	1	0	0	p_1
	8	1	0	0	0	p_2
	11	1	0	1	1	p_4
	2	0	0	1	0	
	5	0	1	0	1	
	6	0	1	1	0	
I^0	10	1	0	1	0	
	12	1	1	0	0	
	13	1	1	0	1	
	14	1	1	1	0	
I^*	$\vdots$	$\vdots$	$\vdots$	$\vdots$	$\vdots$	

$$y_{min_1} \underset{*}{=} p_1 \vee p_2 \vee p_3$$
$$\underset{*}{=} \overline{x_3}\, \overline{x_1}\, \overline{x_0} \vee \overline{x_2}\, \overline{x_1} \vee \overline{x_2}\, x_0$$

$$y_{min_2} \underset{*}{=} p_1 \vee p_2 \vee p_4$$
$$\underset{*}{=} \overline{x_3}\, \overline{x_1}\, \overline{x_0} \vee \overline{x_2}\, \overline{x_1} \vee x_1\, x_0$$

3.3.4   Gegenüberstellung der Minimierungsverfahren

Die drei beschriebenen Minimierungsverfahren unterscheiden sich grundsätzlich in der Praktikabilität und Implementierbarkeit auf Rechnern. Tabelle 3.16 charakterisiert die Verfahren unter verschiedenen Gesichtspunkten.

Obwohl die Minimierungsverfahren lange bekannt sind, sind zu deren Implementierung immer noch Verbesserungen erzielbar. Bild 3.21 zeigt einen Überblick zur historischen Entwicklung der Verfahren und Implementierungen [Hah89].

Mit diesen Verfahren sind wir in der Lage, schaltalgebraische Ausdrücke entsprechend der Realisierungsbasis an unterschiedliche Erfordernisse anzupassen und den jeweils günstigsten Repräsentanten für die geforderte Boolesche Funktion auszuwählen. Weitere Optimierungsmöglichkeiten betrachten die Ausgangsvariable nicht separat, sondern untersuchen Gemeinsamkeiten in mehreren Ausdrücken. Der interessierte Leser sei hierzu auf die Literatur[Hah89] verwiesen.

Tabelle 3.16 Gegenüberstellung von Minimierungsverfahren

	Karnaugh	Quine McCluskey	Kasakow
Variablenzahl	≤ 6	beliebig	beliebig
Größe von I^*	beliebig	beliebig	möglichst groß
Einbeziehung von h^*	entsprechend geometrischer Nachbarschaft	alle in Kürzungstabelle einbezogen; keine in Auswahltabelle einbezogen	erfolgt implizit
alle y_{min} gefunden ?	nein	ja, es werden systematisch alle gefunden	nein
Verfahren	grafisch	gut geeignet für eine Rechnerimplementierung	heuristisch

Bild 3.21 Implementierung von Minimierungsverfahren

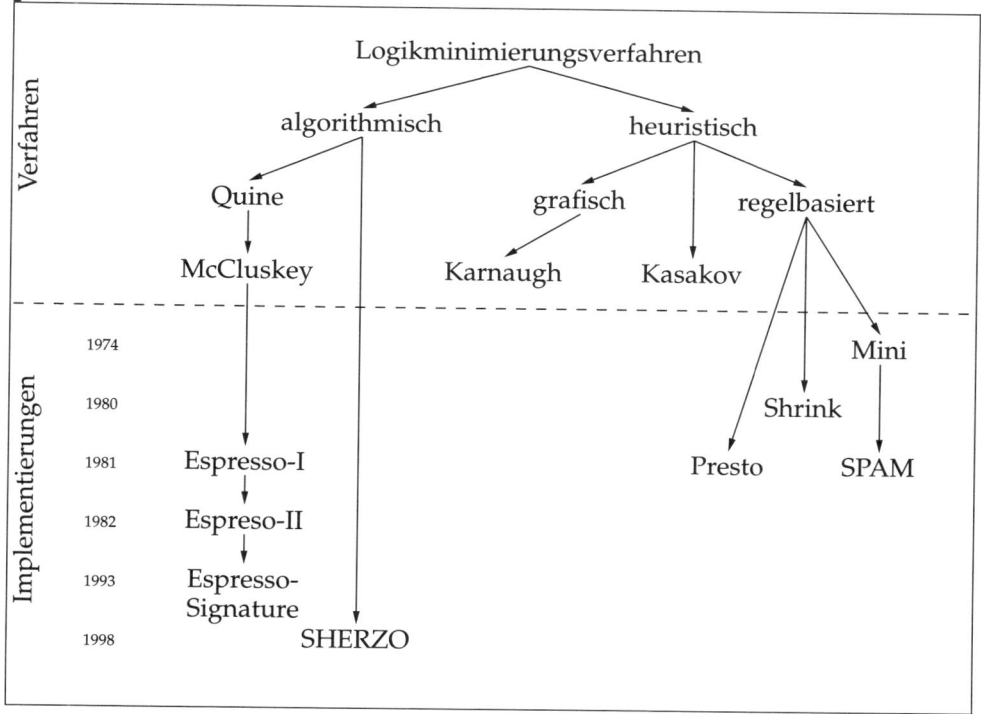

3.4 Weitere Darstellungsformen

Für die Darstellung Boolescher Funktionen gibt es noch eine Reihe weiterer Darstellungsformen, auf denen verschiedene Theorien der Umformung und Optimierung aufbauen. Sie können vorteilhaft für bestimmte Anwendungen eingesetzt werden, sind aber für andere Untersuchungen schwerfällig.

Beispielsweise wird die Darstellung als Ternärvektoren[23] und Entscheidungsdiagramme als gut geeignet zur rechnerinternen Repräsentation und Verarbeitung Boolescher Funktionen eingeschätzt [BS91, BS91, HE99] und Entscheidungsdiagramme (z.B. ROBDDs) vorteilhaft angewendet. An dieser Stelle soll lediglich eine Einführung in diese Darstellungsformen vorgenommen werden, um dem interessierten Leser den Übergang in die jeweils andere Symbolik zu erleichtern. Wir werden im weiteren Verlauf des Buches auf diese Darstellungsformen nicht mehr eingehen, sodass dieser Abschnitt auch übersprungen werden kann. Entsprechend der eingeführten Beschreibungsmittel unterscheiden wir auch die hier vorzustellenden, meist belegungsmengen-orientierten Notationsformen einerseits in kanonische und andererseits in nicht kanonische Darstellungsformen.

3.4.1 Kanonische Darstellungsformen

Wir wollen die Darstellungsformen anhand eines Beispiels diskutieren, das wir zunächst in den in diesem Buch verwendeten Beschreibungsformen einführen. In Bild 3.22 ist eine partielle Boolesche Funktion mit drei Eingangs- und zwei Ausgangsvariablen gegeben.

Bild 3.22 Partielle Boolesche Funktion mit 3 Ein- und 2 Ausgangsvariablen

Wertetabelle

i	x_2	x_1	x_0	y_1	y_0
0	0	0	0	1	1
1	0	0	1	0	1
2	0	1	0	0	0
3	0	1	1	1	0
4	1	0	0	1	1
5	1	0	1	1	0
6	1	1	0	1	0
7	1	1	1	*	*

Gleichungsystem in KDNF

$$y_0 = \overline{x_2}\,\overline{x_1}\,\overline{x_0} \vee \overline{x_2}\,\overline{x_1}\,x_0 \vee x_2\,\overline{x_1}\,\overline{x_0}$$

$$y_1 = \overline{x_2}\,\overline{x_1}\,\overline{x_0} \vee \overline{x_2}\,x_1\,x_0 \vee x_2\,\overline{x_1}\,\overline{x_0} \vee x_2\,\overline{x_1}\,x_0 \vee x_2\,x_1\,\overline{x_0}$$

$$h^*(x) = x_2\,x_1\,x_0$$

Belegungsmengen für y_0

$$X^1 = \{X_0, X_1, X_4\}$$
$$X^0 = \{X_2, X_3, X_5, X_6\}$$
$$X^* = \{X_7\}$$

Indexmengen für y_0

$$I^1 = \{0, 1, 4\}$$
$$I^0 = \{2, 3, 5, 6\}$$
$$I^* = \{7\}$$

---

[23] Nähere Erläuterungen siehe Abschnitt 3.4.2

Indexmengen werden in [BS91] als **Dezimallisten** bezeichnet. Diesen Darstellungsformen äquivalent ist die Darstellung als »**Binärvektorlisten (BVL)**«. Sie bestehen aus geordneten n-Tupeln (»Binärvektoren«, in diesem Buch als »Belegung« bezeichnet) und können zur Beschreibung reiner Eingangsbelegungsmengen genutzt
werden. In dieser Form beschreiben sie den gleichen Sachverhalt wie die Belegungsmengen und haben für y_0 die folgende Form:

$$BVL^1 = \{[000][001][100]\}$$

$$BVL^0 = \{[010][011][101][110]\}$$

$$BVL^* = \{[111]\}$$

Binärvektorlisten können aber auch zur Beschreibung von Ein- und Ausgangsbelegungen genutzt werden. Zur syntaktischen Unterscheidung kann vor den Binärvektoren ein Vektor eingefügt werden, der die Ordnung der Variablenzuweisung
definiert.

$$[x_2 x_1 x_0 y_1 y_0];\ [00011][00101][01000][01110][10011][10110][11010]$$

Nicht aufgeführte Eingangsbelegungen können hier als zu X^* bzw. h^* gehörig interpretiert werden, wodurch auch eine Beschreibung partieller Funktionen möglich
ist. Alternativ zu der oben eingeführten Syntax ist auch eine Matrixschreibweise
üblich, bei der jede Zeile einen Binärvektor enthält. Aufgrund der einfachen syntaktischen Struktur sind Binärvektorlisten gut für eine Verarbeitung in Rechnern
geeignet.

Die Grundlage für eine Reihe grafischer Darstellungen bildet der **Shannon-Baum**,
ein binärer Baum, dessen Wurzel der jeweilige Funktionsbezeichner ist und dessen
Unterknoten die Belegungen der Variablen zugeordnet sind. Die Blätter des Baumes werden mit den Funktionswerten der Belegungen gewichtet, die den Pfaden
von der Wurzel zum Blatt zugeordnet sind (Bild 3.23).

Bild 3.23 Shannon-Baum für die Funktion aus Bild 3.22

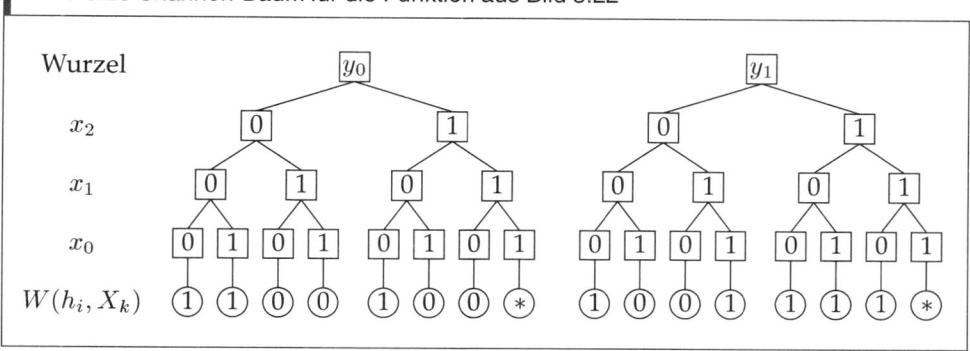

Davon abgeleitet haben »Binäre Entscheidungsbäume« (**Binary Decision Diagrams**, BDD) Bedeutung für effiziente Algorithmen zur Umformung Boolescher Funktionen erlangt [Bry86]. Sie werden mithilfe der rekursiven Shannon-Dekomposition (Entwicklungssatz)[24]

$$h(x_i, x_{i-1}, \dots, x_0) = x_i \left(h_i^1(x_{i-1}, \dots, x_0) \right) \vee \overline{x_i} \left(h_i^0(x_{i-1}, \dots, x_0) \right)$$

erzeugt. Die Knoten dieses binären Baumes werden durch die Variablen gebildet, die gerichteten Kanten sind mit den Belegungen der Variablen gewichtet, sodass je Knoten eine binäre Entscheidung getroffen wird. Die Konstanten »0« und »1« bilden die Blätter des Baumes. Für n Eingangsvariablen existieren genau 2^n Pfade, deren Anfangsknoten die Wurzel und deren Endknoten eines der beiden Blätter ist. Dementsprechend ist auch diese Darstellung eine kanonische Beschreibung einer Booleschen Funktion.

Als weitere Variante sei hier noch der so genannte reduzierte geordnete Entscheidungsbaum (**Reduced Ordered Binary Decision Diagram**, ROBDD) genannt, dessen Komplexität stark von der Anordnung der Variablen abhängt [HE99]. Man erhält diesen Baum abgeleitet aus einem BDD, indem man schrittweise jeden Knoten, dessen zwei wegführende Kanten auf den gleichen Nachfolger zeigen, durch die zu diesem Knoten hinführende Kante ersetzt. Im mittleren Baum in Bild 3.24 wurde der erste Knoten ersetzt, der rechte Baum stellt das Ergebnis dar.

Bild 3.24 Ableitung eines ROBDD aus einem BDD

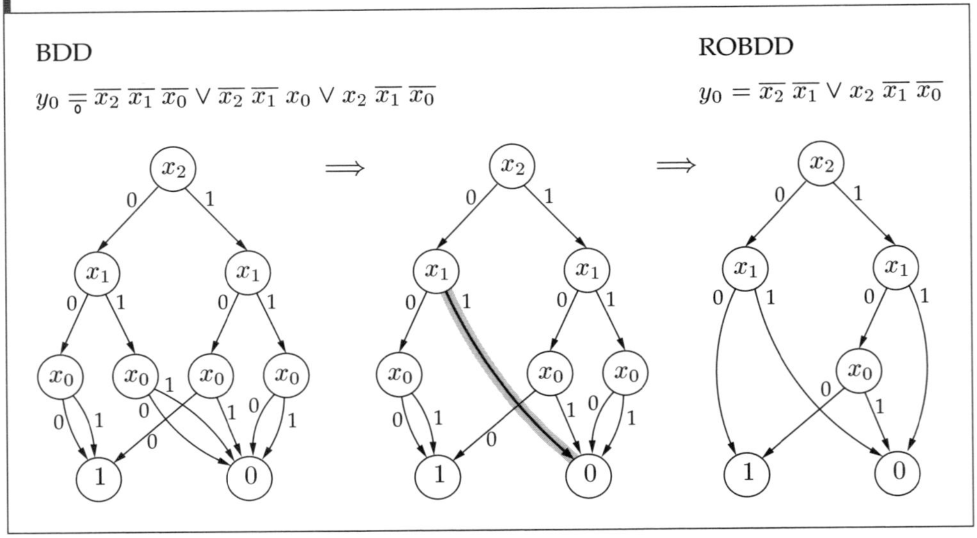

Würde man die Shannon-Dekomposition mit einer anderen Variablen beginnen, erhielte man einen anderen Baum, dessen Komplexität sich wesentlich unterscheiden

---

[24] Der Ausdruck h_i^1 enthält alle Terme, in denen x_i ursprünglich »unnegiert«, der Ausdruck h_i^0 alle Terme, in denen x_i ursprünglich »negiert« vorkommt.

würde. Das Auffinden der besten Variablen-Reihenfolge ist ein NP-vollständiges[25] Problem [BW96, DG99], sodass hier kein allgemein gültiger, effizienter Algorithmus angegeben werden kann.

3.4.2 Nicht kanonische Darstellungsformen

Nicht kanonische Darstellungsformen haben wir beispielweise als Ergebnis der Ausführung eines Minimierungsverfahrens aus Abschnitt 3.3 erhalten. Ein für unser Beispiel mögliches Ergebnis ist folgendes minimierte Gleichungssystem:

$$y_{0\,min} \underset{*}{=} \overline{x_2}\,\overline{x_1} \vee x_2\,\overline{x_0}$$

$$y_{1\,min} \underset{*}{=} x_1\,x_0 \vee \overline{x_1}\,\overline{x_0} \vee x_2$$

Um nicht kanonische Formen notieren zu können, gibt es eine Reihe weiterer Darstellungsformen, die neben den Belegungen 0 und 1 ein zusätzliches Symbol für gekürzte Variablen in Belegungen einführen. Diese so genannten »**internen don't cares**« dürfen jedoch nicht mit den bisher diskutierten, in diesem Zusammenhang als »**externe don't cares**« bezeichneten Elementen von h^* bzw. X^* verwechselt werden! Interne don't cares beschreiben keine technologischen Randbedingungen, sondern realisierungsorientierte Vereinfachungen der Funktionsbeschreibung.

In [BS91] werden diese internen don't cares mit dem Symbol »–« gekennzeichnet. Aufbauend auf den o.g. Binärvektoren werden so genannte **Ternärvektoren** und eine Reihe von Operationen über diesen definiert. An dieser Stelle wollen wir nur unser Beispiel in dieser Form beschreiben und auf [BS91] für weitere Studien verweisen.

Für y_0 erhalten wir folgende Ternärvektorlisten, wenn wir die Belegung $X_7 \in X^*$ der Menge X^0 bzw. der Ternärvektorliste TVL^0 zuordnen:

$$y_0: \quad TVL^1 \;=\; \{[-00][00-]\}$$

$$TVL^0 \;=\; \{[-1-][1-1]\}$$

Belegungsmengen, die mithilfe interner don't cares beschreibbar sind, werden auch als **Belegungsintervalle** bezeichnet. Die Belegungen eines solchen Intervalls ermittelt man, indem man die internen don't cares durch alle möglichen Variationen von 0 und 1 an den entsprechenden Stellen ersetzt. (n interne don't cares beschreiben

---

[25] Für NP-vollständige Probleme findet man mit *deterministischen* Algorithmen nur Lösungen mit *exponentiellem* Zeit- und Speicherbedarf (2^n, 3^n, ...), sodass sie nur für kleine Beispiele ermittelt werden können. Mit dem theoretischen Modell *nichtdeterministischer* Algorithmen gelingt es, Lösungen in *polynomialem* Zeit- und Speicherbedarf (n, n^2, n^3, ...) anzugeben. »NP« steht dabei für »nichtdeterministisch polynomial«. Nichtdeterministische Algorithmen gehen in Entscheidungssituationen a priori vom günstigsten Fall aus, während deterministische Algorithmen nur durch Untersuchung aller Varianten zur richtigen Fallunterscheidung kommen.

dementsprechend einen Intervall von 2^n Belegungen). Als untere Intervallgrenze wird der Belegungsindex angegeben, der entsteht, wenn man alle n internen don't cares durch den Wert 0 ersetzt, die obere Intervallgrenze erhält man, indem alle internen don't cares zu »1« gewählt werden und der Belegungsindex ermittelt wird. Man erhält auf diese Weise den minimal und den maximal möglichen Belegungsindex der entsprechenden Belegungsmenge. Aus der Differenz zwischen den Intervallgrenzen lässt sich die Größe des Intervalls ermitteln, indem man die Differenz als Summe von Zweierpotenzen darstellt. Die Anzahl der Zweierpotenzen entspricht der Anzahl der internen don't cares. Ternärvektoren und Belegungsintervalle können ineinander überführt werden. Beispielsweise beschreibt der Ternärvektor $[-1-]$ das Intervall

$$X_{2|7} = \{X_2, X_3, X_6, X_7\}.$$

Die Differenz der Intervallgrenzen beträgt 5 und die Anzahl der Zweierpotenzen $(5 = 2^2 + 2^0)$ 2, sodass der Intervall $2^2 = 4$ Belegungen enthält.

Für y_0 erhalten wir folgende Intervalle, wenn wir die Belegung $X_7 \in X^*$ der Belegungsmenge X_0 bzw. dem Intervall $X_{5|7}$ zuordnen:

$$y_0: \quad X^1 \;=\; \{X_{0|4}, X_{0|1}\}$$
$$X^0 \;=\; \{X_{2|7}, X_{5|7}\}$$

Die so genannte **Cube-Darstellung** verfolgt einen ähnlichen Ansatz wie die Ternärvektorlisten, wobei interne don't cares mit der Ziffer 2 kodiert werden. Die Bezeichnung »Cube« ist dabei von einer Darstellung der Belegungen als Ecken eines n-dimensionalen Würfels abgeleitet (siehe Bild 3.25). Benachbarte Ecken bilden eine Kante dieses n-dimensionalen Würfels und die ihnen zugeordneten Belegungen erfüllen die Nachbarschaftsbeziehung nach (3.110). Ein Tupel, welches nur 0 und 1 enthält, beschreibt eine einzelne Belegung (»Vertex«), während ein Tupel, das n-mal das Symbol »2« enthält, eine Belegungsmenge mit 2^n Belegungen enthält. Enthalten alle Tupel keine 2, so ist der Cube in *kanonischer* Form dargestellt, andernfalls in *nicht kanonischer* Form.

Cube-Darstellung für y_0 (nicht kanonisch):

$$C^1 \;=\; \{[200][002]\}$$
$$C^0 \;=\; \{[212][121]\}$$

Zur Darstellung von Funktionen mit mehreren Ausgangsvariablen werden in der **erweiterten Cube-Darstellung** zwei weitere Symbole mit folgender Bedeutung eingeführt:

Ziffer **3** an Stelle t im Tupel bedeutet, dass der Funktionswert der Ausgangsvariablen y_t nicht dieser Eingangsbelegung bzw. -belegungsmenge zugeordnet ist.

Bild 3.25 Cube-Darstellung für y_0

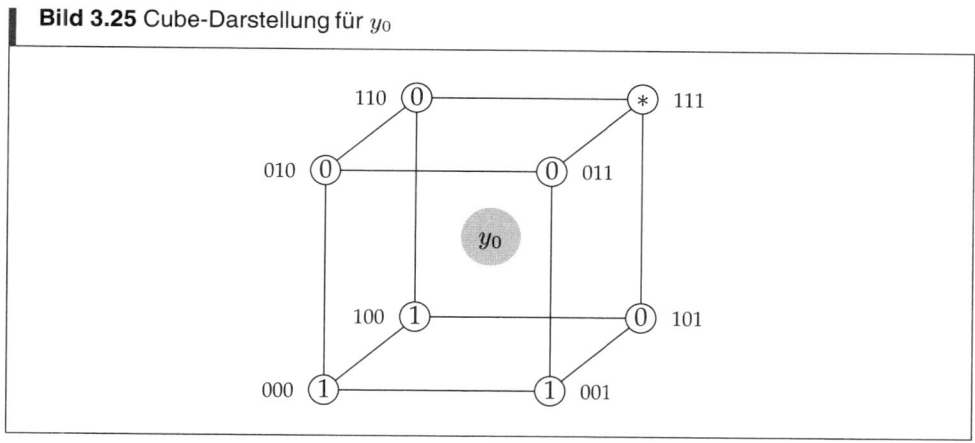

Beispielsweise gehört die Eingangsbelegung $X_5 = [101]$ bezüglich der Ausgangs-variablen y_0 zur Menge X^0, da laut Wertetabelle $\lambda_0(X_5) = 0$ gilt. Die Notation des erweiterten Cube EC^1 für die Menge X^1 enthält deshalb an der entsprechenden Stelle eine 3.

Ziffer **4** an Stelle t im Tupel bedeutet, dass der Funktionswert der Ausgangsvaria-blen y_t dieser Eingangsbelegung bzw. -belegungsmenge zugeordnet ist. Beispiels-weise gehört die Eingangsbelegung $X_5 = [101]$ bezüglich der Ausgangsvariablen y_0 zur Menge X^0 (und nicht zu X^1), da laut Wertetabelle $\lambda_0(X_5) = 0$ gilt. Die Notation des erweiterten Cube EC^0 für die Menge X^0 enthält deshalb an der ent-sprechenden Stelle eine 4.

Für eine Anordnung der Variablen wie in der Wertetabelle ($[x_2 x_1 x_0 y_1 y_0]$) erhält man folgende Darstellung:

Erweiterte Cube-Darstellung (kanonisch):

$$EC^1 = \{[00044][00134][01143][10044][10143][11043]\}$$

$$EC^0 = \{[00143][01044][01134][10134][11034]\}$$

$$EC^* = \{[11144]\}$$

In der *nicht kanonischen* Darstellung ist die Belegung $X_7 \in X^*$ zum Minimieren genutzt worden indem sie für y_1 zu »1« und für y_0 zu »0« gewählt worden ist.

Erweiterte Cube-Darstellung (nicht kanonisch):

$$EC^1 = \{[20044][00234][21143][12243]\}$$

$$EC^0 = \{[21234][12134][00143][01043]\}$$

Mit diesem »Blick über den Tellerrand« wollen wir es bewenden lassen und zu der in diesem Buch eingeführten Beschreibungsweise zurückkehren. Die folgenden Abschnitte erklären nun den Weg von der Gleichung in BAA zur digitalen Schaltungsstruktur.

3.5 Strukturbeschreibung

Die in den vorhergehenden Abschnitten beschriebenen formalen Methoden bilden die Voraussetzung für den strukturellen Entwurf digitaler Systeme. Mithilfe dieser Methoden sind wir in der Lage, Funktionen mit mehreren Ein- und Ausgangsvariablen soweit zu strukturieren, d.h. mit schaltalgebraischen Ausdrücken zu beschreiben, dass sie als Teilfunktionen elementarer Strukturelemente baukastenartig zusammengesetzt werden können. Wir werden im Folgenden nun die Bausteine (Module) dieses Baukastens und die Konstruktionsregeln (Regeln für das Verbinden der Module) kennen lernen. Auch hier werden wir zunächst formal definieren, was unter einer Struktur verstanden werden soll und welche äquivalenten Umformungen innerhalb der Struktur zulässig sind. Allgemein kann man die Struktur S eines digitalen Systems folgendermaßen definieren:

Struktur eines digitalen Systems   *Def. (3.4)*

$$S = [M, x, p, y, \kappa]$$

mit:

- M Menge von Modulen

- x Eingangsvektor

- p Programmiervektor

- y Ausgangsvektor

- κ Koppelfunktion

Die Struktur eines Moduls M^l lässt sich wie folgt beschreiben:

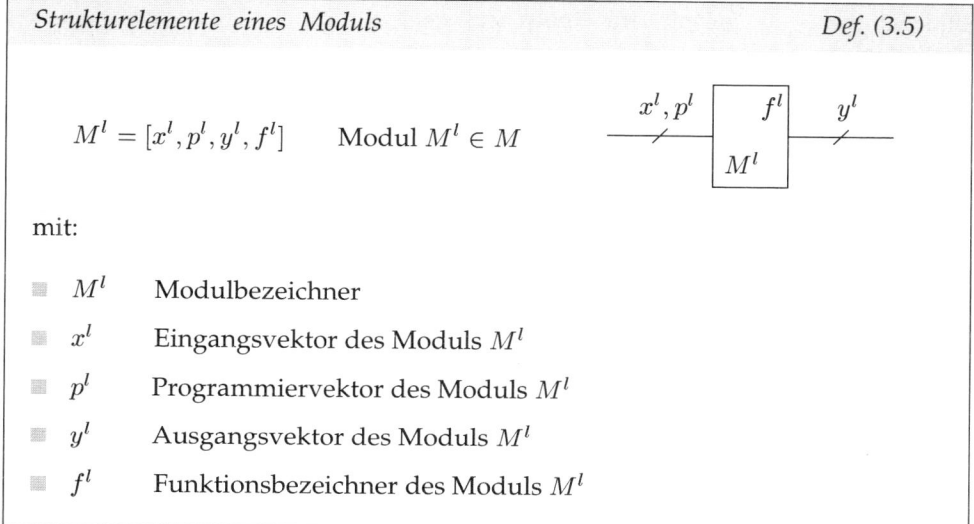

Strukturelemente eines Moduls   *Def. (3.5)*

$$M^l = [x^l, p^l, y^l, f^l] \qquad \text{Modul } M^l \in M$$

mit:

- M^l Modulbezeichner
- x^l Eingangsvektor des Moduls M^l
- p^l Programmiervektor des Moduls M^l
- y^l Ausgangsvektor des Moduls M^l
- f^l Funktionsbezeichner des Moduls M^l

Elementare Module, die einfache Funktionen wie UND, ODER, NICHT realisieren, werden **Gatter** genannt. Wir stellen diese Funktionen und Strukturelemente in Abschnitt 3.6.1 vor. Aufbauend auf diesen Elementarstrukturen erläutern wir in Abschnitt 3.6.4 kombinatorische Grundstrukturen, die als Standardbausteine häufig eingesetzt werden. Bei der Bezeichnung der Ein- und Ausgangsvariablen dieser Strukturen verwenden wir die in der Literatur üblichen Bezeichner, wenn die innere Funktionsweise nicht näher erläutert wird.

Neben den aus Abschnitt 3.1.1 bekannten Strukturelementen einer digitalen Schaltung enthält die Strukturdefinition als neues Element den Programmiervektor. Wir beschreiben in Abschnitt 3.6.5 universelle Strukturen, deren Funktion über spezielle Eingänge festgelegt (»programmiert«) werden kann, indem man diese Eingänge mit »0« oder »1« belegt. Diese Eingänge bezeichnen wir als Programmiereingänge p_i^l des Moduls M^l und fassen die Programmiereingänge aller Module zum **Programmiervektor** p der Struktur zusammen. Der Programmiervektor ist dementsprechend ein Tupel aus Konstanten $\in \{0, 1\}$, das die Funktion einer programmierbaren Struktur eindeutig festlegt.

3.5.1 Koppelfunktion

Die Verbindung der Module untereinander und mit der Umgebung wird durch die Koppelfunktion beschrieben. Die Kopplung der Module muss so vorgenommen werden, dass unter keinen Umständen die Ausgänge zweier Module miteinander verbunden sind. Dies würde bei Belegungen, bei denen ein Modul eine »1« und der andere eine »0« als Funktionswert hat, zu einem Kurzschluss zwischen Betriebsspannung (»1«) und Masse (»0«) führen!

Bild 3.26 zeigt ein Beispiel für eine unzulässige Kopplung. Hier würde z.B. bei der Belegung X_2 das NAND-Gatter eine »1« am Ausgang erzeugen, wogegen das Äquivalenz-Gatter eine »0« liefert.

Bild 3.26 Unzulässige Modulkopplung

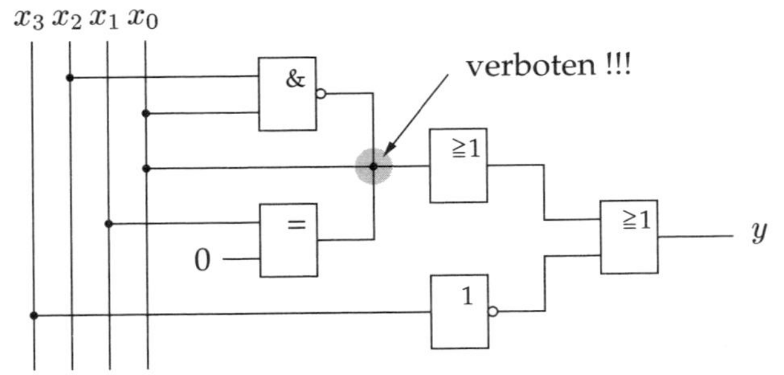

Dagegen ist die Kopplung des Ausgangs eines Moduls mit mehreren Eingängen anderer Module unproblematisch, solange eine bestimmte Anzahl nicht überschritten wird[26]. Um diesen Sachverhalt formal zu beschreiben, definieren wir die **Koppelfunktion κ** wie folgt:

Koppelfunktion κ	*Def. (3.6)*
$$\bigcup_l x^l \cup \bigcup_l p^l \cup y \Rightarrow \bigcup_l y^l \cup x \cup p$$	

Die Kopplung der Module beginnt am Ausgang der Schaltung und bildet deren Ausgangsvariablen y_k eindeutig auf Ausgänge von Modulen y_j^l bzw. Eingangsvariablen x_i und Programmiereingänge p_r der Struktur ab. Die gleiche Koppelbeziehung gilt für Eingänge x_i^l und Programmiereingänge p_r^l der Module.

Beispiel 3.11

Gesucht ist die Koppelfunktion für die in Bild 3.27 gegebene Struktur, bestehend aus zwei Modulen ($M = \{M^0, M^1\}$) mit drei Eingangsvariablen ($x = [x_2, x_1, x_0]$), vier Ausgangsvariablen ($y = [y_3, y_2, y_1, y_0]$) sowie zwei Programmiereingängen ($p = [p_1, p_0]$).

---

[26] Die Anzahl maximal anschließbarer nachfolgender Schaltkreiseingänge ist technologieabhängig und liegt meist bei 10.

Bild 3.27 Strukturbeschreibung

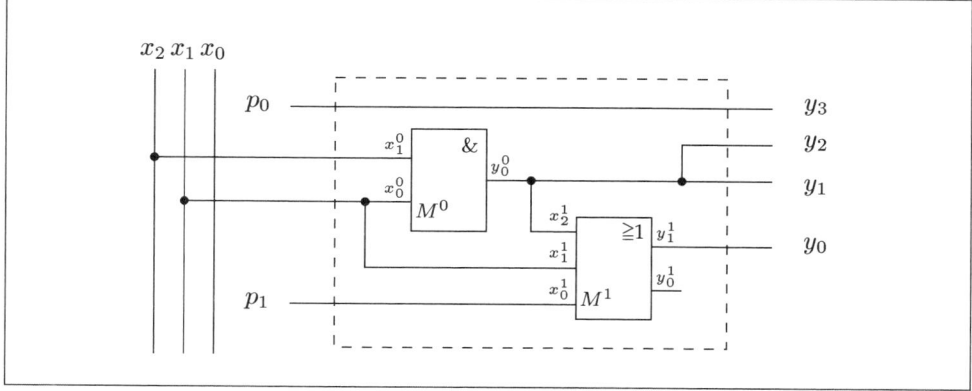

Die prinzipiell möglichen Koppelbeziehungen für diese Strukturelemente können allgemein durch

$$\kappa: \quad \{x_1^0, x_0^0\} \cup \{x_2^1, x_1^1, x_0^1\} \cup \{y_3, y_2, y_1, y_0\} \Rightarrow \{y_0^0\} \cup \{y_1^1, y_0^1\} \cup \{x_2, x_1, x_0\} \cup \{p_1, p_0\}$$

beschrieben und entsprechend der konkreten Verbindungen als

$\kappa(x_1^0) = x_2$ sprich: *»Die Eingangsvariable x_1 des Moduls M^0 ist gekoppelt mit der Eingangsvariablen x_2 des Eingangsvektors x.«*

$\kappa(x_0^0) = x_1$ $\kappa(y_2) = y_0^0$

$\kappa(x_2^1) = y_0^0$ $\kappa(y_1) = y_0^0$

$\kappa(x_1^1) = x_1$ $\kappa(y_0) = y_1^1$

$\kappa(x_0^1) = p_1$ $\kappa(y_3) = p_0$

notiert werden.

3.5.2 Modulverkettung

Die oben definierte Koppelfunktion beschreibt die Kopplung jeweils zweier Module. Für Aussagen zur Gesamtstruktur ist auch von Interesse, auf welchem Weg die Belegung einer Eingangsvariablen (das »**Eingangssignal**«) den Ausgang erreicht, d.h. welche Module durchlaufen werden. Zur Beschreibung bedienen wir uns einiger Grundbegriffe der Graphentheorie, die im Anhang erläutert sind. Aus dieser Sicht sind die Module die *Knoten* des Graphen, die Verbindungen zwischen je zwei Knoten die *Kanten*. Die in diesem Kapitel betrachteten **kombinatorischen Strukturen** bilden je Ausgangsvariable eine **Baumstruktur**, in der die Ausgangsvariable die Wurzel und die Eingangsvariablen die Blätter darstellen. Eine Kantenfolge von einem Eingang (Blatt des Baumes) zum Ausgang der Struktur (Wurzel) heißt **Pfad** oder **Signalweg**. Die Module eines Signalweges (ohne Negatoren) heißen **Schaltstufen**. Die Anzahl der Schaltstufen definiert die **Pfadlänge**.

Die Definition der Koppelfunktion erlaubt neben der Beschreibung von Baumstrukturen nach Bild 3.27, die keine **Rückführungen** enthalten, auch die Beschreibung von Strukturen mit Rückführungen. Rückführungen sind aus graphentheoretischer Sicht Zyklen (oder Schleifen) in der Struktur. Schaltungsstrukturen mit Rückführungen zeichnen sich entsprechend dadurch aus, dass der Ausgang mindestens eines Moduls direkt oder indirekt auf dem Signalweg über mehrere Module einer Struktur mit einem Eingang desselben Moduls gekoppelt ist. Derartige Rückführungen haben qualitative Auswirkungen auf das Verhalten der Schaltung und sind Gegenstand des Kapitels 5 und folgender.

Uns interessiert an dieser Stelle zunächst eine systematische Beschreibung dieser Struktureigenschaft. Die bisher definierte Koppelfunktion beschreibt nur die Kopplung jeweils zweier Module. Wir müssen hier jedoch auch die Kopplung mehrerer auf einem Signalweg (Pfad im Graphen) liegenden Module beschreiben und definieren hierfür die **Modulverkettung** wie folgt:

Modulverkettung	*Def. (3.7)*

$$M^m \vdash M^l$$

Zwei Module M^m und M^l heißen *verkettet*, wenn mindestens eine Koppelrelation der folgenden Form existiert:

$$\kappa(x_i^l) = y_j^m \qquad \text{mit } m \neq l \text{ und } x_i^l \in x^l \text{ und } y_j^m \in y^m$$

Die Verkettungsrelation ist irreflexiv und asymmetrisch. Die *transitive Hülle* der Kopplung zweier Module M^m, M^l soll mit einem Stern markiert werden und als

$$M^m \vdash\!\!* M^l$$

beschrieben werden; eine dabei auftretende Folge von Kopplungen durch

$$\kappa^*(x_i^l) = y_j^m.$$

Anhand der Struktur in Bild 3.28 sollen diese Definitionen verdeutlicht werden.

Bild 3.28 Modulverkettung

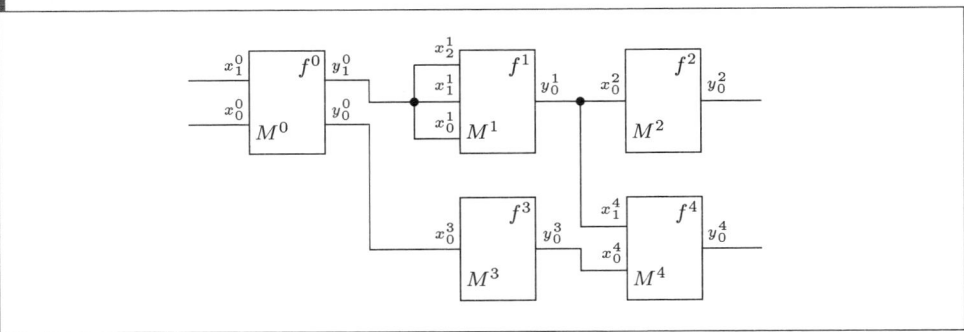

Es gilt:
$$M^0 \vdash M^1,\ M^0 \vdash M^3,\ M^1 \vdash M^2,\ M^1 \vdash M^4,\ M^3 \vdash M^4,$$
$$M^0 \vdash M^1 \vdash M^4,\ M^0 \vdash M^3 \vdash M^4,\ M^0 \not\vDash M^2,\ M^0 \not\vDash M^4$$

aber nicht: $M^1 \not\vDash M^3$

weiter gilt: $\kappa(x_2^1) = y_1^0,\ \kappa(x_1^4) = y_0^1,\ \kappa^*(x_1^4) = y_1^0$

Mithilfe dieser Beschreibungsmöglichkeit können wir die Unterschiede zwischen kombinatorischen und sequentiellen Strukturen nun formal beschreiben.

Verkettete Module bilden eine **kombinatorische Struktur** (Bild 3.29a), wenn für alle m, l gilt:

$$M^m \not\vDash M^l \rightarrow \not\exists m, l(M^l \not\vDash M^m) \tag{3.113}$$

bzw.

$$M^m \not\vDash M^l \rightarrow \forall i, j\big(\not\exists \kappa^*(x_i^m) = y_j^l\big)$$

Eine **sequentielle Struktur** (Bild 3.29b) enthält mindestens eine Kopplung κ, für die gilt:

$$\exists m, l\big((M^m \not\vDash M^l) \wedge (M^l \not\vDash M^m)\big) \tag{3.114}$$

bzw.

$$\exists m, l\Big(\big(\kappa^*(x_i^l) = y_j^m\big) \wedge \big(\kappa^*(x_r^m) = y_s^l\big)\Big)$$

Eine Kopplung mit der Eigenschaft (3.114) heißt **Rückkopplung**.

Bild 3.29 Kombinatorische und sequentielle Strukturen

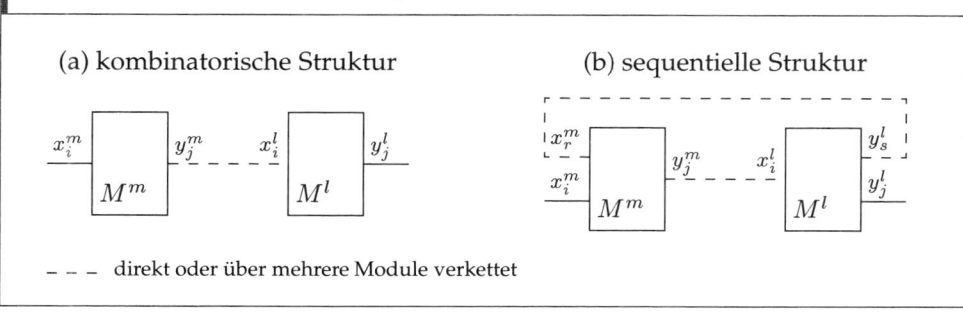

3.5.3 Hierarchie, Abstraktion

Die Darstellung komplexer Strukturen kann vereinfacht werden, indem man Module mit elementaren Funktionen zu komplexen Modulen zusammenfasst und deren innere Struktur verbirgt. Auf diese Weise kann man **Beschreibungshierarchien** erzeugen, die über mehrere Ebenen von der Grobstruktur (auch Blockschaltbild genannt) bis zum elementaren Gatterniveau reichen. Man abstrahiert dabei von Details, die für die Darstellung der jeweiligen Abstraktionsebene unwesentlich sind.

So kann beispielsweise die Funktion eines 8-Bit-Rechenwerkes für die Addition als einzelner Block, als Zusammenschaltung von acht einzelnen Addierschaltungen oder als detaillierte Gatterstruktur dargestellt werden. Bild 3.30 zeigt einen Volladder, dessen Funktionalität wir in Abschnitt 3.1 kennen gelernt haben, in zwei verschiedenen Abstraktionsebenen. Den Übergang von der Detailstruktur zu einer abstrahierten Darstellung nennt man auch **Vergröberung**, das umgekehrte Verfahren **Verfeinerung**.

Bild 3.30 Verschiedene Abstraktionsebenen eines Volladders

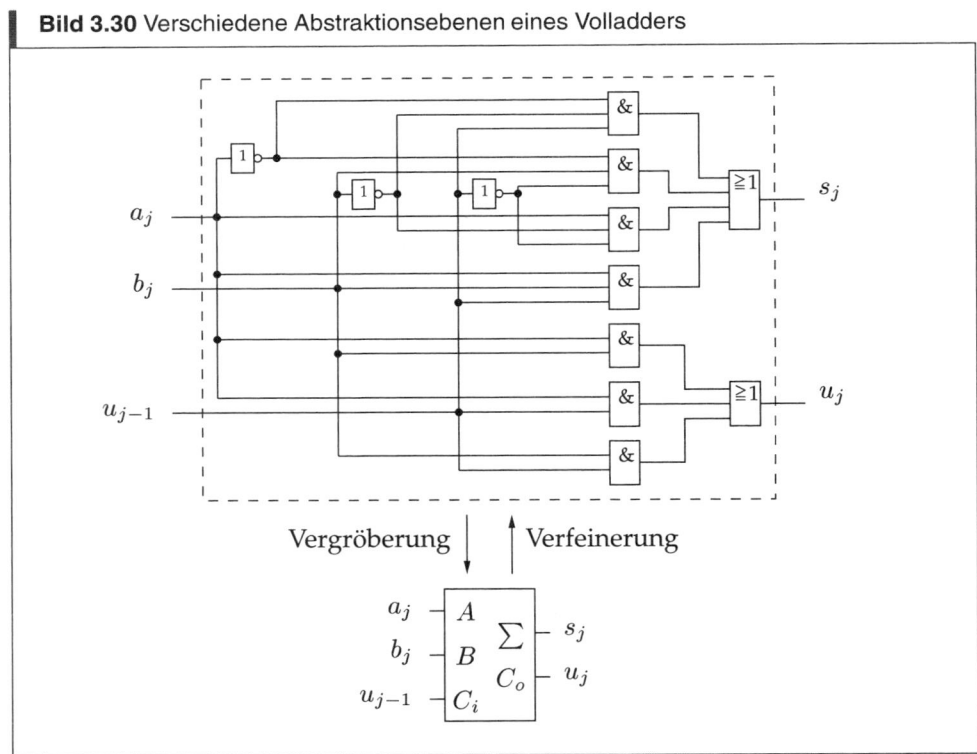

Bei der Vergröberung werden ausgewählte Ein- und Ausgänge der feineren Struktur als Schnittstelle x', y' des vergröberten Moduls M' definiert. Die Funktion f' des Moduls M' beschreibt das Verhalten des Moduls mithilfe der Schnittstellenvariablen ggf. unter Einbeziehung interner Zustandsvariablen (siehe Abschnitt 5.2). Man kann diese Hierarchie-Ebenen auch für einen systematischen Entwurf nutzen. Eine

Methode, die auf schrittweiser Verfeinerung beruht, heißt *Top-Down-Methode*, die umgekehrte Vorgehensweise einer schrittweisen Vergröberung *Bottom-Up-Methode*.

3.5.4 Blockbildung, Kaskadierung

Zur Realisierung digitaler Schaltungen werden Schaltkreise verwendet, die eine bestimmte Anzahl von Modulen mit einer festgelegten Anzahl von Ein- und Ausgängen beinhalten. Reicht die Anzahl der so vorgegebenen Eingänge bzw. Ausgänge für die angestrebte Realisierung nicht aus, so können unter Verwendung der gleichen Bausteine und zusätzlicher schaltungstechnischer Ergänzungen Strukturen mit der gesuchten Anzahl von Ein- bzw. Ausgängen realisiert werden. Die Erweiterung der Ausgänge realisiert man durch so genannte Blockbildungen, die Erweiterung der Eingänge durch eine Kaskadierung.

3.5.4.1 Blockbildung

Entsprechend der Definition der Koppelfunktion κ dürfen Eingänge der Struktur bzw. Ausgänge von Modulen beliebig vielen Eingängen von Modulen zugeordnet werden. Für eine Erweiterung der Ausgänge einer Struktur ist es dementsprechend ausreichend, die Struktur mehrfach zu verwenden und mit denselben Eingangssignalen zu versorgen. Wir werden in Abschnitt 3.6 Strukturen diskutieren, die man mithilfe der Blockbildung zu komplexeren Strukturen zusammensetzt. Bild 3.31 zeigt das Prinzip der Blockbildung sowie die symbolische Darstellung eines Blockes im rechten Teil des Bildes. Während die Module des Blockes jeweils nur eine Ausgangsvariable y_k besitzen und eine Teilkomponente λ_k realisieren, gehört zum Block der Ausgangsvektor y mit m Ausgangsvariablen. Der Ausgangsvektor wird in der Zeichnung als Leitungsbündel (sog. »Bus«) dargestellt, symbolisiert durch einen Querstrich auf der y-Leitung.

Bild 3.31 Blockbildung

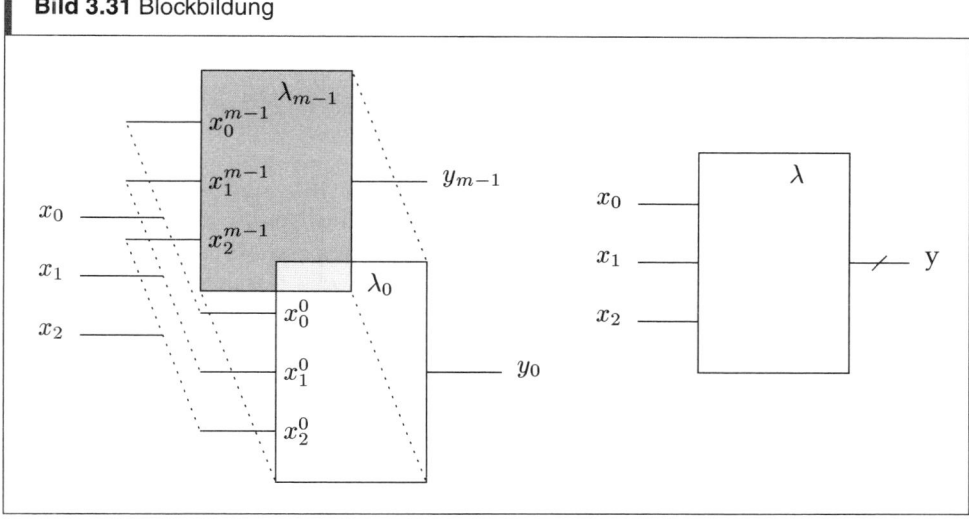

3.5.4.2 Kaskadierung

Ist die Anzahl der Eingänge eines Moduls für die Realisierung einer bestimmten Funktionalität nicht ausreichend, so kann man diese mithilfe der **Kaskadierung** erweitern. Eine einfache Methode der Kaskadierung besteht darin, mehrstufige Schaltungen zu realisieren, die jeweils aus gleichen Gattern aufgebaut sind.

Um beispielsweise eine ODER-Funktion für drei Eingangsvariablen mit Strukturelementen aus Tabelle 3.17 zu realisieren, verknüpft man – wie in Bild 3.32 dargestellt – in einer ersten Stufe zwei Variablen disjunktiv und führt den Ausgang dieses ODER-Gatters mit der dritten Eingangsvariablen in einer zweiten Stufe in einem weiteren ODER-Gatter mit zwei Eingängen zusammen.

Bild 3.32 Einfache Kaskadierung

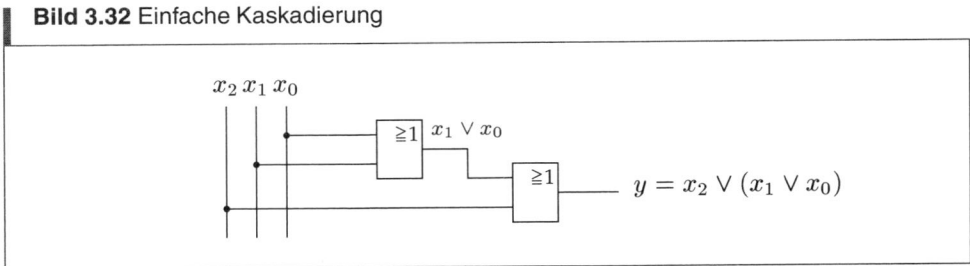

Für eine andere Variante der Kaskadierung werden Schaltkreise mit so genanntem *tri-state-Verhalten* genutzt. Das bei der Kopplung von Modulen streng verbotene Verbinden von Ausgängen wird dadurch möglich. Tri-state-Ausgänge werden deshalb besonders gekennzeichnet (siehe Bild 3.33). Es ist ein häufig verwendetes Prinzip der Kopplung und wird auch zur Mehrfachnutzung von Leitungen für den zeitlich versetzten Transport von unterschiedlichen Informationen beispielsweise beim Adress-, Daten- und Steuerbus eines Digitalrechners genutzt. Wir wollen dieses Prinzip kurz erklären, ohne dabei auf die schaltungstechnischen Details einzugehen.

Das Prinzip des **tri-state-Verhaltens** besteht darin, Module über einen Steuereingang mit einem Auswahlsignal »chip select« (CS[27]) in einen so genannten »dritten Zustand« am Ausgang (neben den sonst üblichen Zuständen 0 und 1) zu schalten. In diesem Zustand hat der Ausgang des Moduls einen sehr hohen Widerstand (man sagt »*Er ist hochohmig*«), was sich wie eine Leitungsunterbrechung am Ausgang auswirkt. Der Ausgang ist inaktiv und unempfindlich gegenüber Signalen eines anderen Ausgangs, der zu diesem Zeitpunkt die gleiche Leitung aktiv nutzt. Selbstverständlich muss man sicherstellen, dass jeweils nur *ein* an der gleichen Leitung angeschlossener Ausgang aktiv sein kann (»exklusiver Zugriff«). Man gewährleistet dieses Verhalten mithilfe von Dekoder- oder Multiplexer-Modulen, die wir in Abschnitt 3.6.4 beschreiben. Hier wollen wir nur die einfache Variante der

---

[27] Der Einfachheit halber nehmen wir an, das Signal würde mit 1 aktiviert. Der CS-Eingang realer Schaltkreise ist meist »*low-aktiv*«, d.h. wird mit 0 aktiviert und deshalb häufig mit /CS bezeichnet.

Kaskadierung zweier Module darstellen, bei der wir die Exklusivität des Leitungs-zugriffs über die Negation des Steuersignals CS sicherstellen.

Bild 3.33 Kaskadierung

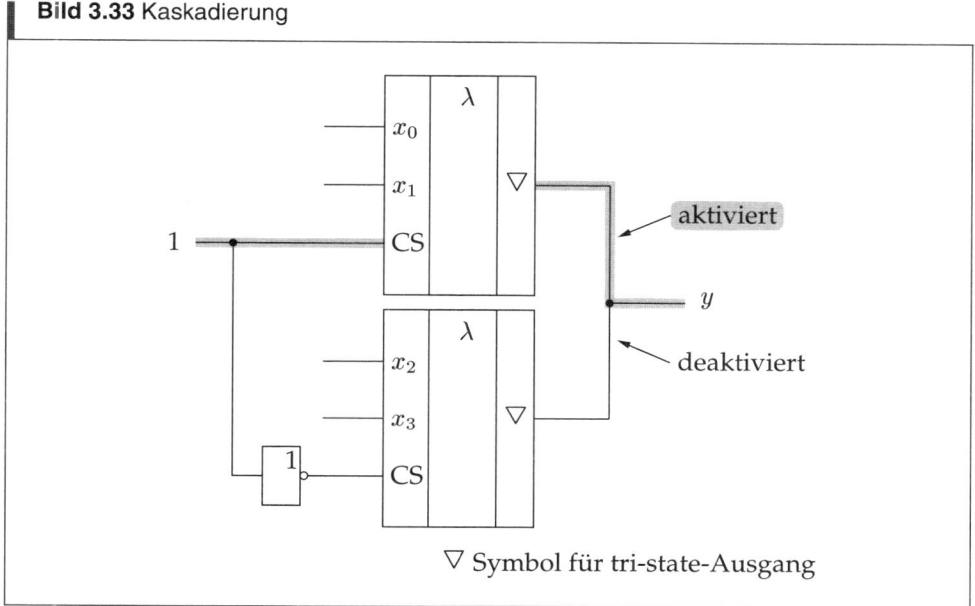

∇ Symbol für tri-state-Ausgang

Mithilfe der in Abschnitt 3.5 erläuterten strukturellen Kopplungs- und Umfor-mungsmöglichkeiten können aus elementaren Strukturen beliebige Strukturen auf-gebaut werden. Im nächsten Abschnitt gehen wir auf eine Reihe von häufig ver-wendeten Strukturen ein, deren Kenntnis das Verständnis komplexer Schaltungen erleichtert.

3.6 Synthese und Beispiele kombinatorischer Strukturen

3.6.1 Elementare Funktionen und Strukturen mit zwei Variablen

An dieser Stelle erinnern wir an die Einführung der BAA in Abschnitt 3.2.3. Am Beispiel aller Funktionen mit zwei Eingangsvariablen haben wir erläutert, dass die-se Algebra mithilfe von Repräsentanten je einer unendlichen Menge wertverlaufs-gleicher Ausdrücke definiert wird. Diese Repräsentanten haben auch für die Be-stimmung einer Menge elementarer Strukturen digitaler Schaltungen Bedeutung, da aus ihnen alle weiteren Strukturen aufgebaut werden können. Sie werden auch als Gatter bezeichnet und sind die Grundbausteine des »Baukastensystems« für digitale Schaltungen.

Tabelle 3.17 gibt einen Überblick über diese Funktionen und zugehörige Struktur-elemente. Jeweils einer der Ausdrücke in DNF, KNF oder einer weiteren Form kann dabei als Repräsentant für die jeweilige Funktion dienen.

Tabelle 3.17 Elementare Funktionen und Strukturen

Null

x_1	x_0	y_0
0	0	0
0	1	0
1	0	0
1	1	0

DNF: 0

KNF: 0

weitere NF: 0

NOR
(not or)

x_1	x_0	y_1
0	0	1
0	1	0
1	0	0
1	1	0

DNF: $\overline{x_1}\,\overline{x_0}$

KNF: $\overline{x_1}\,\overline{x_0}$

weitere NF: $\overline{x_1 \vee x_0}$

Inhibition
(von x_0 auf x_1)

x_1	x_0	y_2
0	0	0
0	1	1
1	0	0
1	1	0

DNF: $\overline{x_1}\, x_0$

KNF: $\overline{x_1}\, x_0$

weitere NF: $\overline{x_0 \rightarrow x_1}$

NOT
(Negation von x_1)

x_1	x_0	y_3
0	0	1
0	1	1
1	0	0
1	1	0

DNF: $\overline{x_1}$

KNF: $\overline{x_1}$

weitere NF: $\overline{x_1}$

Inhibition
(von x_1 auf x_0)

x_1	x_0	y_4
0	0	0
0	1	0
1	0	1
1	1	0

DNF: $x_1 \overline{x_0}$

KNF: $x_1 \overline{x_0}$

weitere NF: $\overline{x_1 \rightarrow x_0}$

NOT
(Negation von x_0)

x_1	x_0	y_5
0	0	1
0	1	0
1	0	1
1	1	0

DNF: $\overline{x_0}$

KNF: $\overline{x_0}$

weitere NF: $\overline{x_0}$

Antivalenz
(XOR, Exclusiv-Oder)

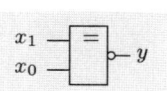

x_1 x_0	y_6
0 0	0
0 1	1
1 0	1
1 1	0

DNF: $x_1 \,\overline{x_0} \vee \overline{x_1} \, x_0$

KNF: $(\overline{x_1} \vee \overline{x_0})(x_1 \vee x_0)$

weitere NF: $x_1 \not\sim x_0$

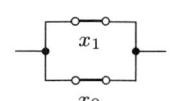

NAND
(not and)

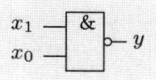

x_1 x_0	y_7
0 0	1
0 1	1
1 0	1
1 1	0

DNF: $\overline{x_1} \vee \overline{x_0}$

KNF: $\overline{x_1} \vee \overline{x_0}$

weitere NF: $\overline{x_1 \, x_0}$

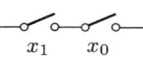

AND
(Konjunktion)

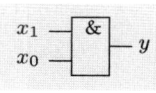

x_1 x_0	y_8
0 0	0
0 1	0
1 0	0
1 1	1

DNF: $x_1 \, x_0$

KNF: $x_1 \, x_0$

weitere NF: $x_1 \, x_0$

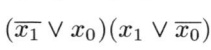

Äquivalenz

x_1 x_0	y_9
0 0	1
0 1	0
1 0	0
1 1	1

DNF: $x_1 \, x_0 \vee \overline{x_1} \, \overline{x_0}$

KNF: $(\overline{x_1} \vee x_0)(x_1 \vee \overline{x_0})$

weitere NF: $x_1 \sim x_0$

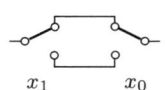

Identität
(von x_0)

x_1 x_0	y_{10}
0 0	0
0 1	1
1 0	0
1 1	1

DNF: x_0

KNF: x_0

weitere NF: x_0

Implikation
(von x_1 auf x_0)

x_1 x_0	y_{11}
0 0	1
0 1	1
1 0	0
1 1	1

DNF: $\overline{x_1} \vee x_0$

KNF: $\overline{x_1} \vee x_0$

weitere NF: $x_1 \rightarrow x_0$

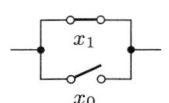

Identität	$x_1\ x_0$	y_{12}		
(von x_1)	0 0	0	DNF:	x_1
	0 1	0	KNF:	x_1
x_1 —— y	1 0	1		
	1 1	1	weitere NF:	x_1

Implikation	$x_1\ x_0$	y_{13}		
(von x_0 auf x_1)	0 0	1	DNF:	$x_1 \vee \overline{x_0}$
	0 1	0	KNF:	$x_1 \vee \overline{x_0}$
	1 0	1		
	1 1	1	weitere NF:	$x_0 \to x_1$

OR	$x_1\ x_0$	y_{14}		
(Disjunktion)	0 0	0	DNF:	$x_1 \vee x_0$
	0 1	1	KNF:	$x_1 \vee x_0$
	1 0	1		
	1 1	1	weitere NF:	$x_1 \vee x_0$

Eins	$x_1\ x_0$	y_{15}		
	0 0	1	DNF:	1
	0 1	1	KNF:	1
1 —— y	1 0	1		
	1 1	1	weitere NF:	1

3.6.2 Struktursynthese

Aus den elementaren Strukturen nach Abschnitt 3.6.1 können beliebige kombinatorische Strukturen unter Beachtung der in Abschnitt 3.5 diskutierten Regeln zusammengesetzt (synthetisiert) werden. Ausgangspunkt der **Struktursynthese** ist ein schaltalgebraischer Ausdruck. Seine syntaktische Struktur (d.h. die Anzahl der Terme, die Art der Verknüpfung der Terme, Klammerung von Teiltermen usw.) bestimmt die Struktur der synthetisierten Schaltung. Stimmt die syntaktische Struktur eines Ausdrucks mit der Struktur der Schaltung überein, so heißt der Ausdruck **strukturgleicher Ausdruck**. Umgekehrt heißt eine Schaltung, deren Struktur der syntaktischen Struktur eines Ausdrucks entspricht, **strukturgleiche Schaltung**.

Zu jeder kombinatorischen Schaltung existiert ein eindeutig zuzuordnender strukturgleicher Ausdruck.

Bildet ein Ausdruck in Normalform (z.B. DNF oder KNF) den Ausgangspunkt der Synthese, so erhält man aufgrund der Zweistufigkeit des Ausdrucks (Disjunktion von Konjunktionstermen bzw. Konjunktion von Disjunktionstermen) eine so genannte **zweistufige Schaltungsstruktur**. Die erste Stufe verknüpft die Eingangsvariablen und die zweite Stufe verknüpft die Ausgänge der ersten Stufe zum Ausgangssignal der gesuchten Struktur.

Wir wollen die Struktursynthese am Beispiel eines in DNF vorliegenden Ausdrucks demonstrieren. Dabei greifen wir auf das Beispiel des Volladders zurück. Ausgehend von einem schaltalgebraischen Ausdruck werden den Termen des Ausdrucks Module (in unserem Beispiel UND-Gatter) zugeordnet, die die entsprechende Funktion (hier die Konjunktion) realisieren. Die Anzahl der Variablen im Term bestimmt dabei die Anzahl der notwendigen Eingänge des Moduls. Entsprechend den Verknüpfungszeichen zwischen den Termen (im Beispiel Disjunktionen) wird ein weiteres Modul benötigt, das den Ausgang der gesuchten Struktur liefert. Seine Eingänge werden mit den Ausgängen der Module der ersten Stufe verbunden.

In Bild 3.34 ist die strukturgleiche Schaltung des Volladders als Ergebnis der Synthese dargestellt, die sich aus den Gleichungen für die Summe s_j und den Übertrag u_j ergibt:

$$s_j \;=\; \underbrace{\overline{a_j}\,\overline{b_j}\,u_{j-1}}_{M^0} \vee \underbrace{\overline{a_j}\,b_j\,\overline{u_{j-1}}}_{M^1} \vee \underbrace{a_j\,\overline{b_j}\,\overline{u_{j-1}}}_{M^2} \vee \underbrace{a_j\,b_j\,u_{j-1}}_{M^3} \tag{3.115}$$
$$\underbrace{\phantom{\overline{a_j}\,\overline{b_j}\,u_{j-1} \vee \overline{a_j}\,b_j\,\overline{u_{j-1}} \vee a_j\,\overline{b_j}\,\overline{u_{j-1}} \vee a_j\,b_j\,u_{j-1}}}_{M^4}$$

$$u_j \;=\; \overline{a_j}\,b_j\,u_{j-1} \vee a_j\,\overline{b_j}\,u_{j-1} \vee a_j\,b_j\,\overline{u_{j-1}} \vee a_j\,b_j\,u_{j-1}$$

$$\;=\; \underbrace{a_j\,b_j}_{M^5} \vee \underbrace{a_j\,u_{j-1}}_{M^6} \vee \underbrace{b_j\,u_{j-1}}_{M^7} \tag{3.116}$$
$$\underbrace{\phantom{a_j\,b_j \vee a_j\,u_{j-1} \vee b_j\,u_{j-1}}}_{M^8}$$

Die Klammern fassen die den Modulen zugeordneten syntaktischen Struktureinheiten zusammen.

3.6.3 Basissysteme

In Abschnitt 3.2.5 wurde gezeigt, dass sich Funktionen kombinatorischer Schaltungen unter ausschließlicher Verwendung der Operatoren UND, ODER, NICHT realisieren lassen. Die DNF und die KNF mögen hierfür ein Beispiel sein. Andere Normalformen wurden, wie beispielweise die NAND-Normalform, unter ausschließlicher Verwendung nur eines Funktionselementes (der NAND-Funktion) beschrieben.

Für welche der Elementarfunktionen aus Tabelle 3.17 ist dies noch möglich? Woran erkennt man, dass eine Elementarfunktion als Basis für beliebige Realisierungen Boolescher Funktionen genutzt werden kann?

Diesen Fragen wollen wir in diesem Abschnitt nachgehen. Offensichtlich kann eine Menge von Elementarfunktionen als Basis für die Realisierung beliebiger kombina-

Bild 3.34 Struktursynthese eines Volladders

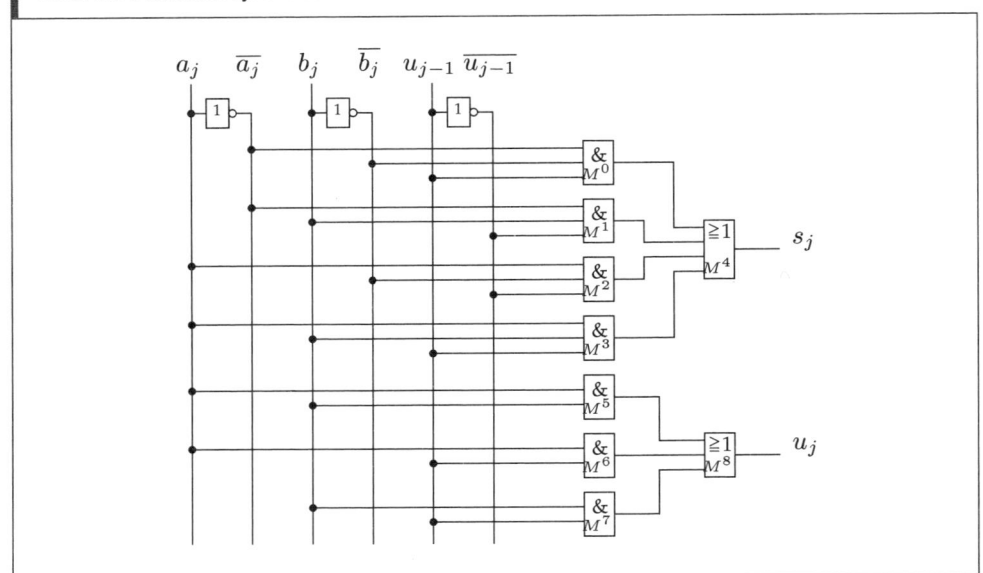

torischer Strukturen genau dann genutzt werden, wenn wir die drei Basisfunktionen UND, ODER, NICHT damit realisieren können, denn die DNF und die KNF nutzen ausschließlich diese Funktionen. Eine Menge von Strukturelementen nennt man ein Basissystem, wenn sich damit beliebige kombinatorische Funktionen realisieren lassen. Der Nachweis dieser Eigenschaft wird geführt, indem man Strukturen für die drei Basisfunktionen unter ausschließlicher Verwendung von Elementen des Basissystems angibt oder diese mithilfe der Ausdrucksalgebra, wie exemplarisch in Bild 3.35 gezeigt, herleitet.

Bild 3.36 gibt weitere Beispiele für Basissysteme an.

3.6.4 Kombinatorische Grundstrukturen

Neben den in Abschnitt 3.6.1 betrachteten Grundstrukturen mit zwei Eingangsvariablen gibt es eine Reihe weiterer universell einsetzbarer Strukturen, von denen nachfolgend eine Auswahl beschrieben werden soll. Bei der Bezeichnung der Ein- und Ausgangsvariablen dieser Strukturen verwenden wir die in der Literatur üblichen Bezeichner, wenn dies für die Erläuterung der inneren Funktionsweise keine Nachteile hat.

3.6.4.1 Torschaltung

Als Torschaltung (siehe Bild 3.37) fungiert ein UND-Gatter, bei dem ein Eingang die auf den Ausgang a zu schaltende Informationen i bereithält und der andere Eingang als Steuersignal s das Tor öffnet (Belegung »1«) oder schließt (»0«).

Bild 3.35 Basissysteme NAND und NOR

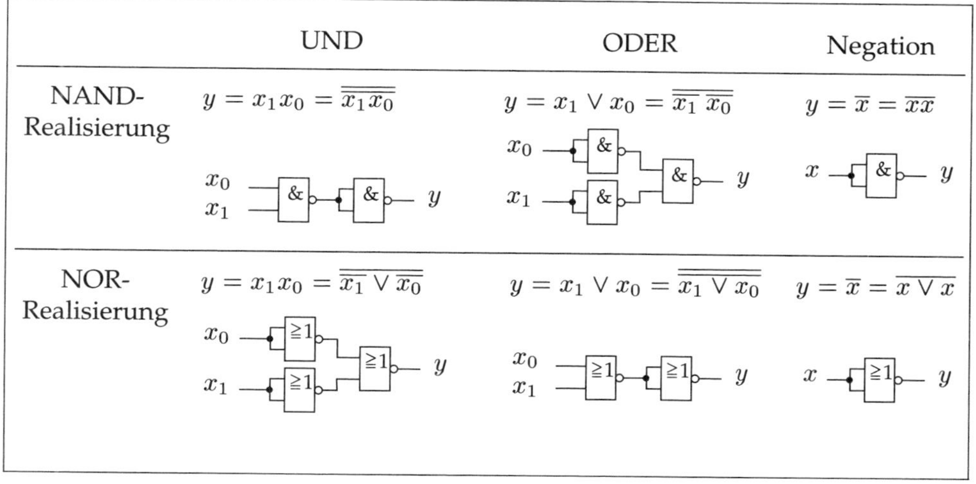

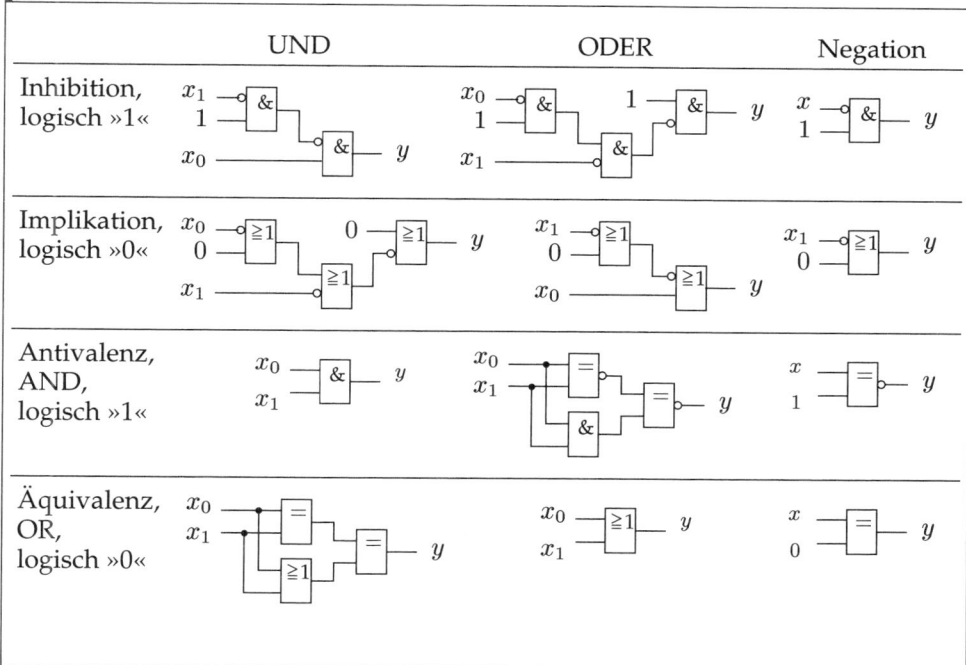

Bild 3.36 Weitere Beispiele für Basissysteme

3.6.4.2   Dekoder

Dekoder sind als elementarer Bestandteil in vielen Strukturen zu finden. Sie ermitteln aus einer binären Kodierung den jeweilig kodierten Ausgang. Häufig finden sie Einsatz als Adressdekoder in Speicherschaltkreisen, um aus einer n-stelligen

Bild 3.37 Einfache Torschaltung

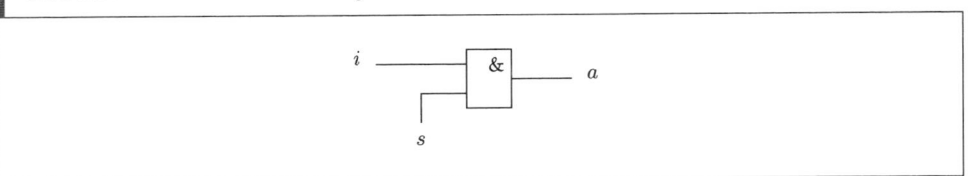

Adresse eine der 2^n Speicherzellen zu aktivieren. Sie bestehen aus 2^n UND-Gattern, deren Eingänge so mit den negierten bzw. unnegierten Eingangsvariablen verknüpft werden, dass alle möglichen Elementarkonjunktionen der n Eingangsvariablen realisiert sind. Bild 3.38 zeigt die Gatterstruktur und die vergröberte Darstellung eines Dekoders[28].

Bild 3.38 Dekoder

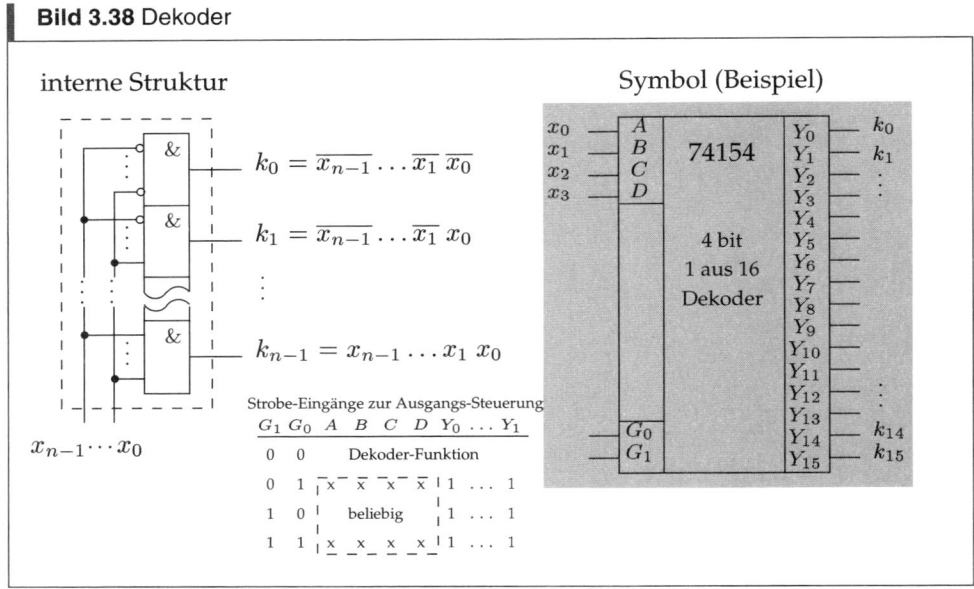

3.6.4.3 Multiplexer, Demultiplexer

Multiplexer und Demultiplexer werden (z.B. in der Vermittlungstechnik) genutzt, um verschiedene Teilnehmer wahlweise auf eine Leitung zu schalten (Bild 3.39).

Die Auswahl der Teilnehmer erfolgt über einen Adressdekoder, dessen Struktur mit der in Abschnitt 3.6.4.1 beschriebenen übereinstimmt. Auf diese Weise können beliebige Verbindungskombinationen realisiert werden.

---

[28] Als konkretes Beispiel wurde hier der Dekoder-Schaltkreis 74154 ausgewählt. Er besitzt zusätzlich zwei so genannte »Strobe«-Eingänge zur Steuerung der Ausgänge. Nur wenn beide Strobe-Eingänge $G_0 = G_1 = 0$ sind, arbeitet der Chip als Dekoder, andernfalls sind die Ausgänge $Y_0 \ldots Y_{15} = 1$.

Bild 3.39 Multiplexer und Demultiplexer in der Vermittlungstechnik

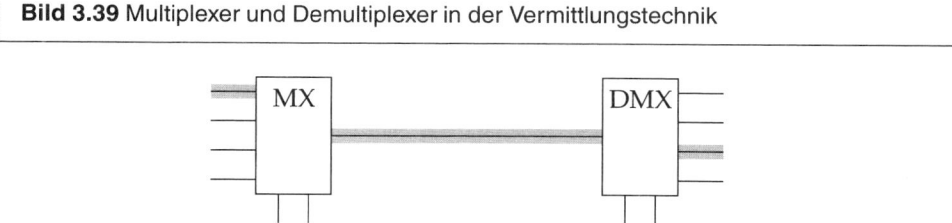

Wenden wir uns zunächst dem **Multiplexer** zu. Über einen (im Vergleich zum Dekoder zusätzlichen) Eingang an jedem UND-Gatter wird die zu übertragende Information bereitgestellt. Die weiteren Eingänge der UND-Gatter dekodieren die angelegte Belegung, sodass bei jeder möglichen (Adress-) Belegung genau ein UND-Gatter aktiviert wird und der am zugehörigen Informationseingang liegende Wert (»0« oder »1«) am Ausgang des ODER-Gatters anliegt.

Wir können diese Struktur auch als universellen, programmierbaren Baustein zur Realisierung beliebiger kombinatorischer Funktionen mit n Eingangsvariablen interpretieren. Dabei bilden die n Adresseingänge den Eingangsvektor der Schaltung und die 2^n Informationseingänge den Programmiervektor (siehe Bild 3.40). Die Belegung dieses Programmiervektors entscheidet, bei welchen Belegungen des Eingangsvektors der Ausgang y_k auf »1« und bei welchen er auf »0« abgebildet wird, d.h. sie beschreibt die Funktion $Y(y_k) = \lambda_k(X)$.

Bild 3.40 Multiplexer

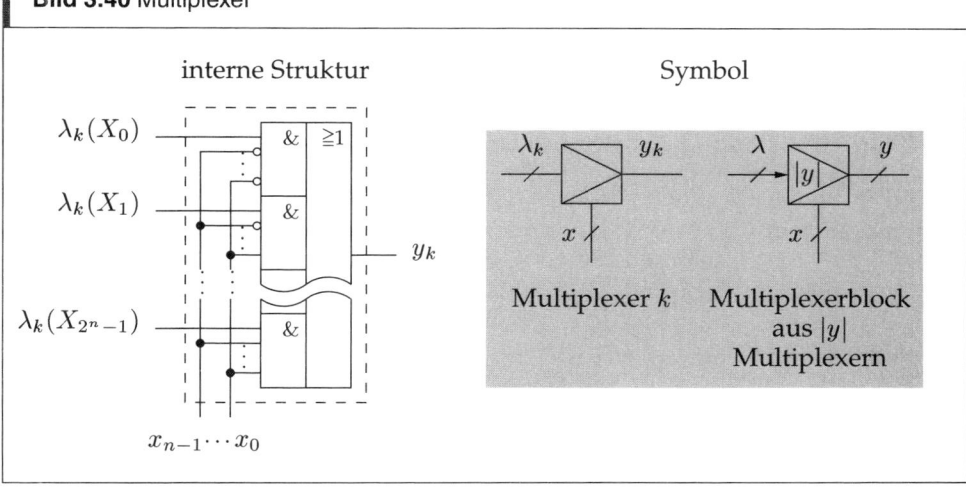

Wie alle programmierbaren Strukturen (siehe Abschnitt 3.6.5) weist auch die so interpretierte Struktur des Multiplexers eine hohe Redundanz auf. Die Redundanz besteht hier darin, dass in der Struktur die Abbildung der Eingangsbelegungen

sowohl auf den Wert »1« als auch auf den Wert »0« realisiert ist, obwohl eine der beiden Abbildungen bereits eine vollständige Realisierung der Funktion ergeben würde.

Einzelne Multiplexer lassen sich nach der im Abschnitt 3.5.4.2 beschriebenen Kaskadierung zu Multiplexer-Kaskaden zusammenschalten. Bild 3.41 stellt ein Beispiel dafür dar.

Bild 3.41 Multiplexer-Kaskade

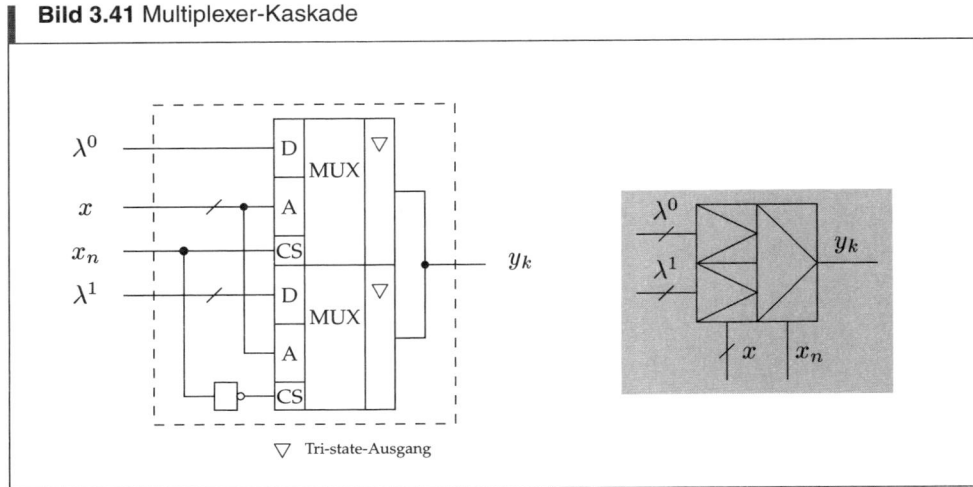

∇ Tri-state-Ausgang

Der **Demultiplexer** enthält (wie der Multiplexer) als Kernstück einen Adressdekoder, jedoch sind hier die einzelnen UND-Gatter alle mit dem gleichen »zusätzlichen« Informationseingang p verbunden. Entsprechend der Belegung der n Adresseingänge wird die an allen UND-Gattern gleichzeitig anliegende Information auf genau einen der 2^n Ausgänge des Demultiplexers gelegt. Bild 3.42 zeigt die innere Struktur des Demultiplexers sowie dessen Schaltsymbol.

Auch Demultiplexer lassen sich nach der im Abschnitt 3.5.4.2 vorgestellten Kaskadierung zu Demultiplexer-Kaskaden zusammenschalten. Die einfachste Variante ist auch hier die Zusammenschaltung zweier Demultiplexer über einen Negator analog zu der Struktur in Bild 3.41, um eine weitere Eingangsvariable hinzuzufügen.

Für die Erweiterung der n Eingangsvariablen auf $n + l$ Eingangsvariablen kann für die Dekodierung und Ansteuerung der CS-Eingänge der $2^l - 1$ Demultiplexer ein weiterer Demultiplexer genutzt werden. Bild 3.43 zeigt eine entsprechende Struktur.

Bild 3.42 Demultiplexer

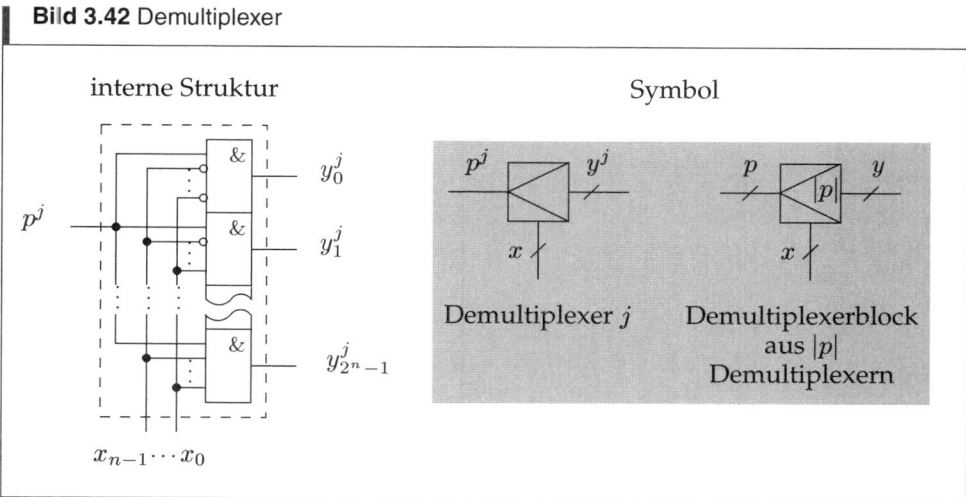

Bild 3.43 Demultiplexer-Kaskade

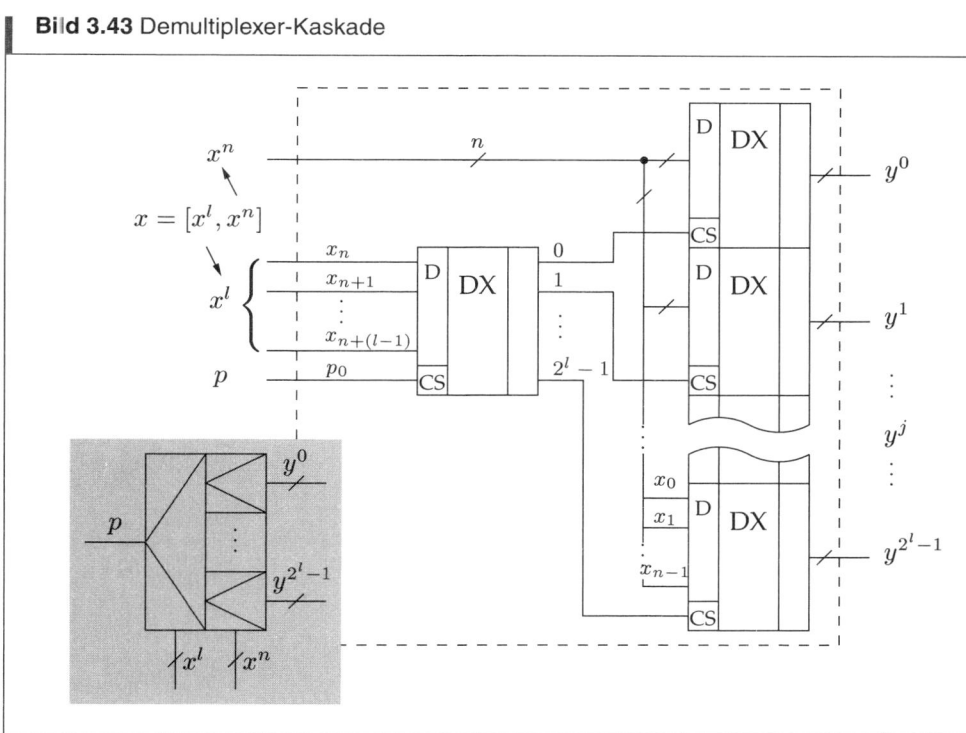

Der Eingangsvektor x^n mit $|x^n| = n$ wird auf $l + n$ Eingangsvariablen erweitert. Wir bezeichnen den Eingangsvektor dieser Erweiterung mit x^l, sodass der Gesamtvektor x aus x^n und x^l zusammengesetzt wird:

$$x = [x^l, x^n] = [\underbrace{x_{n+l-1}, x_{n+l-2}, \ldots, x_{n+1}, x_n}_{x^l}, \underbrace{x_{n-1}, \ldots, x_{n-2}, \ldots, x_0}_{x^n}]$$

Der Dekoder der ersten Stufe »verteilt« das Eingangssignal p auf die $2^l - 1$ Demultiplexer der zweiten Stufe, die jeweils $|x^n|$ Eingänge und $2^n - 1$ Ausgänge haben.

Um die allgemeine Kaskadenstruktur aus Bild 3.43 mit konkreten Zahlen zu erklären, setzen wir $n = 2$ und $l = 3$. Damit würde die Struktur folgende Elemente enthalten: einen Demultiplexer der ersten Stufe mit $|x^l| = 3$ Adresseingängen und $2^l = 8$ Ausgängen zur Ansteuerung der CS-Eingänge der acht Demultiplexer der zweiten Stufe. Diese erhalten als Adressinformationen parallel den Vektor x^n mit $|x^n| = 2$ Adressinformationen und je vier Ausgängen y^j ($|y^j| = 4$). Die Gesamtstruktur verfügt dementsprechend über einen 32-stelligen Ausgangsvektor, auf den die am Programmiereingang p_0 anliegende Information – je nach anliegender Adresse (Elementarkonjunktion in x-Variablen) – durchgeschaltet wird.

3.6.4.4 Addierer, Subtrahierer

Zu den grundlegenden Strukturen digitaler Systeme gehören als Bestandteile von Digitalrechnern Schaltungen, die die Eingangsbelegungen entsprechend arithmetischer Funktionen auf Ausgangsbelegungen abbilden. In dem einführenden Beispiel zu diesem Kapitel haben wir bereits die Funktionalität des Addierers betrachtet, sodass wir an dieser Stelle nur kurz darauf eingehen.

Der **Halbadder** ist die einfachste Schaltung, um zwei Binärstellen zu addieren. Da er keinen Übertrag verarbeitet, kann er immer nur für die niedrigste Binärstelle von Dualzahlen eingesetzt werden.

Bild 3.44 zeigt die Wertetabelle und die sich daraus ableitende Schaltungsstruktur für einen Halbadder.

Bild 3.44 Wertetabelle und Schaltung eines Halbadders

a_j	b_j	s_j	u_j
0	0	0	0
0	1	1	0
1	0	1	0
1	1	0	1

$$s_j = \overline{a_j}b_j \vee a_j\overline{b_j} = a_j \not\equiv b_j$$
$$u_j = a_j\, b_j$$

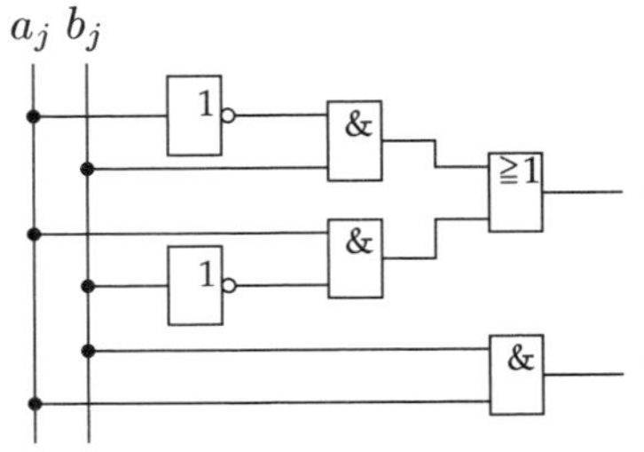

Der **Volladder**, dessen Funktion wir bereits im Abschnitt 3.1.1 kennen gelernt haben, unterscheidet sich vom Halbadder dadurch, dass er zusätzlich einen Übertrag u_{j-1} (als dritten Summanden) von der vorhergehenden Binärstelle mit berücksichtigt. Die Synthese seiner Struktur haben wir in Abschnitt 3.6.2 beschrieben.

Es ist auch möglich, die Struktur unter Verwendung von Halbaddern zu synthetisieren. Dazu nehmen wir folgende Umformungen der Gleichungen (3.115) und (3.116) vor:

$$
\begin{aligned}
s_j &= \overline{a_j}\,\overline{b_j}\,u_{j-1} \vee \overline{a_j}\,b_j\,\overline{u_{j-1}} \vee a_j\,\overline{b_j}\,\overline{u_{j-1}} \vee a_j\,b_j\,u_{j-1} \\[2mm]
&= \overline{u_{j-1}}\,\underbrace{(\overline{a_j}\,b_j \vee a_j\,\overline{b_j})}_{s_{HA_1}} \vee u_{j-1}\,\underbrace{\overline{(\overline{b_j}\,\overline{a_j} \vee a_j\,b_j)}}_{\overline{s_{HA_1}}} \\[2mm]
&= \underbrace{\overline{u_{j-1}}\,s_{HA_1} \vee u_{j-1}\,\overline{s_{HA_1}}}_{s_{HA_2}} \\[4mm]
u_j &= \overline{a_j}\,b_j\,u_{j-1} \vee a_j\,\overline{b_j}\,u_{j-1} \vee a_j\,b_j\,\overline{u_{j-1}} \vee a_j\,b_j\,u_{j-1} \\[2mm]
&= a_j\,b_j \vee u_{j-1}\,\underbrace{(\overline{a_j}\,b_j \vee a_j\,\overline{b_j})}_{s_{HA_1}} \\[2mm]
&= \underbrace{a_j\,b_j}_{u_{HA_1}} \vee \underbrace{u_{j-1}\,s_{HA_1}}_{u_{HA_2}} \\[2mm]
&= u_{HA_1} \vee u_{HA_2}
\end{aligned}
$$

Die strukturgleiche Schaltung dieser Umformungen ist in Bild 3.45 vergröbert als Blockschaltbild angegeben.

Bild 3.45 Realisierung eines Volladders aus zwei Halbaddern

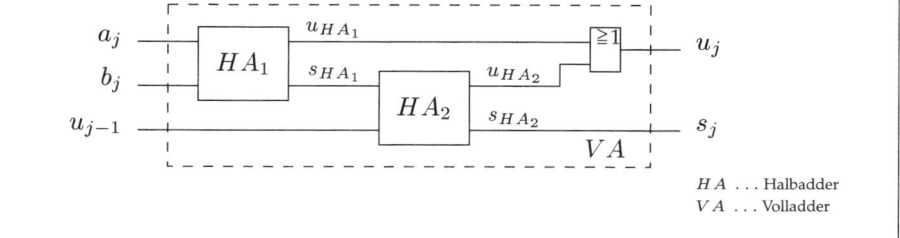

HA ... Halbadder
VA ... Volladder

Mit diesem Volladder als Grundstruktur können Addierwerke beliebiger Stellenzahl gebildet werden. Bild 3.46 zeigt eine Schaltung für ein 4-Bit-Addierwerk zur Addition von $a = [a_3, a_2, a_1, a_0]$ und $b = [b_3, b_2, b_1, b_0]$. Für die niedrigste Stelle (Bit 0) ist der Einsatz eines Halbadders ausreichend.

Bild 3.46 Schaltung eines 4-Bit-Addierwerkes

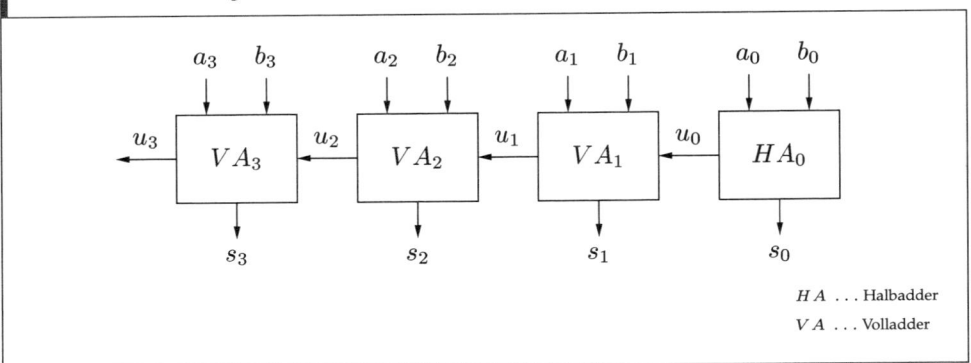

Bild 3.46 Schaltung eines 4-Bit-Addierwerkes

HA ... Halbadder
VA ... Volladder

Analoge Betrachtungen sind auch für die Subtraktion $(a - b)$ durchführbar.

Aus der Wertetabelle lassen sich die Gleichungen für die Differenz d_j und die »Entleihung« e_j eines **Halbsubtrahierers** und daraus die entsprechende Schaltungsstruktur ableiten (siehe Bild 3.47).

Bild 3.47 Wertetabelle und Schaltung eines Halbsubtrahierers

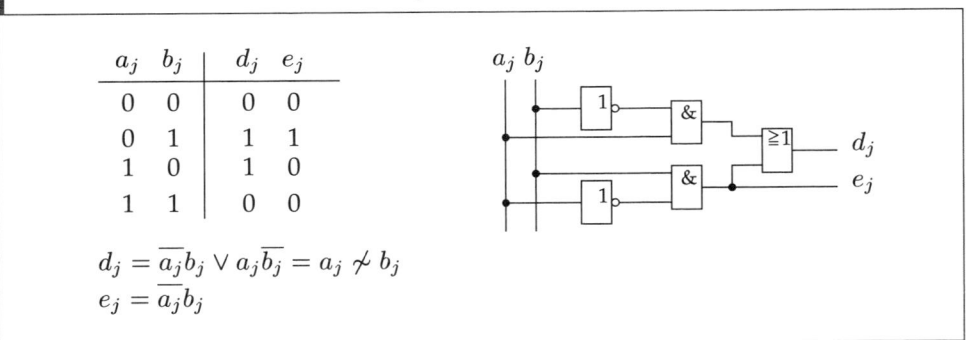

a_j	b_j	d_j	e_j
0	0	0	0
0	1	1	1
1	0	1	0
1	1	0	0

$$d_j = \overline{a_j} b_j \vee a_j \overline{b_j} = a_j \not\equiv b_j$$
$$e_j = \overline{a_j} b_j$$

Der **Vollsubtrahierer** berücksichtigt die Entleihung e_{j-1} aus der vorherigen Binärstelle.

Aus der in Bild 3.48 angegebenen Wertetabelle für den Vollsubtrahierer erhalten wir folgende Gleichungen für die Differenz und die Entleihung:

$$d_j = \overline{a_j}\,\overline{b_j}\,e_{j-1} \vee \overline{a_j}\,b_j\,\overline{e_{j-1}} \vee a_j\,\overline{b_j}\,\overline{e_{j-1}} \vee a_j\,b_j\,e_{j-1}$$

$$e_j = \overline{a_j}\,\overline{b_j}\,e_{j-1} \vee \overline{a_j}\,b_j\,\overline{e_{j-1}} \vee \overline{a_j}\,b_j\,e_{j-1} \vee a_j\,b_j\,e_{j-1}$$

$$= \overline{a_j}\,e_{j-1} \vee \overline{a_j}\,b_j \vee b_j\,e_{j-1}$$

Bild 3.48 stellt die strukturgleiche Schaltung für den Vollsubtrahierer dar.

Bild 3.48 Interne Schaltungsstruktur eines Vollsubtrahierers

a_j	b_j	e_{j-1}	d_j	e_j
0	0	0	0	0
0	0	1	1	1
0	1	0	1	1
0	1	1	0	1
1	0	0	1	0
1	0	1	0	0
1	1	0	0	0
1	1	1	1	1

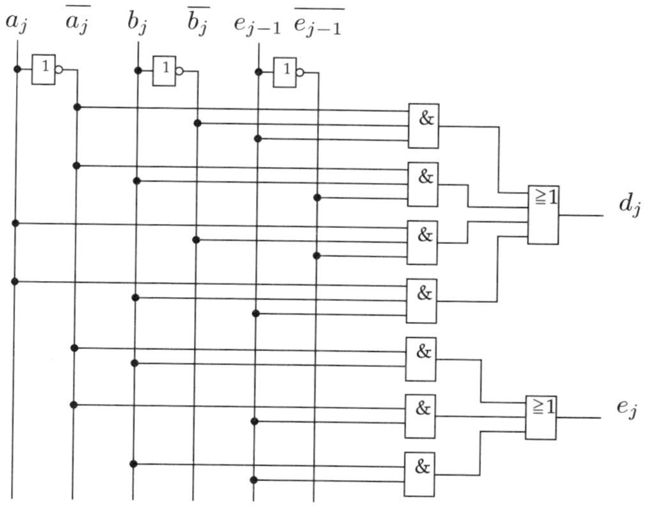

Ähnlich wie ein Volladder kann auch ein Vollsubtrahierer aus zwei Halbsubtrahierern aufgebaut werden. Mit den folgenden Umformungen kann das in Bild 3.49 dargestellte Blockschaltbild für den Vollsubtrahierer nachvollzogen werden.

$$\begin{aligned}
e_j &= \overline{a_j}\,\overline{b_j}\,e_{j-1} \vee \overline{a_j}\,b_j\,\overline{e_{j-1}} \vee \overline{a_j}\,b_j\,e_{j-1} \vee a_j\,b_j\,e_{j-1} \\
&= \overline{a_j}\,b_j \;\vee\; e_{j-1}\,\underbrace{(\overline{a_j}\,\overline{b_j} \vee a_j\,b_j)}_{\overline{d_{HS_1}}} \\
&= \underbrace{\overline{a_j}\,b_j}_{e_{HS_1}} \;\vee\; \underbrace{e_{j-1}\,\overline{d_{HS_1}}}_{e_{HS_2}} \\
&= e_{HS_1} \;\vee\; e_{HS_2}
\end{aligned}$$

Betrachtet man die Gleichungen für den Volladder und den Vollsubtrahierer, bemerkt man, dass sie sich nur im Übertrag und der Entleihung unterscheiden. Eine weitere Untersuchung ergibt, dass diese sich nur in der Variablen a_j unterscheiden. Mit einer einfachen Zusatzschaltung für den Übertrag und die Entleihung kann eine Umschaltung von Addition auf Subtraktion erfolgen. Dem interessierten Leser sei an dieser Stelle die Aufgabe 3.17 empfohlen.

Bild 3.49 Realisierung eines Vollsubtrahierer aus zwei Halbsubtrahierern

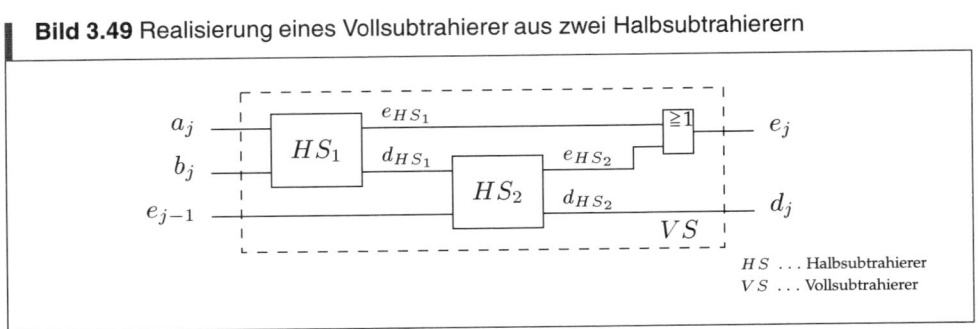

HS ... Halbsubtrahierer
VS ... Vollsubtrahierer

3.6.4.5 Komparator

Komparatoren für einstellige Binärzahlen vergleichen die zwei Eingänge a und b und liefern als Ausgangssignal das entsprechende Vergleichssignal. Bild 3.50 stellt einen 1-Bit-Komparator dar, der neben der Gleichheit ($a = b$) zusätzlich noch einen Größenvergleich vornimmt ($a > b$, $a < b$).

Aus der Wertetabelle ist ersichtlich, dass sich die Gleichheit zweier einstelliger Binärzahlen mit einer Äquivalenz und der Größenvergleich mit einem UND-Gatter, dem jeweils ein Eingangssignal negiert zugeführt wird, realisieren lässt.

Bild 3.50 1-Bit-Komparator

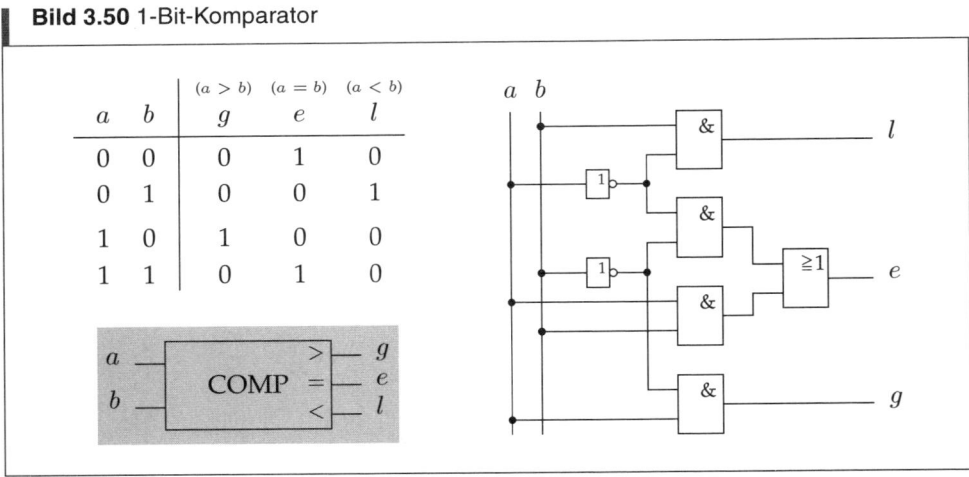

Für den Größenvergleich mehrstelliger Dualzahlen müssen zunächst die einzelnen Bits beider Zahlen miteinander verglichen werden. Zum Vergleich von größeren Binärzahlen lassen sich mehrere Komparator-Gatter kaskadieren.

3.6.4.6 Codewandler

Codewandler werden zur eindeutigen Zuordnung kodierter Informationen genutzt, die den gleichen Zeichenvorrat auf unterschiedliche Weise kodieren. So können beispielsweise Dezimalziffern mit unterschiedlichen so genannten BCD-Codes (binary coded decimals) dargestellt werden. Die Wertetabelle beschreibt dabei die Zuordnung entsprechender Kodierungen. Bild 3.51 stellt einen Codewandler dar, der BCD-Zahlen im direkten BCD-Code in BCD-Zahlen im Gray-Code[29] »umwandelt«.

Bild 3.51 BCD-zu-Gray-Codewandler

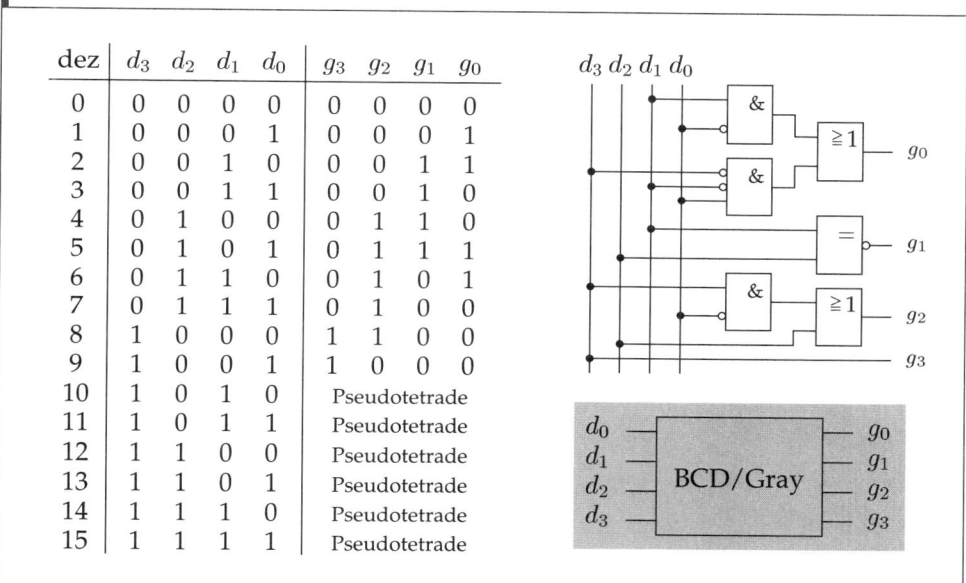

dez	d_3	d_2	d_1	d_0	g_3	g_2	g_1	g_0
0	0	0	0	0	0	0	0	0
1	0	0	0	1	0	0	0	1
2	0	0	1	0	0	0	1	1
3	0	0	1	1	0	0	1	0
4	0	1	0	0	0	1	1	0
5	0	1	0	1	0	1	1	1
6	0	1	1	0	0	1	0	1
7	0	1	1	1	0	1	0	0
8	1	0	0	0	1	1	0	0
9	1	0	0	1	1	0	0	0
10	1	0	1	0	Pseudotetrade			
11	1	0	1	1	Pseudotetrade			
12	1	1	0	0	Pseudotetrade			
13	1	1	0	1	Pseudotetrade			
14	1	1	1	0	Pseudotetrade			
15	1	1	1	1	Pseudotetrade			

3.6.5 Programmierbare Strukturen

In Abschnitt 3.6.4.3 haben wir ein erstes Beispiel für eine programmierbare Struktur diskutiert und festgestellt, dass die Funktion dieser universellen Strukturen mithilfe eines Programmiervektors festgelegt wird. Die technologische Realisierung der Programmierbarkeit wird auf der Basis physikalischer Effekte wie z.B. dem Aufbau von Kapazitäten realisiert, die hier nicht näher erläutert werden sollen.

Interessant für uns ist, dass hierfür (zumindest virtuell[30]) zusätzliche Eingänge vorhanden sein müssen, über die die Programmierung realisiert wird. Der interne

---

[29] Beim Gray-Code unterscheiden sich zwei aufeinander folgende Codewörter immer nur in einem Bit. Die Gray-Kodierung kann z.B. zur Realisierung von hasardfreien Zählern eingesetzt werden (vgl. Abschnitt 3.7 und 4.3).

[30] In der Realität werden meist die Eingänge, an denen die Eingangsvariablen anzuschließen sind, genutzt und der Schaltkreis z.B. durch spezielle Spannungswerte in eine andere Betriebsart geschaltet.

Aufbau bestimmt, welche Elemente der universellen Struktur aktivierbar oder abschaltbar sind, d.h. mithilfe des Programmiervektors beeinflusst werden können. Man fasst diese programmierbaren Strukturen unter der Bezeichnung PLD (Programmable Logic Device) zusammen.

Nachfolgend beschreiben wir drei programmierbare Strukturen (ROM, PLA und GAL), die den gleichen Grundaufbau haben, der jeweils aus einem Feld mit UND-Gattern und einem Feld mit ODER-Gattern besteht. Mit diesen Strukturen lassen sich Funktionen in KDNF bzw. DNF (siehe Abschnitt 3.2.5.2) realisieren. Wir betrachten in den folgenden Abschnitten nur den Teil dieser Strukturen, der für die Realisierung kombinatorischer Funktionen von Bedeutung ist und gehen auf weitere Besonderheiten in Kapitel 6 ein.

3.6.5.1 ROM

Der ROM (Read Only Memory) dient in Rechnern als Festwertspeicher, dessen Speicherinhalt nach einer einmaligen Programmierung nur noch ausgelesen werden kann. Die gespeicherten Daten (z.B. »1010«) werden beim Anlegen einer bestimmten Adresse (z.B. »5«) an den Ausgang gelegt und können dort »gelesen« werden (vgl. Bild 3.52).

Bild 3.52 Einfache ROM-Struktur

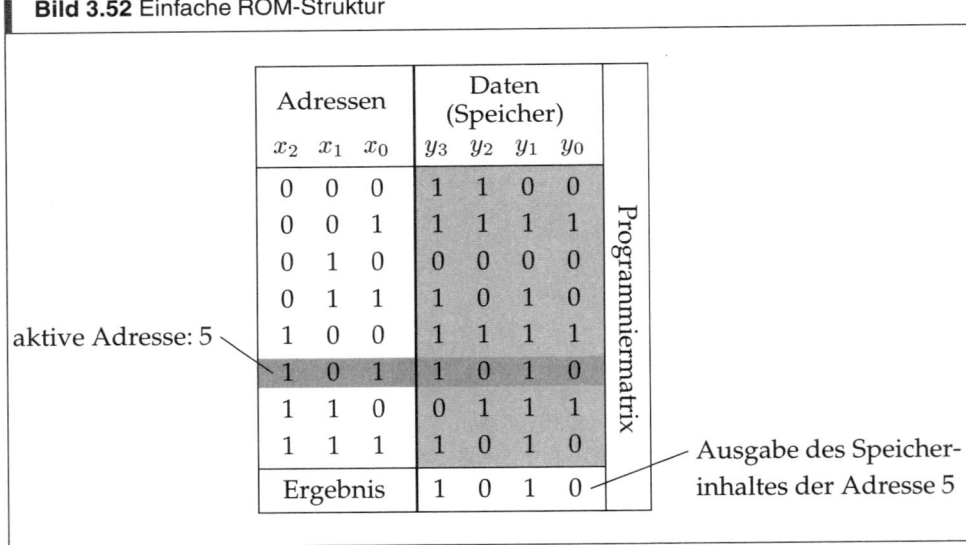

Es gibt auch mehrfach programmierbare ROMs, so genannte PROMs (Programmable ROM) und weitere Varianten[31], die sich in den physikalischen Prinzipien des Lösch- und Programmiervorganges unterscheiden, für unsere Betrachtungen aber von untergeordneter Bedeutung sind.

---

[31] EPROM: Erasable PROM, EEPROM: Electrically Erasable PROM

Bild 3.53 Programmierbare ROM-Struktur

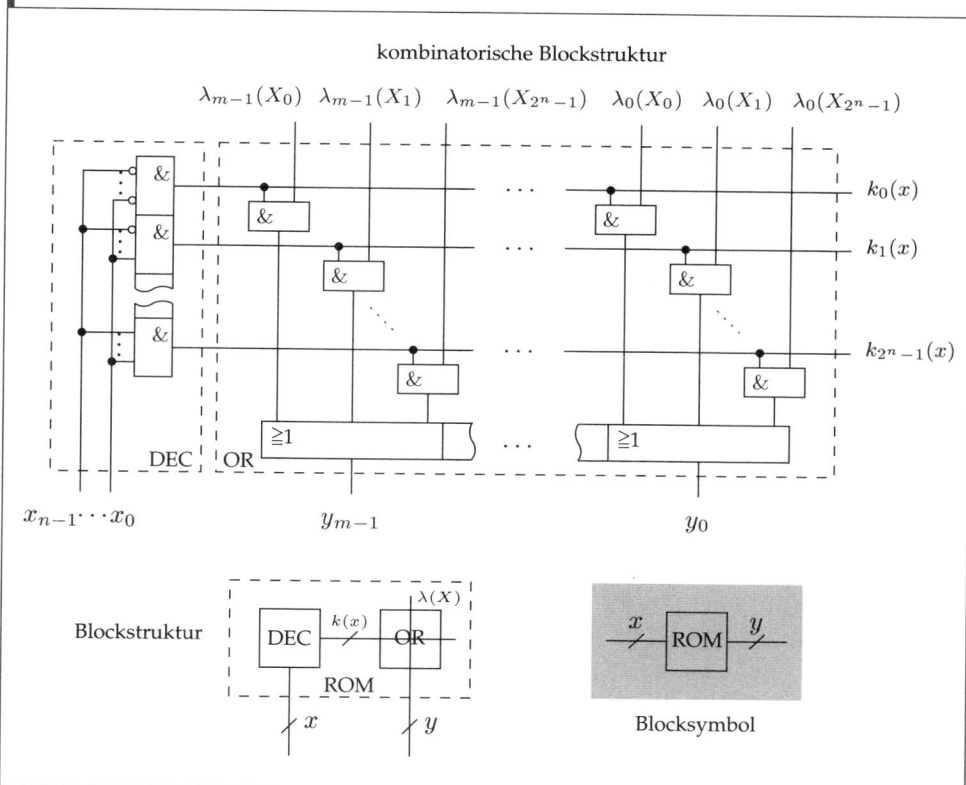

Bild 3.53 zeigt das Prinzip der internen Struktur eines ROM. Man erkennt auf der linken Seite den Adressdekoder und in der Mitte die Programmiermatrix zur Verknüpfung der Ausgänge des Adressdekoders mit den Eingängen der am unteren Rand angeordneten ODER-Gatter. Die Ausgänge ODER-Gatter bilden den Ausgangsvektor y des ROM. Ist eine Verknüpfung zwischen einem Eingang i eines ODER-Gatters k und einer Adressleitung i (Ausgang des Dekoders) in der Matrix programmiert (d.h. $\lambda_k(X_i) = 1$), so liefert das ODER-Gatter k (Ausgangsvariable y_k) eine »1«, wenn die Adressleitung i aktiv ist, d.h. die Adresse i (Eingangsbelegung X_i) am Eingang des ROM anliegt.

Auf diese Weise wird in der Anwendung als Speicherschaltkreis beim Anlegen einer Adresse der Ausgang des zugehörigen UND-Gatters aktiv und die ODER-Gatter, die in der Programmiermatrix mit der aktiven Adressleitung verbunden sind, liefern eine »1« am Ausgang. Die Ausgänge der übrigen, mit dieser Adressleitung nicht verbundenen ODER-Gatter sind mit »0« belegt.

Wir wollen hier noch eine andere Interpretation dieser Struktur geben, bei der der ROM zur Realisierung von Schaltungen in KDNF genutzt wird. Je ODER-Gatter wird dabei *eine* kombinatorische Schaltung mit einem Ausgang realisiert.

Der Adressdekoder realisiert alle möglichen Elementarkonjunktionen und der Programmiervektor die Funktion λ. Bezogen auf die KDNF programmieren wir die ODER-Verknüpfung der Elementarkonjunktionen. Abstrahiert betrachtet besteht der ROM aus einer Zusammenschaltung eines fest vorgegebenen UND-Feldes (Dekoder) und eines programmierbaren ODER-Feldes, wie in Bild 3.54 dargestellt.

Bild 3.54 Abstrakte ROM-Programmierung

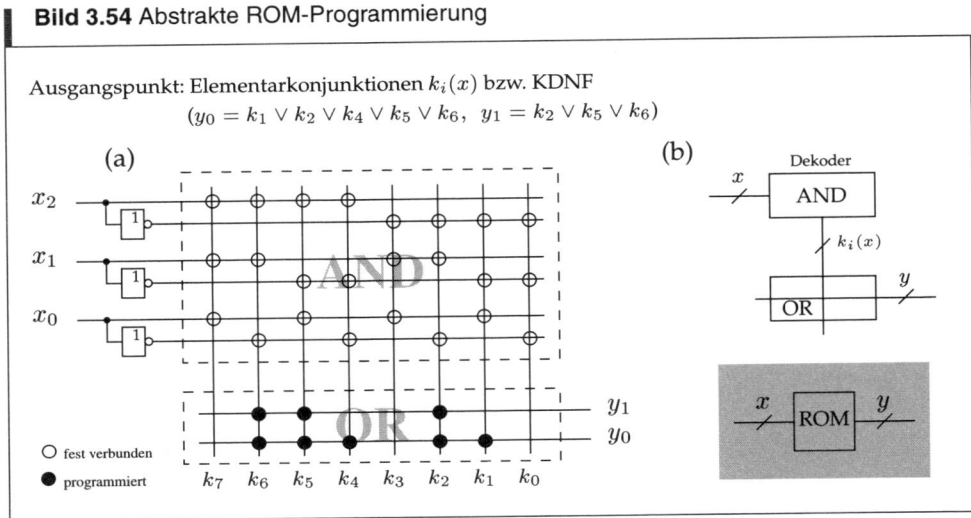

Nicht ausgefüllte Kreise deuten dabei die fest vorgegebenen Verbindungen der UND-Matrix (also des Dekoders) an. Eine senkrechte Linie in der Programmiermatrix symbolisiert jeweils alle in ein ODER-Gatter eingehende Leitungen. Die Auswahl der Elementarkonjunktionen, die dieses ODER-Gatter auf »1« setzen, wird mit schwarzen Punkten markiert, die den 1-Belegungen des Programmiervektors entsprechen.

Eine weitere Abstraktion symbolisiert in Bild 3.54(b) die Eigenschaft der fest vorgegebenen UND-Matrix und der programmierbaren ODER-Matrix durch Andeutung des Programmiervektors in der ODER-Matrix.

Liegt ein Term in minimierter Form vor, so muss er zunächst nach Regel (3.75) in die KDNF erweitert werden. Ähnlich wie der Multiplexer aus Abschnitt 3.6.4.3 weist auch diese Struktur eine hohe Redundanz auf. Folgendes Beispiel verdeutlicht das Vorgehen:

Beispiel 3.12

Gegeben ist folgende Boolesche Funktion mit drei Eingangs- und zwei Ausgangsvariablen:

$$y_0 = \underbrace{\overline{x_2}\,\overline{x_1}\,x_0}_{k'_0} \vee \underbrace{x_2\,\overline{x_1}}_{k'_1} \vee \underbrace{x_1\,\overline{x_0}}_{k'_2}$$

$$y_1 = \underbrace{x_2\,\overline{x_1}\,x_0}_{k'_3} \vee \underbrace{x_1\,\overline{x_0}}_{k'_1}$$

Da die Funktionen y_0 und y_1 nicht in kanonischer Form vorliegen, müssen sie zunächst in diese überführt werden:

$$y_0 = \underbrace{\overline{x_2}\,\overline{x_1}\,x_0}_{k_1} \vee \underbrace{\overline{x_2}\,x_1\,\overline{x_0}}_{k_2} \vee \underbrace{x_2\,\overline{x_1}\,\overline{x_0}}_{k_4} \vee \underbrace{x_2\,\overline{x_1}\,x_0}_{k_5} \vee \underbrace{x_2\,x_1\,\overline{x_0}}_{k_6}$$

$$y_1 = \underbrace{\overline{x_2}\,x_1\,\overline{x_0}}_{k_2} \vee \underbrace{x_2\,\overline{x_1}\,x_0}_{k_5} \vee \underbrace{x_2\,x_1\,\overline{x_0}}_{k_6}$$

Die Programmierung dieser Funktion ist in Bild 3.54 dargestellt.

Bild 3.55 stellt eine einfache Möglichkeit des Zusammenschaltens mehrerer ROM-Bausteine zu einer ROM-Kaskade dar.

Bild 3.55 ROM-Kaskade

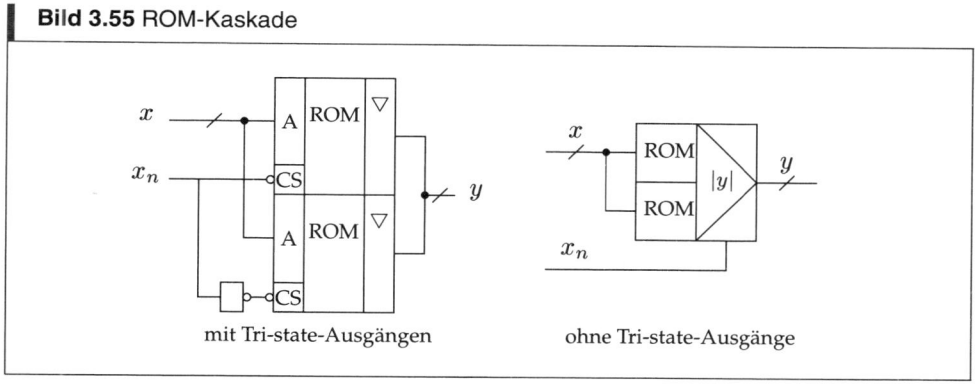

mit Tri-state-Ausgängen   ohne Tri-state-Ausgänge

Um minimierte DNF-Ausdrücke in eine programmierbare Struktur zu implementieren, müsste auch das UND-Feld programmierbar sein, damit nur die im Term vorkommenden Variablen UND verknüpft werden. Eine solche Struktur weist weniger Redundanz auf und wird beispielsweise in den nachfolgend beschriebenen Schaltkreisen (PLA, PAL) realisiert.

3.6.5.2 PLA

PLA ist die Abkürzung für »Programmable Logic Array« und bezeichnet eine Struktur, die aus einer programmierbaren UND-Matrix und einer programmierbaren ODER-Matrix besteht. Dadurch ist es möglich, auch minimierte Funktionen (DNF) zu realisieren. Im Übrigen ähneln Struktur und Funktion der im vorigen Abschnitt ausführlich beschriebenen ROM- Struktur in der Interpretation als universeller programmierbarer Schaltkreis zur Realisierung kombinatorischer Funktionen. Wir beschränken uns deshalb hier auf die Darstellung der entsprechenden

Bilder, die das gleiche Beispiel 3.12 verwenden und die geringere Redundanz dieser Struktur anschaulich verdeutlichen (Bild 3.56).

Bild 3.56 Abstrakte PLA-Struktur

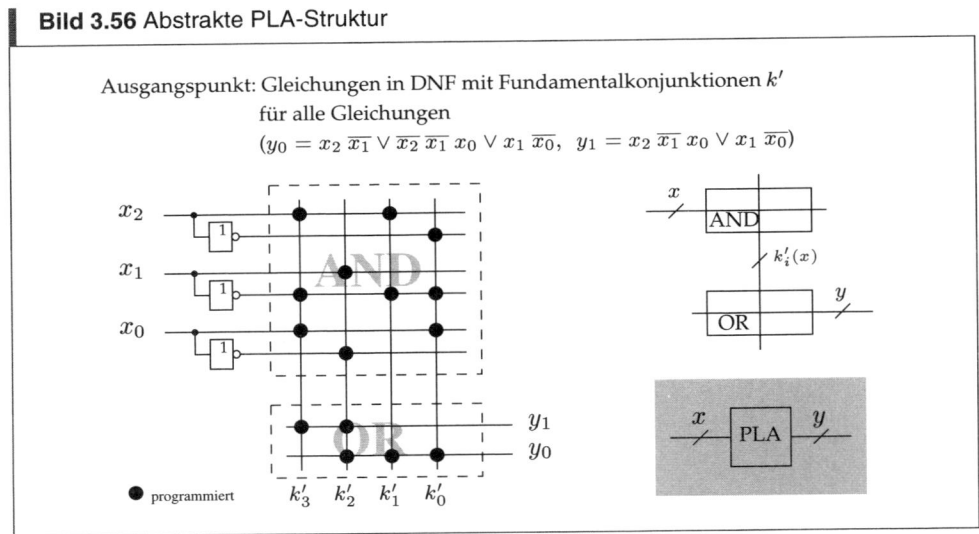

Ausgangspunkt: Gleichungen in DNF mit Fundamentalkonjunktionen k'
für alle Gleichungen
$$(y_0 = x_2\,\overline{x_1} \vee \overline{x_2}\,\overline{x_1}\,x_0 \vee x_1\,\overline{x_0}, \; y_1 = x_2\,\overline{x_1}\,x_0 \vee x_1\,\overline{x_0})$$

Eine größere praktische Bedeutung haben trotz dieser geringen Redundanz Strukturen erlangt, die im nächsten Abschnitt beschrieben werden. Die Ursache liegt darin, dass die universelle Programmierbarkeit beider Matrizen entsprechenden Schaltungsaufwand verursacht, den man mit dem in anderen Strukturen vorhandenen Aufwand an redundanten Gattern ins Verhältnis setzen muss.

3.6.5.3 PAL/GAL

Auch bei der Beschreibung des PAL-Schaltkreises können wir uns kurz fassen und auf die ausführlichen Erläuterungen der beiden vorhergehenden Abschnitte verweisen. Beim PAL/GAL (»Programmable Array Logic«, »Generic Array Logic«[32]) wurde ein Kompromiss zwischen Programmierbarkeit, Realisierbarkeit der DNF und Schaltungsaufwand getroffen, indem man eine programmierbare UND-Matrix mit einer fest verdrahteten ODER-Matrix gekoppelt hat [Ell99, Bit98, HH93]. Dabei geht man von der Überlegung aus, dass in den Normalformen nur eine geringe Anzahl von disjunktiv verknüpften Termen auftritt und demzufolge nicht wie im ROM für alle Elementarkonjunktionen ein Eingang im jeweiligen ODER-Gatter vorgesehen werden muss. Die ODER-Gatter werden deshalb fest mit einer bestimmten Anzahl frei programmierbarer Ausgangsleitungen der UND-Matrix verbunden und bleiben ungenutzt (redundant), falls eine Funktion weniger Terme hat. Existieren in der Funktion mehr Terme als ODER-Eingänge, so kann man untersuchen, ob die negierte Funktion weniger Terme benötigt (geringere Anzahl

---

[32] Die Bezeichnung GAL ist ein eingetragenes Warenzeichen der Firma Lattice [Lat02].

von »0« als »1« in der Wertetabelle) und die Negation am Ausgang der Schaltung wieder umkehren. Führt dieses Verfahren nicht zum Erfolg, muss man durch Kaskadierung eine mehrstufige Schaltung realisieren (siehe Abschnitt 3.5.4.2).

Die in Bild 3.57 dargestellte PAL-Realisierung bezieht sich auf das Beispiel aus den vorigen beiden Abschnitten.

Bild 3.57 Abstrakte PAL-Struktur

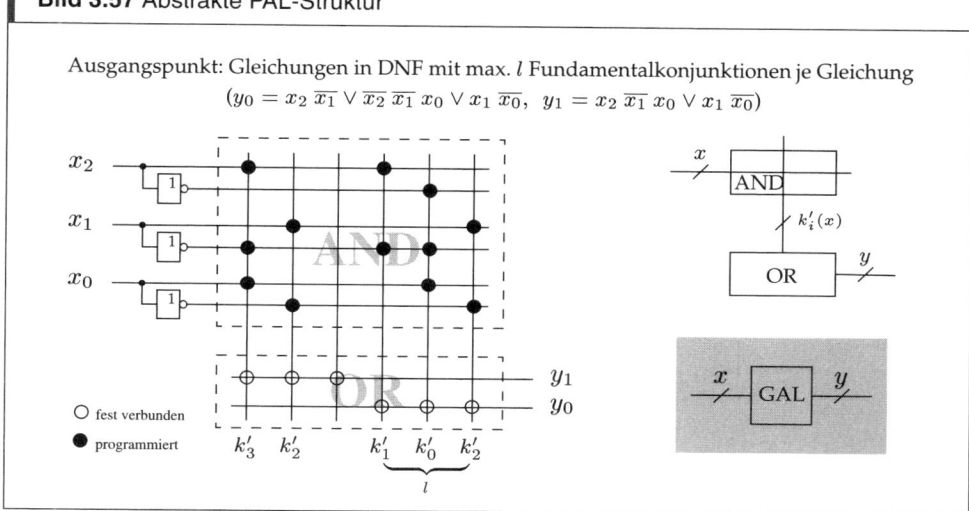

Wir haben in diesem Abschnitt nur den kombinatorischen Teil der programmierbaren Schaltkreise betrachtet und werden in Abschnitt 6.3 zeigen, dass mit diesen Strukturen auch sequentielle Schaltungen aufgebaut werden können, wobei weitere Elemente der internen Struktur (Flip-Flops, Register) betrachtet werden.

3.7 Fallstudien

3.7.1 Aufgabenstellung

Im Folgenden soll der Entwurf einer Dekodierschaltung vorgestellt werden, die zur Anzeige von Dezimalziffern mittels einer 7-Segment-Anzeige-Einheit[33] dient. Bild 3.58 zeigt das Blockschaltbild sowie die 7-Segment-Zifferndarstellung. Es soll der Einfachheit halber angenommen werden, dass nur Ziffern des direkten BCD-Codes[34] angezeigt werden dürfen. Bei einigen 7-Segment-Dekodern werden die

---

[33] Eine 7-Segment–Anzeige besteht aus sieben einzeln ansteuerbaren Leucht-Segmenten (LEDs)

[34] BCD ... Binary Coded Decimals, binär kodierte Dezimalziffern. Den zehn Ziffern des Dezimalsystems werden zehn von 16 möglichen vierstelligen Dualzahlen (Tetraden) als Code zugeordnet. Die restlichen sechs (für die Kodierung nicht benötigten) Dualzahlen werden als *Pseudotetraden* bezeichnet.

sechs Pseudotetraden zusätzlich zur Darstellung verschiedener Sonderzeichen benutzt.

Bild 3.58 Blockschaltbild des BCD-zu-7-Segment-Dekoder

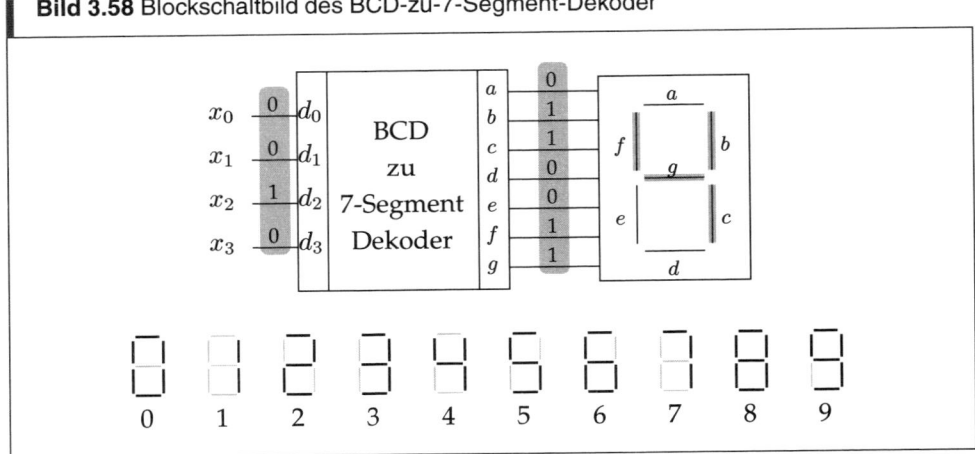

In den Fallstudien wird gezeigt, wie die Realisierung

- über strukturgleiche Schaltungen entsprechend den Segmentgleichungen a bis g,

- unter Verwendung von Multiplexern,

- mithilfe eines ROM,

- mit einem GAL

erfolgen kann.

Bild 3.59 stellt die Wertetabelle zur Ansteuerung der einzelnen Segmente a bis g dar. Als Beispiel für die Wertermittlung ist die Darstellung der Ziffer 4 grau hervorgehoben. Da am Eingang keine Pseudotetraden auftreten dürfen, setzen wir bei den Belegungen $\lambda(X_{10})$ bis $\lambda(X_{15})$ jeweils einen »*« in die Wertetabelle ein.

Zur Ermittlung minimaler Ausdrücke für die einzelnen Segmentgleichungen a bis g (siehe Bild 3.60) benutzen wir die im Abschnitt 3.3.1 vorgestellten KV-Diagramme.

3.7.2 Realisierung über die strukturgleiche Schaltung

In Bild 3.61 ist die strukturgleiche Schaltung als Ergebnis der im Abschnitt 3.6.2 vorgestellten Synthese dargestellt, die sich aus den Gleichungen für die Segmente a bis g ableiten lässt. Wir erhalten diese Gleichungen aus der Wertetabelle in Bild 3.59 nach einer in Bild 3.60 dargestellten Minimierung.

Bild 3.59 Wertetabelle des BCD-zu-7-Segment-Dekoders

dez	d_3	d_2	d_1	d_0	a	b	c	d	e	f	g
0	0	0	0	0	1	1	1	1	1	1	0
1	0	0	0	1	0	1	1	0	0	0	0
2	0	0	1	0	1	1	0	1	1	0	1
3	0	0	1	1	1	1	1	1	0	0	1
4	0	1	0	0	0	1	1	0	0	1	1
5	0	1	0	1	1	0	1	1	0	1	1
6	0	1	1	0	1	0	1	1	1	1	1
7	0	1	1	1	1	1	1	0	0	0	0
8	1	0	0	0	1	1	1	1	1	1	1
9	1	0	0	1	1	1	1	1	0	1	1
10	1	0	1	0	*	*	*	*	*	*	*
11	1	0	1	1	*	*	*	*	*	*	*
12	1	1	0	0	*	*	*	*	*	*	*
13	1	1	0	1	*	*	*	*	*	*	*
14	1	1	1	0	*	*	*	*	*	*	*
15	1	1	1	1	*	*	*	*	*	*	*

3.7.3 Realisierung mit Multiplexern

Im Folgenden wollen wir die in Abschnitt 3.6.4.3 vorgestellten Multiplexer zur Realisierung des 7-Segment-Dekoders einsetzen. Dabei bilden die Ansteuersignale d_3 bis d_0 als Eingangsvektor die vier Adresseingänge der Schaltung, die $2^4 = 16$ Informationseingänge die jeweiligen »Programmiervektoren«. Die Belegung dieser Programmiervektoren ergibt sich unmittelbar aus den in der Wertetabelle in Bild 3.59 angegebenen Werten der einzelnen Segmentvariablen a bis g.

Die angegebene Schaltung wurde so konzipiert, dass sie bei Auftreten einer Belegung aus X^* (X_{10} bis X_{15}) als Anzeige ein »−« ausgibt, indem dabei jeweils das Segment g angesteuert wird.

3.7.4 Realisierung mit ROMs

Ausgangspunkt für die Realisierung mit einem ROM (siehe Abschnitt 3.6.5.1) ist die in Bild 3.59 dargestellte Wertetabelle, da sich daraus unmittelbar die KDNF als Grundlage für die Programmierung ableiten lässt. Als Beispiel wurde ein fiktiver[35] ROM mit 16 Speicherzellen zu je acht Datenbits gewählt. Bild 3.63 zeigt die entsprechende ROM-Programmierung und die Zuordnung zu den Anschlüssen des Schaltkreises.

---

[35] Reale ROMs besitzen deutlich mehr Anschlüsse: beispielsweise acht Daten- und zehn Adressleitungen und dementsprechend 2^{10} Speicherzellen.

Bild 3.60 KV-Diagramme für die Segmente a bis g

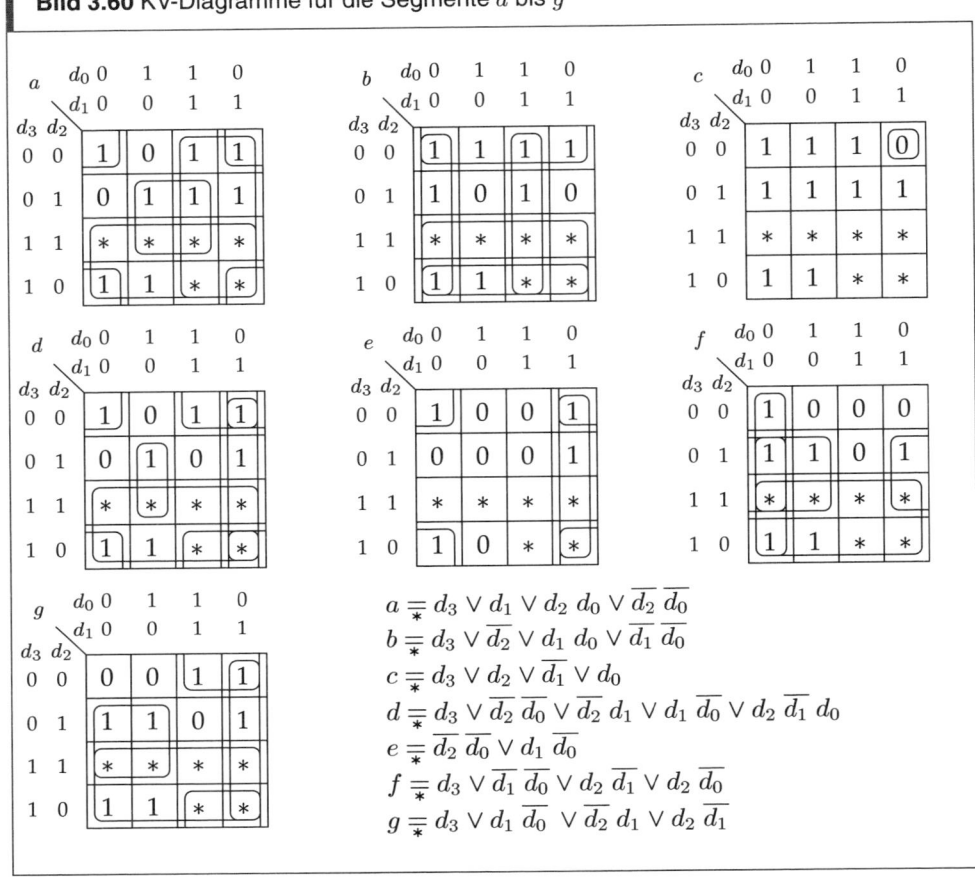

$$a = d_3 \vee d_1 \vee d_2 \, d_0 \vee \overline{d_2} \, \overline{d_0}$$
$$b = d_3 \vee \overline{d_2} \vee d_1 \, d_0 \vee \overline{d_1} \, \overline{d_0}$$
$$c = d_3 \vee d_2 \vee \overline{d_1} \vee d_0$$
$$d = d_3 \vee \overline{d_2} \, \overline{d_0} \vee \overline{d_2} \, d_1 \vee d_1 \, \overline{d_0} \vee d_2 \, \overline{d_1} \, d_0$$
$$e = \overline{d_2} \, \overline{d_0} \vee d_1 \, \overline{d_0}$$
$$f = d_3 \vee \overline{d_1} \, \overline{d_0} \vee d_2 \, \overline{d_1} \vee d_2 \, \overline{d_0}$$
$$g = d_3 \vee d_1 \, \overline{d_0} \vee \overline{d_2} \, d_1 \vee d_2 \, \overline{d_1}$$

3.7.5 Realisierung mit GALs

Zum Abschluss dieses Abschnitts soll noch die Möglichkeit der Realisierung mittels eines GAL (siehe Abschnitt 3.6.5.3) vorgestellt werden. Dabei wird der Entwurf für einen speziellen Typ (GAL16V8) vorgenommen, der für »einfache« Entwürfe sehr verbreitet ist.

Wir werden an dieser Stelle keine Programmierung nach Bild 3.57 angeben, sondern den rechnergestützten Entwurf kombinatorischer Schaltungen andeuten. Bild 3.64 zeigt den prinzipiellen Entwurfsweg.

Wir verwenden für die Beschreibung die im Entwurfssystem »LOG/iC« [ISD95] angewendete Syntax zur Notation. Andere Entwurfssysteme benutzen ähnliche Notationen. Moderne Entwurfswerkzeuge akzeptieren eine Vielzahl unterschiedlicher Eingabeformate, mit denen das Design beschrieben werden kann. Sie erzeugen eine Vielzahl von Ausgabeformaten, die an die jeweiligen Bauteile angepasst sind.

Bild 3.61 Realisierung der strukturgleichen Schaltungen

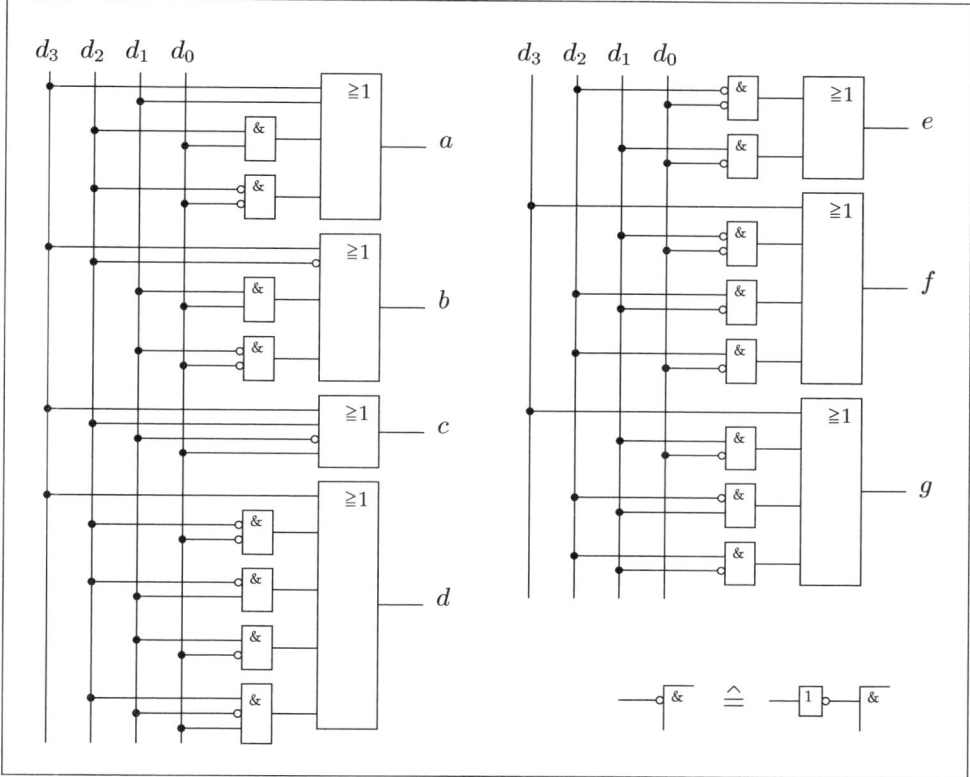

Eine weit verbreitete Eingabe ist die reine Texteingabe (reine ASCII-Dateien). Bei dieser Eingabeform wird die Problemstellung mithilfe von Befehlen in LOG/iC-Syntax formuliert.

Ein LOG/iC-Entwurf ist in der Regel auf zwei Dateien aufgeteilt, die nachfolgend angegeben sind. Die erste Datei (mit der Erweiterung *.dcb) enthält ausschließlich solche Programmteile, die die Funktion der Schaltung beschreiben. Die zweite Programmdatei (mit der Erweiterung *.ddv) enthält die Strukturinformationen, wie z.B. den Schaltkreistyp und die Schnittstellendefinition.

Diese beiden Dateien werden in das *Jedec*-Format übersetzt, welches von Programmiergeräten für die GAL-Programmierung genutzt wird. Weitere Details dazu können [Bit98, HW00] entnommen werden.

Bild 3.62 Realisierung mit Multiplexern

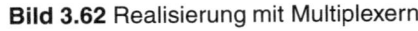

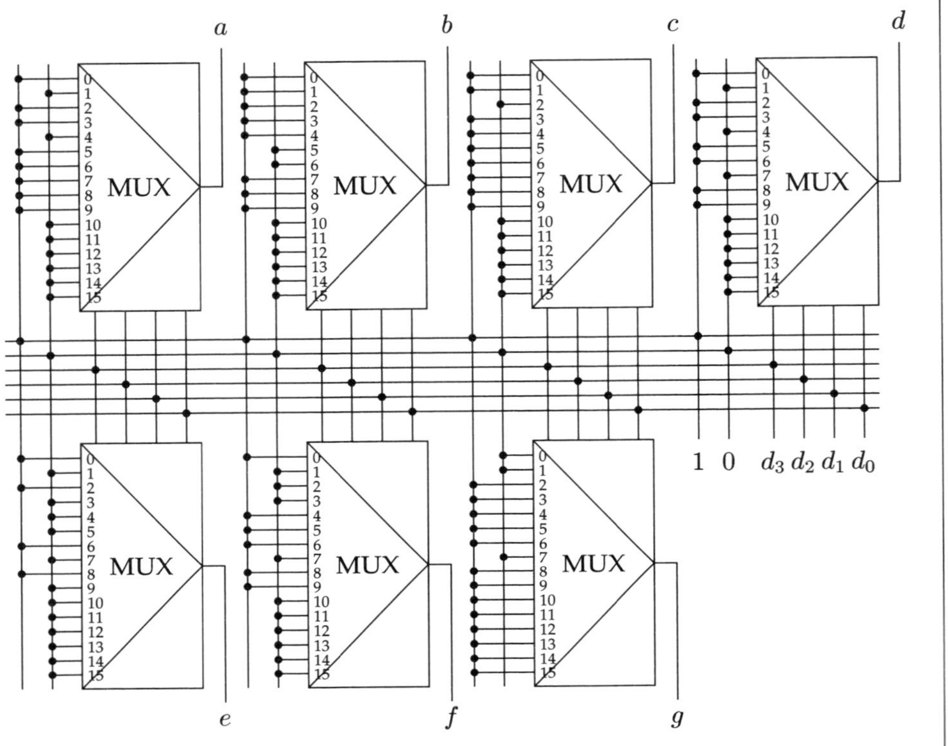

■ **Logik-Datei** »7segment.dcb«:

```
*IDENTIFICATION
 BCD-zu-7-Segment-Dekoder
 DCB-Datei zur Realisierung mit GAL16V8

*X-NAMES
 d0, d1, d2, d3;

*Y-NAMES
 a, b, c, d, e, f, g;

*BOOLEAN-EQUATIONS

 a = d3 + d1 + d2 & d0 + /d2 & /d0;

 b = d3 + /d2 + d1 & d0 + /d1 & /d0;

 c = d3 + d2 + /d1 + d0;
```

Bild 3.63 Realisierung mit einem fiktiven 16x8-ROM

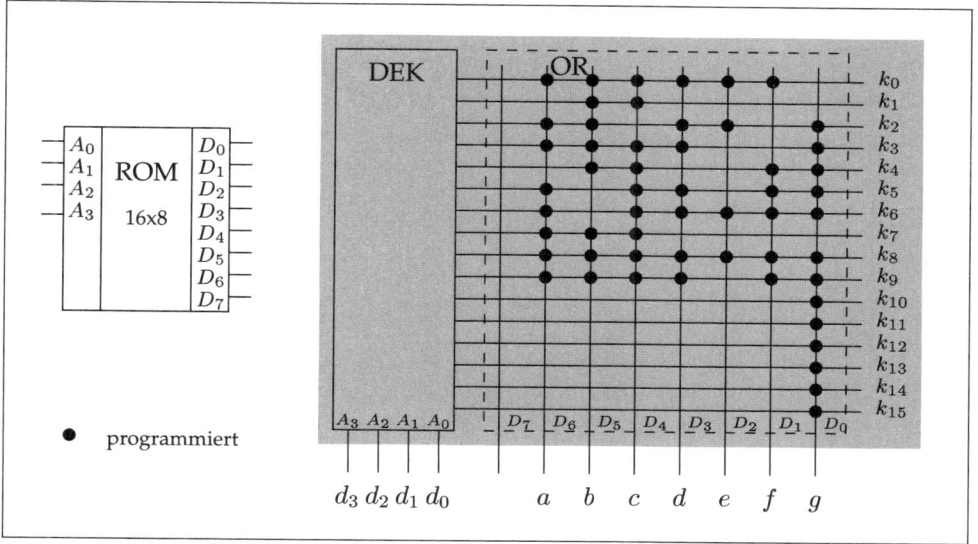

```
d = d3 + /d2 & /d0 + /d2 & d1 + d1 & /d0 + d2 & /d1 & d0;

e = /d2 & /d0 + d1 & /d0;

f = d3 +  d1 & /d0 + /d2 & d1 + d2 & /d0;

g = d3 + d1 & /d0 + /d2 & d1 + d2 & /d1;

*END
```

Device-Datei: »*7segment.ddv*«

```
*IDENTIFICATION
 BCD-zu-7-Segment-Dekoder
 DDV-Datei zur Realisierung mit GAL16V8

*PLD
 TYPE = GAL16V8;

*PINS
 d3 = 2;
 d2 = 3;
 d1 = 4;
 d0 = 5;

 a = 12;
 b = 13;
```

Bild 3.64 Prinzipieller Entwurfsweg im Werkzeug »LOG/iC«

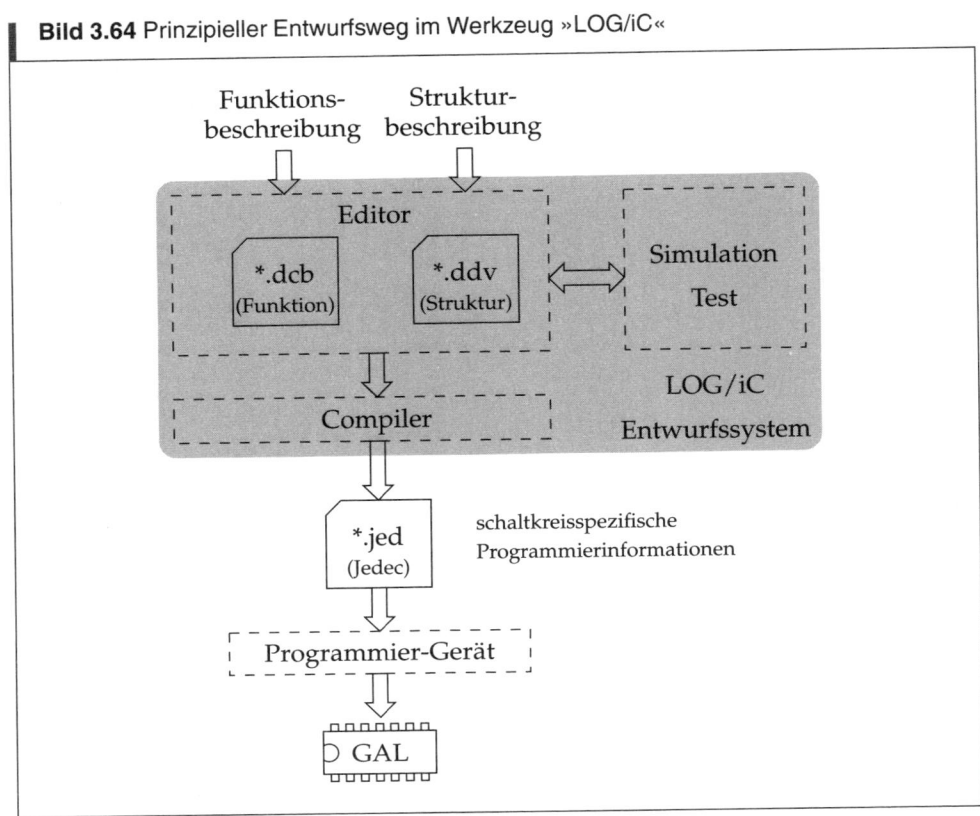

```
c = 14;
d = 15;
e = 16;
f = 17;
g = 18;

*END
```

Im Abschnitt 6.3 stellen wir weitere Beispiele zum Einsatz dieser Schaltkreise beim Entwurf sequentieller Strukturen vor.

3.8 Zusammenfassung

Bild 3.65 beschreibt die in diesem Kapitel diskutierten Methoden im Überblick. Dabei wird sowohl die Synthese von der Funktionsbeschreibung zur Schaltung als auch die Analyse von der Schaltung zur Funktionsbeschreibung sichtbar. Im nächsten Abschnitt betrachten wir diesen Analyseprozess noch etwas ausführlicher und beziehen in diese Analyse zeitliche Vorgänge ein, von denen wir bisher abstrahiert haben.

Bild 3.65 Zusammenfassung der Beschreibungsmittel

Funktion $\longrightarrow$ Schaltung

Synthese
Analyse

BMA

$\lambda : X(x) \Rightarrow Y(y)$

BAA

$y = e(x,g)$ mit $h^*(x)$

BAA

$y \stackrel{=}{_*} h(x)$

Struktur

$S = [M, x, p, y, \kappa]$

Wertfunktion — Auswahl — Modulzuordnung

x	y
X	Y

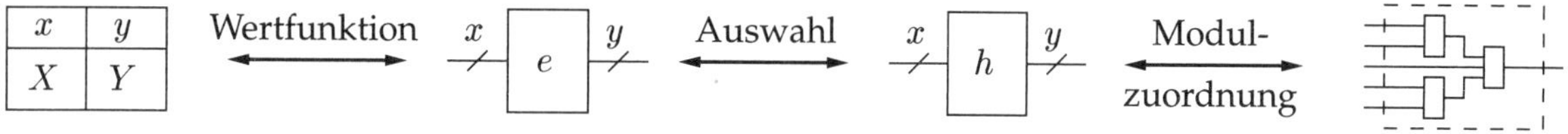

Wertetabelle

mit $|X| + |Y|$ Spalten
und $2^{|x|} = |X|$ Zeilen

i	x_2	x_1	x_0	y_1	y_0
0	0	0	0	1	1
1	0	0	1	0	1
2	0	1	0	0	0
3	0	1	1	1	0
4	1	0	0	1	1
5	1	0	1	1	0
6	1	1	0	1	g_0
7	1	1	1	*	*

Gleichungssystem

aus $|y|$ Gleichungen und h^*

$y_0 = k_0 \vee k_1 \vee k_4 \vee g_0 k_6$
$y_1 = k_0 \vee k_3 \vee k_4 \vee k_5 \vee k_6$
$h^* = k_7$

strukt. Gleichungssystem

aus $|y|$ Gleichungen

für $g_0 = 0$ ergibt sich:

$y_{0min} \stackrel{=}{_*} \underbrace{\overline{x_1}\,\overline{x_0}\,x_0}_{M^1} \vee \underbrace{\overline{x_2}\,x_1}_{M^2} \atop M^4$

$y_{1min} \stackrel{=}{_*} \underbrace{x_2}_{M^1} \vee \underbrace{\overline{x_1}\,\overline{x_0}}_{M^0} \vee \underbrace{x_1 x_0}_{M^3}$

Schaltungsstruktur

aus gekoppelten Modulen

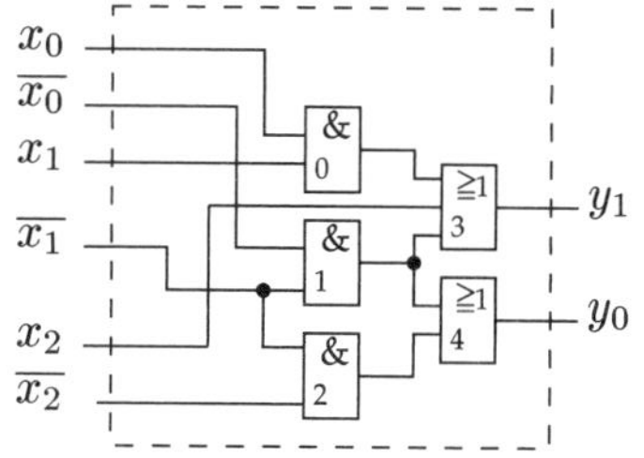

$M = \{M_0, M_1, \ldots, M_7\}$
$x = [x_2, x_1, x_0]$
$p = \emptyset$
$y = [y_1, y_0]$
$\kappa(y_1) = y_0^7, \ldots, \kappa(x_0^0) = x_0$

3.9 Aufgaben

Aufgabe 3.1

Mithilfe der Axiome der BAA (Regeln 3.51 bis 3.63) sind

(a) die Gültigkeit der Kürzungsregeln der BAA (Regeln 3.64 bis 3.80) sowie

(b) die Beziehung

$$(x_0 \to x_1)(x_1 \to x_0) = x_1 \sim x_0 \quad \text{(Ringschluss)}$$

nachzuweisen.

Aufgabe 3.2

Wie hängt die Anzahl aller im Wertverlauf unterschiedlichen Ausdrücke (Repräsentanten $h_i(x)$) von der Anzahl n der Variablen x_r eines Vektors $x = [x_{n-1}, \ldots, x_r, \ldots, x_1, x_0]$ ab ?

Aufgabe 3.3

Gegeben sind folgende schaltalgebraische Ausdrücke:

(a) $h_i(x) = (x_1 \lor x_0)\overline{x_1} \lor (x_1 \to \overline{x_0})x_1$

(b) $h_j(x) = (x_1 \lor x_0)(\overline{x_1} \lor \overline{x_0})$

(c) $h_k(x) = \overline{(x_1 \lor x_0)} \lor \overline{x_1}(x_1\overline{x_0} \lor x_0)$

(d) $h_l(x) = (\overline{x_1}x_0 \lor x_1)(x_1 \sim x_0)$

Welche der Ausdrücke h_i bis h_l sind untereinander wertverlaufsgleich?

Aufgabe 3.4

Gegeben sind folgende schaltalgebraische Ausdrücke:

(a) $h_i(x) = \overline{\overline{x_0} \lor (x_1 \sim x_0)\overline{x_1}} \lor \overline{x_1}(x_2 \lor \overline{x_1})$

(b) $h_j(x) = x_0\big((x_2 \to x_1)x_1(x_1 \lor \overline{x_0})\big)$

Sind die Ausdrücke h_i und h_j wertverlaufsgleich?

Aufgabe 3.5

Gegeben ist die Menge $I^a = \{0, 7, 8, 15\}$ von Eingangsbelegungs-Indizes einer determinierten kombinatorischen Funktion $y(x)$ mit vier Eingangsvariablen $x = [x_3, x_2, x_1, x_0]$.

(a) Gesucht ist eine Wertetabelle, wobei gilt:

$$\forall i (i \in I^a \leftrightarrow \lambda(X_i) = 0)$$

(b) Aus der Wertetabelle ist die KKNF für y und daraus

(c) ein minimaler Ausdruck y_{min} zu ermitteln.

Aufgabe 3.6

Gegeben ist folgende Wertetabelle:

i	x_2	x_1	x_0	y_1	y_0
0	0	0	0	0	1
1	0	0	1	1	1
2	0	1	0	0	0
3	0	1	1	1	0
4	1	0	0	0	1
5	1	0	1	0	0
6	1	1	0	1	1
7	1	1	1	1	1

Gesucht werden Ausdrücke für y_1 und y_0 in den Normalformen KDNF, KKNF, KNANF und KNONF.

Aufgabe 3.7

Gegeben ist folgendes KV-Diagramm:

y	x_0 0	1	1	0
x_1	0	0	1	1
x_3 x_2				
0 0	0	1	1	1
0 1	1	0	0	0
1 1	0	1	1	1
1 0	0	0	1	1

Gesucht ist ein minimaler Ausdruck für y_{min} in DNF.

Aufgabe 3.8

Gegeben ist folgendes KV-Diagramm:

y	x_0 0	1	1	0
	x_1 0	0	1	1
x_3 x_2				
0 0	0	1	1	1
0 1	1	0	0	0
1 1	0	1	1	1
1 0	0	0	1	1

Gesucht sind

(a) jeweils minimale Ausdrücke für y_{min} in DNF und KNF,

(b) die Überführung des DNF-Ausdrucks in den KNF-Ausdruck und umgekehrt mithilfe wertverlaufsgleicher Umformungen.

Aufgabe 3.9

Zwei zweistellige Binärzahlen $a = [a_1, a_0]$ und $b = [b_1, b_0]$ sollen miteinander verglichen werden. Für $a = b$ soll die Ausgangsvariable y_0, für $a < b$ soll y_1 und für $a > b$ soll y_2 den Wert 1 annehmen.

Gesucht werden

(a) die Wertetabelle für y_0, y_1, y_2,

(b) die KDNF für für y_0, y_1, y_2 sowie

(c) die minimierten Funktionen $y_{0_{min}}, y_{1_{min}}, y_{2_{min}}$.

Aufgabe 3.10

Welche der Gleichungen (a) bis (d) beschreiben die Funktion der folgenden Schaltung?

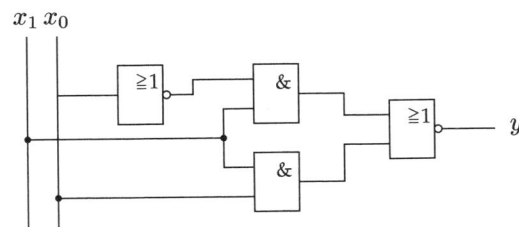

(a) $y = x_1 \sim (x_0 \vee \overline{x_1}\, \overline{x_0} \vee x_0)$

(b) $y = \overline{x_1 \overline{x_0} \vee x_1 x_0}$

(c) $y = \overline{x_1}$

(d) $\overline{y} = x_1 \rightarrow (x_1 \vee x_1 x_0)$

Aufgabe 3.11

Gesucht sind für die in Aufgabe 3.10 gegebene Schaltung die

(a) Koppelfunktion κ sowie

(b) vier Beispiele zur Modulkopplung.

Aufgabe 3.12

Zur Verfügung stehen zwei Modulsortimente mit einer genügenden Anzahl an NOR- und NAND-Gattern. Es ist nachzuweisen, dass beide Modulsortimente Basissysteme sind.

Aufgabe 3.13

Elf verschiedene Speicherzellen eines fiktiven Speichers sollen über einen Dekoder ansprechbar sein.

(a) Wie viele Adressleitungen (Eingänge) sind dafür notwendig ?

(b) Es ist eine Wertetabelle für die kombinatorische Funktion dieser Aufgabenstellung zu entwickeln.

Aufgabe 3.14

Für die Funktionen y_0, y_1, y_2 aus Aufgabe 3.9 ist eine Realisierung mittels

(a) Multiplexer,

(b) ROM sowie

(c) PAL

gesucht.

Aufgabe 3.15

Gegeben ist folgende Schaltung:

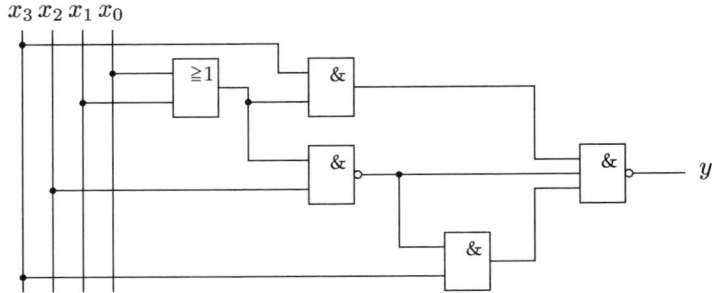

Gesucht sind:

(a) ein strukturgleicher Ausdruck für y,

(b) ein Ausdruck für die minimierte Funktion y_{min},

(c) y_{min} unter Verwendung von NAND-Gattern.

Aufgabe 3.16

Gegeben ist folgende Schaltung:

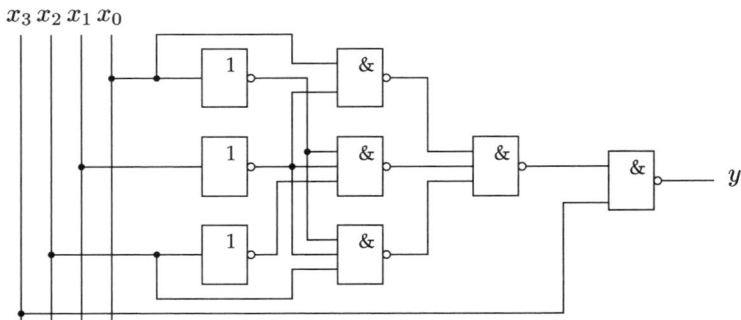

Gesucht sind:

(a) ein strukturgleicher Ausdruck für y,

(b) ein Ausdruck für die minimierte Funktion y_{min},

(c) y_{min} unter Verwendung von NOR-Gattern.

Aufgabe 3.17

Gesucht ist eine Schaltung zur Addition oder Subtraktion zweier Ziffern, die folgende Aufgabenstellung realisiert:

Für zwei bits a_j und b_j an der j-ten Stelle einer binären Zahl soll – unter Beachtung des Übertrages u_{j-1} (bzw. der Entleihung e_{j-1}) aus der vorhergehenden Stelle – die Summe s_j oder die Differenz d_j gebildet werden. Die Auswahl der jeweiligen Rechenoperation erfolgt mittels des Auswahl-Signals k, wobei gilt:

▨ 0-Pegel am Auswahl-Signal k ergibt eine Addition

▨ 1-Pegel am Auswahl-Signal k ergibt eine Subtraktion

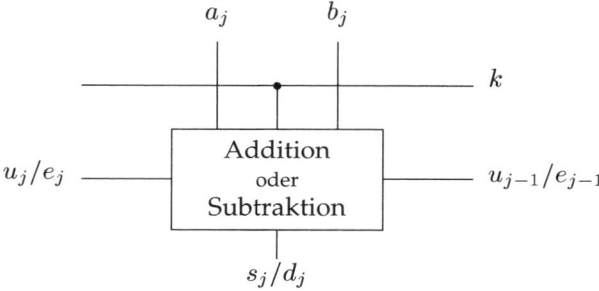

Hinweis:

▨ Ermitteln Sie zunächst die Gleichungen für s_j und d_j. Setzen Sie dabei $u_{j-1} = e_{j-1}$ und vergleichen Sie die Ergebnisse.

▨ Führen Sie die gleichen Betrachtungen für u_j und e_j durch.

▨ Leiten Sie aus diesen Betrachtungen eine Wertetabelle für das Umschalten von der Addition zur Subtraktion her.

▨ Aus dieser Wertetabelle lässt sich eine einfache Zusatzschaltung für die Entleihung bzw. den Übertrag ableiten, die die geforderte Umschaltung gewährleistet.

Aufgabe 3.18

Zwei Binärzahlen, gegeben als Eingangsvektoren $a = [a_1, a_0]$ und $b = [b_1, b_0]$, sollen miteinander verglichen werden. Die größere der beiden Zahlen soll an den Ausgängen m_1 und m_0 mit dem Ausgangsvektor $m = [m_1, m_0]$ ausgegeben werden.

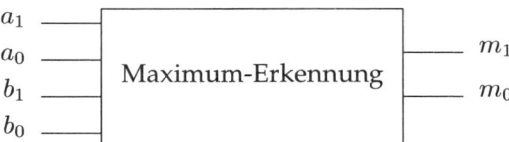

Gesucht sind:

(a) die Wertetabelle,

(b) die Gleichungen für m_1 und m_0.

Aufgabe 3.19

Zwei Ziffern im direkten BCD-Code wurden addiert. Das Ergebnis liege als Belegung des binären Summenvektors $x = [x_3, x_2, x_1, x_0]$ vor.

Zu entwerfen ist eine kombinatorische Schaltung, die ermittelt, ob eine Pseudotetrade vorliegt.

Gesucht sind:

(a) die Wertetabelle,

(b) die Gleichung für k.

Aufgabe 3.20

Primzahlen sind Zahlen, die nur durch sich selbst und durch 1 teilbar sind. Die Zahlen 0 und 1 sind keine Primzahlen.

Zu entwerfen ist eine Funktion p, die ermittelt, ob der Dezimalwert einer Binärzahl, die als Eingangsvektor $x = [x_3, x_2, x_1, x_0]$ gegeben ist, eine Primzahl ist.

Gesucht sind:

(a) die Wertetabelle,

(b) die Gleichung für p.

Kapitel 4

Analyse kombinatorischer Schaltungen

Zur Analyse kombinatorischer Schaltungen gibt es unterschiedliche Möglichkeiten, von denen hier die gebräuchlichsten vorgestellt werden sollen. Grundsätzlich kann man auch hier funktions- oder strukturorientiert vorgehen.

4.1 Funktionsorientierte Analyse

Die **funktionsorientierte** Analyse bestimmt den Wertverlauf der Schaltung, indem systematisch für alle Eingangsbelegungen die Funktionswerte der Ausgangsbelegungen berechnet werden. Hierbei müssen nicht immer die Ausgänge aller Strukturelemente berechnet werden, da beispielsweise der Ausgang eines ODER-Gatters zu »1« wird, sobald ein Eingang mit »1« belegt ist und damit die weiteren Eingänge diesen Wert nicht verändern können. In Bild 4.1 ist dieses Verfahren am Beispiel der Funktionswert-Ermittlung für die Eingangsbelegung X_4 dargestellt. Außerdem sind in diesem Bild die über das KV-Diagramm ermittelten minimalen Ausdrücke für das Ausgangssignal y in DNF (Blöcke eingezeichnet) und KNF (Blöcke nicht eingezeichnet) angegeben.

Diese Methode liefert keine Aussagen zum zeitlichen Verhalten der Schaltung, da die Schaltzeiten der Gatter unberücksichtigt bleiben. In Abschnitt 4.3 gehen wir auf die zeitlichen Aspekte näher ein. Das Ergebnis der funktionsorientierten Analyse ist eine Funktionsbeschreibung als Wertetabelle, d.h. in BMA (siehe Abschnitt 3.1.2). Es lässt (außer der Klassifizierung in kombinatorisch und sequentiell) keine Schlussfolgerungen auf die innere Struktur der analysierten Schaltung zu.

4.2 Strukturorientierte Analyse

Die **strukturorientierte** Analyse erzeugt ein Gleichungssystem in BAA (siehe Abschnitt 3.2.5). Die Gleichungen werden ermittelt, indem jeder Ausgang der Schnittstelle einem Ausdruck gleichgesetzt wird, der die Koppelstruktur der Module in seiner syntaktischen Struktur widerspiegelt. Beginnend an einem Strukturausgang $y_k \in y$ substituiert man sukzessive die Ausgangsvariablen y_j^l der Module durch einen Term in den Eingangsvariablen x_i^l gemäß der Funktion λ^l dieses Moduls l und klammert den so entstandenen Term.

Bild 4.1 Funktionsorientierte Analyse

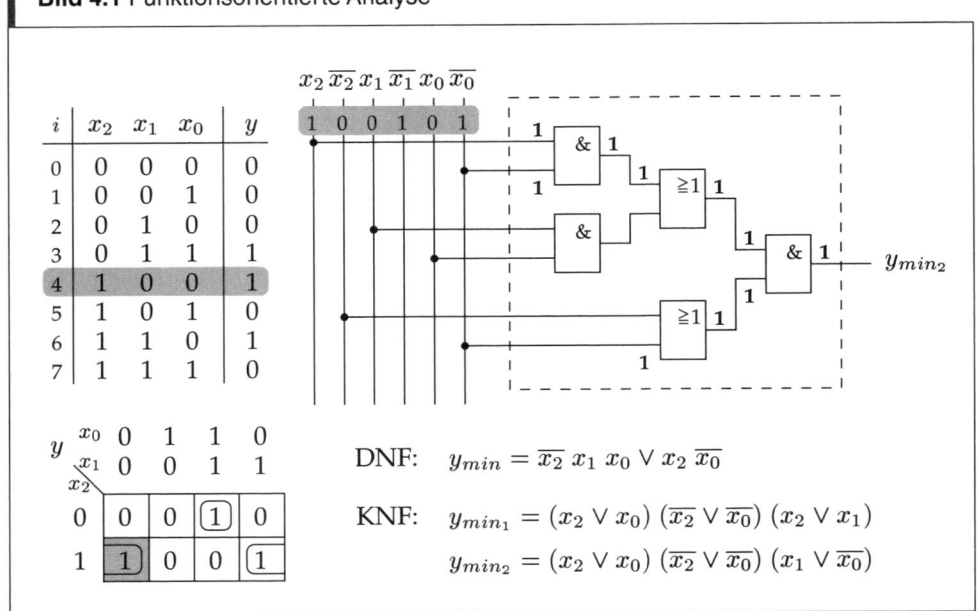

Entsprechend der Koppelfunktion ersetzt man die internen Modulvariablen durch die an sie gekoppelten Modulausgangsvariablen (oder letztlich durch die Eingangsvariablen der Struktur) und ersetzt ggf. die Modulausgangsvariablen wiederum durch einen geklammerten Term. Das Verfahren endet, wenn alle internen Eingangsvariablen x_i^l durch Eingangsvariablen $x_i \in x$ ersetzt wurden. Auf diese Weise erhalten wir einen *strukturgleichen Ausdruck* (siehe Abschnitt 3.6.2).

Auch diese Analysemethode liefert keine Aussagen zum zeitlichen Verhalten der Schaltung, da wie bei der funktionsorientierten Analyse die Schaltzeiten der Gatter unberücksichtigt bleiben.

Am Beispiel aus Abschnitt 4.1 wollen wir das Vorgehen schrittweise erläutern.

Wir ersetzen zunächst in Bild 4.2 die einzige Ausgangsvariable y der Struktur durch die daran gekoppelte Ausgangsvariable y_0^4 des Moduls M^4 und notieren die Funktion des Moduls in Abhängigkeit von seinen Eingangsvariablen x_0^4 und x_1^4. Dieser Term beschreibt die äußere syntaktische Struktur, in der wir nun die Moduleingangsvariablen x_0^4 und x_1^4 durch die daran gekoppelten Modulausgangsvariablen y_0^2 und y_0^3 der Module M^2 und M^3 ersetzen. Nachfolgende Gleichungen zeigen das sukzessive Ersetzen der Variablen bis zur gesuchten Gleichung der Struktur.

$$\kappa(y) = y_0^4 \qquad \text{mit} \qquad y_0^4 = x_0^4 \wedge x_1^4$$

$$\Rightarrow \; y = x_0^4 \wedge x_1^4$$

Bild 4.2 Strukturorientierte Analyse

$x_2 \, \overline{x_2} \, x_1 \, \overline{x_1} \, x_0 \, \overline{x_0}$

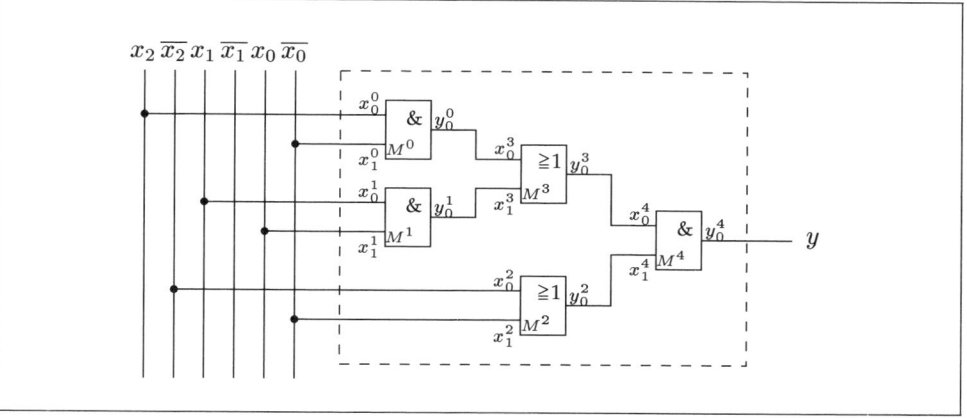

$$\kappa(x_0^4) = y_0^3 \qquad \text{mit} \qquad y_0^3 = x_0^3 \vee x_1^3$$

$$\kappa(x_1^4) = y_0^2 \qquad \text{mit} \qquad y_0^2 = x_0^2 \vee x_1^2$$

$$\Rightarrow \quad y = (x_0^3 \vee x_1^3)(x_0^2 \vee x_1^2)$$

$$\kappa(x_0^3) = y_0^0 \qquad \text{mit} \qquad y_0^0 = x_2 \, \overline{x_0}$$

$$\kappa(x_1^3) = y_0^1 \qquad \text{mit} \qquad y_0^1 = x_1 \, x_0$$

$$\kappa(x_0^2) = \overline{x_2}$$

$$\kappa(x_1^2) = \overline{x_0}$$

$$\Rightarrow \quad y = \Big(\underbrace{(x_2 \, \overline{x_0})}_{M^0} \vee \underbrace{(x_1 \, x_0)}_{M^1} \Big) \underbrace{(\overline{x_2} \vee \overline{x_0})}_{M^2}$$

$$\underbrace{\hspace{5cm}}_{M^3}$$

$$\underbrace{\hspace{7cm}}_{M^4}$$

Man erkennt in der syntaktischen Struktur die Koppelstruktur der analysierten Schaltung. Mit den in Kapitel 3 beschriebenen Methoden (wertverlaufsgleiche Umformung, Minimierung usw.) kann nun untersucht werden, ob die vorliegende Funktion mit einer anderen Struktur besser realisierbar ist. Damit sind wir in der Lage, beliebige kombinatorische Schaltungen zu optimieren. Bei der Optimierung gibt es neben der minimalen Anzahl von Gattern noch weitere Aspekte zu beachten, die insbesondere Signallaufzeiten in Schaltungen betreffen. Dieses bisher nicht berücksichtigte Verhalten digitaler Schaltungen ist Gegenstand des nächsten Abschnitts.

4.3 Dynamische Effekte

Dynamische Effekte (Hasards) sind vorübergehende Störungen der Ausgangsbelegung und entstehen infolge zeitlicher Unterschiede beim Wechsel von Belegungen an Moduleingängen. Diese Unterschiede entstehen einerseits, wenn beim Übergang von einer Eingangsbelegung X_i zu einer Belegung X_j mehrere Variablen ihren Wert ändern und dies nicht exakt gleichzeitig geschieht, andererseits können auch interne Laufzeitunterschiede zwischen Signalen entstehen, die eine unterschiedliche Anzahl von Gattern durchlaufen, bevor sie an einem Modul gemeinsam eintreffen. Wir werden beide Ursachen in den folgenden Abschnitten untersuchen.

Je nach Anfangs- und Endwert unterscheidet man verschiedene Hasards. Man nennt Hasards **statisch**, wenn Anfangs- und Endwert gleich sind und unterscheidet zwischen gestörten 0-Signalen (**0-Hasards**) und gestörten 1-Signalen (**1-Hasards**). Hasards, bei denen sich Anfangs- und Endwert unterscheiden, heißen **dynamisch** und werden als **0-1-Hasard** bezeichnet, wenn beim Übergang von »0« nach »1« nach dem ersten Wechsel auf »1« nochmals ein vorübergehender Wechsel auf »0« erfolgt. Sie heißen **1-0-Hasard**, wenn die Ausgangsbelegung dynamisch von »1« auf »0« wechselt.

In kombinatorischen Schaltungen führen diese Effekte nur zu einer kurzzeitigen Änderung des Ausgangssignals, während sie in sequentiellen Schaltungen, die wir in Kapitel 5 kennen lernen werden, zu völligem Fehlverhalten der Schaltung führen können.

4.3.1 Funktionshasards

Funktionshasards werden von Zwischenbelegungen der Eingangsvariablen verursacht, die auftreten können, wenn beim Übergang von einer Eingangsbelegung zu einer anderen mehrere Eingangsvariablen ihren Wert ändern. Dabei hängt es vom Funktionswert der Zwischenbelegungen ab, ob eine ungewollte Ausgangsbelegung auftritt oder nicht.

Man kann Funktionshasards sehr gut in KV-Diagrammen veranschaulichen, indem man die zeitliche Reihenfolge des Belegungswechsels einschließlich der Zwischenbelegungen als Pfeil von der Anfangs- zur Endbelegung markiert. Da das KV-Diagramm so aufgebaut ist, dass je Zeile bzw. Spalte nur genau eine Belegung wechselt, werden so alle Zwischenbelegungen und deren Funktionswerte sichtbar.

In Bild 4.3 sind sowohl Beispiele für statische »0«- als auch für statische »1«-Funktionshasards angegeben.

Das Auftreten eines »0«-Funktionshasards ist anhand des Übergangs (c)

$$\text{von} \quad X_{14} \quad \text{über} \quad X_{15} \quad \text{nach} \quad X_{13}$$

Bild 4.3 Statische Funktionshasards

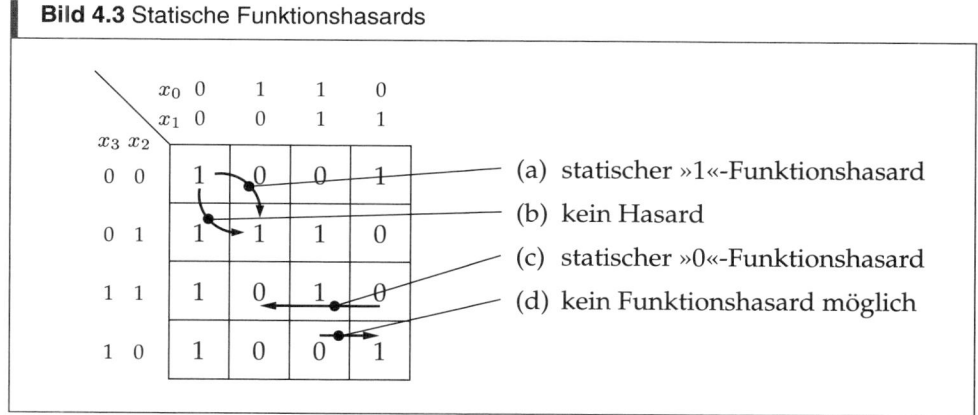

(a) statischer »1«-Funktionshasard

(b) kein Hasard

(c) statischer »0«-Funktionshasard

(d) kein Funktionshasard möglich

dargestellt. Er würde auch auftreten, wenn der Belegungswechsel

von X_{14} über X_{12} nach X_{13}

erfolgte.

Es gibt auch Varianten, bei denen die Reihenfolge der Belegungswechsel entscheidet, ob ein Hasard auftritt oder nicht. Wir betrachten hierfür den Wechsel der Eingangsbelegung X_0 zu X_5. Sowohl die Variable x_0 als auch die Variable x_2 wechselt dabei von »0« auf »1«. Der Funktionswert der beiden Belegungen ist »1« ($\lambda(X_0) = \lambda(X_5) = 1$), sodass der Ausgang der Schaltung bei diesem Belegungswechsel unverändert mit »1« belegt sein müsste. Dieser *ideale* Übergang ist in Bild 4.4 dargestellt.

Findet der Wechsel der beiden Werte jedoch *nicht exakt gleichzeitig* statt, so sind folgende Zwischenbelegungen möglich:

von X_0 über X_1 nach X_5 (Übergang (a) in Bild 4.3)

von X_0 über X_4 nach X_5 (Übergang (b) in Bild 4.3)

Bild 4.4 verdeutlicht dies noch einmal in Abhängigkeit des zeitlichen Belegungswechsels der Variablen x_0 und x_2.

Beim Übergang (d) in Bild 4.3 ist kein Funktionshasard möglich, da sich nur eine Eingangsvariable ändert.

In Bild 4.5 sind Belegungswechsel von drei Variablen dargestellt, die – je nach Funktionswert der Zwischenbelegungen – ein unterschiedliches Verhalten am Ausgang verursachen. Übergang (a) zeigt einen dynamischen »1-0«-Funktionshasard, der nur bei einem Belegungswechsel von mindestens drei Variablen möglich ist. In Bild 4.6 sind die zeitlichen Abhängigkeiten der Belegungswechsel detailliert dargestellt.

Bild 4.4 Zeitverhalten statischer Funktionshasards

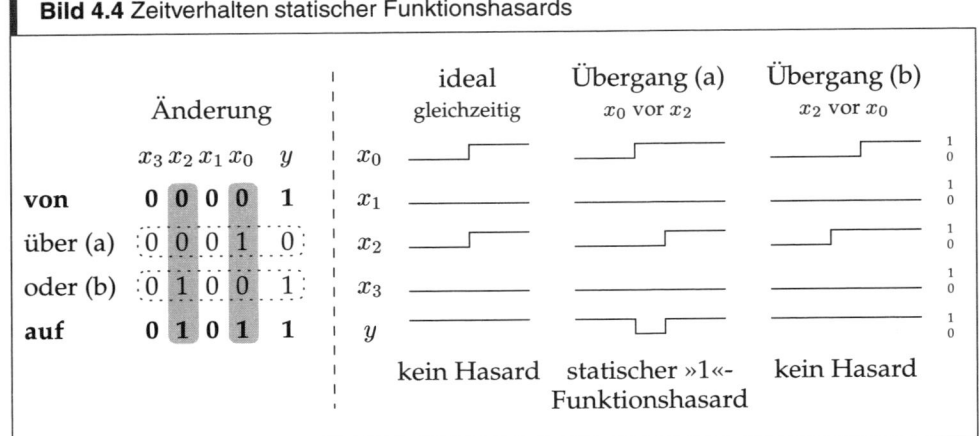

Bild 4.5 Dynamische Funktionshasards

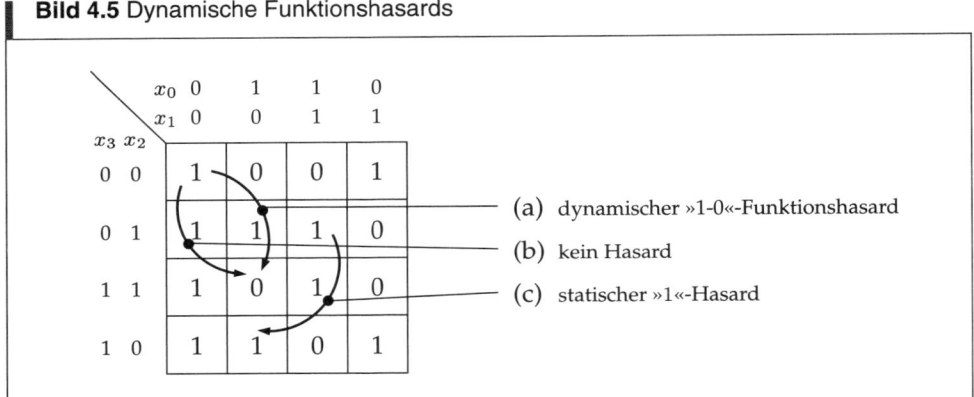

(a) dynamischer »1-0«-Funktionshasard

(b) kein Hasard

(c) statischer »1«-Hasard

Funktionshasards kann man vermeiden, indem man

(a) nur Belegungswechsel von genau einer Eingangsvariablen zulässt,

(b) das Ausgangssignal mithilfe einer RC-Schaltung verzögert oder

(c) die Belegungswechsel mithilfe eines Taktes synchronisiert.

Variante (a) lässt sich nur in Ausnahmefällen realisieren, da Eingangssignale meist als zeitlich nicht beeinflussbare Aktionen der Umgebung auftreten. Eine Möglichkeit, die Forderung nach nur *einem* Variablenwechsel zu erfüllen, stellt ein Belegungswechsel in Gray-Kodierung dar. Der Gray-Code (siehe auch Bild 3.51) wird z.B. für hochfrequente Zählerschaltumgen eingesetzt.

Variante (b) kann man beispielsweise mit einer RC-Schaltung nach Bild 4.7(a) realisieren. Der Entladevorgang des Kondensators muss so dimensioniert werden, dass der Pegel nach Abklingen der Hasards noch als »1« gewertet wird (Bild 4.7(b)).

Bild 4.6 Zeitverhalten dynamischer Funktionshasards

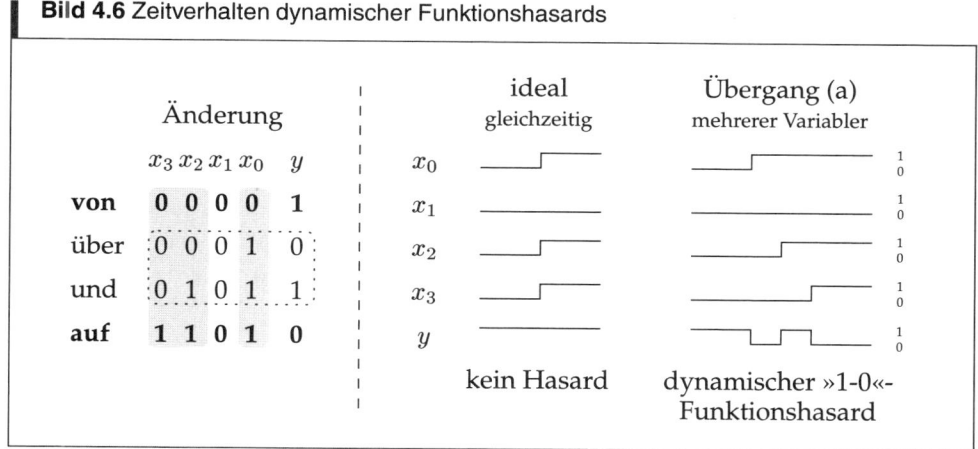

Damit hat man zwar die Hasards beseitigt, dafür aber einen anderen Nachteil geschaffen: Ist ein schneller Pegelwechsel gewünscht (z.B. von »1« auf »0«), so wirkt die zusätzlich eingesetzte RC-Schaltung (stark) verzögernd. Dies ist in Bild 4.7(b) sichtbar.

Bild 4.7 Vermeidung von Hasards durch eine RC-Schaltung

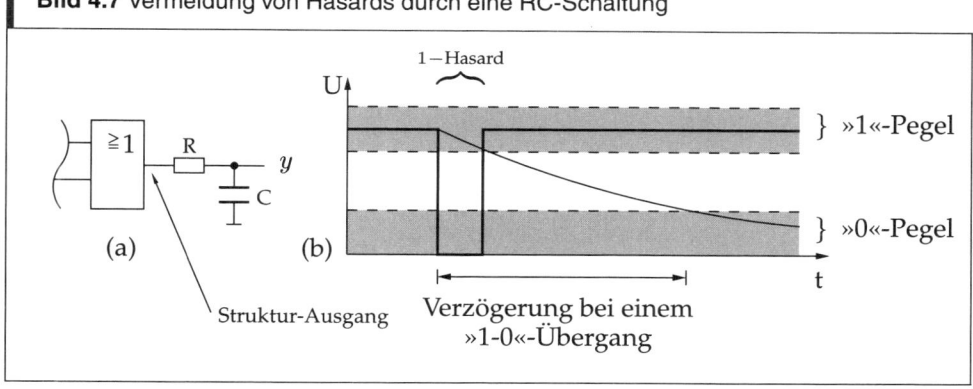

Variante (c) wird mithilfe einer Torschaltung nach 3.6.4.1 realisiert, deren Steuereingang erst aktiviert wird, wenn Hasards abgeklungen sind. Damit lässt sich die Verzögerungszeit exakt an die Schaltzeiten der Hasards anpassen und führt im Vergleich zu Variante (b) zu deutlich geringeren Verzögerungen.

4.3.2   Strukturhasards

Zur Analyse von Strukturhasards schließt man Funktionshasards dadurch aus, dass man nur den Belegungswechsel einer Eingangsvariablen zulässt. **Strukturhasards** werden von Zwischenbelegungen der Modulausgänge verursacht, die auftreten können, wenn eine Eingangsvariable an mehrere Module angeschlossen ist und diese unterschiedliche Schaltzeiten haben. Entscheidend für die Art des Hasards (statisch oder dynamisch) ist die Anzahl der Schaltstufen in der Struktur, d.h. die Anzahl der Strukturelemente zwischen Eingang und Ausgang der Struktur, in denen ein Signal mit anderen Signalen verknüpft wird (siehe Abschnitt 3.5.2).

Statische Strukturhasards können in zweistufigen Strukturen auftreten. Zweistufige Strukturen entstehen, wenn man Gleichungen in Normalform als Struktur realisiert. Die erste Stufe bilden dabei die Elementarterme (z.B. bei der KDNF die Elementarkonjunktionen) und die zweite die Hauptverknüpfung (z.B. bei der KDNF die »ODER-Verknüpfung«).

Bei strukturgleichen Schaltungen in DNF- oder NAND-Realisierungen können nur statische 1-Hasards auftreten, da eine einzige 1-Belegung an einem Eingang den Funktionswert von 0 auf 1 schalten kann. Dementsprechend können 0-Hasards nur in KNF bzw. NOR-Realisierungen auftreten.

In Bild 4.8 ist eine DNF-Realisierung einer Schaltung gegeben. Eine »1« am Ausgang eines oder mehrerer UND-Gatter erzeugt eine »1« am Ausgang der Struktur. Kritisch in derartigen Strukturen ist, wenn genau ein UND-Gatter eine »1« und alle anderen UND-Gatter eine »0« am Ausgang erzeugen. Wenn in dieser Konstellation eine Eingangsvariable dieses UND-Gatters ihre Belegung ändert, schaltet das Gatter auf »0« und solange kein anderes UND-Gatter eine »1« erzeugt, bleibt auch der Ausgang der Struktur auf »0«.

Da die UND-Gatter einer Struktur als Blöcke im KV-Diagramm dargestellt werden können, kann man hier auch das entsprechende Übergangsverhalten erkennen.

Bild 4.8 Statische Strukturhasards

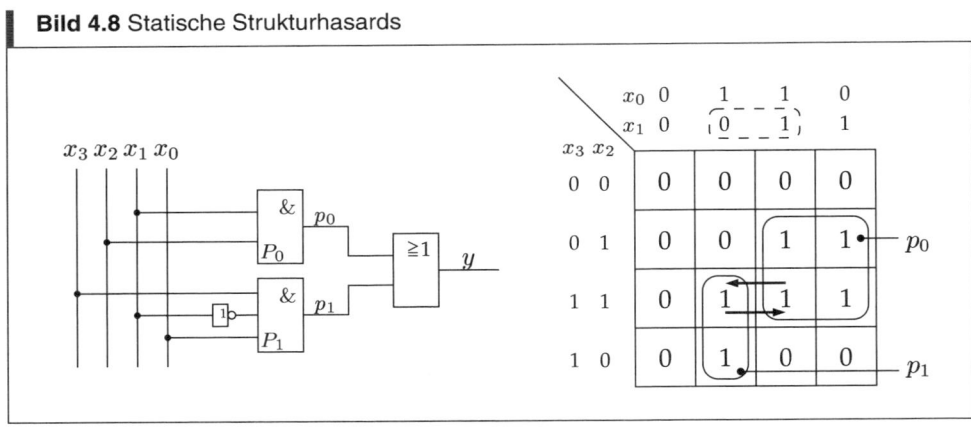

Belegungen, die in genau einem Block des KV-Diagramms liegen, bewirken, dass genau ein UND-Gatter aktiv ist. Bei Belegungen, die von mehreren Blöcken überdeckt werden, sind dementsprechend auch mehrere UND-Gatter aktiv.

Belegungswechsel innerhalb eines Blockes bewirken keinen Belegungswechsel der Ausgänge der UND-Gatter. Sowie ein Block verlassen und in einen benachbarten Block gewechselt wird, wechseln auch die zugehörigen UND-Gatter ihre Ausgangsbelegungen. Bezogen auf das Beispiel in Bild 4.8 ist Block p_0 aktiv (auf »1« gesetzt), wenn eine der Belegungen X_6, X_7, X_{14} oder X_{15} anliegt.

Kritisch ist der Wechsel von X_{15} nach X_{13}, da hier ein Wechsel von einem aktiven UND-Gatter zu einem anderen erfolgt (p_0 zu p_1).

Durch Hinzufügen redundanter Blöcke, die diese Belegungen überdecken und demzufolge während des Belegungswechsels am zugehörigen UND-Gatter keinen Belegungswechsel am Ausgang verursachen, können statische Strukturhasards beseitigt werden. Bild 4.9 gibt eine entsprechende strukturhasard-freie Schaltung an.

Bild 4.9 Vermeidung statischer Strukturhasards

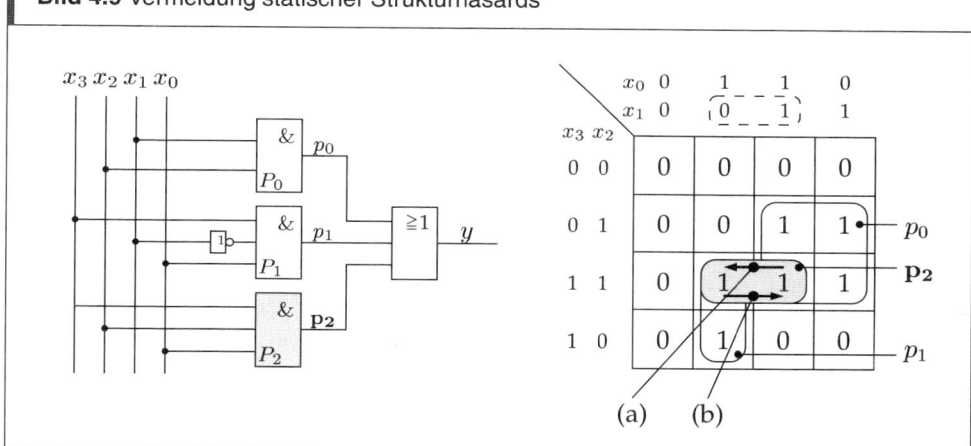

(a) (b)

Anhand der Kurvenverläufe in Bild 4.10 und Bild 4.11 kann das entsprechende zeitliche Verhalten nachvollzogen werden.

Strukturen mit mehr als zwei Schaltstufen können neben statischen auch **dynamische Strukturhasards** verursachen. Als Beispiel sei folgender Ausdruck gegeben:

$$\overline{(\overline{x_1}\ \overline{x_0})}\ (x_2 \vee \overline{x_1}) \vee x_1 \tag{4.1}$$

Die strukturgleiche Schaltung zeigt Bild 4.12. Der Anfang der drei möglichen Pfade, die das Signal der Variablen x_1 durchlaufen kann, ist grau hinterlegt. Hierin liegt die Ursache für das Auftreten eines möglichen dynamischen Strukturhasards. Betrachten wir die Belegung X_2 und unterstellen die im Bild eingezeichnete Schaltreihenfolge, so ergibt sich die dynamische 1-0-Folge am Ausgang der Schaltung. Folgende Analysemethode des Ausdrucks gibt Hinweise auf mögliche Hasards:

Bild 4.10 Zeitliches Verhalten statischer Strukturhasards (a)

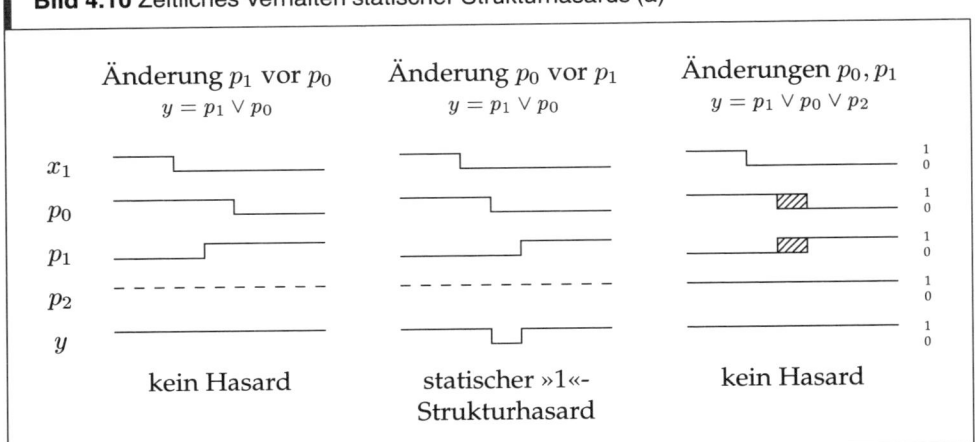

Bild 4.11 Zeitliches Verhalten statischer Strukturhasards (b)

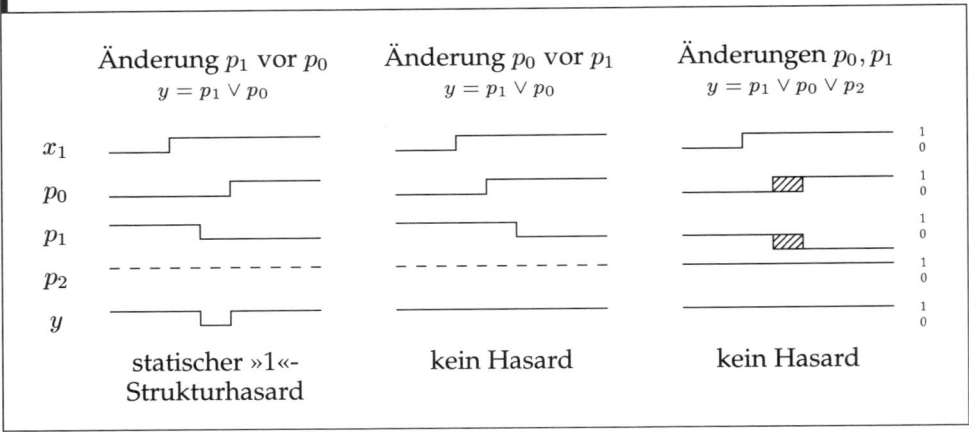

Strukturhasards findet man in mehrstufigen Schaltungen, indem man den Ausdruck der Struktur nach Regeln (3.56, 3.65, ...) in eine DNF bzw. nach (3.55, 3.64, ...) in eine KNF umformt, *ohne dabei zu kürzen*. Dabei entstehen auch so genannte **Übergangsterme**, die eine Variable in negierter und unnegierter Form (z.B. $\overline{x_1}\, x_1$) enthalten. Sie sind ein Hinweis auf mögliche dynamische Hasards in der Struktur.

Die weiteren Terme lassen sich mit den oben beschriebenen Methoden im KV-Diagramm auf mögliche statische Hasards analysieren. Die Umformung von (4.1) in eine DNF ergibt, ohne zu kürzen

$$x_2\, x_1 \vee \overline{x_1}\, x_1 \vee x_2\, x_0 \vee \overline{x_1}\, x_0 \vee x_1.$$

Dieser ungekürzte Ausdruck enthält neben dem Übergangsterm $\overline{x_1}\, x_1$ alle Variablenkombinationen, die in der Schaltung enthalten sind und dementsprechend als

Bild 4.12 Dynamische Strukturhasards

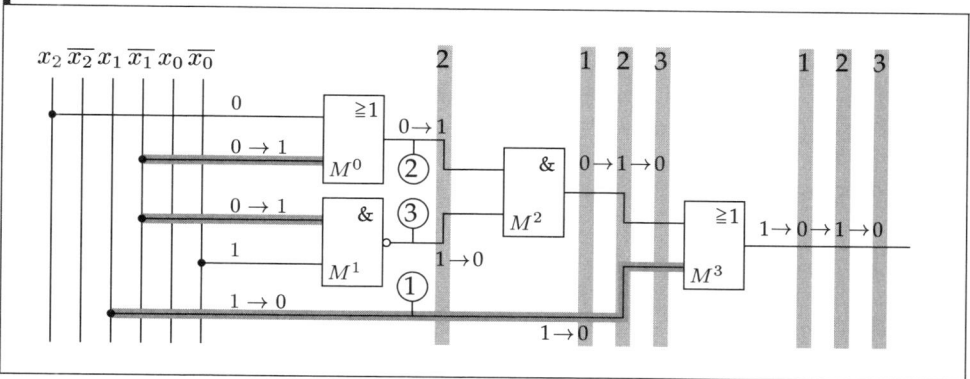

Blöcke in das KV-Diagramm zur Analyse statischer 1-Hasards eingetragen werden können (siehe Bild 4.13).

Bild 4.13 Analyse statischer Strukturhasards

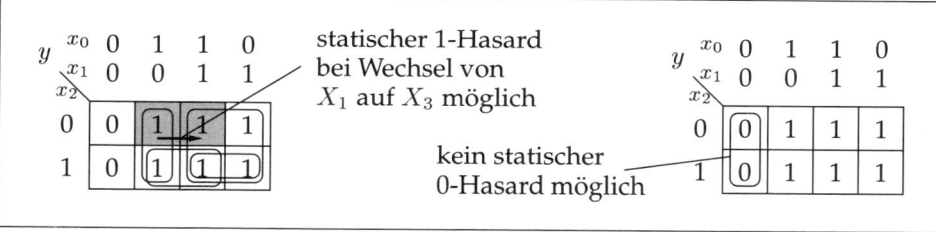

Für eine Analyse der 0-Hasards formen wir den Ausdruck nach Regel (3.56) in eine (*ungekürzte!*) KNF um:

$$\overline{(\overline{x_1}\,\overline{x_0})}\,(x_2 \vee \overline{x_1}) \vee x_1 = (x_1 \vee x_0)(x_2 \vee \overline{x_1}) \vee x_1$$

$$= (x_1 \vee x_1 \vee x_0)(x_2 \vee x_1 \vee \overline{x_1})$$

$$= (x_1 \vee x_0)\,(x_2 \vee \overline{x_1} \vee x_1)$$

Dieser Ausdruck enthält einen Übergangsausdruck $(x_2 \vee \overline{x_1} \vee x_1)$ und nur einen Disjunktionsterm, sodass kein statischer 0-Hasard entstehen kann (siehe Bild 4.13).

Zur Analyse auf dynamische Hasards betrachten wir die Übergangsausdrücke. Wir erkennen, dass Variable x_1 einen dynamischen Hasard erzeugen kann. Wenn alle drei möglichen Pfade von x_1 aktiv sind, d.h. die anderen Variablen so belegt sind, dass allein durch x_1 der Ausgang beeinflussbar ist, kann bei einer bestimmten Schaltreihenfolge ein solcher dynamischer Hasard entstehen wie z.B.:

$$M^3 \rightarrow M^0 \underbrace{\rightarrow M^2 \rightarrow}_{②} M^3 \rightarrow M^1 \underbrace{\rightarrow M^2 \rightarrow}_{③} M^3$$

$$\underset{①}{}$$

Bild 4.14 verdeutlicht noch einmal die Abhängigkeiten des zeitlichen Belegungswechsels der einzelnen Modulausgänge.

Bild 4.14 Zeitverhalten dynamischer Strukturhasards

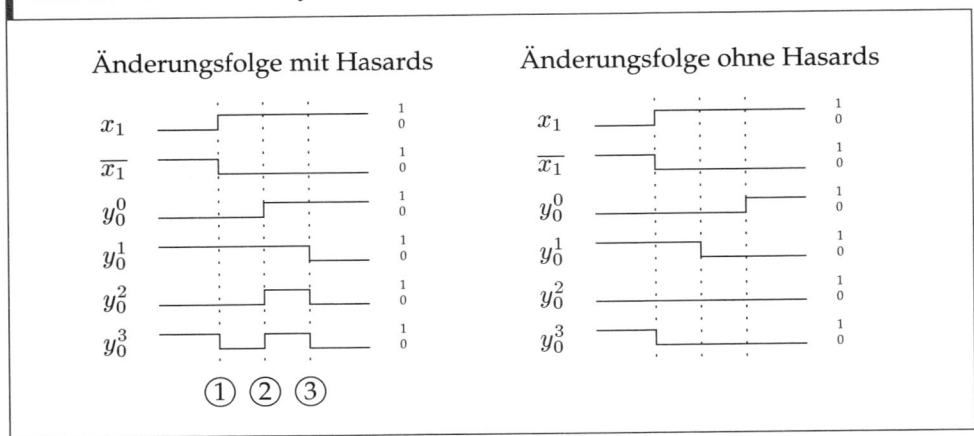

Auch wenn die Analyse der Schaltung keine statischen Hasards ergibt, können dynamische Hasards entstehen, wie das folgende Beispiel (aus Bild 4.1) zeigt:

■ Strukturgleichung:

$$y = (\overline{x_2} \vee \overline{x_0}) \, (x_1 \, x_0 \vee x_2 \, \overline{x_0})$$

■ DNF:

$$y = \overline{x_2} \, x_1 \, x_0 \vee x_2 \, \overline{x_0}$$

Die DNF weist keine benachbarten Blöcke auf, sodass kein 1-Hasard möglich ist.

y $\begin{smallmatrix}x_0\\x_1\\x_2\end{smallmatrix}$	0 0	1 0	1 1	0 1
0	0	0	1	0
1	1	0	0	1

■ Strukturgleichung:

$$y \;=\; (\overline{x_2} \vee \overline{x_0}) \, (x_2 \, \overline{x_0} \vee x_1) \, (x_2 \, \overline{x_0} \vee x_0)$$

■ KNF:

$$= \; (\overline{x_2} \vee \overline{x_0}) \, (x_2 \vee x_1) \, (x_1 \vee \overline{x_0}) \, (x_2 \vee x_0) \, (\overline{x_0} \vee x_0)$$

Alle benachbarten Blöcke überdecken sich, d.h. es existiert auch kein 0-Hasard. Der Übergangsausdruck $(\overline{x_0} \vee x_0)$ zeigt jedoch, dass ein dynamischer 1-0-Hasard am Ausgang bei Wechsel von x_0 möglich ist, falls die Schaltreihenfolge der Module wie folgt eintritt (siehe Bild 4.15):

$$M^0 \underbrace{\rightarrow M^3 \rightarrow M^4 \rightarrow M^1}_{①} \underbrace{\rightarrow M^3 \rightarrow M^4 \rightarrow M^2}_{②} \underbrace{\rightarrow M^4}_{③}$$

Bild 4.15 Dynamische Strukturhasards

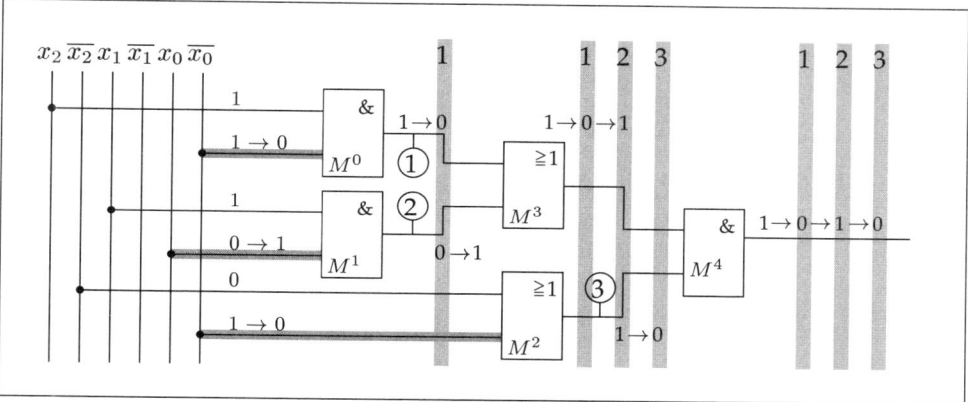

Bild 4.16 fasst die Varianten von Hasards in kombinatorischen Strukturen und Möglichkeiten zur Vermeidung noch einmal zusammen.

4.4   Zusammenfassung

Die in diesem Kapitel vorgestellten Methoden geben einen Überblick über praktikable Verfahren der Analyse kombinatorischer digitaler Schaltungen und führen zum Ausgangspunkt der in Kapitel 3 eingeführten Methoden zurück. Der Kreislauf aus Synthese und Analyse stellt eine Variante des *Redesign* dar, bei der nach der Analyse eines Entwurfes eine verbesserte, funktionsäquivalente Synthese eines vorhandenen Entwurfs erfolgen kann. Zur Aufdeckung eines möglichen Fehlverhaltens der Schaltung sind zeitabhängige Analysen von Bedeutung, die in kombinatorischen Schaltungen vorübergehende Störungen des Ausgangssignals verursachen können. Sie haben eine noch größere Bedeutung bei sequentiellen Schaltungen, die Gegenstand der folgenden Kapitel sind.

Bild 4.16 Zusammenfassung Hasards

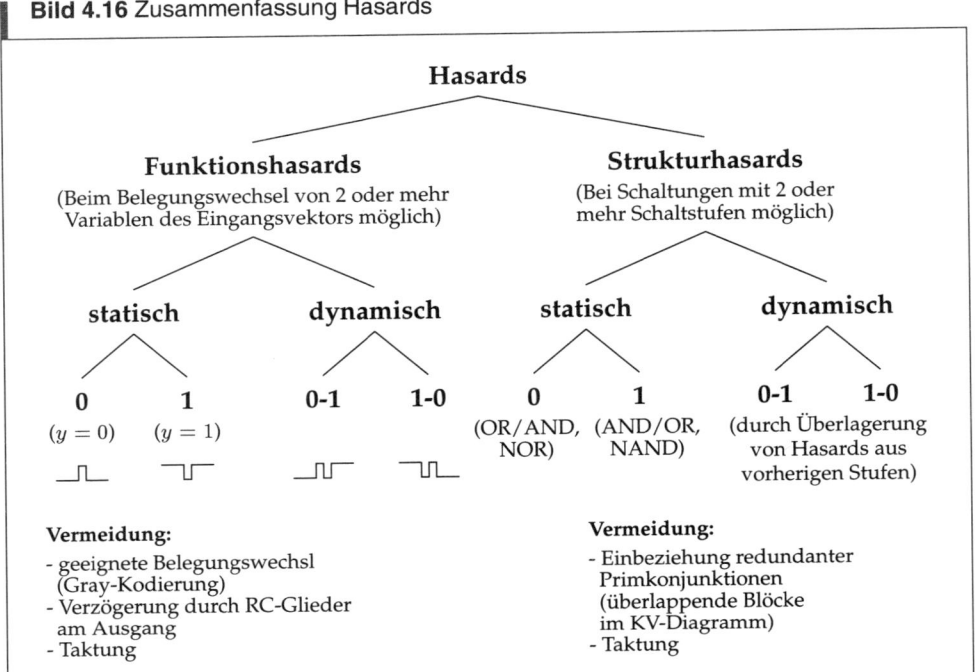

4.5   Aufgaben

Aufgabe 4.1

Folgende Funktion y mit vier Eingangsvariablen $x = [x_3, x_2, x_1, x_0]$ ist zu minimieren und auf Hasards zu untersuchen.

$$y = k_0 \vee k_1 \vee k_4 \vee k_6 \vee k_7 \vee k_8 \vee k_9 \vee k_{12} \vee k_{14} \vee k_{15}$$

Aufgabe 4.2

Die minimierte Funktion aus Aufgabe 4.1 ist unter ausschließlicher Verwendung von

(a) NAND-Gattern bzw.

(b) NOR-Gattern

umzuformen. Die strukturgleichen Schaltungen zu (a) und (b) sind auf Strukturhasards zu untersuchen.

Aufgabe 4.3

Die strukturgleiche Schaltung folgender Funktion ist auf statische und dynamische Strukturhasards zu untersuchen:

$$y \;=\; x_0 \;\vee\; (x_1 \;\vee\; \overline{x_0})\,\overline{(\overline{x_2}\ \overline{x_0})}$$

Aufgabe 4.4

Gegeben ist folgende minimierte Gleichung:

$$y \;=\; \overline{x_2}x_0 \;\vee\; \overline{x_3}x_1 \;\vee\; x_2 x_1$$

1. Für diese Gleichung ist ein KV-Diagramm aufzustellen. Stellen, an denen Strukturhasards auftreten können, sind zu markieren.

2. Es ist eine strukturhasardfreie Schaltung zu ermitteln.

3. Im KV-Diagramm sind Beispiele für statische und dynamische Funktionshasards zu markieren und als Folge von Belegungswechseln anzugeben.

Teil II

Sequentielle Schaltungen

Im 2. Teil dieses Buches beschäftigen wir uns mit dem Entwurf sequentieller Schaltungen. Wir bauen dabei auf den im ersten Teil vermittelten Kenntnissen und Beschreibungsmethoden auf, sodass kombinatorische Schaltungen als Spezialfall sequentieller Schaltungen erkennbar werden. Kapitel 5 verdeutlicht die qualitativen Unterschiede zwischen kombinatorischen und sequentiellen Schaltungen und führt die zusätzlich notwendigen automatentheoretischen Beschreibungsmittel ein. In Kapitel 6 wird gezeigt, wie aus den Funktionsbeschreibungen systematisch Strukturen synthetisiert werden können. Kapitel 7 stellt Methoden für eine systematische Analyse sequentieller Schaltungen bereit und schließt damit den Kreis zwischen Synthese und Analyse. Das Kapitel 8 gibt einen Einblick in weiterführende Themen zum Entwurf paralleler Automaten und deren Verifikation. Beim Leser soll dabei ein Grundverständnis für die auftretenden Probleme erzeugt werden. Auch hier werden Lösungssansätze in Fallstudien diskutiert und dienen zur Anregung eines weiteren Literaturstudiums.

Kapitel 5

Funktionsbeschreibung
sequentieller Schaltungen

5.1 Einleitendes Beispiel

In den vorangehenden Kapiteln haben wir gelernt, dass sich die Funktion digitaler Systeme mithilfe von Wertetabellen und KV-Diagrammen beschreiben und systematisch in schaltalgebraische Ausdrücke überführen lässt. Diese können dann strukturell interpretiert und als Schaltung (Hardware) realisiert werden. Für eine Softwarerealisierung sind beide Beschreibungsvarianten geeignet. Welchen Beschränkungen unterliegen die bisher dargestellten Methoden? Welche Problemklassen lassen sich hiermit nicht beschreiben/realisieren? Wie beschreibt man sequentielle Funktionen? Der Beantwortung dieser Fragen widmet sich dieses Kapitel.

Folgendes Beispiel diene zur Veranschaulichung der Grenzen einer Funktionsbeschreibung mithilfe von Wertetabellen kombinatorischer Funktionen:

Die Antriebssteuerung eines Kassettentonbandgerätes muss im Autoreverse-Betrieb ↺ u.a. folgende Aufgabe erfüllen: Solange der Wiedergabebetrieb ▶ eingeschaltet ist, soll das Band bis zum Ende in eine Richtung bewegt werden und bei Erreichen des Bandendes soll die Abspielrichtung umgekehrt werden. Wird vor Erreichen eines Endpunktes der Wiedergabebetrieb unterbrochen, soll die Bewegung stoppen und in der zuletzt ausgeführten Richtung fortgesetzt werden, sobald der Wiedergabebetrieb ▶ wieder eingeschaltet wird.

Zur Lösung dieser Aufgabenstellung ermitteln wir zunächst die Ein- und Ausgangsvektoren der geforderten Schaltung und bezeichnen sie in der in Abschnitt 3.1 beschriebenen Weise. Am Eingang der zu ermittelnden Steuerschaltung stehen Informationen zur Verfügung, die wir wie folgt den Eingangsvariablen und ihren Werten zuordnen:

linkes Ende	erreicht	$x_0 = 1$	/	nicht erreicht	$x_0 = 0$
rechtes Ende	erreicht	$x_1 = 1$	/	nicht erreicht	$x_1 = 0$
Wiedergabebetrieb	ein	$x_2 = 1$	/	aus	$x_2 = 0$

Der Eingangsvektor ist also mit $x = [x_2, x_1, x_0]$ beschreibbar und kann (theoretisch) acht Belegungen annehmen, von denen nicht alle technisch sinnvoll bzw. realisierbar sind. Beispielsweise ist die Eingangsbelegung $X_7 = [1, 1, 1]$ bei einem funkti-

Bild 5.1 Automatengraph der Beispiellösung

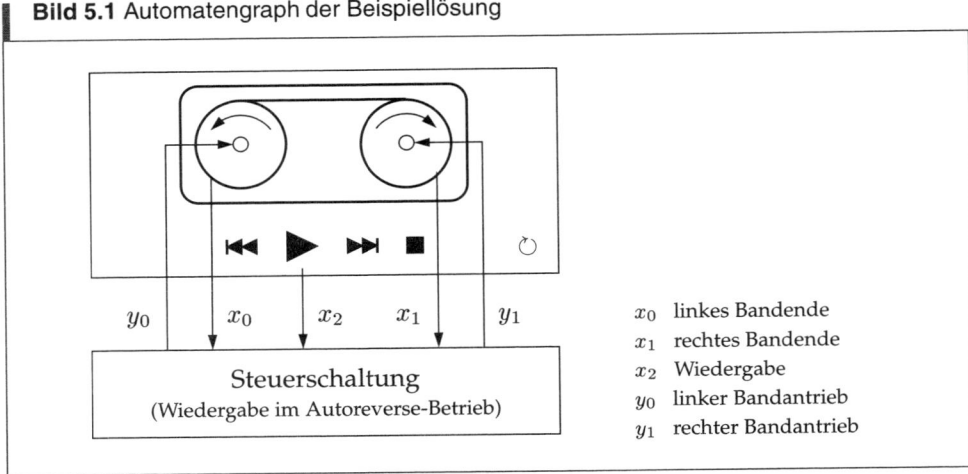

onstüchtigen Gerät ausgeschlossen, da im Wiedergabebetrieb ($x_2 = 1$) nicht gleichzeitig das rechte ($x_1 = 1$) und das linke Bandende ($x_0 = 1$) erreicht sein können.

Für die Antriebssteuerung werden drei Informationen benötigt, die wir wie folgt mit einem aus zwei Ausgangsvariablen bestehenden Ausgangsvektor $y = [y_1, y_0]$ der Steuerschaltung beschreiben:

Band	nach links bewegen	$y_0 = 1$	/	nicht nach links bewegen	$y_0 = 0$
Band	nach rechts bewegen	$y_1 = 1$	/	nicht nach rechts bewegen	$y_1 = 0$
Band	stopp	$y_0 = y_1 = 0$			

Auch hier gibt es eine technisch nicht sinnvolle Belegung: die Ausgangsbelegung $Y_3 = [1, 1]$, die mit Sicherheit zur Zerstörung des Bandmaterials führen würde! Versuchen wir nun, die geforderte Funktion mithilfe einer Wertetabelle (Tabelle 5.1) zu beschreiben:

Die Belegung $X_4 = [1, 0, 0]$ verlangt unterschiedliche Reaktionen am Ausgang, je nachdem, ob aktuell eine Bewegung nach links (Y_1) oder nach rechts (Y_2) erfolgen soll. Um die Wertetabelle formal korrekt aufzustellen, müssten wir uns für eine der beiden Belegungen entscheiden, könnten damit aber die Aufgabenstellung nicht erfüllen. Die geforderten Ausgangsbelegungen sind mit den verfügbaren Informationen (Eingangsbelegungen) also nicht vollständig beschreibbar. Hierin besteht die neue Qualität der in diesem Kapitel betrachteten Aufgaben und Beschreibungsmittel:

Ein und dieselbe Eingangsbelegung kann zu unterschiedlichen Ausgangsbelegungen führen.

Tabelle 5.1 (Fehl-) Versuch der Beschreibung mittels $\lambda : X \Rightarrow Y$

i	Start x_2	rechts x_1	links x_0	rechts y_1	links y_0	Bedeutung der Eingangsbelegung	mögliche Ausgangsbelegung
0	0	0	0	0	0	Band stopp	
1	0	0	1	0	0	Band stopp	
2	0	1	0	0	0	Band stopp	
3	0	1	1	*	*	don't care	
4	1	0	0	1	0	kein Bandende	Bewegung nach rechts
4	1	0	0	0	1	kein Bandende	Bewegung nach links
5	1	0	1	0	0	linkes Ende, Richtungswechsel	Bewegung nach rechts
6	1	1	0	0	0	rechtes Ende, Richtungswechsel	Bewegung nach links
7	1	1	1	*	*	don't care	

Die Entscheidung, welche Belegung am Ausgang erscheint, hängt neben der aktuellen Eingangsbelegung vom bisherigen Verhalten des Systems, dem inneren **Zustand** ab. In unserem Beispiel gibt es zwei derartige Zustände:

$Z_0 :$ »bisherige Bewegungsrichtung war links« $(z_0 = 0)$

$Z_1 :$ »bisherige Bewegungsrichtung war rechts« $(z_0 = 1)$

Zustände bezeichnen wir mit Großbuchstaben und interpretieren sie in gleicher Weise wie Eingangs- und Ausgangsbelegungen als Belegung Z_k eines Zustandsvektors z in binären Zustandsvariablen z_s, die wir mit Kleinbuchstaben bezeichnen. Somit lässt sich auch hier aus der Zustandsbezeichnung die Belegung der Zustandsvariablen analog (3.4) ermitteln[1]. Zur Lösung unserer Aufgabe können wir nun eine Wertetabelle aufstellen, die am Eingang vier Variablen berücksichtigt: eine Zustandsvariable und die drei Eingangsvariablen.

Die Tabelle 5.2 beschreibt nun das gewünschte Verhalten als Zuordnung von Belegungen des Zustands- und des Eingangsvektors zu Belegungen des Ausgabevektors als partielle

Ausgabefunktion $\lambda : Z \times X \Rightarrow P(Y)\backslash\{\emptyset\},$ (5.1)

---

[1] Wir können dies ohne Beschränkung der Allgemeinheit tun, da im Falle einer gewünschten anderen Zustandskodierung aus dieser die neuen Zustandsbezeichnungen eindeutig ermittelbar sind.

Tabelle 5.2 Berücksichtigung des vorherigen Zustandes ($\lambda : Z \times X \Rightarrow P(Y)\backslash\{\emptyset\}$)

s	z_0	Start x_2	rechts x_1	links x_0	rechts y_1	links y_0	Situationsbeschreibung $\Rightarrow$ Ausgangsvariable auf »1«
0	0	0	0	0	0	0	Band stopp, Bewegung war links
1	0	0	0	1	0	0	Band stopp, Bewegung war links
2	0	0	1	0	0	0	Band stopp, Bewegung war links
3	0	0	1	1	*	*	don't care
4	0	1	0	0	0	1	kein Bandende, Bewegung war links $\Rightarrow$ links
5	0	1	0	1	1	0	linkes Bandende, Bewegung war links $\Rightarrow$ rechts
6	0	1	1	0	0	1	rechtes Bandende, Bewegung war links $\Rightarrow$ links
7	0	1	1	1	*	*	don't care
8	1	0	0	0	0	0	Band stopp, Bewegung war rechts
9	1	0	0	1	0	0	Band stopp, Bewegung war rechts
10	1	0	1	0	0	0	Band stopp, Bewegung war rechts
11	1	0	1	1	*	*	don't care
12	1	1	0	0	1	0	kein Bandende, Bewegung war rechts $\Rightarrow$ rechts
13	1	1	0	1	1	0	linkes Bandende, Bewegung war rechts $\Rightarrow$ rechts
14	1	1	1	0	0	1	rechtes Bandende, Bewegung war rechts $\Rightarrow$ links
15	1	1	1	1	*	*	don't care

die für verbotene Eingangsbelegungen (don't cares) nicht definiert ist. Alle in Kapitel 4 kennen gelernten Methoden zur Schaltungsentwicklung sind übertragbar und können zur Realisierung der Ausgabelogik der Schaltung angewendet werden. Offen ist allerdings noch, wann die Variablen des Zustandsvektors ihre Belegung wechseln. Hierfür ist die Einführung einer weiteren Funktion, der

Zustandsüberführungsfunktion $\delta : {}^a Z \times X \Rightarrow P({}^n Z)\backslash\{\emptyset\}$ (5.2)

notwendig. Ein Element des Vorbereiches ${}^a Z \times X$, bestehend aus einer z- und einer x-Variablenbelegung, heißt

Situation $({}^a Z_i, X_j).$ (5.3)

Die Zustandsüberführungsfunktion bildet Belegungen X_i des Eingangsvektors x und Belegungen ^aZ_i des Zustandsvektors ^az (am Eingang der Schaltung) auf Belegungen ^nZ_j des Zustandsvektors ^nz (am Ausgang der Schaltung) ab. Hierin liegt ein wesentlicher Unterschied zu allen bisher betrachteten Methoden und Verfahren: Es existiert eine *zeitliche Abhängigkeit* zwischen Belegungen ein und desselben Vektors z. Hiermit beschäftigen wir uns ausführlich im Abschnitt 5.2.2.

Die Zustandsüberführungsfunktion hat denselben Vorbereich wie die Ausgabefunktion und kann somit in der gleichen Wertetabelle dargestellt werden. Wir müssen dann allerdings zwischen den Belegungen der z-Variablen auf der linken Seite, die den »alten« Zustand ^aZ kodieren, und denen auf der rechten Seite, die den »neuen« Zustand ^nZ in der Tabelle 5.3 repäsentieren, wohl unterscheiden.

Es zeigt sich, dass für einige Situationen sofort klar ist, welche Aktionen auszulösen sind und ob ein Richtungs- (d.h. Zustands-) wechsel erforderlich ist. Beispielsweise muss in Situation 4 bzw. 12 die jeweils vorhandene Richtung beibehalten werden, während in Situation 5 bzw. 14 ein Richtungswechsel unbedingt erforderlich ist. Mehr Freiheitsgrade hat man z.B. in Situation 10: Hier kann man sich entscheiden, ob die zu entwickelnde Schaltung bereits einen Zustandswechsel vollzieht, wenn das Band gestoppt ist und (z.B. durch mechanische Trägheiten) gerade aus einer Rechtsbewegung kommend der rechte Endschalter anspricht, oder ob der Zustandswechsel erst erfolgt, wenn das Band weiter bewegt werden soll, d.h. in Situation 14. Die hier getroffenen Entscheidungen beeinflussen die Komplexität der entworfenen Schaltung erheblich, sodass es günstig ist, derartige Entscheidungsmöglichkeiten solange wie möglich offen zu halten. Hier bieten sich die in Abschnitt 3.2.5.3 eingeführten g-Parameter als Beschreibungsmöglichkeit an. Wir verfolgen hier jedoch zunächst die in der Tabelle festgelegte Variante.

Betrachten wir nun die Funktion δ für einige ausgewählte Situationen S_s:

$$S_0 : \delta(^aZ_0, X_0) = {^nZ_0}; \qquad S_2 : \delta(^aZ_0, X_2) = {^nZ_0};$$
$$S_4 : \delta(^aZ_0, X_4) = {^nZ_0}; \qquad S_6 : \delta(^aZ_0, X_6) = {^nZ_0}$$

Allen Situationen gemeinsam ist, dass der Zustand $^aZ_0$ in den Zustand $^nZ_0$ überführt wird. Wir können dementsprechend Mengen von Eingabebelegungen bilden, die den gleichen Zustandsübergang hervorrufen. Da es sich bei der getroffenen Auswahl von Situationen um den Übergang von $^aZ_0$ nach $^nZ_0$ handelt, nennen wir diese Menge X^{00} und bestimmen sie zu

$$X^{00} = \{X_0, X_2, X_4, X_6\}.$$

Damit lässt sich der Zustandsübergang der oben aufgeführten Situationen kompakter in BMA wie folgt beschreiben:

$$\delta(^aZ_0, X^{00}) = \delta\left(^aZ_0, \{X_0, X_2, X_4, X_6\}\right) = {^nZ_0}$$

Tabelle 5.3 Situationsbeschreibung einschließlich gewünschter Zustandswechsel

s	i,j	$^aZ \times X$				Y		^nZ	Situationsbeschreibung ⇒ Folgezustand
		z_0	x_2	x_1	x_0	y_1	y_0	z_0	
0	0,0	0	0	0	0	0	0	0	Bewegung war links, Band stopp ⇒ halten links
1	0,1	0	0	0	1	0	0	1	Bewegung war links, Band stopp, links angekommen ⇒ rechts?
2	0,2	0	0	1	0	0	0	0	Bewegung war links, Band stopp, noch rechtes Ende ⇒ links!
3	0,3	0	0	1	1	*	*	*	rechtes und linkes Ende ⇒ don't care
4	0,4	0	1	0	0	1	0	0	Bewegung war links, kein Bandende ⇒ links weiter
5	0,5	0	1	0	1	0	1	1	Bewegung war links, linkes Ende erreicht ⇒ Wechsel rechts
6	0,6	0	1	1	0	1	0	0	Bewegung war links, noch rechtes Ende ⇒ links weiter
7	0,7	0	1	1	1	*	*	*	rechtes und linkes Ende ⇒ don't care
8	1,0	1	0	0	0	0	0	1	Bewegung war rechts, Band stopp ⇒ halten rechts
9	1,1	1	0	0	1	0	0	1	Bewegung war rechts, Band stopp, noch linkes Ende ⇒ rechts!
10	1,2	1	0	1	0	0	0	0	Bewegung war rechts, Band stopp, rechts angekommen ⇒ links?
11	1,3	1	0	1	1	*	*	*	rechtes und linkes Ende ⇒ don't care
12	1,4	1	1	0	0	1	0	1	Bewegung war rechts, kein Bandende erreicht ⇒ rechts weiter
13	1,5	1	1	0	1	1	0	1	Bewegung war rechts, noch linkes Ende ⇒ rechts!
14	1,6	1	1	1	0	0	1	0	Bewegung war rechts, rechtes Ende erreicht ⇒ Wechsel links
15	1,7	1	1	1	1	*	*	*	rechtes und linkes Ende ⇒ don't care

Nach (3.47) aus Abschnitt 3.2.1 ist die Menge X^{00} auch mithilfe der BAA durch einen Ausdruck in x-Variablen beschreibbar, den wir

Übergangsausdruck h_{00} (5.4)

nennen. In KDNF hat er die Form $h_{00} = k_0 \vee k_2 \vee k_4 \vee k_6$ und kann mit Verfahren aus Abschnitt 3.3 zu

$$h_{00} = \overline{x_0}$$

minimiert werden. Dieser Ausdruck beschreibt folgendes Verhalten: Der Übergang von Zustand $^a Z_0$ nach $^n Z_0$ erfolgt, wenn der Ausdruck $h_{00} = \overline{x_0}$ den Wert »1« hat, d.h. eine der Belegungen $X_j \in X^{00}$ am Eingang auftritt. Bezogen auf unsere Aufgabenstellung bedeutet dies, die Bewegungsrichtung links (Z_0) wird solange beibehalten, wie das linke Ende nicht erreicht ($x_0 = 0$) ist. Eine durchaus plausible und einfach auf Sinnfälligkeit zu überprüfende Beschreibung.

Damit lässt sich der Zustandsübergang der oben aufgeführten Situationen unter teilweiser Verwendung der BAA verkürzt wie folgt beschreiben:

$$\delta(^a Z_0, h_{00}) = \delta(^a Z_0, k_0 \vee k_2 \vee k_4 \vee k_6) = \delta(^a Z_0, \overline{x_0}) = {}^n Z_0$$

Entsprechend kann aus den Situationen[2]

$$S_1 = (Z_0, X_1) \text{ mit } \delta(Z_0, X_1) = Z_1 \quad \text{und} \quad S_5 = (Z_0, X_5) \text{ mit } \delta(Z_0, X_5) = Z_1$$

die Menge X^{01} für den Zustandswechsel von $^a Z_0$ nach $^n Z_1$ abgeleitet und als Übergangsausdruck h_{01} in KDNF als $h_{01} = k_1 \vee k_5$ ausgedrückt werden. Diese kann unter Verwendung der Teilausdrücke k_3 und k_7 des *-Ausdruckes ($h^* = k_3 \vee k_7 \vee k_{11} \vee k_{15}$) zu

$$h_{01} \underset{*}{=} x_0$$

gemäß der in Abschnitt 3.3 dargestellten Verfahren minimiert werden.

Analoge Betrachtungen führen zu den Übergangsausdrücken

$$h_{11} = \overline{x_1} \quad \text{und} \quad h_{10} \underset{*}{=} x_1,$$

die in gleicher Weise wie oben für h_{00} beschrieben interpretiert werden können und ebenfalls sehr anschaulich die Bedingungen der Aufgabenstellung erfüllen. Damit haben wir eine kompaktere Beschreibung aller möglichen Zustandsübergänge mithilfe der vier Ausdrücke h_{00}, h_{01}, h_{10}, und h_{11} zur Verfügung, die die Funktion δ der Wertetabelle ebenfalls beschreibt.

Die Beschreibung der Funktion λ können wir nun zustandsorientiert vornehmen, ohne uns Gedanken über den Zustandsübergang machen zu müssen. Dieser ist

---

[2]   Aus Gründen der Übersichtlichkeit und wegen der aus dem Kontext eindeutig erkennbaren Zuordnung lassen wir die Kennzeichnungen für »alte« und »neue« Zustände künftig oft weg, müssen sie jedoch weiterhin beachten!

ja bereits mit δ beschrieben. Beim Aufstellen der Tabelle 5.2 wurde intuitiv das gewünschte Ausgangsverhalten notiert, das im aktuellen Zustand ^aZ realisiert werden muss, sodass die Funktion λ als

$$Y = \lambda(^aZ \times X) \tag{5.5}$$

dargestellt ist. Somit können wir je Ausgangsvariable y_k für alle Situationen mit gleichem »alten« Zustand einen Ausdruck in Eingangsvariablen x_i bestimmen, der das gewünschte Verhalten in diesem Zustand beschreibt. Das Vorgehen hierbei entspricht dem in Kapitel 3 beschriebenen Vorgehen zur Ermittlung von Ausdrücken aus Wertetabellen und sei im Folgenden exemplarisch für die Ermittlung von Ausdrücken in DNF gezeigt.

Die Funktion λ beschreibt in den Situationen S_0 bis S_7 das gewünschte Ausgangsverhalten im Zustand $^aZ_0$, d.h. wenn das Band aktuell eine Linksbewegung ausgeführt hat. Zur besseren Lesbarkeit sei hier der entsprechende Ausschnitt aus Tabelle 5.3 nochmals wiedergegeben:

		$^aZ \times X$				Y		^nZ	
s	i,j	z_0	x_2	x_1	x_0	y_1	y_0	z_0	Situationsbeschreibung $\Rightarrow$ Folgezustand
0	0,0	0	0	0	0	0	0	0	Bewegung war links, Band stopp $\Rightarrow$ halten links
1	0,1	0	0	0	1	0	0	1	Bewegung war links, Band stopp, links angekommen $\Rightarrow$ rechts?
2	0,2	0	0	1	0	0	0	0	Bewegung war links, Band stopp, noch rechtes Ende $\Rightarrow$ links!
3	0,3	0	0	1	1	*	*	*	rechtes und linkes Ende $\Rightarrow$ don't care
4	0,4	0	1	0	0	0	1	0	Bewegung war links, kein Bandende $\Rightarrow$ links weiter
5	0,5	0	1	0	1	1	0	1	Bewegung war links, linkes Ende erreicht $\Rightarrow$ Wechsel rechts
6	0,6	0	1	1	0	0	1	0	Bewegung war links, noch rechtes Ende $\Rightarrow$ links weiter
7	0,7	0	1	1	1	*	*	*	rechtes und linkes Ende $\Rightarrow$ don't care

Relevant für die Ermittlung einer DNF sind solche Eingangsbelegungen, die eine Ausgangsvariable auf »1« setzen. Die Menge X_0^0 [3] von Eingangsbelegungen dieser Situationen, die der Ausgangsvariablen y_0 den Wert »1« im Zustand $^aZ_0$ zuordnen

---

[3] Der obere Index korrespondiert mit dem Zustandsindex, der untere mit dem der Ausgangsvariablen.

(S_4 und S_6), ergibt sich zu

$$X_0^0 = \{X_4, X_6\}.$$

Die Berücksichtigung von don't care-Belegungen führt in diesem Fall zu keinen Vereinfachungen, sodass das Verhalten der Ausgangsvariablen y_0 im Zustand Z_0 durch die Gleichung

$$y_0 = x_2 \, \overline{x_0}$$

beschrieben werden kann.

Die Interpretation dieser Gleichung ist ebenso plausibel wie die oben diskutierten Beschreibungen der Zustandsübergänge: Bewegt sich das *Band nach links* (Zustand Z_0), so soll das Band nur dann *nach links* (weiter) *bewegt* werden ($y_0 = 1$), wenn *Wiedergabebetrieb eingeschaltet* ($x_2 = 1$) und *nicht das linke Ende erreicht* ($x_0 = 0$) ist. Andernfalls soll das Band *nicht nach links bewegt* werden ($y_0 = 0$).

Die Menge X_1^0, die im Zustand $^a Z_0$ der Ausgangsvariablen y_1 den Wert »1« zuordnet, ist

$$X_1^0 = \{X_5\}$$

und kann unter Verwendung der don't care-Belegung X_7 in die Gleichung der Ausgangsvariablen

$$y_1 = x_2 \, x_0$$

überführt werden.

Analoge Betrachtungen für den Zustand $^a Z_1$ führen ausgehend von den relevanten Situationen S_8 bis S_{15} zu den Mengen

$$X_0^1 = \{X_6\} \quad \text{und} \quad X_1^1 = \{X_4, X_5\}$$

sowie den Ausgabegleichungen im Zustand Z_1

$$y_0 = x_2 \, x_1 \quad \text{und} \quad y_1 = x_2 \, \overline{x_1}.$$

Beide Gleichungen zusammen bilden ein Gleichungssystem, das wir symbolisch durch

$$y = h^1$$

ausdrücken.[4] Es beschreibt das Verhalten des Ausgangsvektors y im Zustand Z_1.

An dieser Stelle haben wir alle Voraussetzungen, um ein Beschreibungsmittel einzuführen, das uns die Mühen der Wertetabelle erspart und stattdessen Zu-

---

[4] Der obere Index symbolisiert, dass es sich um eine (geordnete) Menge von Ausdrücken handelt, wobei die Indexnummer mit der Zustandsbezeichnung korrespondiert.

stände, Übergangsausdrücke und Ausgabegleichungen verwendet. Theoretische Grundlage hierfür bildet die Automatentheorie, welche neben der hier verwendeten Interpretation zur Synthese sequentieller Schaltungen [Huf54, Mea55, Moo64] auch bei der Definition und Analyse formaler Sprachen von Bedeutung ist und in dieser Interpretation über Zeichen und Zeichenfolgen definiert ist [uJDU94]. An die Stelle der Zeichen bzw. Zeichenfolgen treten bei uns die Belegungen bzw. Belegungsfolgen binärer Ein- bzw. Ausgangsvektoren. Mengen von Belegungen können wir, wie oben gezeigt, auch mithilfe von Ausdrücken der BAA darstellen. Bevor wir in Abschnitt 5.2 die exakte Definition vornehmen, soll hier zunächst eine intuitive Einführung an unserem Beispiel erfolgen.

Wir nutzen für die Darstellung einen Graphen, bestehend aus **Knoten** (Kreisen), die die Zustände symbolisieren, und **gerichteten Kanten** (Pfeilen), die die Zustandsübergänge beschreiben. Den Zuständen ordnen wir die Zustandsbezeichnung (entsprechend der Belegung des Zustandsvektors) sowie die Ausgabegleichungen zu. An den Kanten vermerken wir Bedingungen, unter denen der Zustandsübergang von Z_i nach Z_j ausgeführt werden kann, d.h. die bereits bekannten Übergangsausdrücke h_{ij}. Damit erhalten wir für einen Graphen mit zwei Knoten folgende allgemeine Darstellung:

Bild 5.2 Automatengraph mit zwei Zuständen

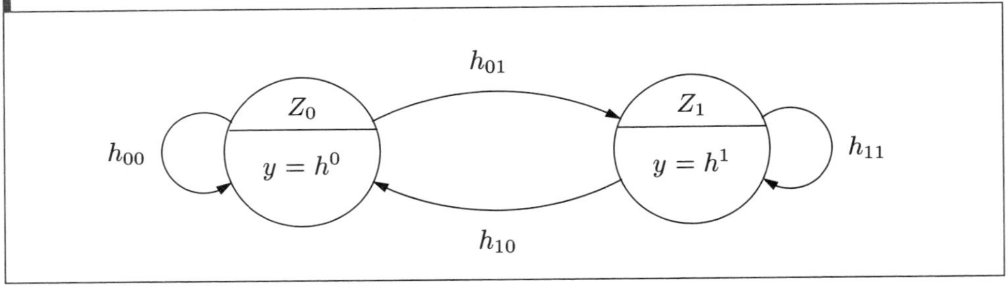

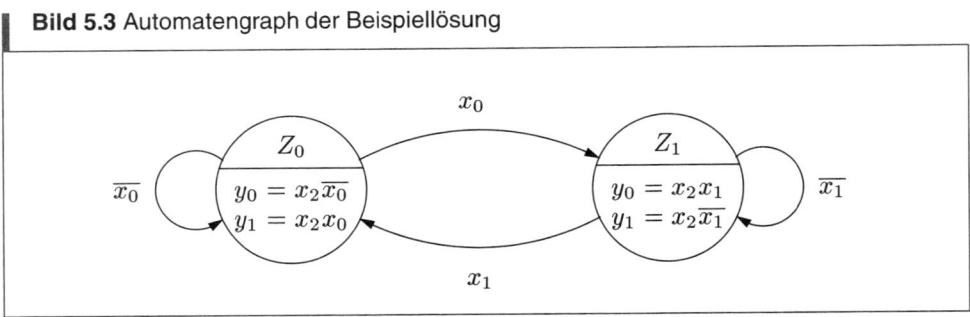

Für unser Beispiel nimmt der Graph folgende konkrete Form an:

Bild 5.3 Automatengraph der Beispiellösung

Der Leser wird zustimmen, dass diese Form der Funktionsbeschreibung wesentlich übersichtlicher als Tabelle 5.3 ist und sich auch für einen schrittweisen Funktionsentwurf besser eignet. Es erfordert nicht das Durchmustern aller möglichen Belegungen, sondern erlaubt eine der Praxis nähere Beschreibung der Funktion mithilfe von Bedingungen (Ausdrücken der BAA). Allerdings birgt dieses Verfahren auch einige Gefahren (»semantische Fallen«) in sich: So würde man beispielsweise den Übergangsausdruck h_{01} beim Entwurf intuitiv ebenfalls zu x_0 wählen, da es plausibel erscheint, die Bewegungsrichtung von links (Z_0) nach rechts (Z_1) zu wechseln, wenn das linke Ende erreicht ist ($x_0 = 1$). Dass man hierbei stillschweigend eine Belegung aus dem Bereich der don't cares genutzt hat und damit implizit festgelegt hat, dass im Fehlerfall (wenn beide Endschalter den Wert »1« liefern) ein ständiger Richtungswechsel erzeugt wird, ist hier nur bei gründlichen Analysen zu erkennen, während bei der Notation der Wertetabelle die don't cares bewusst in die Betrachtungen einbezogen werden müssen.

Die Ausgabefunktion würde bei einem intuitiven Automatengraph-Entwurf möglicherweise noch einfacher ausfallen. Abschließend zu dieser Einführung sei auch diese Variante grafisch dargestellt, wobei die Ausdrücke der BAA als Bedingungen für Zustandsübergänge und für das Setzen von Ausgangsvariablen in Textform beschrieben werden. Zur Vereinfachung werden nur solche Ausgangsvariablen notiert, die im betrachteten Zustand nicht konstant den Wert »0« haben.

Bild 5.4 Intuitiver, verbal beschriebener Lösungsansatz

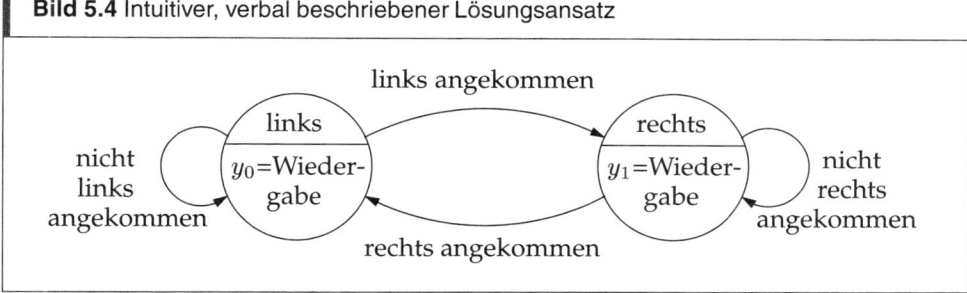

In Z_0 würde man das gewünschte Verhalten durch die Gleichungen $y_0 = x_2$ (»Bewegung nach links, falls Wiedergabebetrieb«) und $y_1 = 0$ (»nicht nach rechts«) beschreiben, in Z_1 entsprechend durch $y_0 = 0$ (»nicht nach links«) und $y_1 = x_2$ (»Bewegung nach rechts, falls Wiedergabebetrieb«). Das Verhalten würde sich hierdurch geringfügig ändern, die abzuleitende Schaltung aber wesentlich vereinfachen! In den weiteren Abschnitten kommen wir auf dieses Beispiel zurück und gehen ausführlich auf derartige Probleme ein.

5.2 Determinierte Automaten

Der funktionelle Entwurf sequentieller digitaler Systeme unterscheidet sich, wie im einführenden Beispiel gezeigt, vom Entwurf kombinatorischer Systeme dadurch, dass neben der Belegung am Eingang des Systems zusätzlich interne Zustände die Belegung am Ausgang des Systems bestimmen. In diesen Zuständen ist das bisherige Verhalten des Systems gespeichert. Wir interpretieren diese Zustände Z_i als Belegungen Z_i von p binären Zustandsvariablen z_j, die in ihrer Gesamtheit den Zustandsvariablenvektor $z = [z_{p-1}, \ldots, z_s, \ldots, z_0]$ bilden. Diese Interpretationsweise ist insbesondere für eine hardwareorientierte Realisierung von Bedeutung und eignet sich wegen ihrer Analogie zu den bisher eingeführten Entwurfsmethoden und der damit verbundenen Bezeichnungssystematik gut für einen schnellen Einstieg in die Probleme, die der Entwurf sequentieller Systeme aufwirft.

Die Notationsvereinbarungen zur Unterscheidung von Variablen (klein »z«) und deren Belegungen (groß »Z«) sowie die Vereinbarung zur Berechnung des Belegungsindexes aus der Belegung des Zustandsvektors werden analog der aus Kapitel 3 bekannten Vorgehensweise getroffen. Die Festlegung des Zustandsindexes i bestimmt somit implizit die Belegung des Zustandsvektors in diesem Zustand und damit die **Zustandskodierung**[5]. Wird z.B. ein Zustand mit Z_3 bezeichnet, so impliziert dies, dass die Zustandsvariablen z_1 und z_0 mit »1«, alle weiteren mit »0« belegt sind. Wir schreiben: $Z_3 = [0, 0, \ldots, 0, 1, 1]$. Mit dieser einheitlichen Interpretation von Variablen und deren Belegungen sowie den zugehörigen Indizes können wir im nächsten Abschnitt eine auf den Entwurf sequentieller Funktionen zugeschnittene Definition von Automaten und Automatengraphen vornehmen.

5.2.1 Automatendefinition

Bei der Definition der Automaten lehnen wir uns in der Darstellung wieder an die in [Kra91] eingeführte Symbolik an und definieren einen **Automaten** als:

Automat A   *Def. (5.1)*

$A = [X, Y, Z, \delta, \lambda]$

mit:

- X als Eingangsbelegungsmenge
  des Eingangsvektors $x = [x_{n-1}, \ldots, x_r, \ldots, x_0]$

- Y als Ausgangsbelegungsmenge
  des Ausgangsvektors $y = [y_{m-1}, \ldots, y_k, \ldots, y_0]$

- Z als Zustandsbelegungsmenge
  des Zustandsvariablenvektors $z = [z_{p-1}, \ldots, z_s, \ldots, z_0]$

- δ als Zustandsüberführungsfunktion $\delta : z \times x \Rightarrow z$

- λ als Ausgabefunktion (Mealy-Automat) $\lambda : z \times x \Rightarrow y$

---

[5] Üblicherweise wählt man die Zustandskodierung unabhängig von der Zustandsbezeichnung. Ohne Beschränkung der Allgemeinheit ist aber auch bei der o.g. Methode eine beliebige Zustandskodierung durch eine geeignete Zustandsnummerierung möglich. Wir entscheiden uns dafür im Sinne einer durchgängigen Methodik.

Je nach Ausprägung dieser Funktionen werden Automaten in autonome, Medwedjew-, Moore- und Mealy-Automaten unterschieden.

Die in Definition (5.1) eingeführte Form, der *Mealy-Automat*, unterliegt den wenigsten Einschränkungen in der Ausgabefunktion: Sie wird sowohl aus Eingangs- als auch aus Zustandsbelegungen gebildet. Beim *Moore-Automaten* entfällt die Zugriffsmöglichkeit auf die Eingangsbelegungen bei der Berechnung der Ausgabefunktion μ, sodass jeder Zustand unabhängig von den Eingaben eine bestimmte Ausgabe erzeugt, die ausschließlich als Verknüpfung der Zustandsvariablen berechnet wird. Beim *Medwedjew-Automaten* schließlich besteht die Ausgabe direkt aus der Belegung der Zustandsvariablen, es existiert keine explizite Ausgabefunktion. Ein *autonomer Automat* realisiert die Zustandsübergänge unabhängig von äußeren Variablen. Es fehlt der Eingangsvektor x.

Bild 5.5 zeigt die einzelnen Blockstrukturen im Vergleich:

Bild 5.5 Blockstrukturen verschiedener Automaten

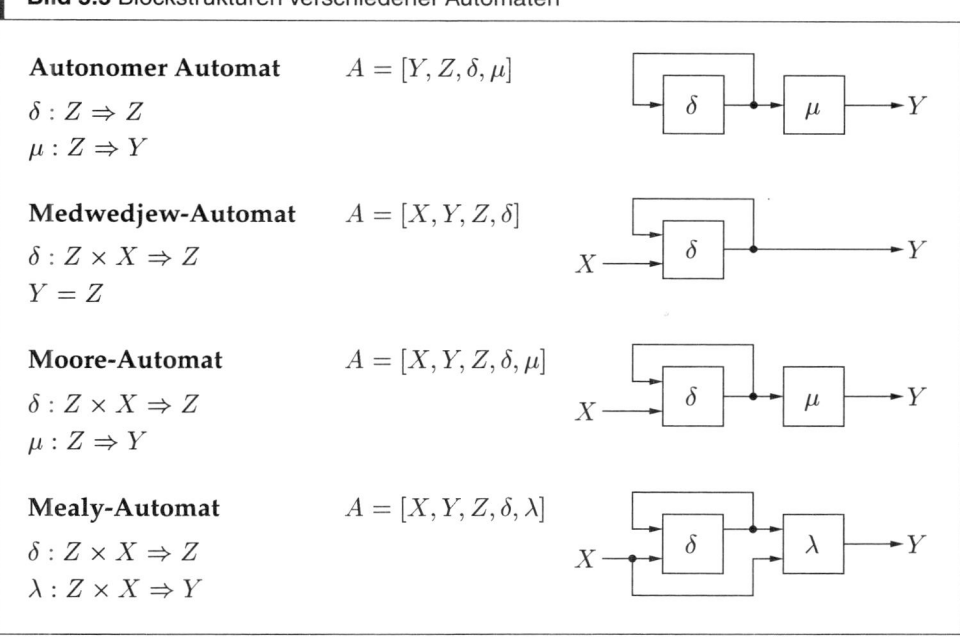

Die unterschiedlichen Modelle haben unterschiedliche Anwendungsdomänen, sind jedoch bezüglich der beschreibbaren Problemklasse (bis auf den autonomen Automat) gleichwertig und ineinander überführbar. Für den praktischen Entwurf liefern *Mealy-Automaten* in der Regel kompaktere Automatengraphen, da ein neuer Zustand nur dann eingeführt werden muss, wenn sich die gewünschte Änderung von Ausgangsbelegungen nicht mehr ausschließlich mit Änderungen von Eingangsbelegungen beschreiben lässt (vgl. Bilder 5.12 und 5.13). Wir werden in den Fallstudien bzw. den Autoren-Webseiten [WH02a] auf diese Problematik ausführlich eingehen und Problemlösungen mit unterschiedlichen Automatenmodellen gegenüberstellen.

5.2.2 Automatentypen

Beim Entwurf von Automaten kann man unterschiedliche Modelle zu Grunde legen, die sich neben der im vorigen Abschnitt behandelten Klassifizierung der Ausgabefunktion nach *Moore-* und *Mealy-Automaten* zusätzlich in der zeitlichen Abhängigkeit der Berechnung der Ausgabefunktion unterscheiden. Für die Realisierung digitaler Schaltungen haben diese Modelle fundamentale Bedeutung, da nicht alle Realisierungsbasen beliebige Modelle unterstützen. Wie wir in Abschnitt 6.3 sehen werden, ist beispielsweise bei programmierbaren Schaltkreisen, die Flip-Flops enthalten, kein Zugriff auf Verbindungen innerhalb der Logikschaltung möglich. Bild 5.6 stellt die Strukturmodelle von vier wesentlichen Varianten gegenüber. Wir bezeichnen Automaten, die die Ausgabewerte aus den alten, d.h. nach der Verzögerung τ liegenden Zustandswerten berechnen, als vom **Typ a** (alt), und solche, die die neuen Zustandswerte nutzen, als vom **Typ n** (neu).

Bild 5.6 Ausgabeberechnung Typ a und Typ n

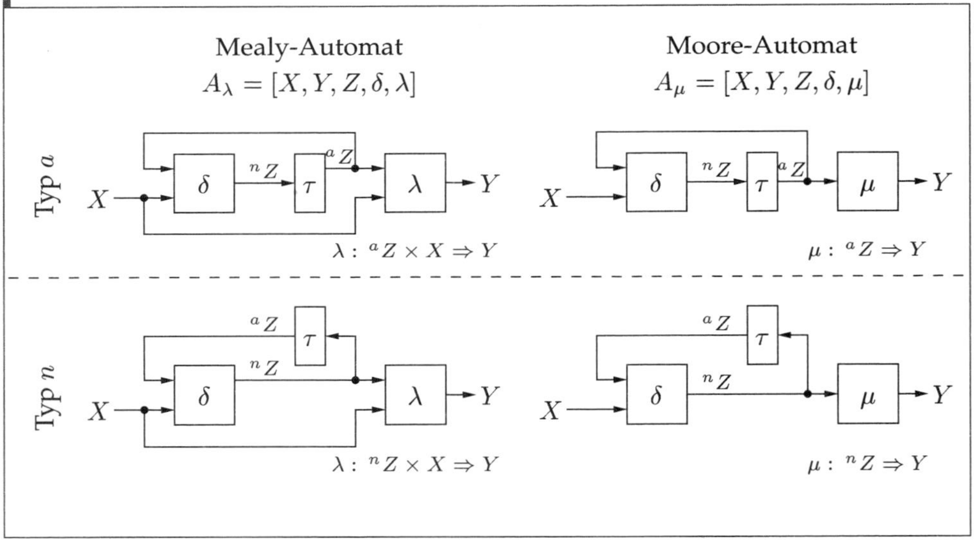

Auf die Unterschiede werden wir insbesondere bei der Erklärung des Automatengraphen in Abschnitt 5.2.3 und der Diskussion von Realisierungsvarianten in Abschnitt 6.2 eingehen. Um Fehlinterpretationen von Entwürfen auszuschließen, müssen Entwurf und Realisierung vom gleichen Modell ausgehen.

5.2.3   Automatentabelle, Automatengraph

Die funktionelle Beschreibung erfolgt, wie im einführenden Beispiel gezeigt,

▪ mengenorientiert mithilfe von Automatentabellen oder

▪ ausdrucksorientiert mithilfe von Automatengraphen.

Wir wollen diese im Folgenden nun exakt definieren.

Tabelle 5.4 Automatentabelle (*Mealy*-Automat, Typ a)

Belegungsindex						0	$\cdots$	i	$\cdots$	$2^n - 1$
					x_0	0	$\cdots$	$X_i(x_0)$	$\cdots$	1
					$\vdots$			$\vdots$		
					x_r	0	$\cdots$	$X_i(x_r)$	$\cdots$	1
					$\vdots$			$\vdots$		
					x_{n-1}	0	$\cdots$	$X_i(x_{n-1})$	$\cdots$	1
	z_{p-1}	$\cdots$	z_s	$\cdots$	z_0					
0	0	$\cdots$	0	$\cdots$	0					
$\vdots$			$\vdots$							
j	$^a Z_j(z_{p-1})$	$\cdots$	$^a Z_j(z_s)$	$\cdots$	$^a Z_j(z_0)$	$^n Z_u := \delta(^a Z_j, X_i)$ $Y_t = \lambda(^a Z_j, X_i)$				
$\vdots$			$\vdots$							
$2^p - 1$	1	$\cdots$	1	$\cdots$	1					

Tabelle 5.4 zeigt die Automatentabelle eines *Mealy-Automaten* vom Typ a. Sie unterscheidet sich bezüglich der Anordnung der Zeilen und Spalten nicht von einer Automatentabelle für den Typ n, die eingetragene Ausgabefunktion bezieht sich allerdings dann auf die Ausgabe $\lambda\big(\delta(Z, X), X\big)$ des Folgezustandes $^n Z := \delta(^a Z, X)$.

Für den praktischen Entwurf besser geeignet ist die Darstellung der Automatenfunktionen δ und λ als Automatengraph. Hierzu wurde bereits eine intuitive Einführung in Abschnitt 5.1 gegeben, die im Folgenden präzisiert werden soll.

Zustands- und Automatengraphen   *Def. (5.2)*

$$G_\delta = [Z, K, \omega_\delta] \qquad \text{Zustandsgraph}$$

$$G_\lambda = [Z, K, \omega_\delta, \omega_\lambda] \qquad \text{Mealy-Automatengraph}$$

$$G_\mu = [Z, K, \omega_\delta, \omega_\mu] \qquad \text{Moore-Automatengraph}$$

mit

- Z als Knotenmenge (Zustände)

- K als Kantenmenge (Zustandsübergänge)   mit $K \subseteq Z \times Z$

- ω_δ als Kantengewichtsfunktion (Zustands-Übergangsbedingungen)

- ω_λ bzw. ω_μ als Knotengewichtsfunktionen (zustandsbezogene Ausgabe-funktion)

Wir stellen die Zustandsüberführungsfunktion δ mithilfe eines so genannten **Zu-standsgraphen** G_δ dar, dessen *Knoten* die Zustände (d.h. Belegungen der Zustands-variablen) sind und dessen gerichtete *Kanten* geordnete Zustandspaare $[Z_i, Z_j]$ sind, die den Übergang von einem Zustand Z_i zu einem Folgezustand Z_j beschrei-ben. Eine Kante $[Z_i, Z_j]$ heißt zu Z_j »**hinführende Kante**« bzw. von Z_i »**wegfüh-rende Kante**«. Gilt $Z_i = Z_j$, so heißt diese Kante «**Eigenschleife**». Grafisch werden Knoten als *Kreise* und Kanten als *Pfeile* repräsentiert.

Die Kanten sind mit Ausdrücken in Eingangsvariablen gewichtet, sodass der Über-gang nur ausgeführt wird, wenn eine Eingangsbelegung anliegt, die das **Kanten-gewicht** h_{ij} (synonym: den »**Übergangsausdruck**«) auf den Wert »1« abbildet. Gleichbedeutend könnte man auch die entsprechenden Belegungsmengen X_{ij} an die Kanten schreiben. Diese sind jedoch in der Regel umfangreicher (bezüglich der Darstellung) als die zugehörigen Ausdrücke (siehe Abschnitt 3.2.3). Die Funkti-on, die den Kanten die entsprechenden Gewichte zuordnet, heißt **Kantengewichts-funktion** ω_δ.

Fügt man diesem Graphen noch eine Ausgabefunktion hinzu, erhält man einen **Automatengraphen** (je nach Art der Ausgabefunktion einen *Mealy*- oder *Moore*-Automatengraphen G_λ bzw. G_μ). Bild 5.7(a) zeigt eine konsequent auf Belegungs-mengen orientierte und Bild 5.7(b) eine konsequent auf Ausdrücke orientierte Darstellung. Zur weiteren Struktursynthese (siehe Abschnitt 6) ist immer von Vari-ante (b) auszugehen. In der Praxis hat sich allerdings eine Notation nach Bild 5.7(c) durchgesetzt, in der die Zustände belegungsorientiert (groß »Z«) und die Kanten und Knotengewichte ausdrucksorientiert notiert werden.

Bild 5.7 Allgemeine grafische Notationsformen für einen *Mealy*-Automatengraphen (a) mengenorientiert, (b) ausdrucksorientiert, (c) praxisorientiert

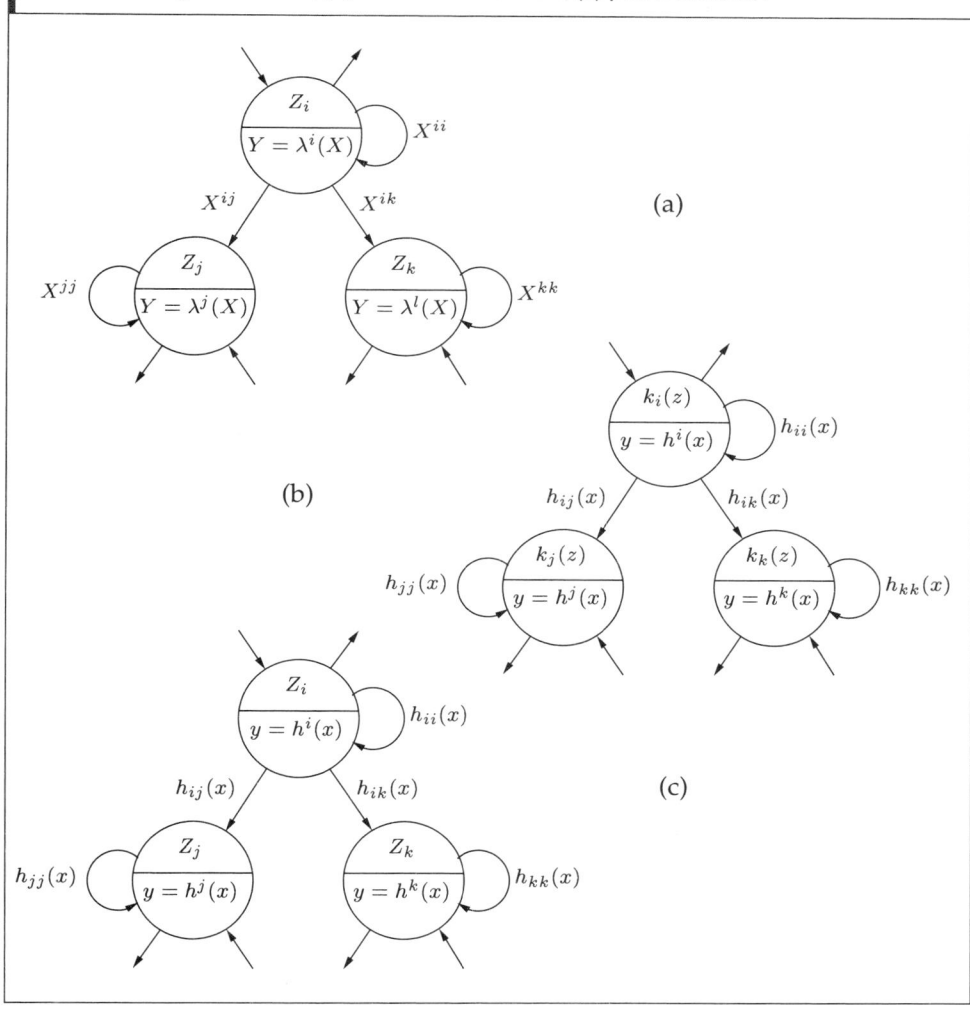

Auch hier gibt es unterschiedliche Varianten der Zuordnung und der zeitlichen Interpretation. Eine Möglichkeit ist die Zuordnung der Ausgaben zu den Kanten[6]. Da wir diese Variante nur diskutieren, im Weiteren aber nicht verfolgen, führen wir dafür keine weitere Kantenfunktion ein.

Bezüglich eines Zustandes müsste man bei dieser Interpretation drei unterschiedliche Ausgaben betrachten: Die Ausgabe beim

---

[6]   Man erhält dadurch eine weitere Kantengewichtsfunktion, die wir hier mit $\omega_\lambda[Z_i, Z_j]$ bezeichnen.

▪ *Eintritt* in den Zustand Z_j (Ausgabe-Kantengewicht der hinführenden Kante),

▪ *Verweilen* im Zustand Z_j (Ausgabe-Kantengewicht der Eigenschleife),

▪ *Austritt* aus dem Zustand Z_j (Ausgabe-Kantengewicht der wegführenden Kante).

Bei dieser Interpretation, die bei der Nutzung von Automaten zur Erkennung formaler Sprachen Anwendung findet, sind sowohl die Zustände als auch die Zustandsübergänge von Bedeutung für die Funktion des Automaten. Für die Interpretation derartiger Beschreibungen als sequentielle Schaltung müsste jedoch ein erhöhter Schaltungsaufwand betrieben werden, da für alle drei Phasen (Eintritt in den Zustand, Verweilen im Zustand und Verlassen des Zustandes) unterschiedliche Funktionen realisiert werden müssten. Da die Ausgabefunktion entsprechend Abschnitt 5.2.2 entweder bezüglich der alten oder der neuen Zustände gebildet wird und der Zustandsübergang als *zeitlos* angenommen wird, können nur zwei unterschiedliche Verhalten realisiert werden:

1. Die Ausgabe an den wegführenden Kanten richtet sich nach dem *alten* Zustand, d.h. Eigenschleife und wegführende Kante realisieren die gleiche Ausgabefunktion:

$$\omega_\lambda[Z_i] = \omega_\lambda[Z_i, Z_j] \qquad\qquad (5.6)$$

2. Die Ausgabe an den wegführenden Kanten richtet sich nach dem *neuen* Zustand, d.h. Eigenschleife und hinführende Kante realisieren die gleiche Ausgabefunktion:

$$\omega_\lambda[Z_j] = \omega_\lambda[Z_i, Z_j] \qquad\qquad (5.7)$$

Zur Verdeutlichung dieser beiden Interpretationsmöglichkeiten sind im Bild 5.8 beide Varianten dargestellt. Jeweils grau hervorgehoben ist der funktionelle Zusammenhang $\lambda(^aZ, X)$ bzw. $\lambda(^nZ, X)$.

Eine Beschreibung nach Bild 5.9 ist demzufolge nicht realisierbar, da z.B. in Zustand Z_1 entweder

$$\omega_\lambda[Z_1] = \omega_\lambda[Z_1, Z_2] \qquad\qquad \text{(Typ } a)$$

oder

$$\omega_\lambda[Z_0, Z_1] = \omega_\lambda[Z_1] \qquad\qquad \text{(Typ } n)$$

gelten müsste.

Die Interpretation Typ a oder Typ n ist im Graphen nach Bild 5.9 nicht erkennbar und kann deshalb zu Fehlinterpretationen führen (Entwurf nach Typ a, Realisierung nach Typ n oder umgekehrt). Eine Interpretation nach Typ n ist in Bild 5.10 dargestellt. Zum besseren Verständnis der Interpretation haben wir die entsprechenden Ausgaben zusätzlich in Klammern an den Kanten vermerkt und den Bezugspunkt Z_1 eingekreist. Die auf Grund der Interpretation als Typ a oder Typ n

Bild 5.8 Unterschiedliche Interpretation der Automatentabelle

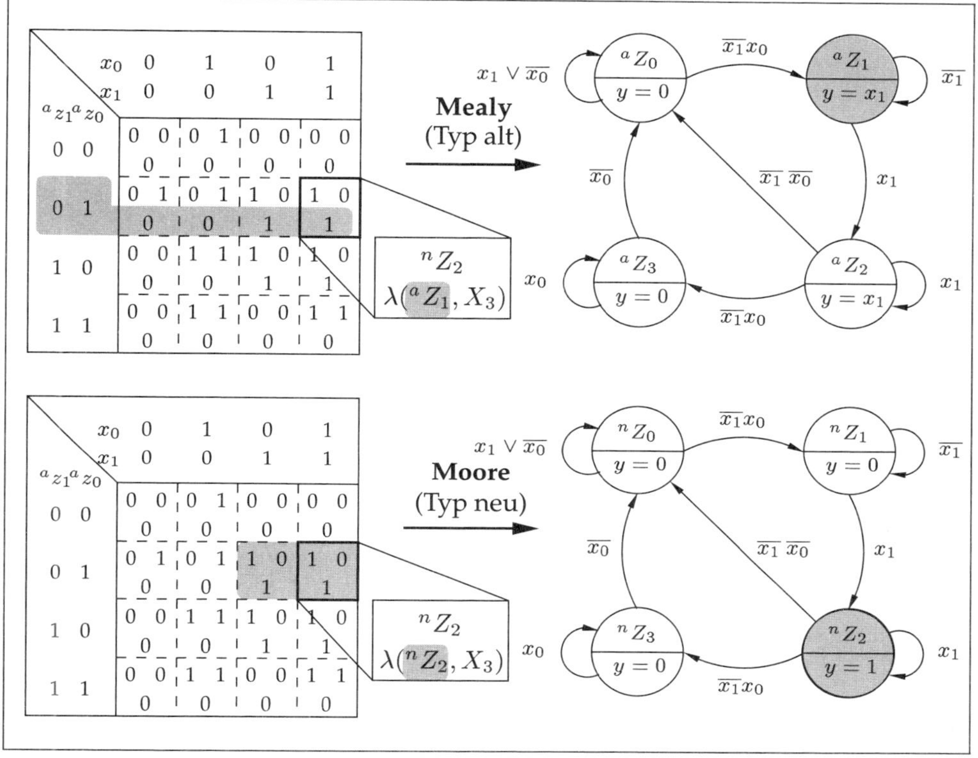

Mealy (Typ alt)

$x_1 \vee \overline{x_0}$

$^a z_1{}^a z_0$ \ x_0	0	1	0	1
x_1	0	0	1	1
0 0	0 0 / 0	0 1 / 0	0 0 / 0	0 0 / 0
0 1	0 1 / 0	0 1 / 0	1 0 / 1	1 0 / 1
1 0	0 0 / 0	1 1 / 0	1 0 / 1	1 0 / 1
1 1	0 0 / 0	1 1 / 0	0 0 / 0	1 1 / 0

$^n Z_2$
$\lambda(^a Z_1, X_3)$

Moore (Typ neu)

$x_1 \vee \overline{x_0}$

$^a z_1{}^a z_0$ \ x_0	0	1	0	1
x_1	0	0	1	1
0 0	0 0 / 0	0 1 / 0	0 0 / 0	0 0 / 0
0 1	0 1 / 0	0 1 / 0	1 0 / 1	1 0 / 1
1 0	0 0 / 0	1 1 / 0	1 0 / 1	1 0 / 1
1 1	0 0 / 0	1 1 / 0	0 0 / 0	1 1 / 0

$^n Z_2$
$\lambda(^n Z_2, X_3)$

Mealy graph states: $^a Z_0$ ($y=0$), $^a Z_1$ ($y=x_1$), $^a Z_2$ ($y=x_1$), $^a Z_3$ ($y=0$) with edge labels $\overline{x_1} x_0$, $\overline{x_1}$, x_1, $\overline{x_1}\,\overline{x_0}$, $\overline{x_0}$, x_0, $\overline{x_1} x_0$.

Moore graph states: $^n Z_0$ ($y=0$), $^n Z_1$ ($y=0$), $^n Z_2$ ($y=1$), $^n Z_3$ ($y=0$) with edge labels $\overline{x_1} x_0$, $\overline{x_1}$, x_1, $\overline{x_1}\,\overline{x_0}$, $\overline{x_0}$, x_0, $\overline{x_1} x_0$.

Bild 5.9 Automatengraph mit kantenorientierter Ausgabe

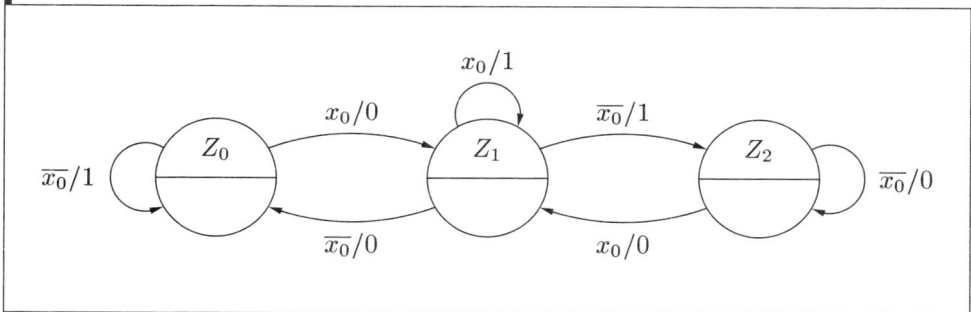

bezüglich Bild 5.9 jeweils abweichenden Ausgaben sind in Bild 5.10 und Bild 5.11 grau hinterlegt.

Wir beziehen uns im Weiteren auch hier auf den Automatentyp a und legen die entsprechende Interpretation zu Grunde. Somit können wir auch die Ausgaben mithilfe einer Knotengewichtsfunktion ω_λ (bzw. ω_μ im Falle des *Moore-Automaten*)

Bild 5.10 Automatengraph mit zustandsorientierter Ausgabe Typ n

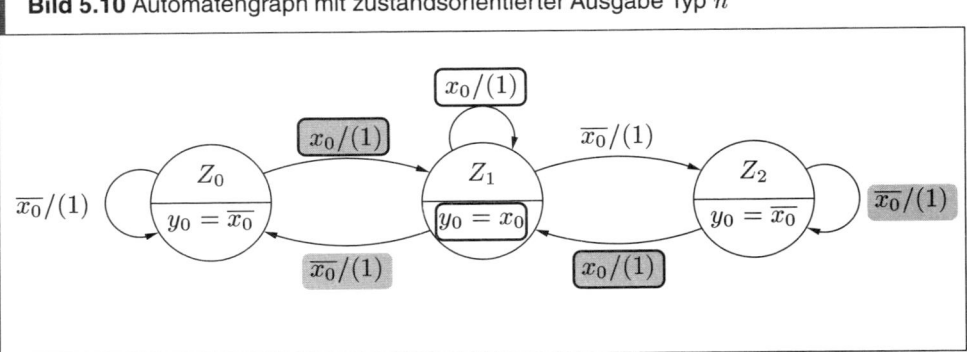

Bild 5.11 Automatengraph mit zustandsorientierter Ausgabe Typ a

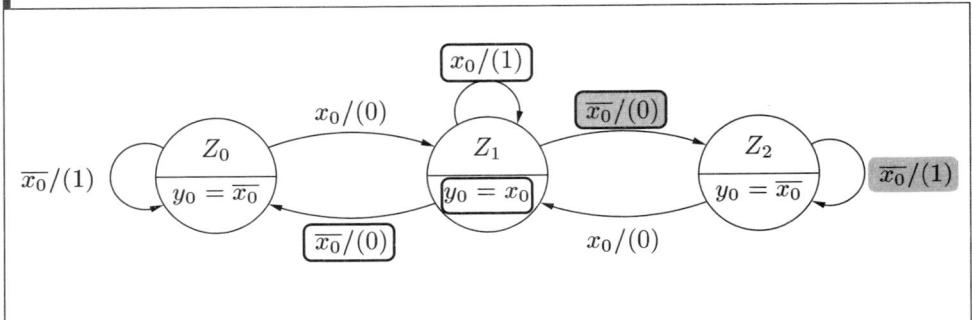

den Zuständen direkt zuordnen. Bild 5.11 zeigt den entsprechenden Automatengraphen.

Abschließend sei nochmals hervorgehoben, dass wir bei allen weiteren Darstellungen vom Typ a (Interpretation nach Bild 5.11) ausgehen!

5.2.4 Zustandsüberführungs- und Ausgabegleichungen

Auch für die Automatenfunktionen gibt es neben den in den vorigen Abschnitten diskutierten funktionsorientierten Beschreibungsmöglichkeiten strukturorientierte Beschreibungsmöglichkeiten mit Mitteln der BAA. Während die Automatentabelle eine rein mengenorientierte Beschreibung darstellt, findet man im Automatengraphen Ausdrücke der BAA an den Kanten zur Beschreibung der Zustandsübergangsfunktion sowie in den Knoten (Zuständen) zur Beschreibung der Ausgabefunktion.

In Abschnitt 5.2 haben wir den Zusammenhang der Zustandsbezeichnung zu einer impliziten Zustandskodierung hergestellt und können diese nun zur Ermittlung schaltalgebraischer Ausdrücke verwenden. Analog dem Vorgehen zur Ermittlung von Gleichungen für kombinatorische Schaltungen können wir auch hier die »1« oder die »0«-Belegungen als Ziel der Ausdrucksermittlung wählen und entsprechende Gleichungen in KNF oder DNF ableiten. Wir zeigen hier nur die DNF-Ermittlung und verweisen auf das Dualitätsprinzip nach Abschnitt 3.2.3 für die Ermittlung der KNF.

Zustände können wir in den Gleichungen durch Elementarkonjunktionen $k(z)$ in z-Variablen repräsentieren. Der Anteil der Eingangsvariablen an den Funktionen liegt bereits in schaltalgebraischer Ausdrucksform vor.

Die Zustandsüberführungsfunktion kann graphenorientiert notiert werden, indem je Zustand eine Gleichung (die **Zustandsgleichung**) aufgestellt wird, die den Übergang in diesen Zustand beschreibt, d.h. die Konjunktionen $k_i(z) \wedge h_{ij}(x)$ der Kantengewichte $h_{ij}(x)$ aller zum betrachteten Zustand Z_j hinführenden Kanten $[Z_i, Z_j]$ und Elementarkonjunktionen $k_i(z)$ werden disjunktiv miteinander verknüpft:

$$k_j(z) := \bigvee_{i=0}^{2^p-1} k_i(z) \wedge h_{ij}(x) \tag{5.8}$$

wobei gilt: $\quad \big(\mathcal{W}(h_{ij}, X_k) = 1\big) \leftrightarrow \big(\delta(Z_i, X_k) = Z_j\big) \quad$ mit $\quad X_k \in X$

Für die Hardwarerealisierung ist eine Notation erforderlich, bei der Gleichungen für die einzelnen Zustandsvariablen aufgestellt werden. Ausgangspunkt für eine DNF-Realisierung derartiger **Zustandsvariablen-Gleichungen** (im Folgenden z-Gleichungen genannt) sind alle Zustände, in denen die entsprechende z-Variable z_s mit »1« belegt ist. Beispielsweise werden zur Aufstellung der Gleichung für die Variable z_s alle Übergänge in einen Zustand mit ungeradem Zustandsindex[7] Z_i betrachtet.

$$z_s := \bigvee_{j \in M_s} \Big(\bigvee_{i=0}^{2^p-1} k_i(z) \wedge h_{ij}(x) \Big) \tag{5.9}$$

mit $\quad M_s = \big\{ j \mid Z_j(z_s) = 1 \big\}$

Aus den z-Gleichungen können die Zustandsgleichungen und damit der Automatengraph wieder reproduziert werden, indem man die rechten Seiten der z-Gleichungen in ihrer negierten bzw. unnegierten Form konjunktiv miteinander verknüpft. Ob die negierte oder unnegierte Form genutzt wird, richtet sich nach der Form der zugehörigen z-Variablen in der Elementarkonjunktion auf der linken Seite der Gleichung. Die Zustandsgleichung für den Zustand Z_1 enthält beispielsweise z_0 als einzige unnegierte z-Variable in der Elementarkonjunktion $k_1 =$

---

[7] Zur Erinnerung: Zustände: $Z_1 = [00..01]$, $Z_3 = [00..11]$, ..., Zustandsvariablenvektor: $z = [z_{p-1}, \ldots, z_s, \ldots, z_1, z_0]$

$\overline{z_{p-1}} \wedge \ldots \wedge \overline{z_1} \wedge z_0$, sodass nur dieser Anteil unnegiert in den Konjunktionsterm der rechten Seite der Zustandsgleichung eingeht. Wir gehen hierauf in den Abschnitten 6.2.1 bis 6.2.3 näher ein.

Die Gleichungen für die **Ausgabefunktion** werden aus den Ausgabegleichungen der einzelnen Zustände Z_i ermittelt, indem beim *Mealy-Automaten* je Ausgangsvariable y_k die Konjunktionen $k_i(z) \wedge h_k^i(x)$ der Elementarkonjunktionen $k_i(z)$ und der Knotengewichte $h_k^i(x)$[8] für alle Zustände Z_i gebildet und disjunktiv miteinander verknüpft werden. Für die Ausgabegleichungen des *Moore-Automaten* entsprechen die $h_k^i(x)$-Anteile den Konstanten 0 und 1, sodass die Gleichungen für *eine* Ausgangsvariable y_k folgende Form annehmen:

$$y_k = \bigvee_{i=0}^{2^p-1} k_i(z) \wedge h_k^i(x) = h_k(z,x) \qquad \text{Mealy} \qquad (5.10)$$

$$y_k = \bigvee_{i=0}^{2^p-1} k_i(z) \wedge h_k^i(0,1) = h_k(z) \qquad \text{Moore} \qquad (5.11)$$

Für das *Gleichungssystem* des gesamten Automaten erhalten wir somit:

$$y = \bigvee_{i=0}^{2^p-1} k_i(z) \wedge h^i(x) = h_\lambda(z,x) \qquad \text{Mealy} \qquad (5.12)$$

$$y = \bigvee_{i=0}^{2^p-1} k_i(z) \wedge h^i(0,1) = h_\mu(z) \qquad \text{Moore} \qquad (5.13)$$

In den folgenden Beispielen beziehen wir uns auf die Aufgabenstellung, die wir bereits in der Einführung zu diesem Kapitel gegeben haben. In beiden Fällen verwenden wir zur Minimierung den Ausdruck $h^* = x_1\, x_0$. Wir geben zunächst für den in Bild 5.12 dargestellten *Mealy-Automaten* die Automaten-Gleichungen an:

■ Zustandsüberführungs-Gleichungen [9]

$$k_0(z) \quad := \quad k_0(z)\, \overline{x_0} \vee k_1(z)\, x_1 \qquad (5.14)$$

$$k_1(z) \quad := \quad k_0(z)\, x_0 \vee k_1(z)\, \overline{x_1} \qquad (5.15)$$

■ z-Gleichungen

$$z \quad := \quad \overline{z}\, x_0 \vee z\, \overline{x_1}$$
$$:\underset{*}{=} \quad x_0 \vee z\, \overline{x_1} \qquad (5.16)$$

---

[8] $h_k^i(x)$ bezeichnet die k-te Komponente des Knotengewichtes $\omega_\lambda(Z_i)$ im Zustand Z_i, die der Ausgangsvariablen y_k zugeordnet ist.

[9]   Es gilt mit $z = [z]$ für den Zustand Z_0: $k_0(z) = \overline{z}$ bzw. für den Zustand Z_1: $k_1(z) = z$

Bild 5.12 Mealy-Automatengraph der Bandsteuerung

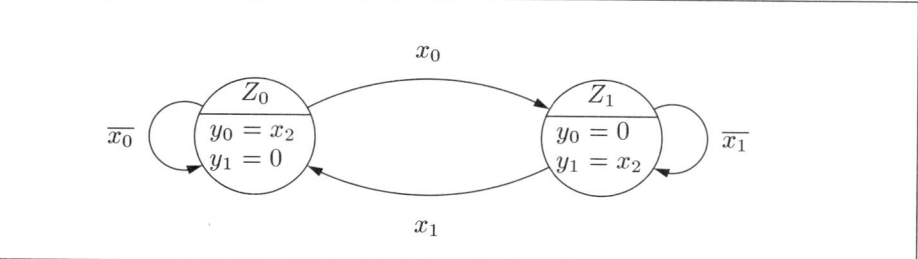

▦ Ausgabe-Gleichungen

$$y_0 = \overline{z}\, x_2 \tag{5.17}$$

$$y_1 = z\, x_2 \tag{5.18}$$

Im Bild 5.13 haben wir eine Lösung als *Moore*-Automatengraph angegeben. Zu erkennen ist, dass dabei für den Bandstopp zwei weitere Zustände eingeführt wurden.

Bild 5.13 Moore-Automatengraph der Bandsteuerung

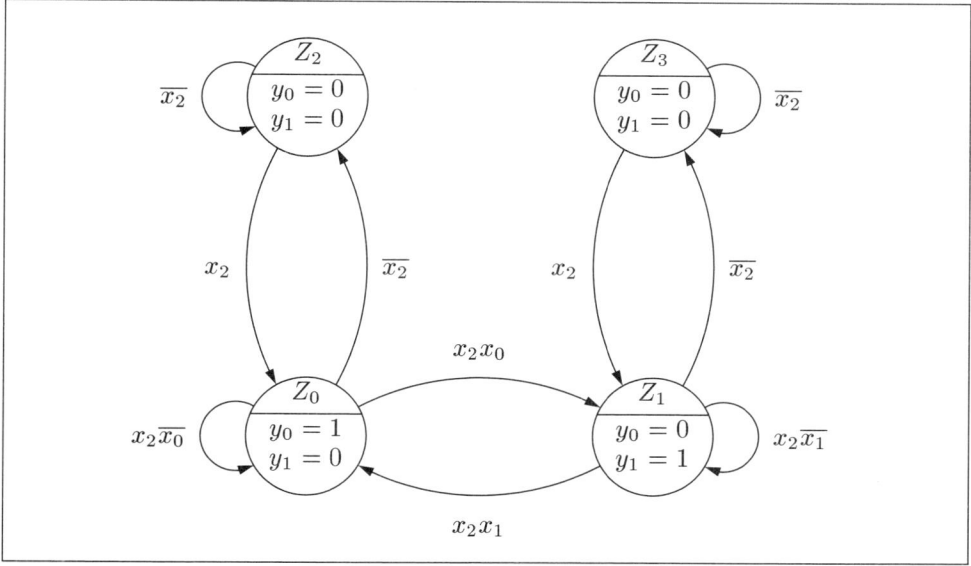

▦ Zustandsüberführungs-Gleichungen [10]

$$k_0(z) := k_0(z)\, x_2\, \overline{x_0} \vee k_1(z)\, x_2\, x_1 \vee k_2(z)\, x_2$$

---

[10] Es gilt mit $z = [z_1, z_0]$ für Z_0: $k_0(z) = \overline{z_1}\, \overline{z_0}$, für Z_1: $k_1(z) = \overline{z_1}\, z_0$, für Z_2: $k_2(z) = z_1\, \overline{z_0}$, und für Z_3: $k_3(z) = z_1\, z_0$

$$k_1(z) \quad := \quad \overline{k_0(z)}\, x_2\, x_0 \lor k_1(z)\, x_2\, \overline{x_1} \lor k_3(z)\, x_2$$

$$k_2(z) \quad := \quad k_0(z)\, \overline{x_2} \lor k_2(z)\, \overline{x_2}$$

$$k_3(z) \quad := \quad k_1(z)\, \overline{x_2} \lor k_3(z)\, \overline{x_2}$$

- z-Gleichungen

$$\begin{aligned}
z_0 \quad &:= \quad \overline{z_1}\,\overline{z_0}\, x_2\, x_0 \lor \overline{z_1}\, z_0\, x_2\, \overline{x_1} \lor z_1\, z_0\, x_2\, x_0 \lor \overline{z_1}\, z_0\, \overline{x_2} \lor z_1\, z_0\, \overline{x_2} \\
&:= \quad \overline{z_1}\,\overline{z_0}\, x_2\, x_0 \lor z_0\, \overline{x_1} \lor z_1\, z_0 \lor z_0\, \overline{x_2} \\
&:=_{*} \quad \overline{z_1}\, x_2\, x_0 \lor z_0\, \overline{x_1} \lor z_1\, z_0 \lor z_0\, \overline{x_2}
\end{aligned}$$

$$\begin{aligned}
z_1 \quad &:= \quad \overline{z_1}\,\overline{z_0}\, \overline{x_2} \lor z_1\, \overline{z_0}\, \overline{x_2} \lor \overline{z_1}\, z_0\, \overline{x_2} \lor z_1\, z_0\, \overline{x_2} \\
&:= \quad \overline{x_2}
\end{aligned}$$

- Ausgabe-Gleichungen

$$y_0 \quad = \quad \overline{z_1}\,\overline{z_0}$$

$$\begin{aligned}
y_1 \quad &= \quad \overline{z_1}\, z_0 \\
&=_{*} \quad z_0
\end{aligned}$$

Weitere Varianten werden auf den Autoren-Webseiten [WH02a] diskutiert.

5.2.5 Vollständigkeit und Widerspruchsfreiheit

Problematisch bei der Notation der Kantengewichte als schaltalgebraische Ausdrücke ist, dass man im Gegensatz zur Automatentabellendarstellung nicht gezwungen ist, alle Fälle zu berücksichtigen. Jeder notierte Ausdruck beschreibt zwar eine Belegungsmenge, für die der Ausdruckswert »1« wird (siehe Abschnitt 3.2.1), jedoch ist meist nicht offensichtlich, ob alle Belegungen erfasst sind, d.h. die Notation *vollständig* ist und in den Belegungsmengen zweier wegführender Kanten eines Zustandes nicht in beiden eine gleiche Belegung vorkommt. Ist z.B. eine Kante mit dem Ausdruck $h_{ij} = x_0$ und eine weitere mit $h_{ik} = x_1$ gewichtet, so enthalten die zugehörigen Belegungsmengen[11] beide die Belegung $[1,1]$ und die Entscheidung für genau einen Folgezustand wäre nicht möglich. Man sagt: Zwischen den Kantengewichten h_{ij} und h_{ik} besteht ein *Widerspruch*. In Bild 5.14 ist ein unvollständiger Automatengraph mit Widerspruch dargestellt. An den Kanten sind neben den Ausdrücken auch die entsprechenden Belegungsmengen vermerkt.

Zur Ermittlung der **Vollständigkeit** ist festzustellen, ob alle Belegungen in den wegführenden Kanten bzw. der Eigenschleife vorkommen. Hierzu bildet man die Vereinigung der Belegungsmengen und hat Vollständigkeit nachgewiesen, wenn

---

[11] Für $x = [x_1, x_0]$ repräsentiert $h_{ij} = x_0$ die Belegungsmenge $\{[0,1],[1,1]\}$ und $h_{ik} = x_1$ die Belegungsmenge $\{[1,0],[1,1]\}$.

Bi d 5.14 Unvollständiger Automatengraph mit Widersprüchen

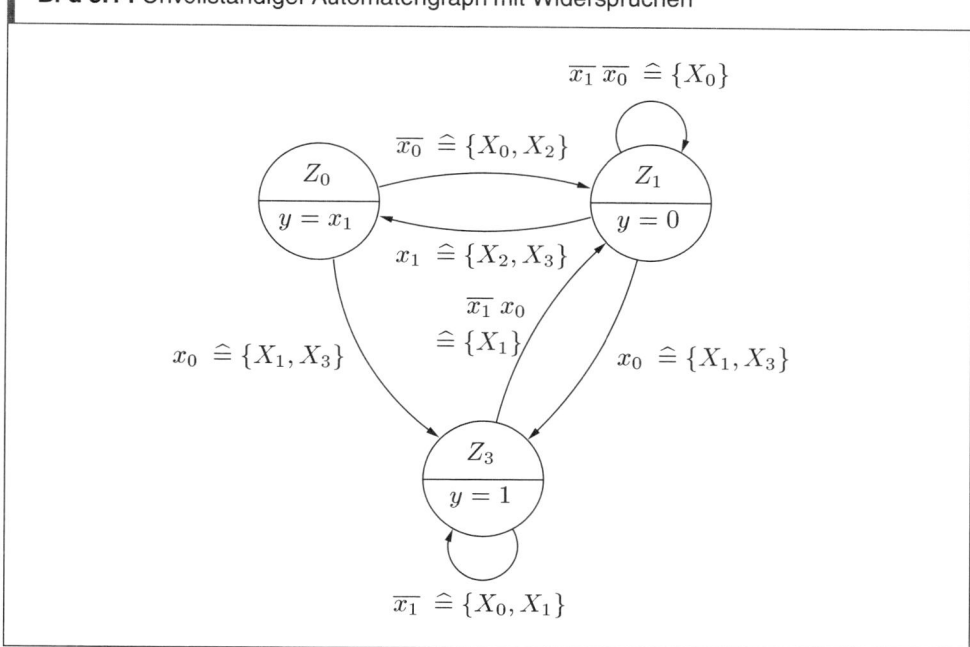

als Ergebnis die vollständige Belegungsmenge X entsteht. Man kann diese Feststellung auch auf der Ebene der Ausdrucksalgebra treffen, indem man die entsprechenden Operationen (Disjunktion) ausführt und überprüft, ob als Ergebnis der Wert »1« entstanden ist[12]:

$$\text{Vollständigkeit} \qquad \forall i \Big(\bigvee_{j=0}^{2^p-1} h_{ij}(x) = 1 \Big) \qquad (5.19)$$

Für das Beispiel in Bild 5.14 ergibt die Überprüfung der einzelnen Zustände auf Vollständigkeit nach (5.19) folgende Resultate:

Z_0: $\quad h_{00} \vee h_{01} \vee h_{02} \vee h_{03}$

$\quad = 0 \vee \overline{x_0} \vee 0 \vee x_0$

$\quad = 1 \qquad\qquad\qquad\qquad \rightsquigarrow$ vollständig

Z_1: $\quad h_{10} \vee h_{11} \vee h_{12} \vee h_{13}$

$\quad = x_1 \vee \overline{x_1}\,\overline{x_0} \vee 0 \vee x_0$

$\quad = 1 \qquad\qquad\qquad\qquad \rightsquigarrow$ vollständig

---

[12] Der Wert »1« hat in den Operationen der BAA die gleiche Wirkung wie die Menge X in denen der BMA (siehe Abschnitt 3.1.2 und Abschnitt 3.2.3).

Z_2: $h_{20} \vee h_{21} \vee h_{22} \vee h_{23}$

     $= 0 \vee 0 \vee 0 \vee 0$

     $= 0 \neq 1$ ⤳ nicht vollständig

Z_3: $h_{30} \vee h_{31} \vee h_{32} \vee h_{33}$

     $= 0 \vee \overline{x_1}\, x_0 \vee 0 \vee \overline{x_1}$

     $= \overline{x_1} \neq 1$ ⤳ nicht vollständig

Zum Nachweis der **Widerspruchsfreiheit** ist festzustellen, ob in den Belegungsmengen je zweier von einem Zustand wegführender Kanten bzw. der Eigenschleife gleiche Belegungen vorkommen. Hierzu bildet man den Schnitt der Belegungsmengen von je zwei Kanten und hat die Widerspruchsfreiheit nachgewiesen, wenn
die Vereinigung über alle Schnitte als Ergebnis die leere Menge $\emptyset$ ergibt. Man kann
diese Feststellung auch auf der Ebene der Ausdrucksalgebra treffen, indem man
die entsprechenden Operationen (paarweise Konjunktion und anschießende Disjunktion) ausführt und überprüft, ob als Ergebnis der Wert »0« entsteht[13]:

$$\text{Widerspruchsfreiheit} \qquad \forall i \left(\bigvee_{\substack{j,k=0 \\ j \neq k}}^{2^p - 1} h_{ij}(x) \wedge h_{ik}(x) = 0 \right) \qquad (5.20)$$

Die Überprüfung der einzelnen Zustände auf Widerspruchsfreiheit nach (5.20) liefert für das Beispiel in Bild 5.14 folgendes Resultat:

Z_0: $(h_{00}\, h_{01}) \vee (h_{00}\, h_{02}) \vee (h_{00}\, h_{03}) \vee (h_{01}\, h_{02}) \vee (h_{01}\, h_{03}) \vee (h_{02}\, h_{03})$

     $= (0\, \overline{x_0}) \vee (0\, 0) \vee (0\, x_0) \vee (\overline{x_0}\, 0) \vee (\overline{x_0}\, x_0) \vee (0\, x_0)$

     $= 0$ ⤳ widerspruchsfrei

Z_1: $(h_{10}\, h_{11}) \vee (h_{10}\, h_{12}) \vee (h_{10}\, h_{13}) \vee (h_{11}\, h_{12}) \vee (h_{11}\, h_{13}) \vee (h_{12}\, h_{13})$

     $= (x_1\, \overline{x_1}\, \overline{x_0}) \vee (x_1\, 0) \vee (x_1\, x_0) \vee (\overline{x_1}\, \overline{x_0}\, 0) \vee (\overline{x_1}\, \overline{x_0}\, x_0) \vee (0\, x_0)$

     $= x_1\, x_0 \neq 0$ ⤳ Widerspruch

Z_2: $(h_{20}\, h_{21}) \vee (h_{20}\, h_{22}) \vee (h_{20}\, h_{23}) \vee (h_{21}\, h_{22}) \vee (h_{21}\, h_{23}) \vee (h_{02}\, h_{03})$

     $= (0\, 0) \vee (0\, 0) \vee (0\, 0) \vee (0\, 0) \vee (0\, 0) \vee (0\, 0)$

     $= 0$ ⤳ widerspruchsfrei

Z_3: $(h_{30}\, h_{31}) \vee (h_{30}\, h_{32}) \vee (h_{30}\, h_{33}) \vee (h_{31}\, h_{32}) \vee (h_{31}\, h_{33}) \vee (h_{32}\, h_{33})$

     $= (0\, \overline{x_1}\, x_0) \vee (0\, 0) \vee (0\, \overline{x_1}) \vee (\overline{x_1}\, x_0\, 0) \vee (\overline{x_1}\, x_0\, \overline{x_1}) \vee (0\, \overline{x_1})$

     $= \overline{x_1}\, x_0 \neq 0$ ⤳ Widerspruch

---

[13] Der Wert »0« hat in den Operationen der BAA die gleiche Wirkung wie die leere Menge $\emptyset$ in denen
der BMA (siehe Abschnitt 3.1.2 und Abschnitt 3.2.3).

Wir werden anhand dieses Beispiels im nächsten Abschnitt untersuchen, wie derartige unvollständig oder widersprüchlich notierte Automatengraphen im praktischen Entwurf sinnvoll interpretiert werden können.

5.3 Partielle nichtdeterminierte Automaten

5.3.1 Zustandsüberführungs- und Ausgabegleichungen

Auch für die Notation partieller nichtdeterminierter Automatenfunktionen können die in Abschnitt 3.2.4 eingeführten Formalismen angewendet werden. Die **Funktionsbeschreibungen** in der verallgemeinerten Form sind wie folgt definiert:

1. Ein Automat A ist **nichtdeterminiert**, wenn gilt: δ bzw. λ/μ[14] sind für bestimmte *Situationen* (Z_i, X_k) mehrdeutig bestimmt:

$$\exists (Z_i, X_k) \left(\delta(Z_i, X_k) = Z^j \ \text{mit} \ Z^j \subseteq Z \ \text{und} \ |Z^j| \geq 2 \right) \text{[15]} \tag{5.21}$$

$$\exists (Z_i, X_k) \left(\lambda(Z_i, X_k) = Y^j \ \text{mit} \ Y^j \subseteq Y \ \text{und} \ |Y^j| \geq 2 \right) \text{[16]} \tag{5.22}$$

Mehrdeutige Folgezustände bzw. Ausgaben werden in der Automatentabelle und in den Gleichungen durch g-Parameter-Ausdrücke gekennzeichnet.

2. Ein Automat A ist **partiell und nichtdeterminiert**, wenn gilt: δ bzw. λ/μ definieren für bestimmte *verbotene Situationen* $(Z_i, X_k) \in (Z \times X)^*$ nicht, welcher Zustand $Z_j \in Z$ bzw. welche Ausgabe $Y_t \in Y$ erzeugt wird:

$$\exists (Z_i, X_k) \left(\delta(Z_i, X_k) = * \right) \tag{5.23}$$

$$\exists (Z_i, X_k) \left(\lambda(Z_i, X_k) = * \right) \tag{5.24}$$

Die Menge der *verbotenen Situationen* $(Z \times X)^* \subset (Z \times X)$ wird in der Automatentabelle durch »*« gekennzeichnet und in den Zustands- und Ausgabegleichungen durch den Ausdruck h^* repräsentiert (don't care).

3. **verallgemeinerte Automatenfunktion:**

$$\delta : \ Z \times X \Rightarrow P(Z) \backslash \{\emptyset\} \tag{5.25}$$

$$\lambda : \ Z \times X \Rightarrow P(Y) \backslash \{\emptyset\} \tag{5.26}$$

$$\mu : \ Z \qquad \Rightarrow P(Y) \backslash \{\emptyset\} \tag{5.27}$$

---

[14] Im Folgenden wird nur die Definition für λ angegeben. μ wird analog definiert.

[15] In der Literatur auch als »nichtdeterministisch« bezeichnet.

[16] In der Literatur auch als »nichtdeterminiert« bezeichnet.

4. **verallgemeinerte Zustandsgleichungen:**
   Jeder Zustand Z_j wird durch eine Elementarkonjunktion $k_j(z)$ repräsentiert:

$$k_j(z) :\underset{*}{\equiv} \bigvee_{i=0}^{2^P-1} k_i(z) \wedge h_{ij}(x,g) \tag{5.28}$$

$$h^* = \bigvee_{i=0}^{2^P-1} k_i(z) \wedge h_i^*(x) \tag{5.29}$$

5. **verallgemeinerte z- und y-Gleichungen:**

$$z_s :\underset{*}{\equiv} \bigvee_{j \in M_s} \left(\bigvee_{i=0}^{2^P-1} \left(k_i(z) \wedge h_{ij}(x,g) \right) \right) \tag{5.30}$$

$$\text{mit:} \qquad M_s = \left\{ j \mid Z_j(z_s) = 1 \right\} \tag{5.31}$$

$$y_k \underset{*}{\equiv} \bigvee_{i=0}^{2^P-1} k_i(z) \wedge h_k^i(x,g) \qquad \text{(für Mealy-Automaten)} \tag{5.32}$$

$$y_k \underset{*}{\equiv} \bigvee_{i=0}^{2^P-1} k_i(z) \wedge h_k^i(0,1,g) \qquad \text{(für Moore-Automaten)} \tag{5.33}$$

$$h^* = \bigvee_{i=0}^{2^P-1} k_i(z) \wedge h_i^*(x) \tag{5.34}$$

5.3.2 Automatengraph

Gegenüber dem in Abschnitt 5.2.3 definierten Automatengraphen führen wir zur Beschreibung der verbotenen Eingangs- und Zustandsbelegungen eine zusätzliche Knotengewichtsfunktion ω_* ein, die je Zustand Z_i die verbotenen Situationen $[Z_i, X_j]$ als Ausdruck $h_i^*(z,x)$ erfasst. Unter Berücksichtigung dieses Knotengewichtes $h_i^*(z,x)$ lassen wir eine unvollständige, widersprüchliche Notation der Kantengewichte wegführender Kanten zu. Wir werten die Belegungen, die diese Unvollständigkeiten und Widersprüche beseitigen, als Anteile der »verbotenen Belegungen« und können sie bei Bedarf als $h^\bullet(x)$ ermitteln (siehe Tabelle 5.5).

Bild 5.15 zeigt den bereits aus dem vorigen Abschnitt (Bild 5.14) bekannten Automaten, den wir nun als partiellen nichtdeterminierten Automaten interpretieren. Wir unterscheiden auch hier zwischen den »technologisch verbotenen« Belegungen (repräsentiert in h^*) und den im Ausdruck $h^\bullet$ repräsentierten Belegungen, die für die konkrete Notation der Automatenfunktionen genutzt werden (vgl. Abschnitt 3.2.4.)

Bild 5.15 Partieller nichtdeterminierter Automat

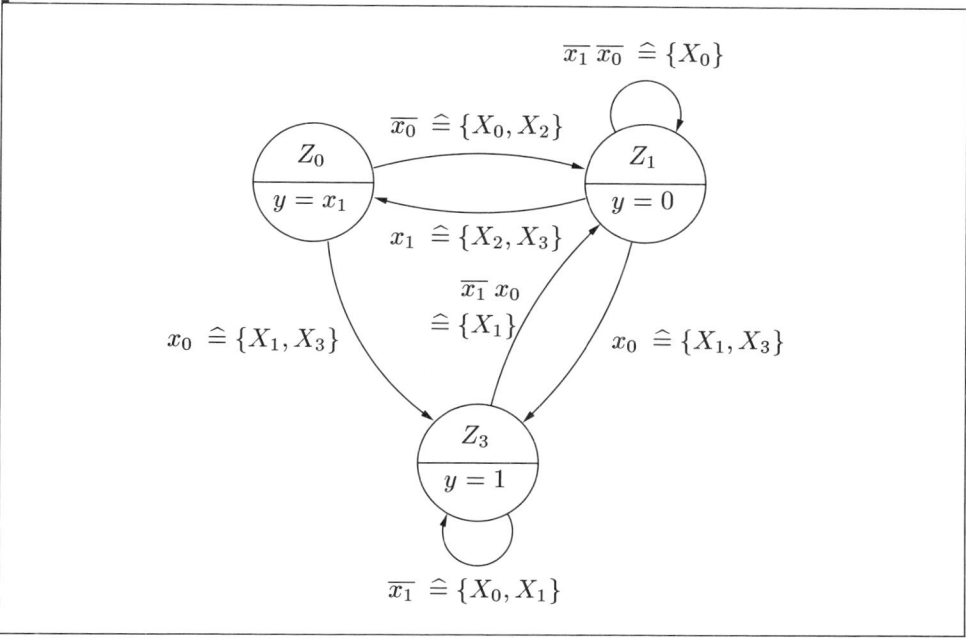

5.3.3   Vollständigkeit und Widerspruchsfreiheit

Zur Ermittlung der Vollständigkeit und Widerspruchsfreiheit partieller, nichtdeterminierter Automaten kann man nun in Verallgemeinerung der Beziehungen (5.19) und (5.20) folgende Gleichungen verwenden:

$$\text{Vollständigkeit} \qquad \forall i \left(\bigvee_{j=0}^{2^p-1} h_{ij}(x,g) \overset{*}{=} 1 \right) \qquad (5.35)$$

$$\text{Widerspruchsfreiheit} \qquad \forall i \left(\bigvee_{\substack{j,k=0 \\ j \neq k}}^{2^p-1} h_{ij}(x,g) \wedge h_{ik}(x,g) \overset{*}{=} 0 \right) \qquad (5.36)$$

Zur Ermittlung der $h^\bullet$-Ausdrücke nutzt man die Analyse-Ergebnisse der Überprüfung auf Vollständigkeit und Widerspruchsfreiheit: Die Analyse auf *Vollständigkeit* erfasst alle in den Kantengewichten vorhandenen Belegungen, das Komplement dieser Menge (bzw. die Negation des entsprechenden Ausdrucks) enthält dementsprechend die fehlenden Belegungen, die im Ausdruck $h^\bullet$ repräsentiert werden. Die Überprüfung auf *Widerspruchsfreiheit* liefert einen Ausdruck, der alle widersprüchlichen Belegungen repräsentiert und somit direkt den $h^\bullet$-Anteil darstellt. Folgende Beziehung beschreibt dies formal:

$$h_i^\bullet(x) = \overline{\bigvee_{j=0}^{2^p-1} h_{ij}(x,g)} \;\vee\; \bigvee_{\substack{j,k=0 \\ j \neq k}}^{2^p-1} h_{ij}(x,g) \wedge h_{ik}(x,g) \qquad (5.37)$$

h_i^* kann noch weitere, systematisch nicht ableitbare Komponenten enthalten.

Durch die Verknüpfung der $h_i^\bullet(x)$-Anteile mit den dazugehörigen Elementarkonjunktionen $k_i(z)$ lässt sich der Gesamtausdruck für $h^\bullet(z,x)$ für den partiellen nichtdeterminierten Automaten ermitteln.

Als Beispiel ist in Tabelle 5.5 die Ermittlung der $h_i^\bullet$-Ausdrücke nach (5.37) für den Automatengraphen aus Bild 5.15 zusammengefasst. Dabei wird auf die im Abschnitt 5.2.5 ermittelten Ergebnisse für die Vollständigkeit und Widerspruchsfreiheit zurückgegriffen.

Daraus lässt sich für den Gesamtautomaten folgender Ausdruck für $h^\bullet(z,x)$ ermitteln:

$$
\begin{aligned}
h^\bullet(z,x) &= k_0(z)h_0^\bullet(x) \vee k_1(z)\,h_1^\bullet(x) \vee k_2(z)\,h_2^\bullet(x) \vee k_3(z)\,h_3^\bullet(x) \\
&= \overline{z_1}\,\overline{z_0}\,0 \vee \overline{z_1}\,z_0\,x_1 x_0 \vee z_1\,\overline{z_0}\,1 \vee z_1\,z_0(x_1 \vee x_0)
\end{aligned}
$$

Tabelle 5.5 Ermittlung von $h^\bullet$

Z_i	Vollständigkeit	Widerspruchsfreiheit	$h_i^\bullet(x)$
Z_0	$\overline{x_0} \vee x_0 = 1$	$\overline{x_0} \wedge x_0 = 0$	$h_0^\bullet = \overline{1} \vee 0 = 0$
Z_1	$x_1 \vee \overline{x_1}\,\overline{x_0} \vee x_0 = 1$	$x_1 x_0 \neq 0$	$h_1^\bullet = \overline{1} \vee x_1 x_0 = x_1 x_0$
Z_2	$0 \neq 1$	0	$h_2^\bullet = \overline{0} \vee 0 = 1$
Z_3	$\overline{x_1} \neq 1$	$\overline{x_1} x_0 \neq 0$	$h_3^\bullet = \overline{\overline{x_1}} \vee \overline{x_1} x_0 = x_1 \vee x_0$

$$= \underbrace{\overline{z_1} z_0 x_1 x_0}_{\text{Widerspruch in } Z_1} \vee \underbrace{z_1 \overline{z_0}}_{\text{fehlender } Z_2} \vee \underbrace{z_1 z_0 (x_1 \vee x_0)}_{\text{Vollst. und Wid. in } Z_3}$$

Dieser Ausdruck ist mit dem technologisch bedingten h^*-Ausdruck aus der Aufgabenstellung zu vergleichen. Nur wenn die Beziehung

$$h^\bullet \to h^* = 1$$

erfüllt ist, stellt der notierte Automatengraph eine Lösung der Aufgabenstellung dar.

5.4 Zusammenfassung

Nach dem Studium dieses einführenden Kapitels sollte der Leser die Funktionsbeschreibung digitaler sequentieller Systeme sicher beherrschen. Unterschiede zwischen verschiedenen Automatenmodellen und Darstellungsweisen sowie die schaltungstechnischen Konsequenzen, die sich daraus ergeben, sind dabei von besonderer Bedeutung für das Verständnis der Ausführungen in den folgenden Kapiteln. Der Leser sollte sicher zwischen Moore- und Mealy-Automaten, Zustands- und Automatengraphen aber auch zwischen graphorientierten Zustands- und realisierungsorientierten z-Gleichungen unterscheiden können. Die Vorteile der Einbeziehung von nichtdeterminierten Eingangs- und z-Variablenbelegungen in die einzelnen Notationsformen sollten ebenfalls erkannt worden sein. Anhand der nachfolgenden Aufgabenstellungen kann der Leser seinen Wissensstand überprüfen.

5.5 Aufgaben

Aufgabe 5.1

Zu ermitteln ist der Automatengraph für den als Automatentabelle in Bild 5.16 notierten Automaten.

Bild 5.16 Automatentabelle für Aufgabe 5.1

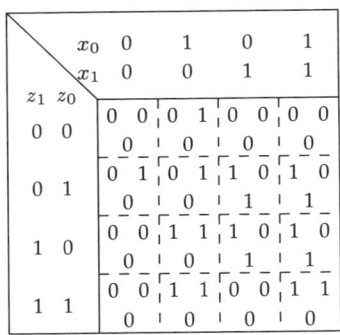

Bild 5.17 Automatengraph für Aufgabe 5.2

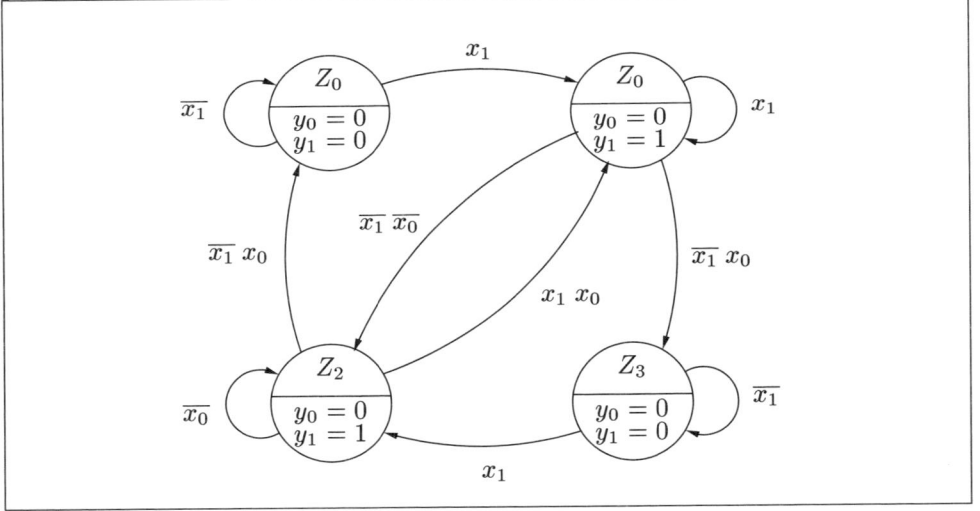

Aufgabe 5.2

Gegeben ist der in Bild 5.17 dargestellte Automatengraph. Zu ermitteln sind

- die z-Gleichungen sowie die

- Ausgabegleichungen.

Handelt es sich bei diesem Automaten um einen *Moore*- oder *Mealy*-Automaten?

Der Automat ist auf

- Vollständigkeit und

 ▦ Widerspruchsfreiheit

zu überprüfen.

Aufgabe 5.3

Gegeben ist der in Bild 5.18(a) dargestellte Zustandsgraph. Gesucht sind die $h_i^*(x)$-Ausdrücke und der daraus zu ermittelnde Ausdruck $h^\bullet(z,x)$, der zur Gewährleistung der Vollständigkeit und Widerspruchsfreiheit der funktionellen Notation notwendig ist.

Aufgabe 5.4

Gesucht sind für den in Bild 5.18(b) dargestellten Zustandsgraphen

 ▦ die z-Gleichungen sowie

 ▦ die minimierten z-Gleichungen.

Anschließend sind die Zustandskodierungen Z_2 und Z_3 zu vertauschen und die gleichen Schritte zu wiederholen. Beide Lösungen sind zu diskutieren.

Bild 5.18 Automatengraphen für (a) Aufgabe 5.3 und (b) Aufgabe 5.4

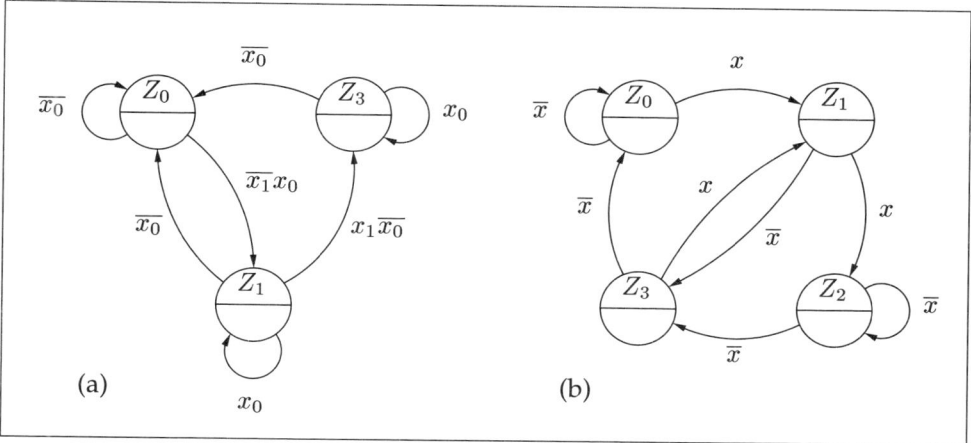

Kapitel 6

Struktursynthese sequentieller Schaltungen

6.1 Asynchrone sequentielle Schaltungen, Flip-Flops

Die in Abschnitt 5.2.4 eingeführten Gleichungen bilden die Grundlage für die Realisierung der Automatenstruktur. Je nach Automatentyp (siehe Abschnitt 5.2.2) entstehen dabei unterschiedliche Blockstrukturen. Die z-Gleichungen enthalten auf der linken Seite die jeweils »neue« z-Variable, die den Ausgang des δ-Blockes bildet. Die z-Variablen der linken Seite repräsentieren mit ihren Belegungen den aktuellen (»alten«) Zustand und werden an den Eingang des δ-Blockes gelegt. Realisiert man nun die Rückführung dadurch, dass man die entsprechenden alten und neuen z-Variablen direkt verbindet, erhält man eine so genannte **asynchrone** Struktur.

Bild 6.1 zeigt die asynchrone Schaltung für den *Mealy*-Automatengraphen aus Bild 5.12. Die ermittelten Gleichungen (5.16) bis (5.18) aus Abschnitt 5.2.4 werden direkt als Struktur interpretiert. Man erkennt dabei deutlich den δ und λ-Block.

Bild 6.1 Asynchrone Schaltungsstruktur eines Mealy-Automaten

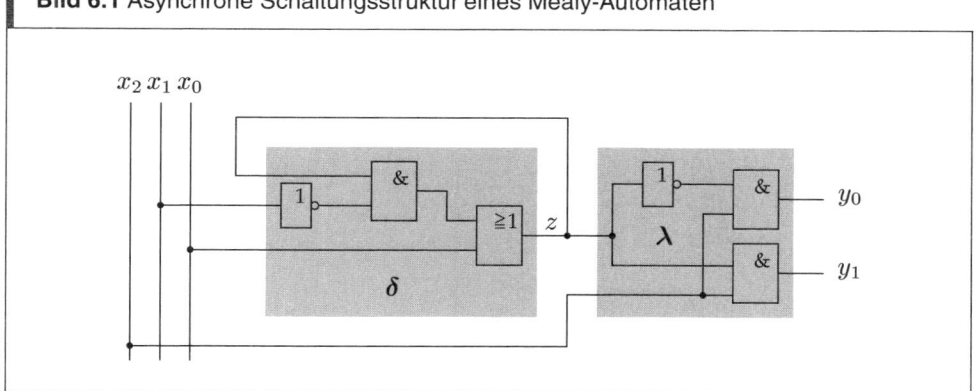

Zum Vergleich stellt Bild 6.2 die Schaltung zur *Moore*-Realisierung nach Bild 5.13 dar. Beide Schaltungen lösen die Aufgabenstellung, jedoch mit unterschiedlichem Aufwand in den einzelnen Blöcken.

Die Zeitverzögerung zwischen »alten« und »neuen« Zuständen ergibt sich bei der asynchronen Realisierung durch die Signallaufzeiten der Gatter, die bei der jewei-

Bild 6.2 Asynchrone Schaltungsstruktur eines Moore-Automaten

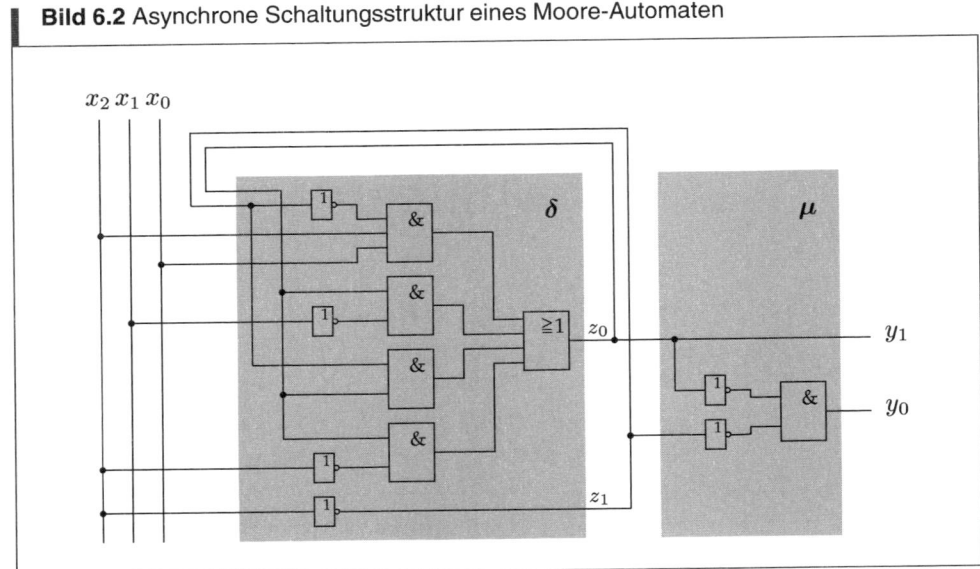

ligen z-Variablen zwischen Eingang und Ausgang der Schaltung liegen. Je nach Struktur der Gleichung können dadurch für einzelne z-Variablen unterschiedliche Laufzeiten entstehen. Die hierbei entstehenden Zwischenbelegungen können zu einem unerwünschten Verhalten der Schaltung führen. Wir gehen darauf in Abschnitt 7.3 noch weiter ein und konzentrieren uns im Folgenden zunächst auf elementare sequentielle Strukturen.

6.1.1   Elementare sequentielle Strukturen, Flip-Flops

Elementare sequentielle Strukturen werden als Flip-Flops bezeichnet und lassen sich aus Automatengraphen mit nur zwei Zuständen (Bild 6.3) ableiten.

Bild 6.3 Automatengraph mit zwei Zuständen und zwei Ausgaben

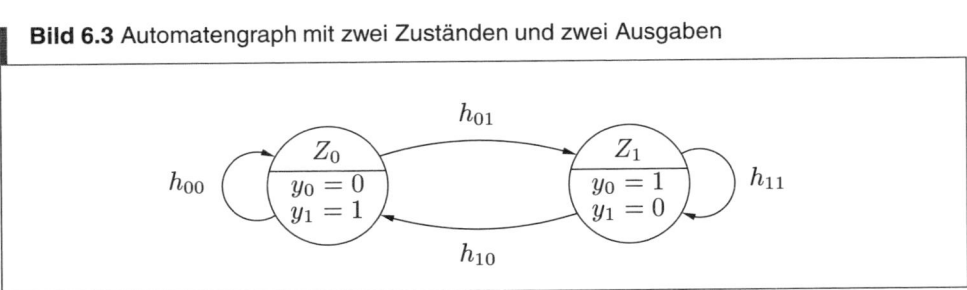

Ihr Verhalten ist wie folgt zu charakterisieren:

Verhaltenseigenschaften von Flip-Flops *Def. (6.1)*

(1) Mit dem Übergangsausdruck h_{01} wird der Ausgang y_0 von »0« auf »1« gesetzt (»**Setzen**«, 0-1-Übergang) und bleibt unabhängig von weiteren Belegungswechseln am Setzeingang erhalten (»**Speichern**«). Ein Rücksetzen ist nur über den Rücksetzeingang möglich.

(2) Mit dem Übergangsausdruck h_{10} wird der Ausgang y_0 von »1« auf »0« gesetzt (»**Rücksetzen**«, 1-0-Übergang) und bleibt unabhängig von weiteren Belegungswechseln am Rücksetzeingang erhalten (»**Speichern**«). Ein Setzen ist nur über den Setzeingang möglich.

(3) Der Ausgang y_1 hat stets den zu y_0 entgegengesetzten (d.h. negierten) Wert.

Schaltungen, die diese drei Verhaltenseigenschaften besitzen, heißen **Flip-Flops**.

Die allgemeine Form der z- und y-Gleichungen aus dem Graphen nach Bild 6.3 lautet:

$$z := \overline{z}\, h_{01} \;\vee\; z\, h_{11} \tag{6.1}$$

$$y_0 = z \tag{6.2}$$
$$y_1 = \overline{z} \tag{6.3}$$

Falls δ vollständig und widerspruchsfrei ist, gilt:

$$h_{00} = \overline{h_{01}} \qquad \text{und} \qquad h_{11} = \overline{h_{10}} \tag{6.4}$$

Im Gegensatz zu Gleichung (6.1) kann damit statt der Eigenschleife h_{11} das Kantengewicht $\overline{h_{10}}$ in der Gleichung verwendet werden. Wir werden in Abschnitt 6.2.2 zeigen, dass für partielle, nichtdeterminierte Automaten die Annahme (6.4) zu unterschiedlichen Realisierungsvarianten führt.

Die Ausgänge von Flip-Flops werden üblicherweise den Zustandsvariablen gleichgesetzt und mit Q und $\overline{Q}$ bezeichnet. Mit diesen Modifikationen entsteht aus (6.1) die allgemeine Form der so genannten **charakteristischen Gleichung** eines Flip-Flops:

$$Q := \overline{Q}\, h_{01} \;\vee\; Q\, \overline{h_{10}} \tag{6.5}$$

Die asynchrone Realisierung der Gleichung (6.5) ist in Bild 6.4 dargestellt.

Bild 6.4 Asynchrone Struktur des Automaten aus Bild 6.3

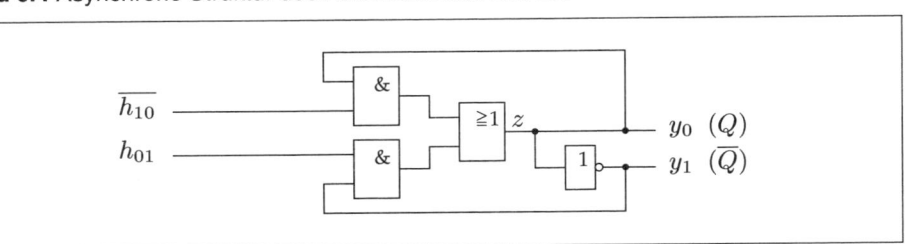

Eine grobe Klassifikation der Flip-Flops kann nach der charakteristischen Gleichung (6.5) vorgenommen werden. Sie abstrahiert von der im Abschnitt 6.1.3 vorgenommenen detaillierten Beschreibung getakteter Flip-Flops und gibt Hinweise auf die Realisierung der Ansteuer-Gleichungen für die Eingänge der Flip-Flops, die wir in Abschnitt 6.2.2 beschreiben. Bild 6.5 gibt einen Überblick über die verschiedenen Varianten. Die Setzeingänge der Flip-Flops heißen: Set (S), Jump (J) bzw. Delay (D). Rücksetzeingänge werden mit Reset (R) bzw. Kill (K) bezeichnet.

Bild 6.5 Abstrahierte Klassifikation der Flip-Flops nach der charakteristischen Gleichung

^aQ	h_{01}	h_{10}	^nQ
0	0	0	0
0	0	1	0
0	1	0	1
0	1	1	1
1	0	0	1
1	0	1	0
1	1	0	1
1	1	1	0

h_{01}	h_{10}	^nQ	Funktion
0	0	^aQ	speichern
0	1	0	auf »0« rücksetzen
1	0	1	auf »1« setzen
1	1	$\overline{^aQ}$	toggeln

JK-Flip-Flop

$h_{01} = J,\ h_{10} = K$

J	K	^nQ
0	0	^aQ
0	1	0
1	0	1
1	1	$\overline{^aQ}$

$Q := J\,\overline{Q} \vee \overline{K}\,Q$

RS-Flip-Flop

$h_{01} = S,\ h_{10} = R$

S	R	^nQ
0	0	^aQ
0	1	0
1	0	1
1	1	$*$

$Q := S\,\overline{Q} \vee \overline{R}\,Q$

$(h^* = R\,S)$

D-Flip-Flop

$h_{01} = D,\ h_{10} = \overline{D}$

D	^nQ
0	0
1	1

$Q := D$

Diese aus der schaltungstechnischen Praxis stammende Klassifizierung ist für die meisten Anwendungsfälle ausreichend und erfordert nur bei zeitkritischen Anwendungen und gekoppelten digitalen Systemen eine weitere Verfeinerung, die wir im Abschnitt 6.1.3 vornehmen.

In der Schaltungspraxis hat sich als elementare sequentielle Struktur eine Schaltung mit weniger Gattern durchgesetzt, deren Verhalten sich allerdings nur bei Einhaltung bestimmter Nebenbedingungen mit dem Graphen nach Bild 6.3 beschreiben lässt. Wir wollen diese als **Basis-Flip-Flop** bezeichnete Struktur wegen ihrer fundamentalen Bedeutung für sequentielle Schaltungen ausführlich im nächsten Abschnitt diskutieren.

6.1.2 Basis-Flip-Flop, RS-Flip-Flop

Das Basis-Flip-Flop besteht aus zwei rückgekoppelten NAND- oder NOR-Gattern wie in Bild 6.6 dargestellt. Da bei NAND-Gattern das Ausgangssignal durch eine einzelne »0« auf »1« gesetzt werden kann, bezeichnen wir die Eingänge der NAND-Realisierung mit negierten Eingangssignalen ($\overline{S}$ für »Setzen« und $\overline{R}$ für »Rücksetzen«). Bei den ODER-Gattern kann der Ausgang über eine einzelne »1« geändert werden, sodass die unnegierten Eingangssignale verwendet werden (S für »Setzen« und R für »Rücksetzen«). Das Basis-Flip-Flop heißt dementsprechend auch **RS-Flip-Flop**.

Bild 6.6 NAND- und NOR-Struktur des Basis-Flip-Flops

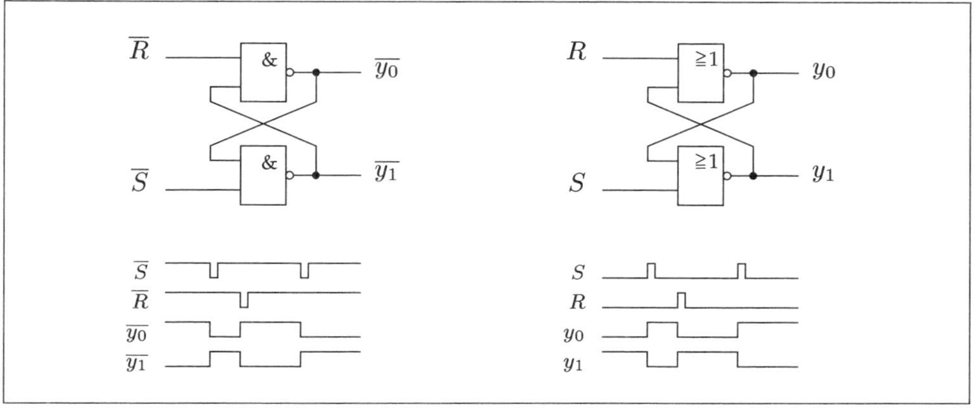

Um das Verhalten dieser einfachen Struktur zu beschreiben, bedienen wir uns der in Abschnitt 7 näher beschriebenen Analysemethode für sequentielle Schaltungen. Sie beruht im Wesentlichen darauf, die Rückkopplungen der z-Variablen zwischen Ausgang und Eingang aufzutrennen und in die zeitliche Interpretation der z-Gleichungen ($^{n}z := h(^{a}z, x)$) zu übertragen (vgl. Abschnitt 5.2.4 und die Einleitung zu Abschnitt 6). Infolge der symmetrischen Rückführung in dieser Struktur gibt es zwei Varianten zur Auftrennung. Sie sind in der NAND-Struktur in Bild 6.7 eingetragen.

Bild 6.7 Strukturanalyse des Basis-Flip-Flops

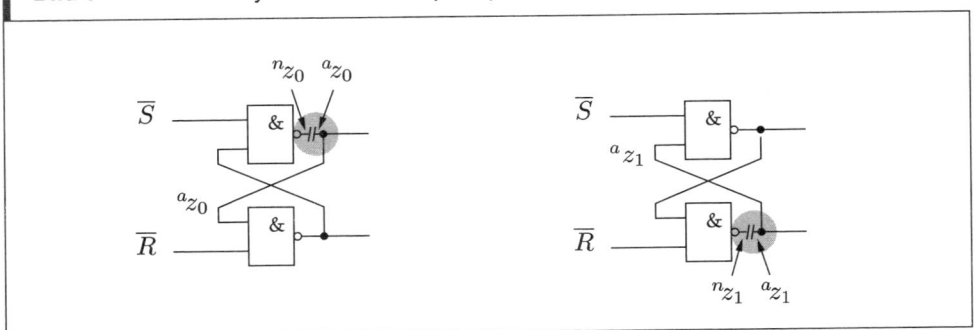

Die resultierenden Gleichungen für die einzelnen Schaltungen lauten:

$$ {}^n z_0 := \overline{\overline{({}^a z_0\,\overline{R})}\,\overline{S}} \tag{6.6} $$

$$ {}^n z_1 := \overline{\overline{({}^a z_1\,\overline{S})}\,\overline{R}} \tag{6.7} $$

Jede dieser Gleichungen beschreibt das Verhalten des Flip-Flops mit einer der Zustandsvariablen und dem damit gekoppelten Ausgang.

Interpretiert man die Struktur als *Medwedjew*-Automat, so entsprechen die beiden Ausgangsvariablen y_0 und y_1 zwei Zustandsvariablen z_0 und z_1. In dieser Interpretation ist eine im Vergleich zu (6.6) und (6.7) detaillierte Verhaltensbeschreibung der Struktur möglich, die die entgegengesetzte Belegung der Ausgänge erkennen lässt und eine Überprüfung der Eigenschaften (1) bis (3) der Definition (6.1) ermöglicht. Diese müssen für die Nutzung der Struktur als Flip-Flop erfüllt sein. Wir werden zunächst den zugehörigen Automatengraphen konstruieren und an diesem die Eigenschaften diskutieren.

Bild 6.8 Detaillierte Strukturanalyse

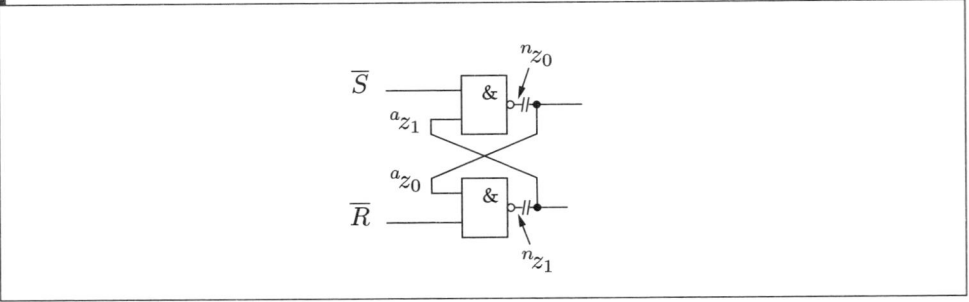

Dazu ermitteln wir z-Gleichungen nach Bild 6.8:

$$^n z_0 := \overline{\overline{S} \wedge {}^a z_1}$$

$$^n z_1 := \overline{\overline{R} \wedge {}^a z_0}$$

Diese z-Gleichungen kombinieren wir nun so miteinander, dass entsprechend der vier möglichen Elementarkonjunktionen der z-Variablen die Zustandsgleichungen entstehen:

Z_0 : $\quad \overline{^n z_1}\,\overline{^n z_0} := \overline{\overline{\overline{R} \wedge^a z_0}} \wedge \overline{\overline{\overline{S} \wedge^a z_1}} = {}^a z_1\,{}^a z_0\,\overline{R}\,\overline{S}$

$\quad$ bzw. $\quad {}^n k_0(z) := {}^a k_3(z)\,\overline{R}\,\overline{S}$ [1]

Z_1 : $\quad \overline{z_1}\,z_0 := \overline{z_1} z_0\,\overline{R} \vee z_1 z_0\,S\,\overline{R}$

$\quad$ bzw. $\quad k_1(z) := k_1(z)\,\overline{R} \vee k_3(z)\,S\,\overline{R}$

Z_2 : $\quad z_1\,\overline{z_0} := z_1\overline{z_0}\,\overline{S} \vee z_1 z_0\,\overline{S}\,R$

$\quad$ bzw. $\quad k_2(z) := k_2(z)\,\overline{S} \vee k_3(z)\,\overline{S}\,R$

Z_3 : $\quad z_1\,z_0 := \overline{z_1}\,\overline{z_0} \vee \overline{z_1} z_0\,R \vee z_1\overline{z_0}\,S \vee z_1 z_0\,S\,R$

$\quad$ bzw. $\quad k_3(z) := k_0(z) \vee k_1(z)\,R \vee k_2(z)\,S \vee k_3(z)\,S\,R$

Diese Gleichungen beschreiben jeweils die in einen Zustand führenden Kanten als Teilgraphen und repräsentieren zusammengesetzt den Zustandsgraphen nach Bild 6.9. Das detaillierte Verfahren werden wir in Abschnitt 7.1 ausführlicher beschreiben.

Im Graphen erkennt man, dass die Zustände Z_0 und Z_3 die Flip-Flop-Eigenschaft (3) der Definition $Def.$(6.1) verletzen, da jeweils beide Ausgänge die gleiche Belegung aufweisen. Während der Zustand Z_0 sofort nach dem Erreichen wieder verlassen wird (wegführende Kante mit Kantengewicht »1«) ist der Zustand Z_3 bei der Eingangsbelegung $R = S = 1$ stabil. Um die Schaltung trotzdem als Flip-Flop zu nutzen, muss diese Belegung verboten werden. Man gibt dies als so genannte *Nebenbedingung* an. Unter Berücksichtigung dieser Nebenbedingungen kann der Zustandsgraph zu einem Graphen mit zwei Zuständen (Z_1 und Z_2 des ursprünglichen Graphen) abstrahiert werden. Dieser ist in Bild 6.10 dargestellt.

---

[1] Der besseren Übersichtlichkeit halber werden wir in den nächsten z- und $k(z)$-Gleichungen die Bezeichnungen a und n weglassen.

Bild 6.9 Automatengraph des RS-Flip-Flops

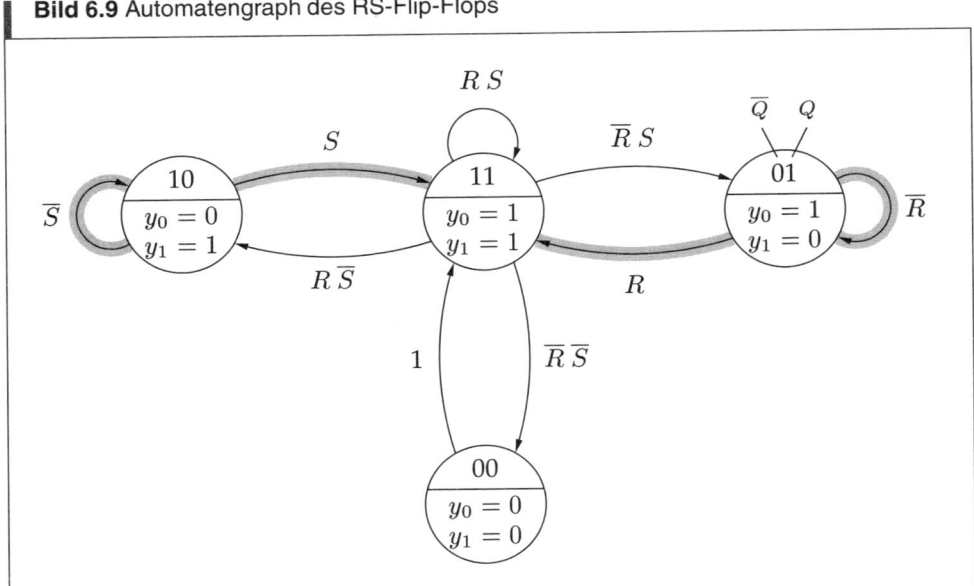

Bild 6.10 Abstrahierter Automatengraph des RS-Flip-Flops

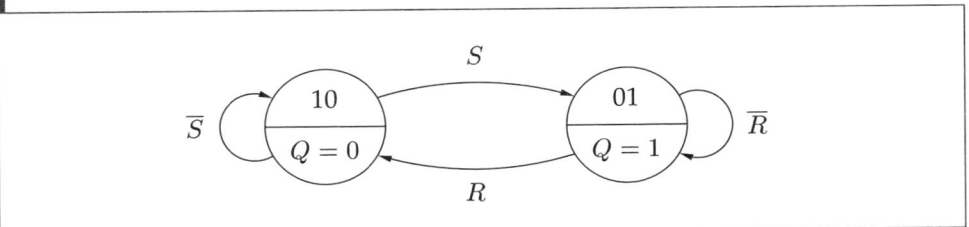

Somit erhält man für das RS-Flip-Flop wieder die charakteristische Gleichung aus Abschnitt 6.1.1:

$$Q := Q\,\overline{R} \vee \overline{Q}\,S \tag{6.8}$$

Die in diesem Abschnitt betrachteten Schaltungen sind alle asynchron realisiert, d.h. die Unterschiede zwischen alten und neuen Zuständen ergeben sich allein aus den Laufzeiten der Signale vom Eingang zum Ausgang. Der Entwurf derartiger Schaltungen ist sehr kompliziert, da für ein einwandfreies Funktionieren stets zu beachten ist, dass die in Abschnitt 4.3 diskutierten dynamischen Effekte vermieden werden. Hierfür werden spezielle Entwurfsverfahren benötigt, die den Rahmen dieses Buches sprengen würden. Die hier diskutierten Beschreibungsmethoden verlangen in der Regel eine synchrone Realisierung, deren Bausteine Gegenstand des nächsten Abschnittes sind.

6.1.3   Taktgesteuerte Flip-Flops

Zur Realsierung synchroner Strukturen ist es erforderlich, das gleichzeitige Schalten von Gattern zu definierten Zeitpunkten zu garantieren. In sequentiellen Schaltungen werden zu diesem Zweck die Rückführungen über so genannte **taktgesteuerte Flip-Flops** geleitet, an deren Ausgängen die Belegungen der z-Variablen konstant gehalten werden, während sich an den Eingängen der Flip-Flops die neuen z-Belegungen asynchron einstellen.

Dieses Zeitregime wird durch ein zusätzliches periodisches Steuersignal, einen so genannten **Takt** (engl. »Clock« C), über eine Torschaltung gewährleistet. Die Flip-Flop-Schaltungen selbst sind asynchrone Schaltungen.

Ein Taktsignal hat die in Bild 6.11 dargestellte ideale bzw. reale Form.

Bild 6.11 Ideales und reales Taktsignal

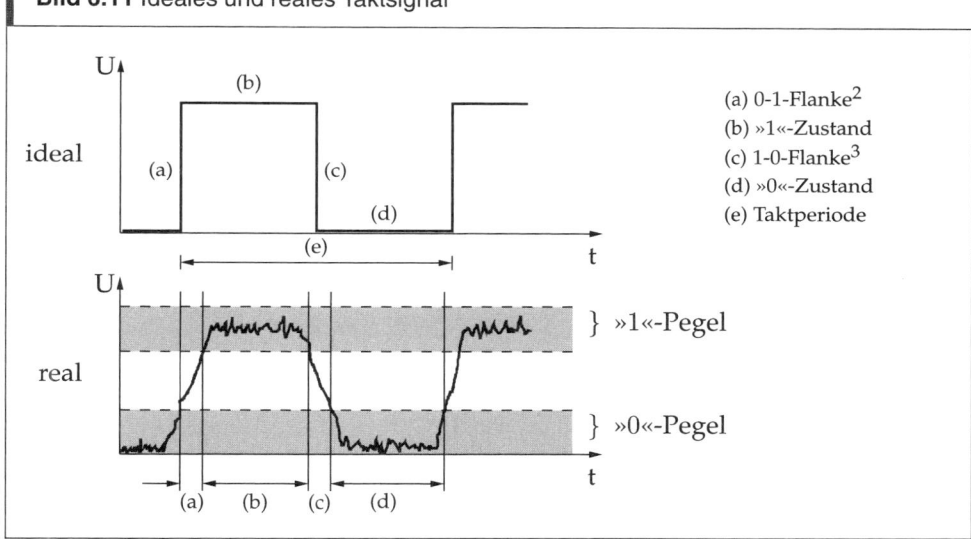

(a) 0-1-Flanke[2]
(b) »1«-Zustand
(c) 1-0-Flanke[3]
(d) »0«-Zustand
(e) Taktperiode

In weiteren Signaldarstellungen zeigen wir – wenn nicht anders vermerkt – stets den idealen Verlauf und lassen die Koordinatenachsen weg.

Man unterscheidet getaktete Flip-Flops u.a. danach, ob Eingangsänderungen zur Taktflanke oder während eines gesamten Taktzustandes akzeptiert werden. Weitere Unterscheidungsmerkmale beziehen sich auf das Zeitregime der Ausgangsbelegung. Flip-Flops lassen sich anhand von drei Eigenschaften klassifizieren, die in jeweils zwei Ausprägungen auftreten:

---

[2]   In der Literatur auch als »positive« bzw. »steigende« Taktflanke bezeichnet

[3]   In der Literatur auch als »negative« bzw. »fallende« Taktflanke bezeichnet

1. Taktabhängige Akzeptanz der Eingansbelegung

   (a) zustandsgesteuert

   (b) flankengesteuert

2. Rücksetzbarkeit nach dem Setzen

   (a) im gleichen Takt (reversibel)

   (b) im nächsten Takt (irreversibel)

3. Auswirkung am Ausgang

   (a) direkt (transparent)

   (b) verzögert (Master-Slave)

Je nach Ausprägung dieser Eigenschaften ist die Funktionalität und damit die Schaltungsstruktur mehr oder weniger aufwändig. Wir werden die unterschiedlichen Varianten mit Automatengraph, Schaltung und charakteristischer Gleichung vorstellen. Wir erklären diese Eigenschaften sehr ausführlich, da sie in der Literatur meist nur anhand von Zeitdiagrammen verbal erläutert sind und dabei häufig nicht alle möglichen Situationen erfasst werden. Die Automatengraph-Darstellung erlaubt es dem Leser, auch Situationen nachzuvollziehen, die im Text oder Zeitdiagramm nicht explizit erwähnt sind. Insbesondere bei zeitkritischen Anwendungen spielen diese Feinheiten jedoch eine große Rolle, wie wir in den Fallstudien bzw. auf den Autoren-Webseiten [WH02a] zeigen werden.

Da die Automatengraph-Beschreibung meist mehr als zwei Zustände benötigt, bezeichnen wir die Übergangsbedingungen zum Setzen des Flip-Flops im Weiteren allgemein mit h_S (statt mit h_{01}) und die Bedingung zum Rücksetzen allgemein mit h_R (statt mit h_{10}).

Tabelle 6.1 erläutert, wie man die einzelnen Eigenschaften in den Automatengraphen erkennt. Sie gibt damit gleichzeitig Hinweise zur Konstruktion derartiger Flip-Flops.

Tabelle 6.1 Eigenschaften von Flip-Flops

1(a): **zustandsgesteuert:**

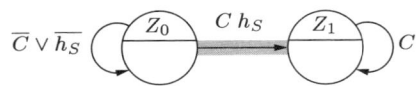

Solange für das Taktsignal $C = 1$ gilt, d.h. für den gesamten **1-Zustand** des Taktsignals, kann mit $h_S = 1$ ein Zustandswechsel nach Z_1 erfolgen.

1(b): flankengesteuert:

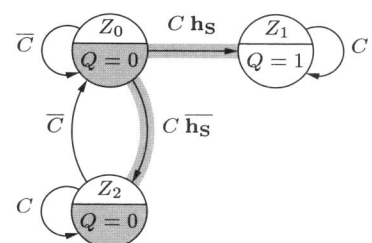

Zum Zeitpunkt des Taktwechsels von »0« auf »1« (0-1-**Flanke** des Taktsignals), kann ein Zustandswechsel nach Z_1 nur dann erfolgen, wenn $C\,h_S = 1$ gilt, andernfalls wird von Z_0 über die **alternative Kante** mit dem Kantengewicht $C\,\overline{h_S} = 1$ in einen Wartezustand Z_2 mit gleicher Ausgabe übergegangen, der bis zur nächsten 1-0-Flanke des Taktsignals erhalten bleibt.

2(a): reversibel:

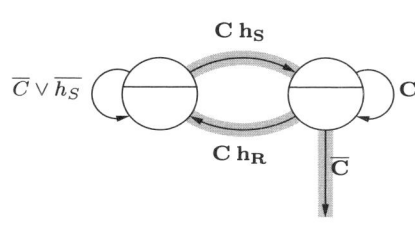

Während des 1-Zustands des Taktes ist ein Setzen und Rücksetzen des Flip-Flops beliebig oft möglich. Der unmittelbar vor der **1-0-Flanke** des Taktes angenommene Zustand entscheidet über das Verhalten. Diese Eigenschaft kann nur bei **zustandsgesteuerten Flip-Flops** auftreten und wird wegen der Schaltwirkung der 1-0-Flanke in der Literatur auch als weitere Flankensteuerung interpretiert.

2(b): irreversibel:

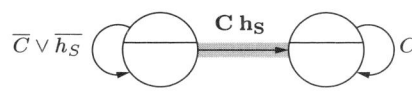

Ein kurzer 1-Impuls des Eingangssignals während des 1-Zustandes **setzt** das Flip-Flop. Ein Rücksetzen ist erst im jeweils **nächsten** 1-Zustand des Taktes möglich.

3(a): transparent:

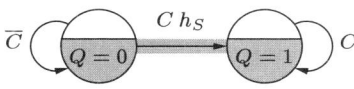

Belegungswechsel am Eingang, die einen Zustandsübergang verursachen, wirken sich **direkt** auf das Ausgangssignal aus.

3(b): Master-Slave:

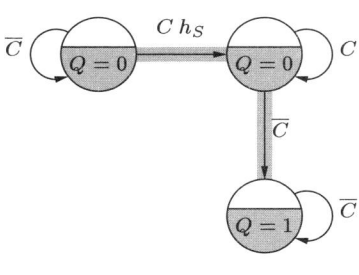

Belegungswechsel am Eingang, die einen Zustandsübergang verursachen, wirken sich zunächst nicht auf das Ausgangssignal aus. Stattdessen erfolgt ein Übergang in einen Zwischenzustand, in dem der sog. **Master** gesetzt wird. Dieser Zustand wird unmittelbar mit der nächsten **1-0-Flanke** verlassen und bewirkt das Setzen des sog. **Slaves**, der direkt mit dem Ausgang verbunden ist.

Entsprechend dieser Eigenschaften können Flip-Flops nach der in Bild 6.12 dargestellten Übersicht unterschieden werden. Die Übersicht enthält zusätzlich die Symbole für die Schaltungsunterlagen nach DIN DIN 40 900 [Kom92], mit der Abweichung, dass die Eingänge allgemeiner mit h_{01} für den Setz- und h_{10} für den Rücksetzeingang bezeichnet werden.

Bild 6.12 Klassifikation der Flip-Flops und deren DIN-Symbole

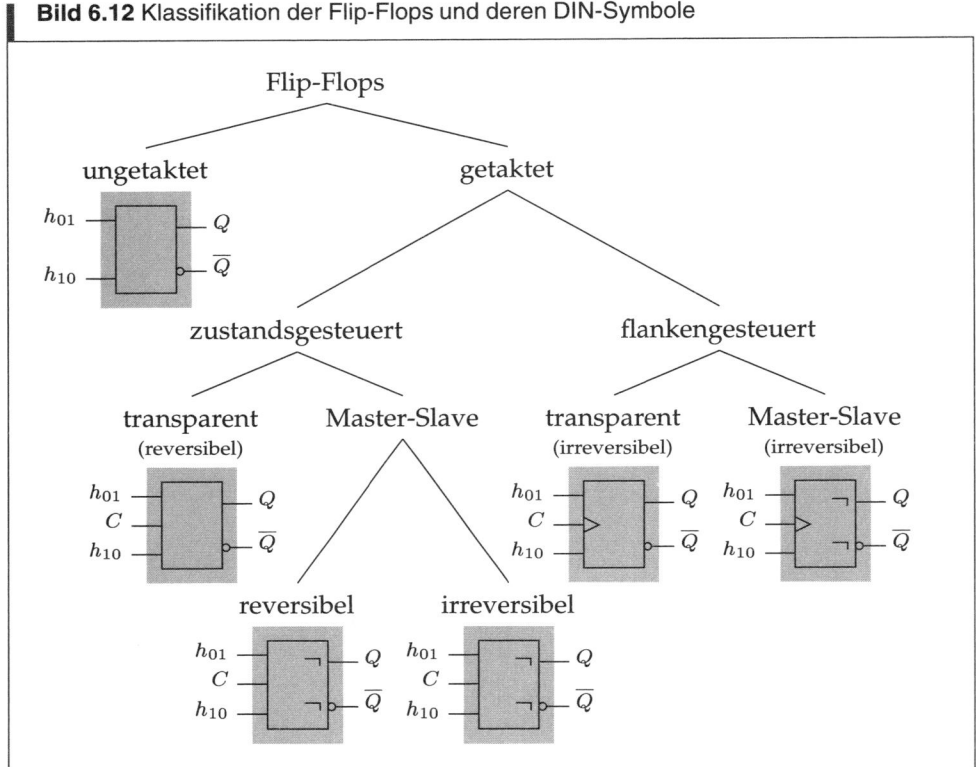

6.1.3.1   Zustandsgesteuertes transparentes Flip-Flop

Die Erweiterung des Basis-Flip-Flops um eine Taktvariable C führt zu dem Automatengraphen nach Bild 6.13.

Die schaltungstechnische Umsetzung zeigt Bild 6.14.

In der Literatur wird dieser Flip-Flop-Typ auch »Latch« (»Auffang-Flip-Flop«) genannt, da er geeignet ist, während des 1-Zusandes einen Impuls am Setzeingang aufzufangen, unmittelbar am Ausgang bereitzustellen und für die Dauer des 0-Zustands konstant zu halten (zu speichern).

Bild 6.13 Zustandsgesteuertes transparentes Flip-Flop (Latch)

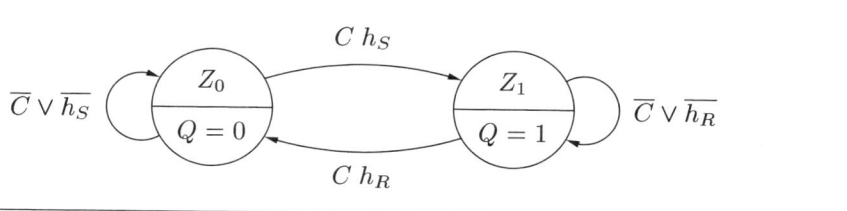

Bild 6.14 Schaltung und Schaltsymbol für ein Latch

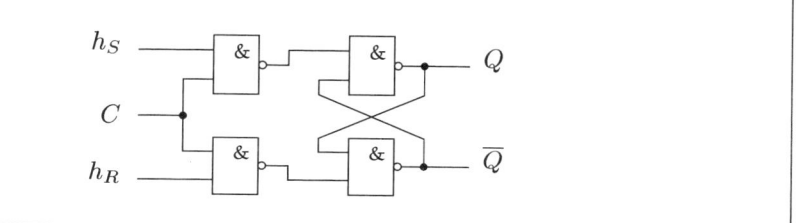

Typische Vertreter:

- **RS-Latch** (zustandsgesteuertes RS-Flip-Flop)

$$h_S = S$$
$$h_R = R$$

  Für die Schaltungspraxis relevant: z.B. 74279[4] (4 RS-Latches mit C als Freigabe-Eingang)

- **D-Latch** (zustandsgesteuertes D-Flip-Flop)

$$h_S = D$$
$$h_R = \overline{D}$$

  Die Negation des D-Einganges wird schaltkreisintern realisiert, sodass das Flip-Flop neben dem Takteingang nur einen Eingang hat.
  Für die Schaltungspraxis relevant: z.B. 7475 (4 D-Latches mit C als Freigabe-Eingang)

Bild 6.15 zeigt ein Impulsdiagramm für ein D-Latch. Der Eingang C wird bei der Anwendung als Latch als »Freigabe-Eingang« benutzt, d.h. solange $C = 1$ ist, ist das Latch transparent, bei $C = 0$ verharrt das Latch im aktuellen Zustand (»Speichern« des Ausgangs). Dem Leser wird empfohlen, sich an diesem einfachen Beispiel die Korrespondenz zwischen dem Automatengraphen (Bild 6.13) und dem Impulsdiagramm (Bild 6.15) zu verdeutlichen. Zur besseren Orientierung sind die jeweils eingenommenen Zustände im Impulsdiagramm mit vermerkt.

---

4   74xxx ist die Bezeichnung für eine handelsübliche TTL-Schaltkreisfamilie [Kü88].

Bild 6.15 Impulsdiagramm für ein D-Latch

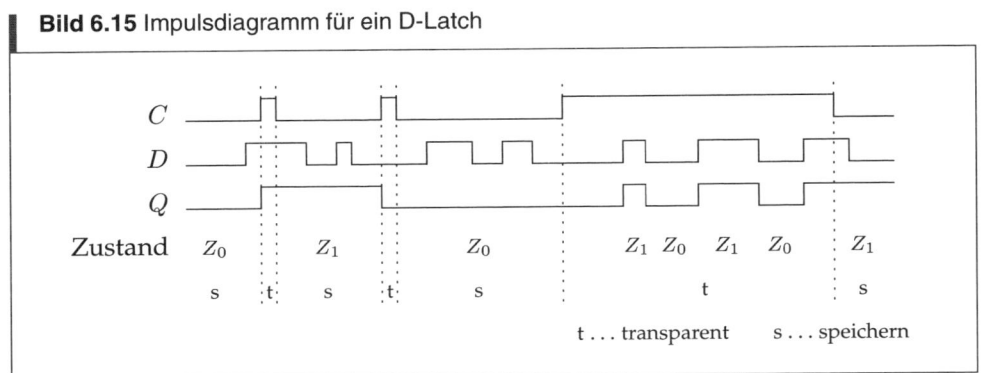

6.1.3.2   Zustandsgesteuertes Master-Slave-Flip-Flop (reversibel)

Die direkte Übernahme des Eingangssignals an den Ausgang bei dem in Abschnitt 6.1.3.1 beschriebenen transparenten Flip-Flop ist von Vorteil, wenn eine schnelle Reaktion auf das veränderte Eingangssignal gewünscht ist. Nachteilig ist diese Eigenschaft bei zustandsgesteuerten Flip-Flops allerdings dann, wenn ein definiertes Zeitregime am Ausgang gefordert ist, da das Eingangssignal *irgendwann* während des 1- Zustands des Taktes auftreten und den Ausgang beeinflussen kann. So genannte **Master-Slave-Flip-Flops** verzögern das Setzen (bzw. Rücksetzen) des Ausganges um maximal eine halbe Taktperiode, indem sie zunächst in einen Zwischenzustand wechseln, in dem der sog. Master gesetzt wird. Dieser Zustand wird unmittelbar mit der nächsten **1-0-Flanke** verlassen und bewirkt das Setzen (bzw. Rücksetzen) des sog. **Slaves**, der direkt mit dem Ausgang verbunden ist. Für mindestens eine Taktperiode ist dieses Ausgangssignal dann konstant. Verfolgt man diese Situationen im Automatengraphen in Bild 6.16, so kann man das Verhalten anschaulich nachvollziehen.

Aus diesem Automatengraphen lässt sich die Struktur nach Bild 6.17 ableiten. Man erkennt zwei hintereinander geschaltete RS-Flip-Flops, deren Schaltverhalten über ein Taktsignal gesteuert werden kann. Während das erste RS-Flip-Flop (der Master) im 1-Zustand des Taktsignals Belegungswechsel akzeptieren kann, ist das zweite RS-Flip-Flop (der Slave) infolge des negierten Taktsignals gesperrt. Mit dem Wechsel des Taktsignals wird die Belegung des Masters in den Slave und damit an den Ausgang der Schaltung übernommen. Auf Grund der Rücksetzbarkeit (reversibel) des Masters während des gesamten 1-Zustands des Taktes wird erst zum Zeitpunkt der 1-0-Flanke entschieden, welche Belegung an den Slave gegeben wird.

In der Literatur besteht eine verwirrende Bezeichnungsvielfalt zu Flip-Flops dieses Typs, da die Reversibilitäts-Eigenschaft nicht betrachtet wird. Das kommt letztlich auch in den gleichen Schaltsymbolen für reversible und irreversible Master-

Bild 6.16 Zustandsgesteuertes Master-Slave-Flip-Flop (reversibel)

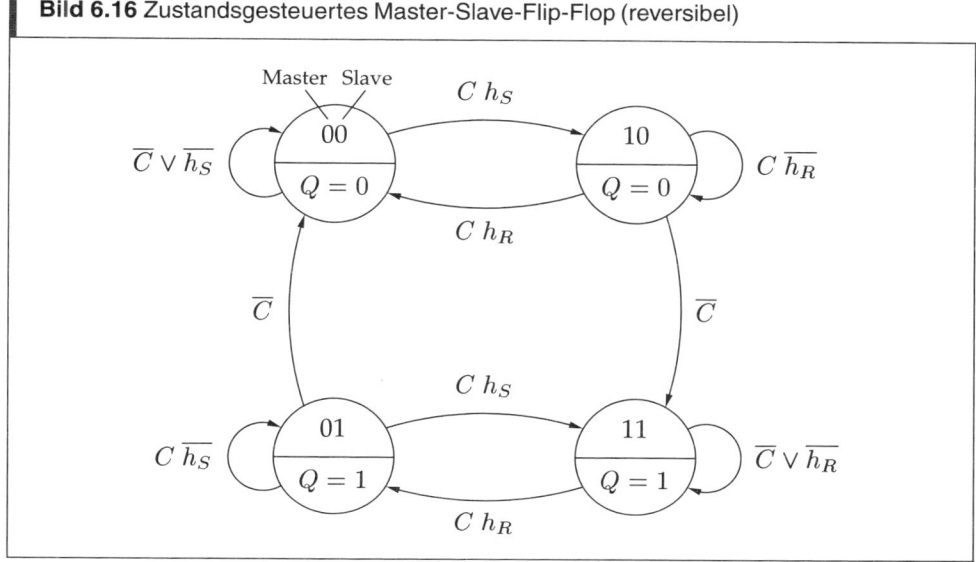

Bild 6.17 Struktur des zustandsgesteuerten Master-Slave-Flip-Flops (reversibel)

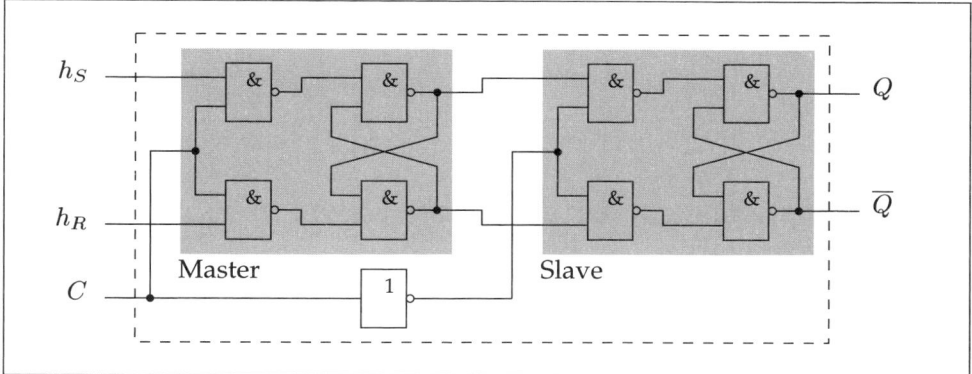

Slave-Flip-Flops zum Ausdruck (siehe Tabelle 6.1). Werden die Eingänge h_S mit D und h_R mit $\overline{D}$ bezeichnet, so erhält man eine Schaltung, die in der Literatur häufig als »**negativ flankengesteuertes D-Flip-Flop**« bezeichnet wird. Diese Bezeichnung nimmt Bezug auf die (*immer* vorhandene) Flankensteuerung des Slaves. Da der Master über den D-Eingang bzw. dessen Negation $\overline{D}$ während des 1-Zustandes des Taktes zwischen den *reversiblen* Zuständen Z_0 und Z_2 bzw. (Z_3 und Z_1) ständig wechseln kann, tritt die Eigenschaft der Zustandssteuerung des Masters demgegenüber in den Hintergrund. Stattdessen entscheidet der *unmittelbar* vor der *negativen* Taktflanke eingestellte Zustand des Masters über die Belegung des Slaves. Um ein Schalten mit der (»positiven«) 0-1-Flanke zu erreichen, wird das Taktsignal negiert zugeführt (in der Literatur auch als »**positiv flankengesteuertes Flip-**

Flop« bezeichnet). Ein flankengesteuertes D-Flip-Flop wird in der Praxis nach der im nächsten Abschnitt diskutierten Schaltung realisiert, die am Ausgang das gleiche Verhalten wie das positiv flankengesteuerte D-Flip-Flop erzeugt.

Die gleiche Schaltung, jedoch mit der Bezeichnung $h_S = S$ und $h_R = R$ wird »zweizustandsgesteuertes« oder »RS-Master-Slave-Flip-Flop« genannt [Wak01].

Bild 6.18 zeigt ein Impulsdiagramm eines reversiblen RS-Master-Slave-Flip-Flops.

Bild 6.18 Impulsdiagramm für ein reversibles RS-Master-Slave-Flip-Flop

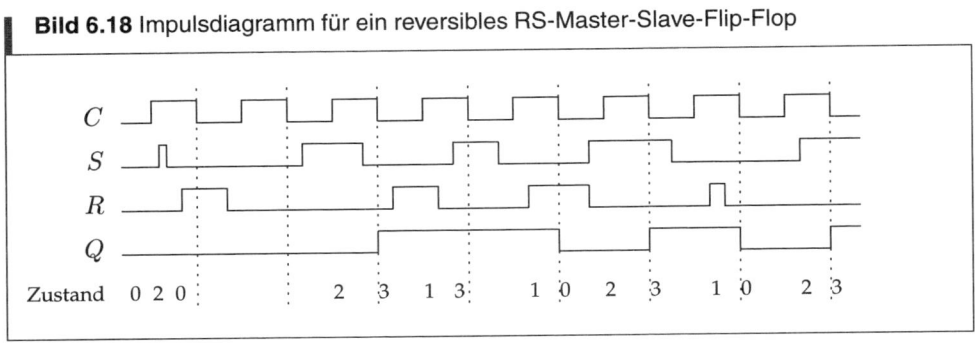

Typischer Vertreter:

■ **RS-Master-Slave-Flip-Flop**

$$h_S = S$$
$$h_R = R$$

6.1.3.3 Zustandsgesteuertes Master-Slave-Flip-Flop (irreversibel)

Die Rücksetzbarkeit des Eingangssignals während des 1-Zustandes bei dem in Abschnitt 6.1.3.2 beschriebenen reversiblen Flip-Flop ist von Vorteil, wenn kurze[5] Störimpulse auftreten können und der Setz- und Rücksetzeingang eigentlich die entgegengesetzte Belegung aufweisen sollen (RS-Flip-Flop). Wenn allerdings gerade kurze Impulse von Interesse sind und an nachfolgende Schaltungen zu definierten Zeitpunkten am Ausgang weitergegeben werden sollen, sind so genannte irreversible **Master-Slave-Flip-Flops** geeignet, die im weiteren Verhalten mit dem in Abschnitt 6.1.3.2 beschriebenen reversiblen Flip-Flops übereinstimmen. Man erkennt im Automatengraph nach Bild 6.19, dass im Vergleich zu Bild 6.16 lediglich die rückführenden Kanten $[Z_2, Z_0]$ und $[Z_1, Z_3]$ und damit die Eigenschaft der Reversibilität fehlen.

---

5 »kurz« bedeutet hier: kürzer als ein Taktzustand

Bild 6.19 Zustandsgesteuertes Master-Slave-Flip-Flop (irreversibel)

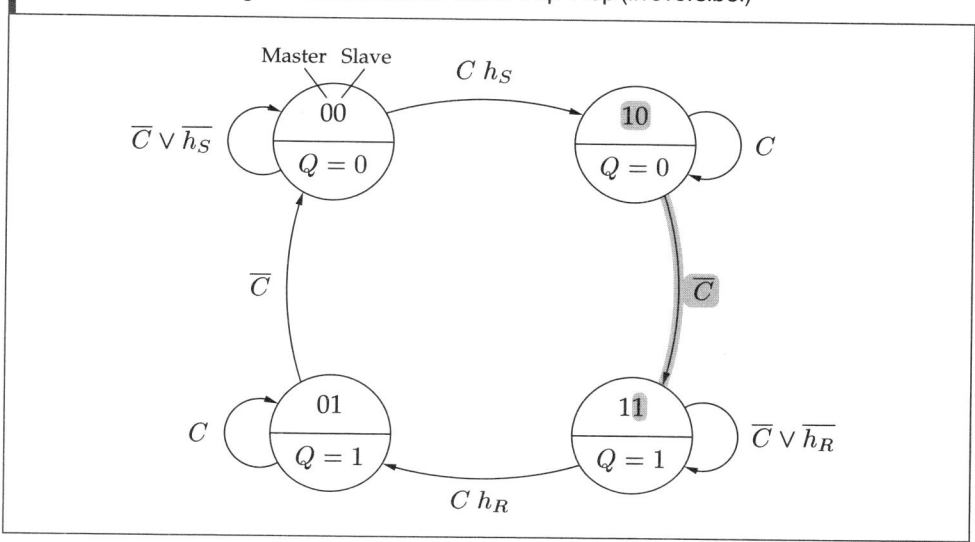

Wir wollen an diesem Flip-Flop-Typ die Herleitung der Schaltung ausführlich beschreiben. Folgende Gleichungen sind aus dem Graphen ableitbar[6]:

$$z_0 \quad := \quad z_1\,\overline{z_0}\,\overline{C} \ \vee\ z_1\,z_0\,(\overline{C}\,\vee\,\overline{h_R}\,\vee\,C\,h_R)\,\vee\,\overline{z_1}\,z_0\,C$$

$$z_1 \quad := \quad \overline{z_1}\,\overline{z_0}\,C\,h_S \ \vee\ z_1\,\overline{z_0}\,(C\,\vee\overline{C})\,\vee\,z_1\,z_0\,(\overline{C}\,\vee\,\overline{h_R})$$

Man kann auch direkt aus dem Graphen die KV-Diagramme aufstellen. Dazu ordnet man günstigerweise die z-Variablen zeilenweise an, sodass man (zumindest für Automaten mit bis zu vier Zuständen) je Zeile einen Zustand erfasst. Als Beispiel ist in Bild 6.20 die Ermittlung der »1«-Belegung für die Variable z_0 am Beispiel des Terms $z_1\,\overline{z_0}\,\overline{C}$ markiert.

Wir lesen die Gleichungen aus den KV-Diagrammen so aus, dass keine Strukturhasards möglich sind, d.h. in der Gleichung für z_0 ergänzen wir den redundanten Term $z_1\,z_0$. Um daraus die in der Literatur angegebene Struktur aus NAND-Gattern zu erhalten, führen wir folgende Umformungen durch:

$$z_0 \quad := \quad z_1\,z_0 \ \vee\ z_0\,C \ \vee\ z_1\,\overline{C}$$

$$\quad := \quad (z_1\,\vee\,C)\,z_0\,\vee\,z_1\,\overline{C}$$

$$\quad := \quad \overline{\overline{(z_1\,\vee\,C)\,z_0}\ \overline{z_1\,\overline{C}}}$$

---

[6] Beispielsweise ergibt sich der erste Term ($z_1\overline{z_0}\,\overline{C}$) der Gleichung für z_0 nach (5.9) als konjunktive Verknüpfung der Elementarkonjunktion $k_2 = z_1\overline{z_0}$ mit dem Kantengewicht $h_{23} = \overline{C}$ der Kante $[Z_2, Z_3]$ und ist in Bild 6.19 grau markiert.

Bild 6.20 KV-Diagramme des zustandsgesteuerten Master-Slave-Flip-Flops

$$z_0 \quad := \quad \overline{\overline{\overline{z_1\,\overline{C}}\ z_0}\ \overline{z_1\,\overline{C}}}$$

$$\underbrace{\quad}_{M^5} \qquad \underbrace{\quad}_{M^4}$$

$$\underbrace{\qquad\qquad}_{M^6}$$

$$\underbrace{\qquad\qquad\qquad}_{M^7}$$

$$z_1 \quad := \quad z_1\,\overline{z_0} \ \vee \ z_1\,\overline{h_R} \ \vee \ z_1\,\overline{C} \ \vee \ \overline{z_0}\,C\,h_S$$

$$:= \quad (\overline{z_0} \vee \overline{h_R} \vee \overline{C})\,z_1 \ \vee \ \overline{z_0}\,C\,h_S$$

$$:= \quad \overline{\overline{(\overline{z_0} \vee \overline{h_R} \vee \overline{C})\,z_1} \ \overline{\overline{z_0}\,C\,h_S}}$$

$$z_1 \quad := \quad \overline{\overline{\overline{z_0\,h_R\,C}\ z_1} \ \overline{\overline{z_0}\,C\,h_S}}$$

$$\underbrace{\quad}_{M^1} \qquad \underbrace{\quad}_{M^0}$$

$$\underbrace{\qquad\qquad}_{M^2}$$

$$\underbrace{\qquad\qquad\qquad}_{M^3}$$

und erhalten die Struktur des zustandsgesteuerten Master-Slave-Flip-Flops nach Bild 6.21, wobei (wie in Bild 6.19 angedeutet) z_1 den Master-Ausgang und z_0 den Slave-Ausgang repräsentieren. Es sei dem Leser zur Übung überlassen, auch die Strukturen der anderen Flip-Flops auf diese Weise nachzuvollziehen.

In der Literatur werden zustandsgesteuerte Master-Slave-Flip-Flops meist nicht nach der Reversibilitäts-Eigenschaft unterschieden, sondern nach **RS-** und **JK-Master-Slave-Flip-Flops**, wobei unter JK-Flip-Flops die irreversiblen Flip-Flops mit $h_S = J$ und $h_R = K$ verstanden werden und die RS-Flip-Flops den im vorigen Abschnitt beschriebenen reversiblen Flip-Flops zugeordnet werden. Setzt man bei den JK-Flip-Flops $h_S = h_R = 1$, erhält man ein »Toggle-Flip-Flop« (**T-Flip-Flop**), dessen Ausgang bei jeder Taktperiode die Belegung wechselt (»toggelt«). Die Periode des Ausgangssignals beträgt das Doppelte der Taktperiode, da für einen Bele-

Bild 6.21 Struktur des zustandsgesteuerten Master-Slave-Flip-Flops (irreversibel)

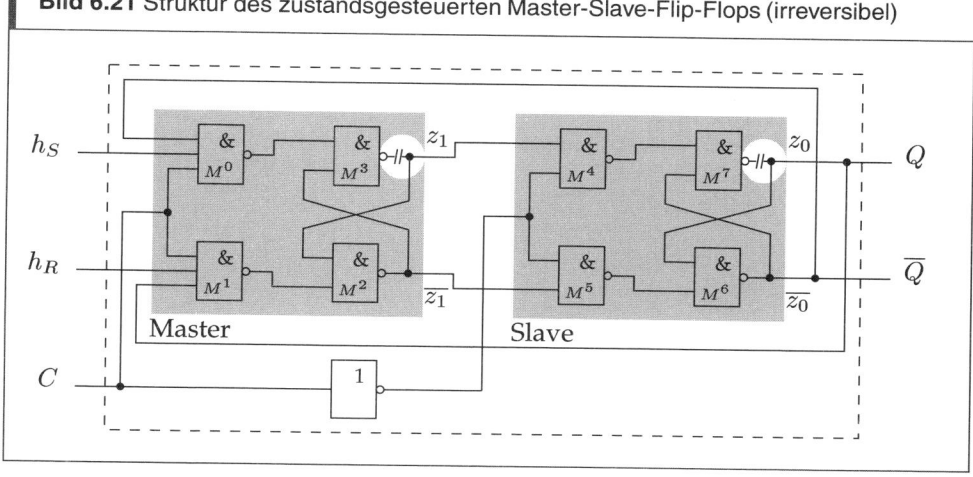

gungswechsel (= $\frac{1}{2}$ Taktperiode) am Ausgang zwei Zustände (= 1 Taktperiode) des Automaten durchlaufen werden. Bezüglich der Taktfrequenz entsteht am Ausgang ein Signal mit halber Frequenz, weshalb das Flip-Flop auch als **Frequenzteiler** eingesetzt wird.

Typische Vertreter:

- **JK-Master-Slave-Flip-Flop**

$$h_S = J$$
$$h_R = K$$

  Für die Schaltungspraxis relevant: z.B. 7472 (1 JK-MS-FF)[7]

- **Toggle-Flip-Flop** (Binärteiler, Frequenzhalbierer)

$$h_S = h_R = T$$

Bild 6.22 zeigt ein Impulsdiagramm eines irreversiblen JK-Master-Slave-Flip-Flops.

Zustandsgesteuerte Flip-Flops, insbesondere irreversible, sind anfällig gegenüber Störimpulsen. Um die Zeitdauer, in der auf Störimpulse am Eingang reagiert werden kann, möglichst kurz zu halten, nutzt man flankengesteuerte Flip-Flops. Auch hier kann wieder zwischen transparenten und Master-Slave-Flip-Flops unterschieden werden.

---

[7]   Wenn nicht anders vermerkt, nutzen wir diesen Flip-Flop-Typ als **Standard-JK-Flip-Flop** in den Fallstudien und den Aufgabenstellungen.

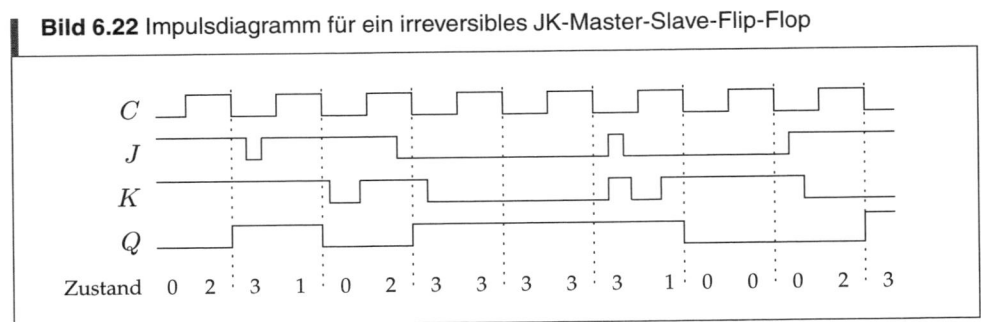

Bild 6.22 Impulsdiagramm für ein irreversibles JK-Master-Slave-Flip-Flop

6.1.3.4   Flankengesteuertes transparentes Flip-Flop

Um sicherzustellen, dass Belegungswechsel nur während der Taktflanke akzeptiert werden, muss das Flip-Flop zum Zeitpunkt des Taktwechsels zwei alternative Zustände annehmen können: einen, falls die Eingangsbedingung h_S (bzw. h_R) erfüllt ist, und einen zweiten, falls die Bedingung nicht erfüllt ist ($\overline{h_S}$ (bzw. $\overline{h_R}$). In diesem zweiten Zustand darf die Ausgabe nicht verändert werden. Er wird mit der 1-0-Flanke des Taktes wieder verlassen. Bild 6.23 zeigt den zugehörigen Automatengraphen.

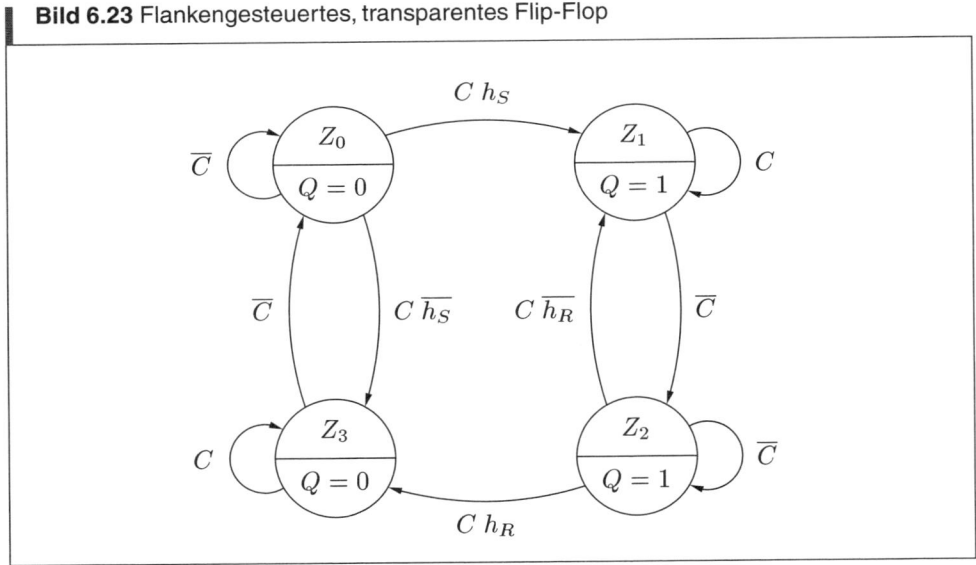

Bild 6.23 Flankengesteuertes, transparentes Flip-Flop

Leitet man aus diesem Graphen eine Struktur ab, so enthält sie eine größere Anzahl von Gattern (z.B. 9), als die in der Praxis verwendete Struktur nach Bild 6.24. Wir werden diese Struktur in Abschnitt 7.1 analysieren und feststellen, dass ihre stabilen Zustände dem Automatengraphen nach Bild 6.23 entsprechen. Ähnlich wie beim Basis-Flip-Flop (siehe Abschnitt 6.1.2) werden auch in dieser Struktur instabile Zwischenzustände bewusst in Kauf genommen, um eine Struktur mit weniger Gattern zu realisieren.

Bild 6.24 Struktur des flankengesteuerten transparenten Flip-Flops

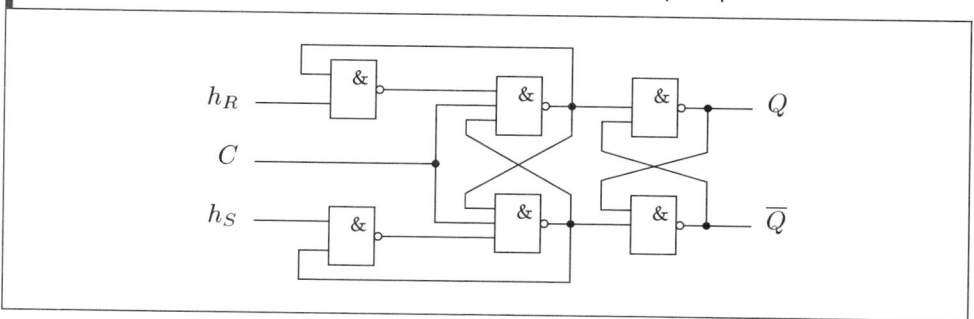

In der Literatur findet man zu diesem Flip-Flop-Typ Realisierungen als RS- und D-Flip-Flop.

Typische Vertreter:

- **taktflankengesteuertes RS-Flip-Flop**

$$h_S = S$$
$$h_R = R$$

- **taktflankengesteuertes D-Flip-Flop**

$$h_S = D$$
$$h_R = \overline{D}$$

Für die Schaltungspraxis relevant z.B. 7474 (2 D-FFs).[8]

Bild 6.25 zeigt ein Impulsdiagramm eines taktflankengesteuerten, transparenten D-Flip-Flops.

Bild 6.25 Impulsdiagramm für ein taktflankengesteuertes D-Flip-Flop

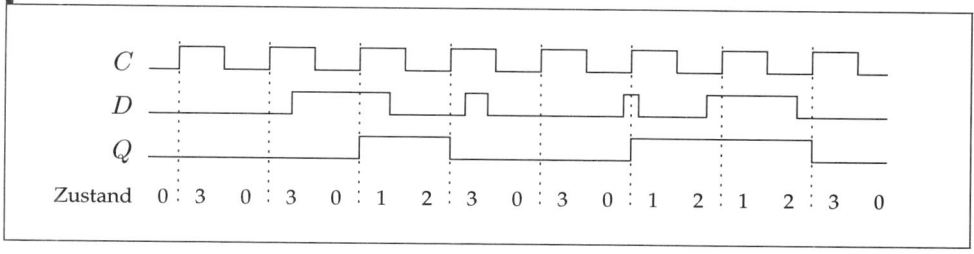

---

[8] Wenn nicht anders vermerkt, nutzen wir diesen Flip-Flop-Typ als **Standard-D-Flip-Flop** in den Fallstudien und den Aufgabenstellungen.

6.1.3.5 Flankengesteuertes Master-Slave-Flip-Flop

Zum Abschluss unserer Betrachtungen von Flip-Flops sei in Bild 6.26 noch der Automatengraph eines flankengesteuerten Master-Slave-Flip-Flops angegeben. Da sowohl die Master-Slave-Eigenschaft als auch die Eigenschaft der Flankensteuerung einen separaten Zustand erfordern, ist dieser Flip-Flop-Typ nicht mehr mit einem Graphen mit vier Zuständen beschreibbar.

Bild 6.26 Flankengesteuertes Master-Slave-Flip-Flop

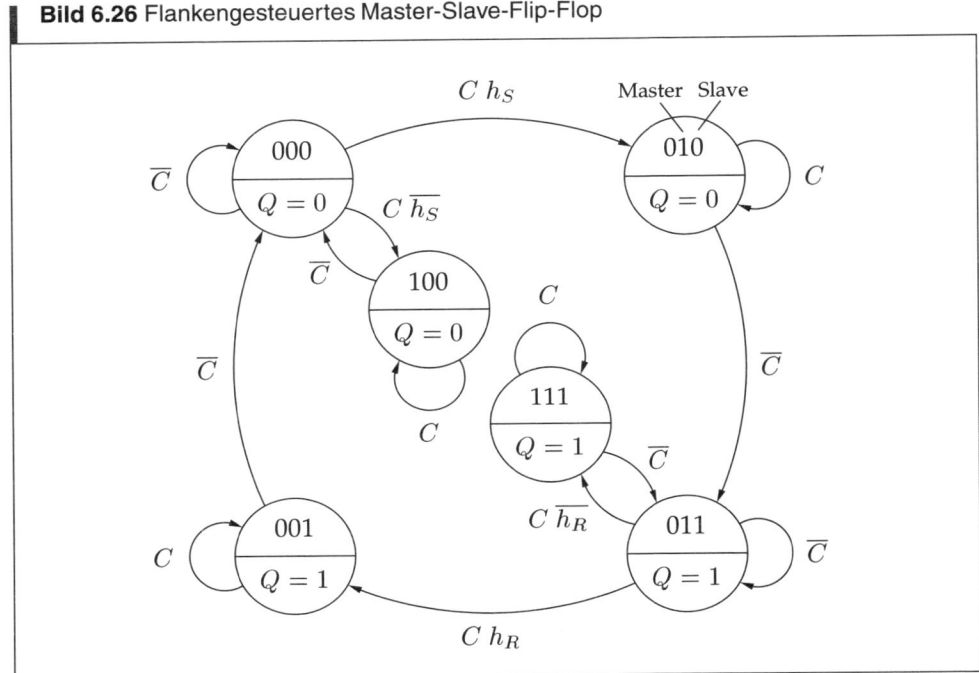

Die vielfältigen Möglichkeiten der Zustandskodierung sowie der Ausnutzung der don't cares für die zwei weiteren mit drei z-Variablen kodierbaren Zustände führt zu einer Lösungsvielfalt, die wir hier nicht weiter untersuchen wollen.

Typischer Vertreter:

■ **JK-Master-Slave-Flip-Flop**

$$h_S = J$$
$$h_R = K$$

Für die Schaltungspraxis relevant: z.B. 74111 (2 JK-FFs).

Bild 6.27 zeigt ein Impulsdiagramm eines taktflankengesteuerten JK-Master-Slave-Flip-Flops.

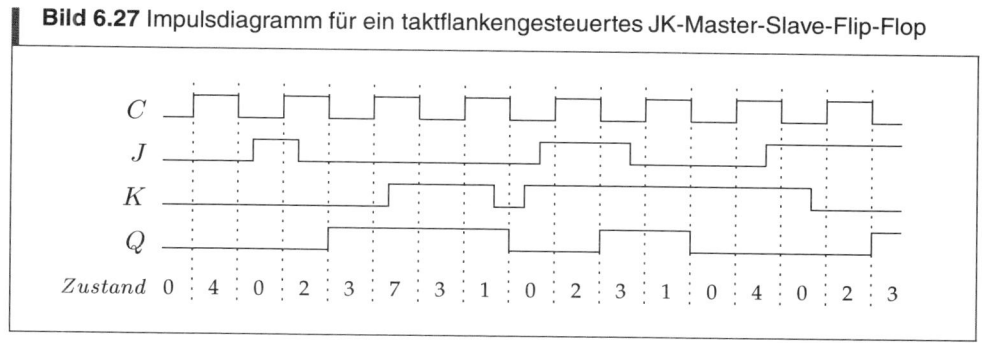

Bild 6.27 Impulsdiagramm für ein taktflankengesteuertes JK-Master-Slave-Flip-Flop

Bild 6.28 stellt die Flip-Flops in einer Übersicht einschließlich der Schaltsymbole noch einmal gegenüber.

6.1.4 Umwandlung der Flip-Flop-Arten

Es ist möglich, durch Vorschaltung einer geeigneten Zusatzlogik, die einzelnen Flip-Flops ineinander umzuwandeln (siehe Bild 6.29). Dies gilt allerdings nur für das durch die charakteristische Gleichung und die Schaltfolgetabelle beschriebene Verhalten. Das weitere Verhalten wird durch das verwendete »vorhandene« Flip-Flop bestimmt. Die Eigenschaften können allerdings nicht einfach übertragen werden. Es bedarf vielmehr hierfür einer detaillierten Analyse, auf die wir an dieser Stelle nicht eingehen können.

Die Ermittlung der Zusatzlogik kann über die charakteristische Gleichung oder durch Aufstellen der Schaltfolgetabelle erfolgen. Bild 6.30 zeigt die Ermittlung dieser Logik für ein RS-Flip-Flop, das als JK-Flip-Flop eingesetzt werden soll. Aus der Schaltfolgetabelle lässt sich ermitteln, wie die Eingänge R und S zu beschalten sind, um das gewünschte Verhalten eines JK-Flip-Flops zu erhalten.

Bild 6.31 zeigt die Umwandlung ausgewählter Flip-Flop-Typen ineinander.

6.1.5 Zähler, Schieberegister

Neben den Flip-Flops stellen Zähler und Scheiberegister eine weitere bedeutende Gruppe von elementaren sequentiellen Strukturen dar. Wir werden an dieser Stelle nur exemplarisch auf einige asynchrone[9] Zähler eingehen. Der Entwurf wird auf struktureller Ebene beschrieben (d.h. durch Kopplung von elementaren Strukturen), da wir im Rahmen dieses Buches nicht den systematischen Entwurfsweg asynchroner Strukturen darstellen. Der Entwurf *synchroner* Zähler und Schieberegister unterscheidet sich nicht von dem anderer synchroner Automaten und wird in den Fallbeispielen ausreichend diskutiert.

---

[9]   Die Schaltungen heißen *asynchron*, da der Takteingang der verwendeten Flip-Flops nicht von einem zentralen Takt gesteuert wird, sondern über den (von den Gatterlaufzeiten abhängigen) Q-Ausgang des vorherigen Flip-Flops.

Bild 6.28 Synchrone Flip-Flops

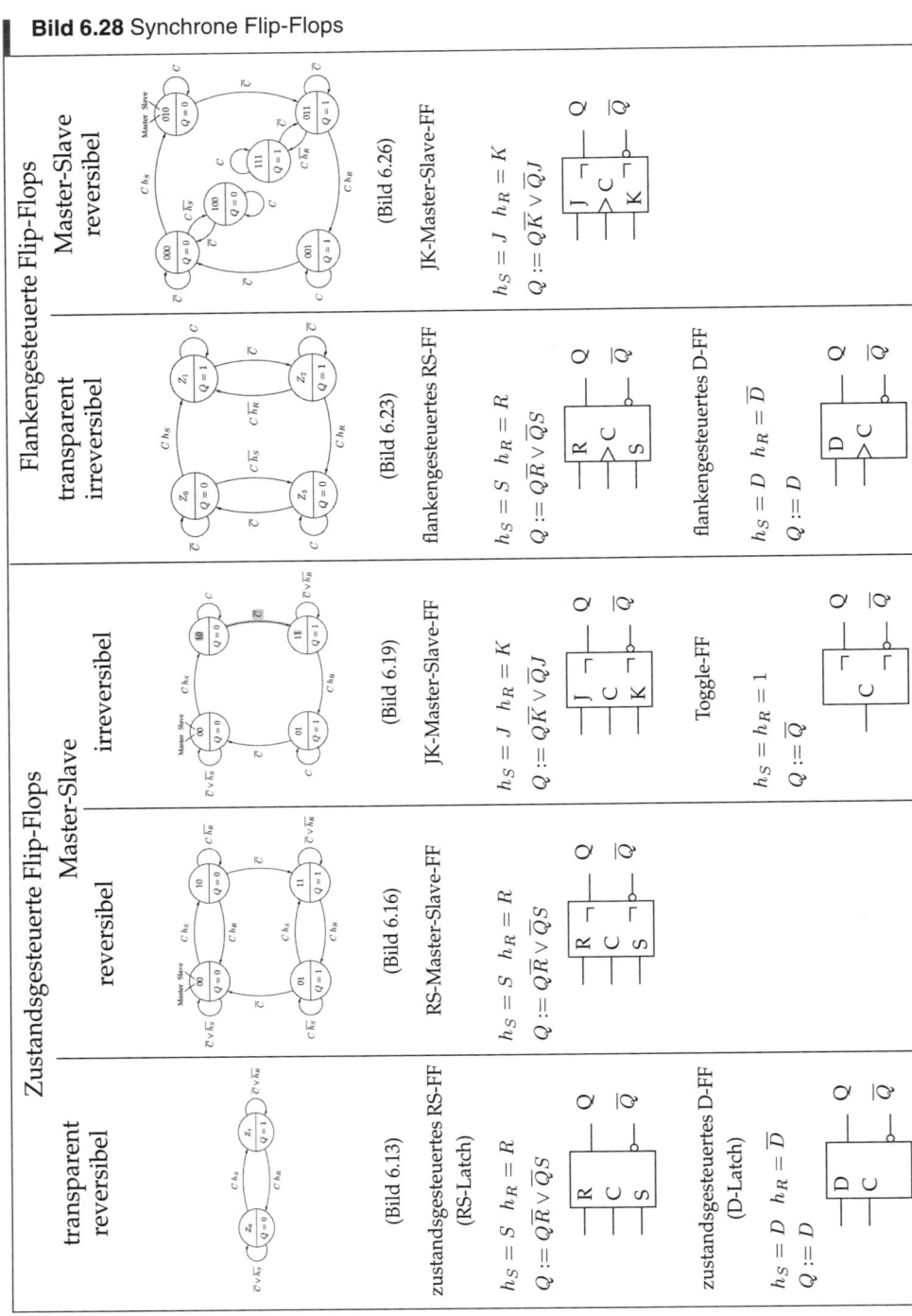

Bild 6.29 Umwandlung der Flip-Flops durch eine Zusatzlogik

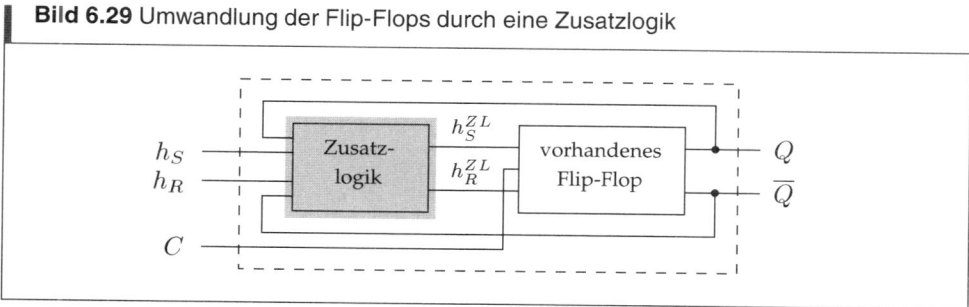

Bild 6.30 Ermittlung der JK-Zusatzlogik für ein RS-Flip-Flop

gewünscht				realisiert durch		
^aQ	J	K	^nQ	S	R	
0	0	0	0	0	0	Ausgang speichern
0	0	1	0	0	0	Ausgang speichern
0	1	0	1	1	0	Ausgang setzen
0	1	1	1	1	0	Ausgang setzen
1	0	0	1	0	0	Ausgang speichern
1	0	1	0	0	1	Ausgang rücksetzen
1	1	0	1	0	0	Ausgang speichern
1	1	1	0	0	1	Ausgang rücksetzen

Zusatzlogik: $S = \overline{Q}\,J$
$$R = Q\,K$$

6.1.5.1   Asynchrone Zähler

Asynchrone Zähler entstehen durch Hintereinanderschalten von D- oder Toggle-Flip-Flops (siehe Abschnitte 6.1.3.4 und 6.1.3.3), bei denen der Ausgang jeweils für die Taktung des nächsten Flip-Flops genutzt wird.

Bild 6.32 stellt einen 4-Bit-Zähler dar, der mithilfe von D-Flip-Flops realisiert ist. Diese Art der Zähler-Realisierung wird in der Praxis häufig verwendet.

Die Struktur eines 4-Bit-Zählers mit T-Flip-Flops ist in Bild 6.33 dargestellt. T-Flip-Flops sind nicht als separate Schaltkreise verfügbar. Sie sind aber meistens in Baustein-Bibliotheken von Entwurfssystemen z.B. für speicherprogrammierbare Logikschaltkreise oder ASICs zu finden. Dort werden sie – auf Grund ihrer geringeren Komplexität gegenüber D-Flip-Flops – vor allem für Zähler-Entwürfe im Hochfrequenz-Bereich (Sub-Terahertz-Bereich) eingesetzt [Jon00].

Bild 6.31 Umwandlung ausgewählter Flip-Flops ineinander

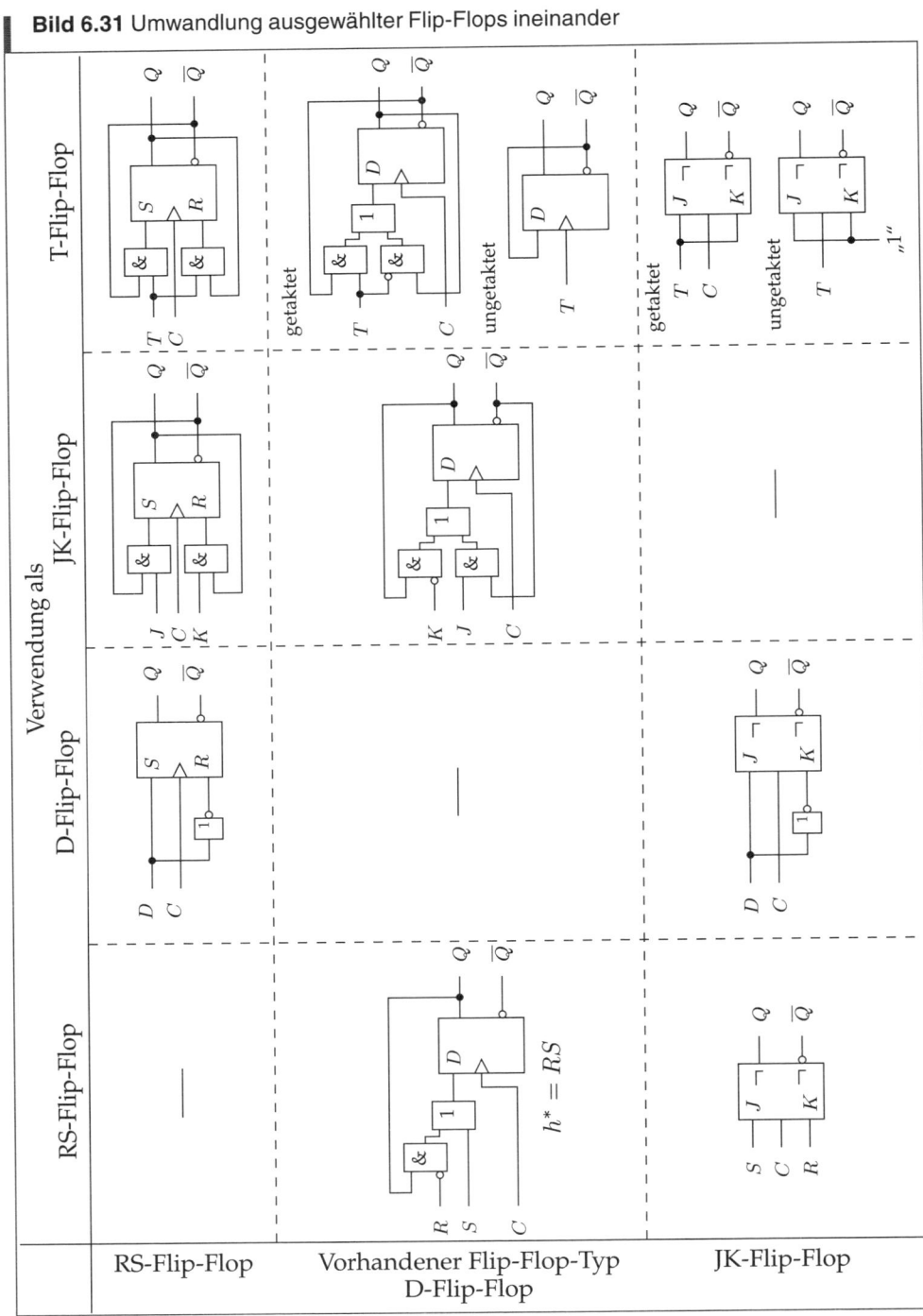

Bild 6.32 Asynchroner 4-Bit-Zähler aus D-Flip-Flops

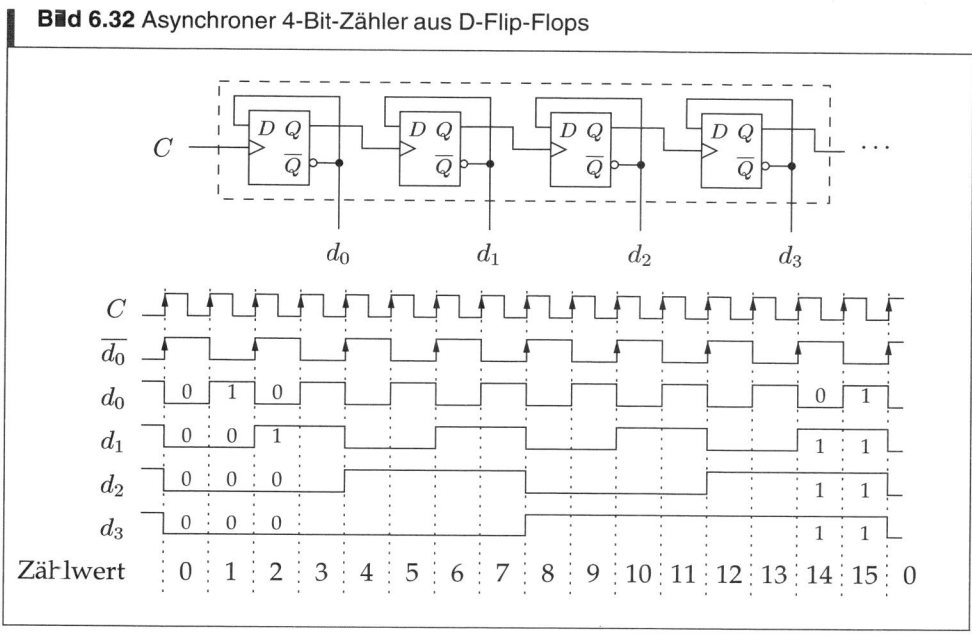

Bild 6.33 Asynchroner 4-Bit-Zähler aus T-Flip-Flops

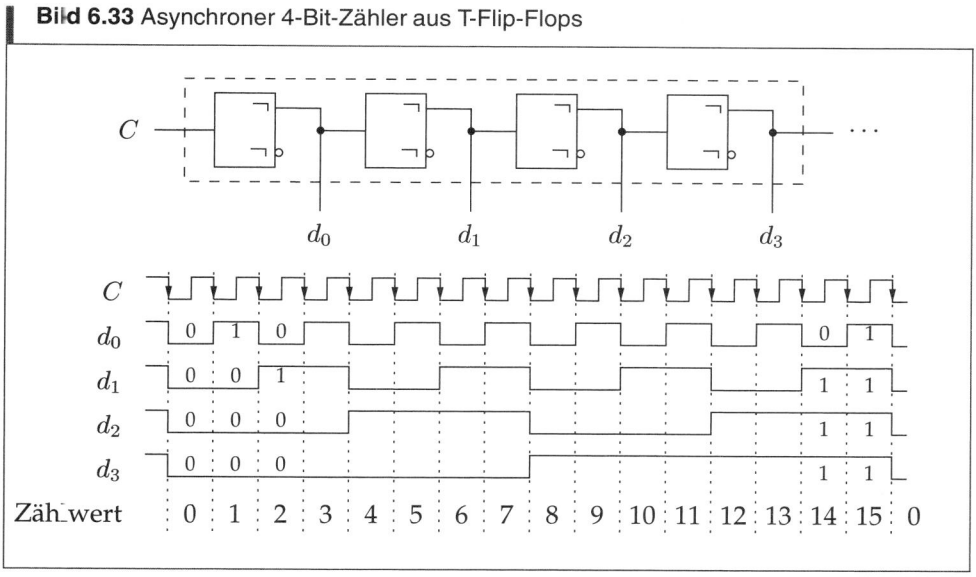

6.1.5.2   Schieberegister

Eine Hintereinanderschaltung von synchron getakteten Flip-Flops, bei denen der Ausgang eines Flip-Flops mit dem Eingang des nachfolgenden Flip-Flops verbunden ist, wird als **Schieberegister** (auch als Schiebekette) bezeichnet.

Die Flip-Flops übernehmen (synchron) mit jedem Takt die Ausgangsbelegung des vorhergehenden Flip-Flops und geben sie mit dem nächsten Takt an das nachgeschaltete Flip-Flop weiter. Das Flip-Flop erfüllt die Funktion eines Zwischenspeichers. Mit jedem Takt wird die Gesamtinformation (Belegung aller Flip-Flops) um ein Flip-Flop weiter »geschoben«. Auf diese Weise kann die zeitliche Folge der Belegungswechsel eines Eingangssignals gespeichert werden. Man nennt dieses schrittweise Übernehmen »serielles Einlesen«. Die gespeicherten Werte können durch weiteres Takten wieder seriell ausgegeben werden.

Falls die einzelnen Ein- und Ausgänge der Flip-Flops an der Schnittstelle zur Verfügung stehen, können die Werte auch gleichzeitig (»parallel«) ein- oder ausgelesen werden. Auf diese Weise können sequentielle Informationen parallelisiert werden und umgekehrt.

Bild 6.34 zeigt Realisierungsmöglichkeiten eines dreistelligen Schieberegisters mit D- und JK-Flip-Flops.

Bild 6.34 Schieberegister aus D- bzw. JK-Flip-Flops

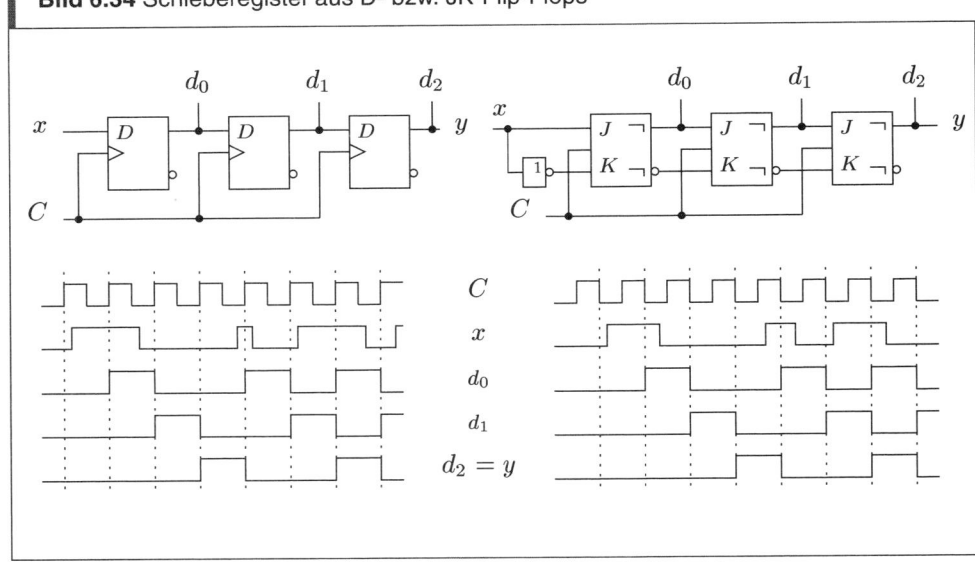

Nach diesem Schema können Schieberegister realisiert werden, bei denen z.B. folgende Möglichkeiten der Informationsweiterleitung bestehen:

- seriell ein – parallel aus (z.B. als Seriell/Parallel-Wandler),

- seriell ein – seriell aus (wie in Bild 6.34),

- parallel ein – seriell aus (z.B. als Parallel/Seriell-Wandler),

- rechts schieben – links schieben usw.

Führt man den Ausgang y auf den Eingang x zurück, entstehen die einfachsten synchronen Zählerschaltungen:

▪ **Ringzähler**

Bei Ringzählern wird der Q-Ausgang des letzten Flip-Flops mit dem h_S-Eingang (z.B. J) des ersten Flip-Flops verbunden, der $\overline{Q}$-Ausgang des letzten Flip-Flops mit dem h_R-Eingang (z.B. K) des ersten Flip-Flops. Bei Verwendung von D-Flip-Flops ist der Q-Ausgang des letzten Flip-Flops mit dem D-Eingang des ersten Flip-Flops zu verbinden.

▪ **Johnson-Zähler**

Der Johnson-Zähler unterscheidet sich vom Ringzähler dadurch, dass die Rückführungen »überkreuzt« sind, d.h. der Q-Ausgang des letzten Flip-Flops wird mit dem h_R-Eingang (z.B. K) des ersten Flip-Flops verbunden, der $\overline{Q}$-Ausgang des letzten Flip-Flops mit dem h_S-Eingang (z.B. J) des ersten Flip-Flops. Bei Verwendung von D-Flip-Flops ist der $\overline{Q}$-Ausgang des letzten Flip-Flops mit dem D-Eingang des ersten Flip-Flops zu verbinden.

6.2   Synchrone sequentielle Schaltungen

Unter Verwendung der in den vorigen Abschnitten vorgestellten Flip-Flops können aus Automatengraphen synchrone Schaltungsstrukturen erzeugt werden, die das entworfene Verhalten zuverlässig realisieren. Bei geeigneter Wahl der Taktperiode treten keine dynamischen Effekte auf. Das Verhalten des entworfenen Automaten wird durch synchron getaktete Automaten mit zwei Zuständen (den Flip-Flops) nachgebildet, indem die Setz- und Rücksetzeingänge der Flip-Flops entsprechend der z-Gleichungen nach Abschnitt 5.2.4 beeinflusst werden. Jedes Flip-Flop bildet somit das Verhalten einer z-Variablen nach. Die Struktursynthese ist daher die detaillierteste Variante der *Dekomposition*, auf deren allgemeine Form wir in Abschnitt 8.2 näher eingehen.

Die Synthesemethoden unterscheiden sich nach

1. dem Automatentyp,

2. dem Ausgangspunkt der Synthese sowie

3. der Art der verwendeten Flip-Flops.

Bezüglich der Realisierung der Zustandsüberführungsfunktion gibt es keine Unterschiede zwischen *Mealy- und Moore-Automaten*. Die Realisierung der Ausgabefunktion unterscheidet sich dadurch, dass beim *Moore-Automaten* zur Realisierung der Ausgangsbelegungen ausschließlich auf Zustandsvariablen des Automaten zugegriffen wird und demzufolge zeitlichen Effekten der Eingangssignale keine Beachtung geschenkt werden muss. Bei der Realisierung von *Mealy-Automaten* ist zu beachten, dass sich Eingangssignale asynchron zum Takt direkt auf den Ausgang auswirken können. Gegebenenfalls müssen die Eingangssignale über weitere Flip-Flops zwischengespeichert und über einen gemeinsamen Takt mit der Realisierung der Zustandsüberführungsfunktion synchronisiert werden.

Als Ausgangspunkt der Synthese können sowohl der *Automatengraph* als auch die daraus abgeleiteten *z-Gleichungen* dienen. Während für die Realisierung mit D-Flip-Flops die *z*-Gleichungen der adäquate Ausgangspunkt sind, gibt es für RS- und JK-Flip-Flops auch Verfahren zum direkten Auslesen der Ansteuer-Gleichungen aus dem Automatengraphen. Wir werden hierauf im nächsten Abschnitt näher eingehen.

Im Wesentlichen erfolgt die Struktursynthese, ausgehend von einer Funktionsbeschreibung als Automatengraph, in folgenden Schritten:

1. Zustandskodierung,

2. Ermitteln der Ansteuer-Gleichungen,

3. Ermitteln der Ausgabe-Gleichungen.

6.2.1 Zustandskodierung

Die Zustandskodierung wird in der in diesem Buch dargestellten Methodik bereits implizit durch die Nummerierung der Zustände vorweggenommen (Abschnitt 5.2.1), kann aber an dieser Stelle noch einer kritischen Betrachtung unterzogen werden. Wir gehen in den Fallstudien bzw. auf den Autoren-Webseiten [WH02a] ausführlich darauf ein. Das Finden einer geeigneten Zustandskodierung beeinflusst den Realisierungsaufwand erheblich, sodass sich entsprechende Untersuchungen durchaus lohnen. Leider ist das Finden einer optimalen Zustandskodierung ein NP-vollständiges Problem, d.h. nur wenn man alle Möglichkeiten ausprobiert und vergleicht, kann man die beste Lösung feststellen. Die Anzahl unterschiedlicher Kodierungsvarianten für m zu kodierende Zustände aus $n = 2^i$ Kodierungsmöglichkeiten mit i *z*-Variablen ergibt sich als *Variation ohne Wiederholung* zu $\frac{n!}{(n-m)!}$. Für einen Automaten mit fünf Zuständen wären das allein 6.720 Möglichkeiten! Der interessierte Leser sei hier auf die Literatur verwiesen, in der eine Reihe heuristischer Verfahren angegeben sind [Kat95].

6.2.2 Ermitteln der Ansteuer-Gleichungen

Mit der gefundenen Zustandskodierung liegt fest, in welchen Zuständen die einzelnen *z*-Variablen den Wert »1« bzw. »0« annehmen sollen. Der weitere Entwurfsweg richtet sich nach der charakteristischen Gleichung der verwendeten Flip-Flops. Für ihre Setz- (S, J oder D) und Rücksetzeingänge (R oder K) müssen so genannte **Ansteuer-Gleichungen** gefunden werden, die die gewünschten Werte der *z*-Variablen erzeugen. Ansteuer-Gleichungen enthalten auf der linken Seite den betreffenden Flip-Flop-Eingang (z.B. »J«) und auf der rechten Seite einen Ausdruck $h_S(x, z)$ bzw. $h_R(x, z)$ in z- und x-Variablen zum Setzen bzw. Rücksetzen des Flip-Flops. Sie können auf verschiedene Weisen ermittelt werden:

- aus den z-Gleichungen,

- direkt aus dem Automatengraphen.

6.2.2.1   Ermitteln der Ansteuer-Gleichungen aus den z-Gleichungen

Verwendet man **D-Flip-Flops**, so sind wegen

$$Q \quad := \quad D \tag{6.9}$$

die z-Gleichungen direkt als Ansteuer-Gleichung nutzbar. Die rechte Seite einer z-Gleichung enthält den für das *Setzen* und das *Halten*[10] des zugehörigen Flip-Flops erforderlichen Ausdruck. Der Ausgang einer diesem Ausdruck entsprechenden Struktur ist an den D-Eingang des Flip-Flops zu schalten. Am Ausgang Q des Flip-Flops stellt sich taktgesteuert der neue Wert der z-Variablen ($^n z$) ein. Das *Rücksetzen* des D-Flip-Flops erfolgt unmittelbar bei Nichterfüllung der Setzbedingung und muss deshalb nicht explizit über eine Ansteuer-Gleichung realisiert werden.

Bei der Verwendung von **JK-Flip-Flops** müssen die Ausdrücke für das Setzen (J) und Rücksetzen (K) getrennt ermittelt werden. Entsprechend der charakteristischen Gleichung

$$Q \quad := \quad J \, \overline{Q} \vee \overline{K} \, Q \tag{6.10}$$

sind die z-Gleichungen so umzuformen, dass die z_i-Variable der i-ten Gleichung jeweils getrennt nach der negierten und unnegierten Form ausgeklammert werden und die z-Gleichung somit die Form

$$z_i \quad := \quad h_S(x, z) \, \overline{z_i} \vee \overline{h_R(x, z)} \, z_i \tag{6.11}$$

annimmt. Die Ausdrücke h_S und h_R enthalten dementsprechend nicht mehr die Variable z_i. Wegen (3.75) ist eine solche Umformung auch möglich, wenn z-Variablen fehlen. Wir werden dies in den Fallbeispielen näher erläutern.

Substituiert man in der charakteristischen Gleichung des Flip-Flops die Q-Variablen durch die Variable z_i, erkennt man die Analogie zur umgeformten z-Gleichung. Daraus lässt sich ableiten, dass h_S den Ausdruck zum Setzen (»J«) des Flip-Flops bildet und h_R die Bedingung für das Rücksetzen (»K«) enthält. Die Ansteuer-Gleichungen lauten

$$J \quad = \quad h_S \tag{6.12}$$

$$K \quad = \quad h_R \tag{6.13}$$

---

[10] d.h. den Wert »1« beibehalten (siehe h_{11} in Bild 6.3)

Im Falle vollständig definierter, widerspruchsfreier Automaten führt dies zu exakt den gleichen Ergebnissen wie die nachfolgend beschriebene Methode der Ableitung direkt aus dem Graphen. Bei nichtdeterminierten, partiellen Automaten ergeben sich jedoch Unterschiede auf Grund unterschiedlicher Interpretationsmöglichkeiten der don't care-Belegungen (h^*).

Die Methodik zur Ermittlung der Ansteuer-Gleichungen für **RS-Flip-Flops** unterscheidet sich von der für JK-Flip-Flops beschriebenen nur dadurch, dass zusätzlich die Einhaltung der Nebenbedingung $RS \neq 1$ überprüft werden muss. Entsprechend der charakteristischen Gleichung

$$Q \quad := \quad S\,\overline{Q} \vee \overline{R}\,Q \tag{6.14}$$

gilt also

$$S \quad = \quad h_S \tag{6.15}$$
$$R \quad = \quad h_R. \tag{6.16}$$

Die Erfüllung der Nebenbedingung ist formal durch

$$R\,S \underset{*}{=} 0 \qquad \text{bzw.} \qquad h_S(x,z)\,h_R(x,z) \underset{*}{=} 0 \tag{6.17}$$

überprüfbar. Die Entscheidung, welcher Flip-Flop-Typ eingesetzt wird, kann neben dem in Abschnitt 6.1.1 erläuterten Ein-Ausgangs-Verhalten auch nach dem Aufwand für die Ansteuer-Gleichungen getroffen werden. Die Fallbeispiele werden auch diesen Aspekt betrachten.

6.2.2.2 Ermitteln der Ansteuer-Gleichungen direkt aus dem Automatengraphen

Für **D-Flip-Flops** unterscheidet sich die Methodik nicht von der oben beschriebenen, da die z-Gleichung aus dem Graphen entwickelt wurde und der Ansteuer-Gleichung entspricht.

Bei der Ableitung der Ansteuer-Gleichungen für **JK-** und **RS-Flip-Flops** direkt aus dem Automatengraphen ermittelt man für alle Zustände, in deren Kodierung die jeweils betrachtete z-Variable den Wert »1« hat, die hinführenden Kanten und verknüpft deren Kantengewichte konjunktiv mit den Elementarkonjunktionen der Anfangszustände der Kanten. Diese Ausdrücke werden disjunktiv verknüpft und beschreiben die »0-1«-Übergänge der z-Variablen und bilden somit die rechte Seite der Ansteuer-Gleichung (h_S) für den Setzeingang des Flip-Flops. Für den Rücksetzeingang ermittelt man für alle Zustände, in deren Kodierung die jeweils betrachtete z-Variable den Wert »0« hat, die hinführenden Kanten und verknüpft deren Kantengewichte konjunktiv mit den Elementarkonjunktionen der Anfangszustände der Kanten. Diese Ausdrücke werden disjunktiv verknüpft und beschreiben die »1-0«-Übergänge der z-Variablen. Bei diesem Verfahren bleiben die

»1-1«-Übergänge ($\overline{h_R}$), die Bestandteil der z-Gleichungen sind, unberücksichtigt und ergeben sich implizit über die Negation $h_{11} = \overline{h_R}$. Hierin liegt die Ursache dafür, dass man im Falle nichtdeterminierter, partieller Automaten mit beiden Methoden unterschiedliche Ergebnisse für die Ansteuer-Gleichung des Rücksetzeinganges erhalten kann. Auch hier sei wieder auf die Fallbeispiele verwiesen. Für **RS-Flip-Flops** ist zusätzlich die Überprüfung der Bedingung $R\,S \neq 1$ nach (6.17) erforderlich.

6.2.3 Ermitteln der Ausgabe-Gleichungen

Die Ermittlung der Ausgabe-Gleichungen erfolgt für die einzelnen y-Variablen des Ausgabevektors getrennt. Dazu werden (ähnlich wie bei der Ermittlung der Ansteuer-Gleichungen) die Ausdrücke der Ausgabe-Gleichungen in den einzelnen Zuständen konjunktiv mit den Elementarkonjunktionen $k(z)$ der betreffenden Zustände verknüpft. Diese Terme ergeben disjunktiv verknüpft (siehe Abschnitt 5.2.4) die Ausgabe-Gleichungen.

6.2.4 Beispiel

Nachfolgend sind für den Automatengraphen aus Bild 5.15 die einzelnen Schritte der Struktursynthese für unterschiedliche Flip-Flop-Typen und für unterschiedliche Verfahren gegenübergestellt. Der Nachweis der Wertverlaufsgleichheit gelingt nur unter Ausnutzung des h^*-Ausdrucks. Bild 6.35 zeigt zusätzliche h^*-Ausdrücke bei der Verwendung von JK-Flip-Flops, die sich aus dem Schaltverhalten dieser Flip-Flops ergeben. So kann beispielsweise für die Minimierung von J_0 ein zusätzlicher h^*-Ausdruck $h^*_{JK}(J_0) = z_0$ für $z_0 = 1$ herangezogen werden, da das Flip-Flop keinen »0-1«-Übergang vollzieht, wenn der Ausgang bereits auf »1« ist. Analoge Betrachtungen lassen sich für die Ermittlung des K-Ausdrucks anstellen.

1. Binäre Zustandskodierung für $Z = \{Z_0, Z_1, Z_3\}$:

   $$|z| = n = \lceil ld\,|Z| \rceil = \lceil ld\,3 \rceil = 2 \qquad \text{und somit} \quad z = [z_1, z_0]$$

2a. Die Ermittlung der Ansteuer-Gleichungen aus den z-Gleichungen (siehe Abschnitt 6.2.2.1) ist in Tabelle 6.2 dargestellt.

2b. Die Ermittlung der Ansteuer-Gleichungen durch direktes Auslesen aus dem Graphen (siehe Abschnitt 6.2.2.2) ist in Tabelle 6.3 dargestellt.

3. Die Ermittlung der Ausgabe-Gleichungen (siehe Abschnitt 6.2.3):

$$\begin{aligned} y \;&=\; \overline{z_1}\,\overline{z_0}\,x_1 \;\vee\; z_1\,z_0 \\ &\underset{*}{=}\; \overline{z_0}\,x_1 \;\vee\; z_1\,z_0 \end{aligned}$$

Tabelle 6.2 Ermittlung der Ansteuer-Gleichungen aus den z-Gleichungen

FF-Typ	D-FF	JK-FF
char. Gl.	$Q := D$	$Q := J\overline{Q} \vee \overline{K}Q$
z_0	$z_0 := \bar{z}_1\bar{z}_0\bar{x}_0 \vee \bar{z}_1 z_0 \bar{x}_1 \bar{x}_0 \vee z_1 z_0 \bar{x}_1 x_0 \vee \bar{z}_1 z_0 x_0 \vee \bar{z}_1 \bar{z}_0 x_0 \vee z_1 z_0 \bar{x}_1$ $:\underset{*}{=} \bar{z}_0 \vee z_0 \bar{x}_1$	
z_{0min}	$z_0 :\underset{*}{=} \underbrace{\bar{z}_0 \vee \bar{x}_1}_{D_0}$	$z_0 :\underset{*}{=} \underbrace{1}_{J_0} \bar{z}_0 \vee \underbrace{\bar{x}_1}_{\overline{K_0}} z_0$
Ansteuer-Gl.	$D_0 \underset{*}{=} \bar{z}_0 \vee \bar{x}_1$	$J_0 \underset{*}{=} 1 \qquad\qquad K_0 \underset{*}{=} x_1$
z_1	$z_1 := \bar{z}_1 z_0 x_0 \vee \bar{z}_1 \bar{z}_0 x_0 \vee z_1 z_0 \bar{x}_1$ $:\underset{*}{=} \bar{z}_1 x_0 \vee z_1$	
z_{1min}	$z_1 :\underset{*}{=} \underbrace{z_1 \vee x_0}_{D_1}$	$z_1 :\underset{*}{=} \underbrace{x_0}_{J_1} \bar{z}_1 \vee \underbrace{1}_{\overline{K_1}} z_1$
Ansteuer-Gl.	$D_1 \underset{*}{=} z_1 \vee x_0$	$J_1 \underset{*}{=} x_0 \qquad\qquad K_1 \underset{*}{=} 0$

Tabelle 6.3 Ermittlung der Ansteuer-Gleichungen aus dem Automatengraphen

FF-Eingang	D	J	K
Übergang	$0 \dashrightarrow 1$ und $1 \dashrightarrow 1$	$0 \dashrightarrow 1$	$1 \dashrightarrow 0$
z_0	$z_0 =$ siehe z_0 oben	$J_0 = \bar{z}_1 \bar{x}_0 \vee \bar{z}_1 x_0$	$K_0 = \bar{z}_1 x_1$
Ansteuer-Gl.	$D_0 \underset{*}{=} \bar{z}_0 \vee \bar{x}_1$	$J_0 \underset{*}{=} 1$	$K_0 \underset{*}{=} x_1$
z_1	$z_1 =$ siehe z_1 oben	$J_1 = \bar{z}_0 x_0$	$K_1 = z_0 \bar{x}_1 x_0$
Ansteuer-Gl.	$D_1 \underset{*}{=} z_1 \vee x_0$	$J_1 \underset{*}{=} x_0$	$K_1 \underset{*}{=} 0$

6.3 Struktursynthese mit programmierbaren Strukturen

Die Struktursynthese mit programmierbaren Schaltkreisen verläuft im Wesentlichen in den gleichen Schritten wie die Synthese mit Flip-Flops. Die in Abschnitt 3.6.5 diskutierten programmierbaren Strukturen können prinzipiell auch für die Synthese sequentieller Strukturen eingesetzt werden, da die Ansteuer- und Ausgabe-Gleichungen reine kombinatorische Schaltungen sind. Üblicherweise nutzt man jedoch die in den Strukturen integrierten Flip-Flops, wenn keine speziellen Anforderungen an das Ein-/Ausgabeverhalten der Flip-Flops gestellt werden. Bild 6.36 zeigt ein Beispiel einer so genannten **Makrozelle**, die für jeweils eine Gleichung programmiert werden kann. Das Flip-Flop kann durch entsprechende Programmierung überbrückt werden, sodass die Makrozelle sowohl zur Realisierung kombinatorischer als auch sequentieller Funktionen eingesetzt werden kann.

Bild 6.35 Zusätzliche h^*-Anteile beim JK-Flip-Flop für J_0 und K_1

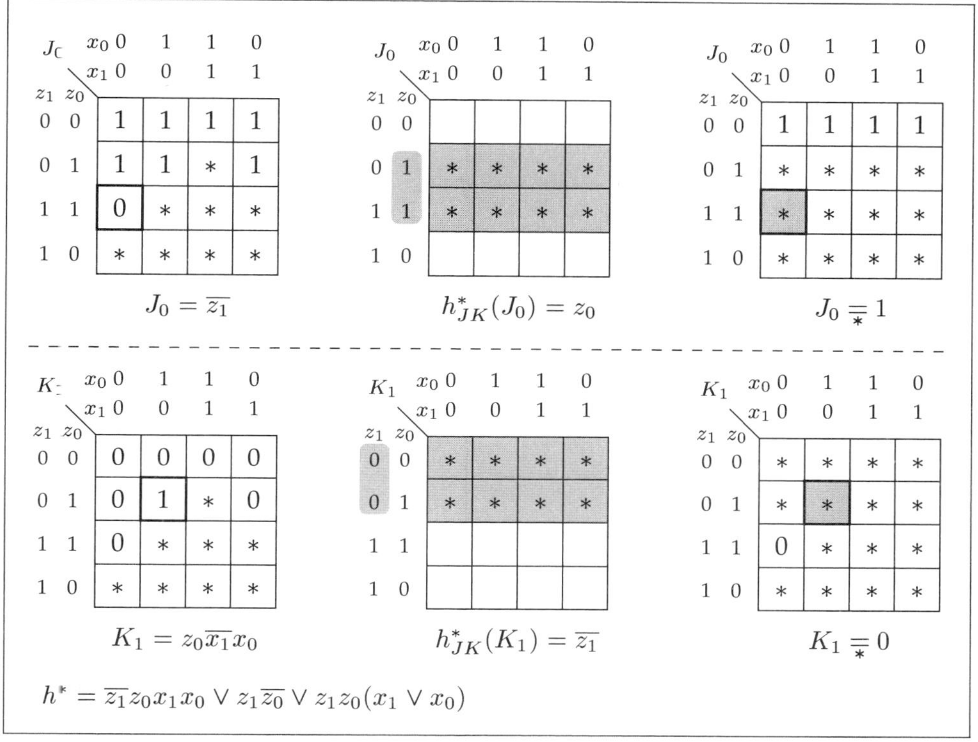

$$J_0 = \overline{z_1} \qquad h^*_{JK}(J_0) = z_0 \qquad J_0 \stackrel{*}{=} 1$$

$$K_1 = z_0\overline{x_1}x_0 \qquad h^*_{JK}(K_1) = \overline{z_1} \qquad K_1 \stackrel{*}{=} 0$$

$$h^* = \overline{z_1}z_0x_1x_0 \vee z_1\overline{z_0} \vee z_1z_0(x_1 \vee x_0)$$

Für die Programmierung existieren Entwurfswerkzeuge, die die Funktionseingabe in unterschiedlichen Darstellungsvarianten erlauben. Üblich sind neben Automatengraphen und z- bzw. Ausgabe-Gleichungen so genannte **Flow-Table**, die die Notation der Zustandsüberführungs- und Ausgabefunktion in cube- oder ternärvektorähnlicher Form (vgl. Abschnitt 3.4) verlangen.

Im Folgenden sind für das im Abschnitt 5.1 vorgestellte Beispiel der Bandsteuerung Notationen für Automaten-Gleichungen und Flow-Table für *Moore*- und *Mealy*-Realisierungen (vgl. Bilder 5.12 und 5.13) angegeben, wie sie im Entwurfssystem »LOG/iC« [ISD95] verwendet werden. Der allgemeine Entwurfsweg wurde im Abschnitt 3.7.5 vorgestellt.

Bild 6.36 GAL-Makrozelle (Beispiel: GAL16V8)

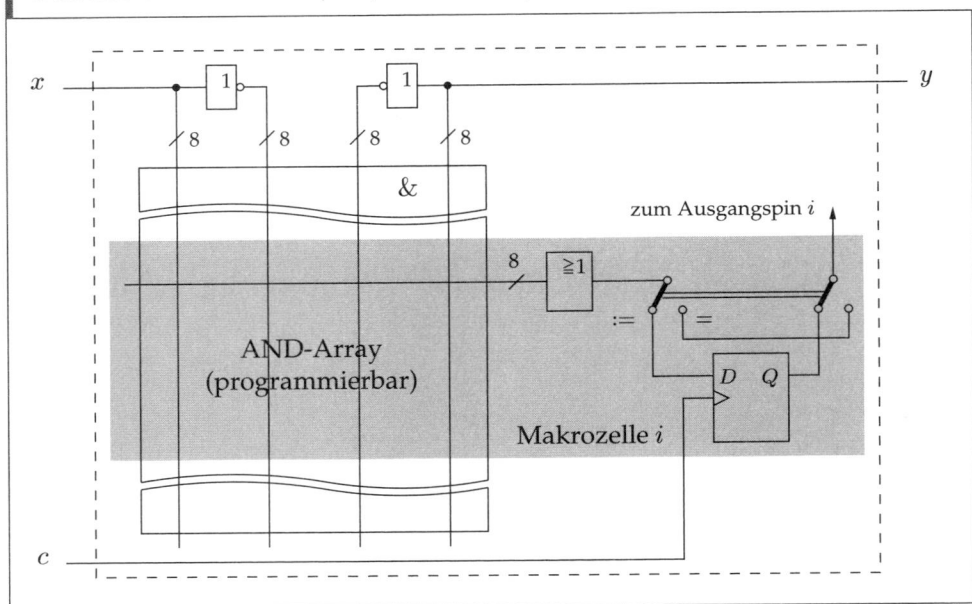

Automaten-Gleichungen (für den *Mealy*-Automat nach Bild 5.12)

```
*IDENTIFICATION
 Mealy-Automaten zur Bandsteuerung
 Zustandsueberfuehrungs- und Ausgabe-Gleichungen

*X-NAMES                          ; Eingangsvektor
 reset, x0, x1, x2;

*Y-NAMES                          ; Ausgangsvektor
 z, y0, y1;

*LEVEL                            ; Schaltpegel
 LOW = y0, y1;

*BOOLEAN-EQUATIONS                ; z- und Ausgabe-Gleichungen
 z := reset & (/z & x0 + z & /x1);

 y0 = /z & x2;
 y1 = z & x2;

*END
```

Automaten-Gleichungen (für den *Moore*-Automat nach Bild 5.13)

```
*IDENTIFICATION
 Moore-Automaten zur Bandsteuerung
 Zustandsueberfuehrungs- und Ausgabe-Gleichungen
```

```
*X-NAMES
 reset, x0, x1, x2;

*Y-NAMES
 z0, z1, y0, y1;

*LEVEL
 LOW = y0, y1;

*BOOLEAN-EQUATIONS
 z0 := reset & (/z1&/z0&x2&x0 + z0&/x1 + z1&z0 + z0&/x2);
 z1 := reset & /x2;

 y0 = /z1 & z0;
 y1 = z1 & z0;

*END
```

Flow-Table (für den *Mealy*-Automat nach Bild 5.12)

```
*IDENTIFICATION
 Mealy-Automaten zur Bandsteuerung
 Flow-Table

*X-NAMES
 reset,x2,x1,x0 ;

*Y-NAMES
 y1,y0 ;

*LEVEL
 LOW = y1, y0;

*FLOW-TABLE
$ Header:        X[reset,x2,x1,x0] : Y[y1,y0] ; Variablen-Anordnung
                                              ; im Flowtable

S [0..1]:      X 0 - - -                      :F0;  Reset

S0:                                           ; Automatentabelle
               X 1 0 - -        : Y 0 0  :F0;
               X 1 1 - 0        : Y 0 1  :F0;
               X 1 1 - 1        : Y 0 0  :F1;
S1:
               X 1 0 - -        : Y 0 0  :F1;
               X 1 1 0 -        : Y 1 0  :F1;
               X 1 1 1 -        : Y 0 0  :F0;

$HEADER    : Q z       :
S [0..1]   : Q $BINARY                        ; Zustandskodierung

*END
```

▦ **Flow-Table** (für den *Moore*-Automat nach Bild 5.13)

```
*IDENTIFICATION
 Moore-Automaten zur Bandsteuerung
 Flow-Table

*X-NAMES
 reset,x2,x1,x0 ;

*Y-NAMES
 y1,y0,z0,z1;

*LEVEL
 low= y0, y1;

*FLOW-TABLE
 $ Header:       X [reset,x2,x1,x0]  :  Y [y1,y0];

 S[0..3]:        X 0 - - -                           :F0; Reset

   S0:                               Y 0 1 :
                 X 1 0 - -                            :F2;
                 X 1 1 - 0                            :F0;
                 X 1 1 - 1                            :F1;
   S1:                               Y1 0 :
                 X 1 0 - -                            :F3;
                 X 1 1 0 -                            :F1;
                 X 1 1 1 -                            :F0;
   S2:                               Y 0 0 :
                 X 1 0 - -                            :F2;
                 X 1 1 - -                            :F0;
   S3:                               Y 0 0 :
                 X 1 0 - -                            :F3;
                 X 1 1 - -                            :F1;

 $HEADER   : Q z[0..1] ;
 S [0..3]  : Q $binary ;

*END
```

Die Beschreibung von Hardwarerealisierungen mit Hilfe von Programmtexten entspricht der üblichen Entwurfspraxis. Hierfür wurden spezielle Hardwarebeschreibungssprachen (HDL[11]), wie z. B. VHDL[12], Verilog[13] und zugehörige Programmierwerkzeuge (»CAD-Tools«) entwickelt, die einen rechnergestützten Schal-

---

[11] HDL = *hardware description language*

[12] VHDL = *very high-speed integrated hardware description language*; wurde vom amerikanischen Verteidigungsministerium im Rahmen des VHSIC-Programms (*very high-speed integrated circuit*) entwickelt und 1987 vom IEEE als Standard beschlossen [Ins88, IEE92].

[13] Verilog ist etwas weniger flexibel als VHDL, bietet dafür aber in der Regel höhere Simulationsgeschwindigkeiten. Verilog ist besonders in den USA sehr verbreitet. Vielfach sind Hardware-Modelle sowohl in VHDL als auch in Verilog verfügbar [SST90, TM91].

tungsentwurf ermöglichen. Interessant hierbei ist, dass mit diesen Sprachen eine die Struktur beschreibende Programmierung erfolgt, aus der bei der Schaltkreis-programmierung Verbindungen zwischen bereits vorhandenen Funktionsblöcken abgeleitet werden, während bei einer Softwarerealisierung die Strukur (d. h. der Prozessor) bereits fest vorgegeben ist und ein die Funktion beschreibendes Programm entsteht. Ausführliche Darstellungen hierzu findet der Leser z. B. in [HF01, LWS94, EKP98, Lee00, Yal01, TM91].

6.4 Fallstudien

In diesem Abschnitt zeigen wir an Beispielen einzelne, in den vorigen Abschnitten diskutierte Aspekte des praktischen Entwurfes. In jeder Fallstudie verweisen wir am Anfang auf die Entwurfsaspekte, die darin untersetzt werden. Daran anschließend folgen die Aufgabenstellung, eine Schnittstellenbeschreibung, Vorüberlegungen zum Entwurf, die funktionelle Beschreibung, die Gleichungen und schließlich die schaltungstechnische Umsetzung.

6.4.1 BCD-Zähler

6.4.1.1 Aufgabenstellung

Die Anzahl der Perioden eines periodischen, digitalen Signals d soll gezählt und als BCD-kodierte Dualzahl zur Verfügung gestellt werden. Anhand dieser Aufgabenstellung wollen wir zeigen, wie die strukturellen Vorüberlegungen den Entwurfsaufwand einschränken. Durch das Identifizieren von Wiederholstrukturen können wir anstelle des Gesamtentwurfes der Schaltung universelle Teilstrukturen definieren, die zu beliebig komplexen Gesamtstrukturen zusammensetzbar sind. Einer sorgfältigen Beschreibung der Schnittstellen und des Zeitverhaltens kommt dabei besondere Bedeutung zu. Wir zeigen, dass die Kenntnis der inneren Funktionsweise von Flip-Flops zu einer erheblichen Reduzierung des Schaltungsaufwandes führen kann.

6.4.1.2 Strukturelle Vorüberlegungen

Die strukturellen Vorüberlegungen helfen, tiefer in die Aufgabenstellung einzudringen und verdeutlichen, welche Elemente zum Eingangsvektor und welche zum Ausgangsvektor der zu entwerfenden Schaltung gehören. Darüber hinaus dienen sie zur Identifizierung von Standard-Elementen oder Elementen, die aus eigenen Entwürfen entstanden sind. Wenn diese Elemente in ihrer Funktionalität und Struktur exakt beschrieben sind, ist eine einfache Einbindung möglich. Derartige Blöcke heißen auch IP-Blöcke (Intelectual Property) und sind in modernen Entwurfswerkzeugen (z.B. MaxPlus+ von Altera [HF01], ISE Logic Design Tools von Xlinx [Xil97, Xil97, Xil00]) in Bibliotheken gespeichert. Sie helfen, den Entwurfsaufwand erheblich zu reduzieren. Normalerweise umfassen sie komplexe Funktionsblöcke wie z.B. Rechenwerke und Prozessorkerne. Wir wollen im folgenden Beispiel dieses Entwurfsprinzip an kleineren Einheiten verdeutlichen.

In unserem Beispiel findet man u.a. die Teilaufgabe der BCD-zu-7-Segment-Codewandlung, die wir in den Fallstudien im Abschnitt 3.7.1 bereits als kombinatorische Probleme erkannt und gelöst haben. Sie stehen somit als IP-Blöcke zur Verfügung und sollten möglichst unverändert in den Entwurf einbezogen werden. Eine weitere Strukturierungsmöglichkeit ergibt sich aus der Wiederholung der prinzipiell gleichen Aufgabe für jede Stelle des BCD-Zählers. Diese Vorüberlegungen führen zur Struktur nach Bild 6.37.

Bild 6.37 Blockschaltbild eines mehrstelligen BCD-Zählers

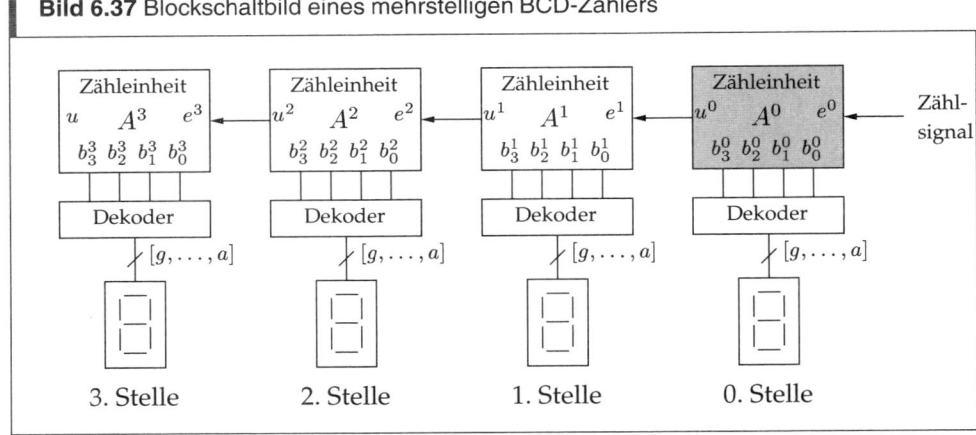

Als funktioneller Entwurf ist damit lediglich ein Automat zu realisieren, der die Schnittstellen der Zähleinheit korrekt bedient. Für die Erkennung der Periode des Eingangssignals ist eine Folge von zwei Zuständen erforderlich, ein Zustand für die »1«-Phase des Eingangssignals und ein Zustand für die »0«-Phase. Dieser Wechsel würde sich für jede Periode des Zählsignals wiederholen. Für die gewünschte Zählfunktion von $0 \ldots 9$ wären also $2 \cdot 10 = 20$ Zustände erforderlich (Bild 6.38).

Zur Periodenerkennung kann man das detaillierte Verhalten von Flip-Flops nutzen. Flip-Flops ändern ihren Ausgang während einer Taktperiode folgendermaßen: Bei Flip-Flops mit *zwei* Zuständen ändert sich das Ausgangssignal bei jedem Zustandsübergang. Flip-Flops mit *vier* Zuständen gewährleisten während einer Taktperiode ein konstantes Ausgangssignal (siehe Abschnitte 6.1.3.3 und 6.1.3.4). Diese Eigenschaft kann man bei der Realisierung einer Zählschaltung nutzen, indem man die Flip-Flops mit dem zu zählenden Signal taktet. Die Zustandsübergänge des mit diesem Flip-Flop realisierten Zählautomaten erfolgen dann zu jedem »Takt«, d.h. jeder Periode des Zählsignals, so dass die Kantengewichte zwischen den Zuständen des Zählautomaten den Wert »1« erhalten und keine (bzw. mit »0« bewertete) Eigenschleifen existieren. Bild 6.39 zeigt den entsprechenden Automatengraphen. Der Ausgangsvektor ist zur besseren Übersicht unterteilt in einen Zählanteil und den Wert für das Übertragssignal, das an die nächste Zähleinheit gegeben wird.

Bild 6.38 Automat zum Zählen von 10 Perioden

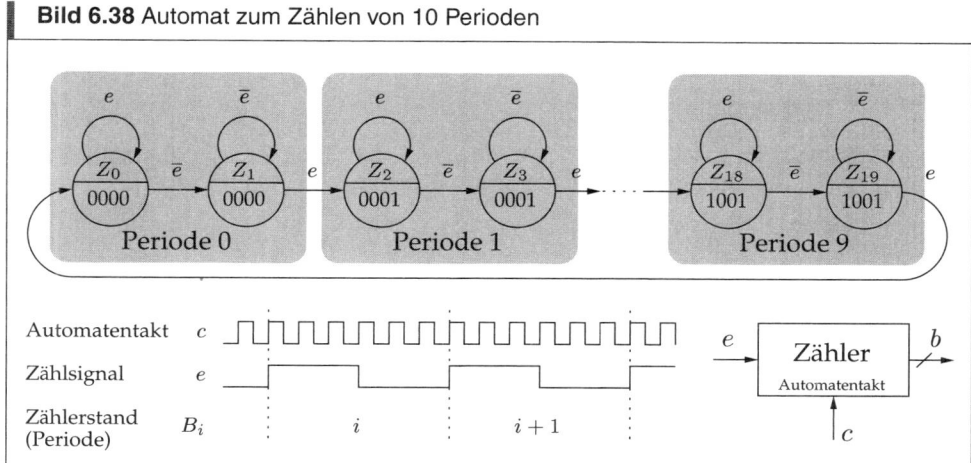

Bild 6.39 Moore-Automatengraph der BCD-Zähleinheit (D-Flip-Flops)

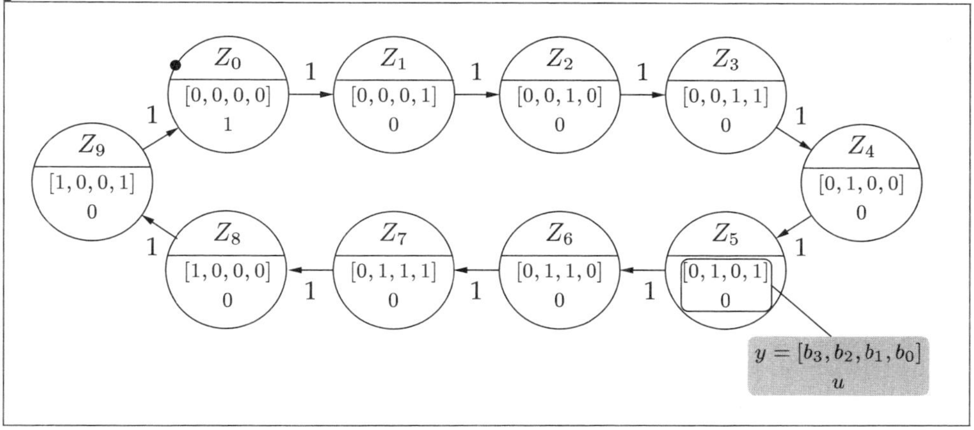

Um die nächste Zählstufe bei einem Übertrag u synchron mit der aktuellen Zählstufe zu schalten, d.h. um zu gewährleisten, dass z.B. beim Übergang vom Zählerstand 29 zum Zählerstand 30 beide Zahlenstellen gleichzeitig geändert werden, ist die genaue Kenntnis des Schaltverhaltens des ausgewählten Flip-Flop-Typs erforderlich.

Wählt man z.B. *taktflankengesteuerte D-Flip-Flops* (nach Abschnitt 6.1.3.4), so erfolgt das Setzen des Flip-Flop-Ausgangs mit der »0-1«-Flanke des als Takt genutzten Zählsignals e^i. Das Zählsignal e^{i+1} der nächsten Stelle, welches dem Übertragssignal u^i entspricht, muss dementsprechend ebenfalls mit der »0-1«-Flanke schalten. Um dies zu gewährleisten, ist im Zustand Z_0 des i-ten Zählautomaten ein Übertragssignal u so auszugeben, dass beim Wechsel von »9« auf »0« ebenfalls ein »0-1«-Wechsel von u vollzogen wird. Die entsprechenden Kurvenverläufe sind in

Bild 6.40 dargestellt. Hervorgehoben sind je Zählautomat zwei aufeinanderfolgende Zähltakte.

Bild 6.40 Realisierung mit D-Flip-Flops

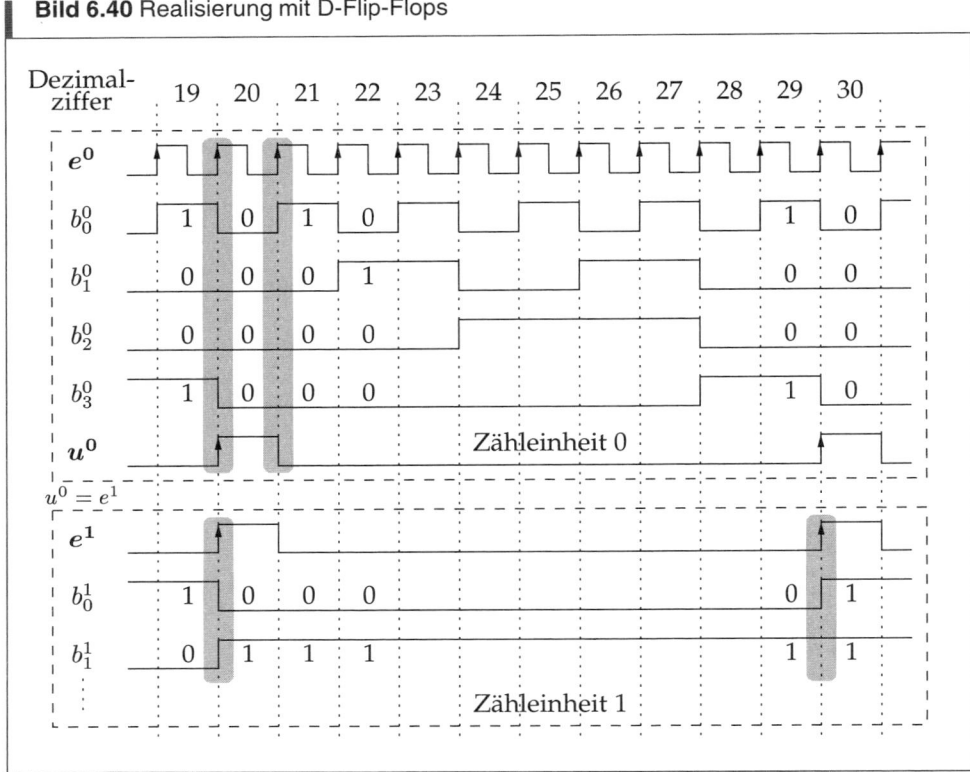

Wählt man dagegen ein JK-Master-Slave-Flip-Flop (nach Abschnitt 6.1.3.3) aus, so wird der Ausgang mit der »1-0«-Flanke des Taktsignals geschaltet. Um für den Übertrag u ebenfalls einen »1-0«-Übergang als schaltwirksame Flanke in Z_0 zu erzeugen, muss das Signal u bereits mindestens im Zustand »9« des i-ten Automaten gesetzt sein. Die entsprechenden Kurvenverläufe sind in Bild 6.41 dargestellt.

Für die Realisierung des Zählautomaten werden vier z-Variablen benötigt, so dass sich folgender h^*-Ausdruck ergibt.:

$$h^*(z) = k_{10}(z) \lor k_{11}(z) \lor k_{12}(z) \lor k_{13}(z) \lor k_{14}(z) \lor k_{15}(z)$$

Aus dem in Bild 6.39 angegebenen Moore-Automatengraphen lassen sich bei einer D-Flip-Flop-Realisierung folgende Automaten-Gleichungen ermitteln:

Bi d 6.41 Realisierung mit JK-Flip-Flops

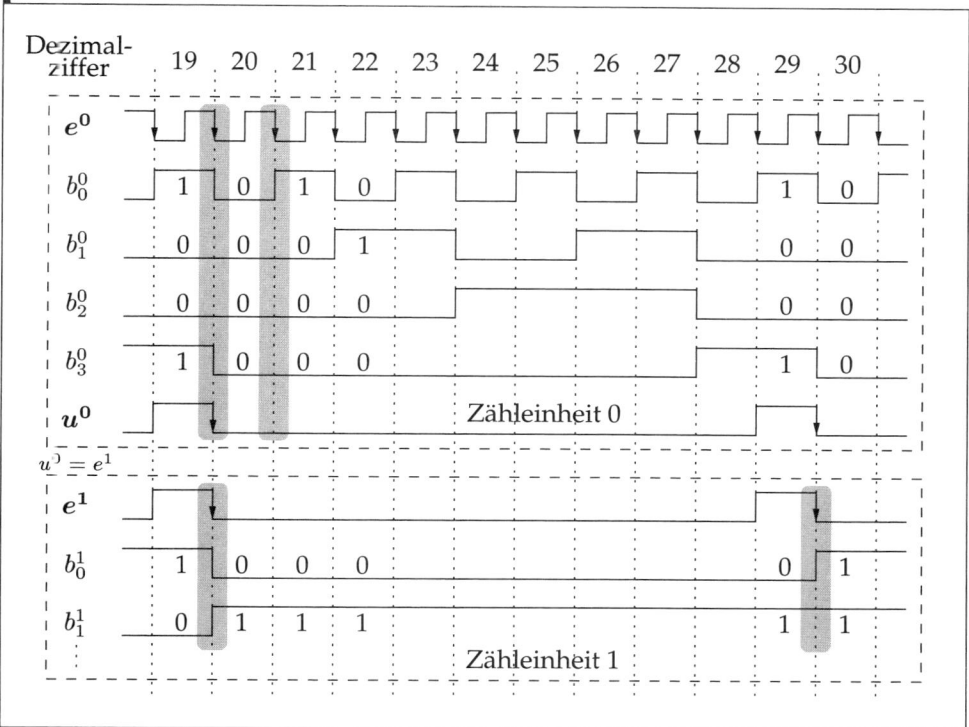

■ Ansteuer-Gleichungen für D-Flip-Flops:

$$z_0 \quad := \quad \overline{z_3}\,\overline{z_0} \vee \overline{z_2}\,\overline{z_1}\,\overline{z_0}$$
$$\underset{*}{:=} \quad \overline{z_0}$$

$$z_1 \quad := \quad \overline{z_3}\,(z_1\,\overline{z_0} \vee \overline{z_1}\,z_0)$$
$$\underset{*}{:=} \quad z_1\,\overline{z_0} \vee \overline{z_3}\,\overline{z_1}\,z_0$$

$$z_2 \quad := \quad \overline{z_3}\,z_2\,(\overline{z_1} \vee \overline{z_0}) \vee \overline{z_3}\,\overline{z_2}\,z_1\,z_0$$
$$\underset{*}{:=} \quad z_2\,(\overline{z_1} \vee \overline{z_0}) \vee \overline{z_2}\,z_1\,z_0$$

$$z_3 \quad := \quad z_3\,\overline{z_2}\,\overline{z_1}\,\overline{z_0} \vee \overline{z_3}\,z_2\,z_1\,z_0$$
$$\underset{*}{:=} \quad z_3\,\overline{z_0} \vee z_2\,z_1\,z_0$$

■ Ausgabe-Gleichungen:

$$b_0 \quad = \quad \overline{z_3}\,z_0 \vee \overline{z_2}\,\overline{z_1}\,z_0$$
$$\underset{*}{=} \quad z_0$$

$$b_1 \quad = \quad \overline{z_3}\,z_1$$
$$\underset{*}{=} \quad z_1$$

$$b_2 = \overline{z_3}\, z_2$$
$$\overset{=}{*} z_2$$

$$b_3 = z_3\, \overline{z_2}\, \overline{z_1}$$
$$\overset{=}{*} z_3$$

$$u = \overline{z_3}\, \overline{z_2}\, \overline{z_1}\, \overline{z_0}$$

Bild 6.42 zeigt die schaltungstechnische Realisierung der BCD-Zähleinheit mit D-Flip-Flops.

Bild 6.42 Schaltungstechnische Realisierung der BCD-Zähleinheit mit D-Flip-Flops

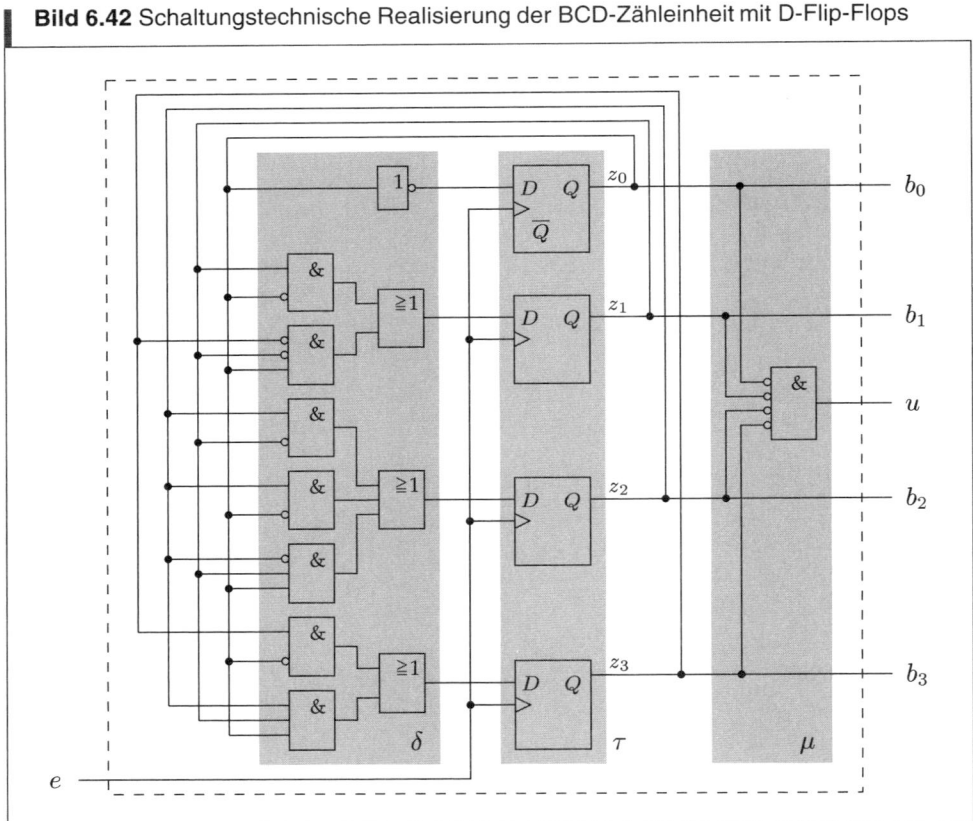

Die Ermittlung der Ansteuer-Gleichungen für JK-Flip-Flops kann, wie in Abschnitt 6.2.2 beschrieben, durch Umformen der charakteristischen Gleichung mit anschließendem Koeffizientenvergleich oder durch direktes Auslesen aus dem Automatengraphen erfolgen.

▫ Ansteuer-Gleichungen durch Koeffizientenvergleich (den Ausgangspunkt bilden die bei der D-Flip-Flop-Realisierung ermittelten z-Gleichungen):

$$z_0 \quad :\overset{=}{\underset{*}{}} \quad \overline{z_0}$$

$$\overset{=}{\underset{*}{}} \quad \underbrace{1}_{J_0} \, \overline{z_0} \;\vee\; \underbrace{0}_{\overline{K_0}} \, z_0$$

$$J_0 \quad \overset{=}{\underset{*}{}} \quad 1$$
$$K_0 \quad \overset{=}{\underset{*}{}} \quad 1$$

$$z_1 \quad :\overset{=}{\underset{*}{}} \quad \underbrace{\overline{z_3} \, z_0 \, \overline{z_1}}_{J_1} \;\vee\; \underbrace{\overline{z_0}}_{\overline{K_1}} \, z_1$$

$$J_1 \quad \overset{=}{\underset{*}{}} \quad \overline{z_3} \, z_0$$
$$K_1 \quad \overset{=}{\underset{*}{}} \quad z_0$$

$$z_2 \quad :\overset{=}{\underset{*}{}} \quad \underbrace{z_1 \, z_0 \, \overline{z_2}}_{J_2} \;\vee\; \underbrace{(\overline{z_1} \vee \overline{z_0})}_{\overline{K_2}} \, z_2$$

$$J_2 \quad \overset{=}{\underset{*}{}} \quad z_1 \, z_0$$
$$K_2 \quad \overset{=}{\underset{*}{}} \quad z_1 \, z_0$$

$$z_3 \quad :\overset{=}{\underset{*}{}} \quad \underbrace{z_2 \, z_1 \, z_0 \, \overline{z_3}}_{J_3} \;\vee\; \underbrace{\overline{z_0}}_{\overline{K_3}} \, z_3$$

$$J_3 \quad \overset{=}{\underset{*}{}} \quad z_2 \, z_1 \, z_0$$
$$K_3 \quad \overset{=}{\underset{*}{}} \quad z_0$$

▫ Ansteuer-Gleichungen durch direktes Auslesen aus dem Automatengraphen:

$$J_0 \;=\; \underbrace{\overline{z_3} \, \overline{z_2} \, \overline{z_1}}_{Z_0 \dashrightarrow Z_1} \;\vee\; \underbrace{\overline{z_3} \, \overline{z_2} \, z_1}_{Z_2 \dashrightarrow Z_3} \;\vee\; \underbrace{\overline{z_3} \, z_2 \, \overline{z_1}}_{Z_4 \dashrightarrow Z_5} \;\vee\; \underbrace{\overline{z_3} \, z_2 \, z_1}_{Z_6 \dashrightarrow Z_7} \;\vee\; \underbrace{z_3 \, \overline{z_2} \, \overline{z_1}}_{Z_8 \dashrightarrow Z_9}$$

$$\overset{=}{\underset{*}{}} \quad 1$$

$$K_0 \;=\; \underbrace{\overline{z_3} \, \overline{z_2} \, \overline{z_1}}_{Z_1 \dashrightarrow Z_2} \;\vee\; \underbrace{\overline{z_3} \, \overline{z_2} \, z_1}_{Z_3 \dashrightarrow Z_4} \;\vee\; \underbrace{\overline{z_3} \, z_2 \, \overline{z_1}}_{Z_5 \dashrightarrow Z_6} \;\vee\; \underbrace{\overline{z_3} \, z_2 \, z_1}_{Z_7 \dashrightarrow Z_8} \;\vee\; \underbrace{z_3 \, \overline{z_2} \, \overline{z_1}}_{Z_9 \dashrightarrow Z_0}$$

$$\overset{=}{\underset{*}{}} \quad 1$$

$$J_1 \;=\; \underbrace{\overline{z_3} \, \overline{z_2} \, z_0}_{Z_1 \dashrightarrow Z_2} \;\vee\; \underbrace{\overline{z_3} \, z_2 \, z_0}_{Z_5 \dashrightarrow Z_6}$$

$$=\; \overline{z_3} \, z_0$$

$$K_1 \;=\; \underbrace{\overline{z_3} \, \overline{z_2} \, z_0}_{Z_3 \dashrightarrow Z_4} \;\vee\; \underbrace{\overline{z_3} \, z_2 \, z_0}_{Z_7 \dashrightarrow Z_8}$$

$$=\; \overline{z_3} \, z_0$$

$$J_2 = \underbrace{\overline{z_3}\, z_1\, z_0}_{Z_3 \dashrightarrow Z_4}$$

$$\overset{=}{_*} \quad z_1\, z_0$$

$$K_2 = \underbrace{\overline{z_3}\, z_1\, z_0}_{Z_7 \dashrightarrow Z_8}$$

$$\overset{=}{_*} \quad z_1\, z_0$$

$$J_3 = \underbrace{z_2\, z_1\, z_0}_{Z_7 \dashrightarrow Z_8}$$

$$K_3 = \underbrace{\overline{z_2}\, \overline{z_1}\, z_0}_{Z_9 \dashrightarrow Z_0}$$

$$\overset{=}{_*} \quad z_0$$

■ Ausgabe-Gleichungen:
Da sich die Wahl der Flip-Flop-Typen nicht auf die Zählwerte auswirkt, können in unserem Beispiel die Ausgabe-Gleichungen b_0 bis b_3 der D-Flip-Flop-Realisierung verwendet werden. Für den Übertrag u ergibt sich

$$u = z_3\, \overline{z_2}\, \overline{z_1}\, z_0.$$

Die schaltungstechnische Realisierung der BCD-Zähleinheit mit JK-Flip-Flops ist in Bild 6.43 dargestellt.

6.4.1.3 Realisierung mit direkter 7-Segment-Ziffernansteuerung

Bei den ersten beiden vorgestellten Lösungsvarianten wurde davon ausgegangen, dass man jeweils separate BCD-zu-7-Segment-Dekoder einsetzt. Es ist aber ebenso möglich, diese Funktionalität direkt in den Zähleinheiten mit zu implementieren, wie es in Bild 6.44 dargestellt ist.

Wir müssen in diesem Fall nur eine neue Ausgabefunktion μ entwerfen – die Zustandsüberführungsfunktion δ bleibt unverändert, da sich im Automatengraphen (vergleiche Bild 6.39) lediglich die Ausgaben in den einzelnen Zuständen ändern.

Bild 6.43 Schaltungstechnische Realisierung der BCD-Zähleinheit mit JK-Flip-Flops

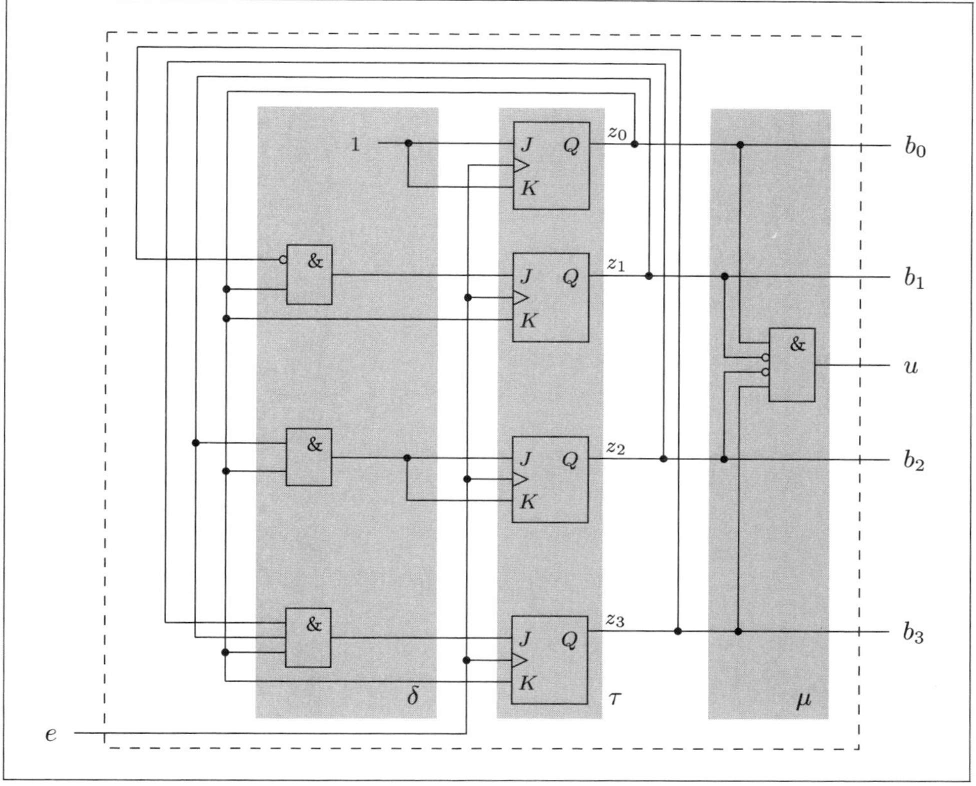

Bild 6.44 Blockschaltbild eines mehrstelligen BCD-Zählers mit direkter
Ziffernansteuerung

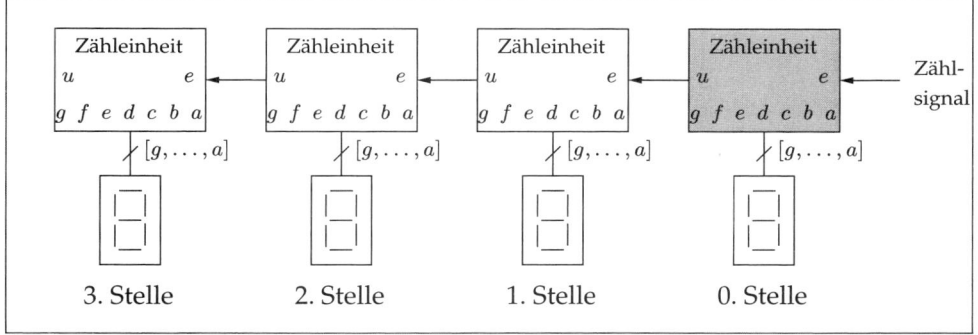

Es ergeben sich folgende Gleichungen:

■ Ausgabe-Gleichungen:

$$a = \overline{z_3}\, z_1 \vee \overline{z_3}\, z_2\, z_0 \vee z_3\, \overline{z_2}\, \overline{z_1} \vee \overline{z_2}\, \overline{z_1}\, \overline{z_0}$$

$$\overset{=}{\underset{*}{}} \overline{z_2}\, \overline{z_0} \vee z_1 \vee z_2\, z_0 \vee z_3$$

$$b = \overline{z_3}\, \overline{z_2} \vee \overline{z_3}\, \overline{z_1}\, \overline{z_0} \vee \overline{z_3}\, z_1\, z_0 \vee \overline{z_2}\, \overline{z_1}$$

$$\overset{=}{\underset{*}{}} \overline{z_2} \vee \overline{z_1}\, \overline{z_0} \vee z_1\, z_0$$

$$c = \overline{z_3}\, z_0 \vee \overline{z_3}\, z_2 \vee \overline{z_2}\, \overline{z_1}$$

$$\overset{=}{\underset{*}{}} z_2 \vee \overline{z_1} \vee z_0$$

$$d = \overline{z_3}\, \overline{z_2}\, z_1 \vee \overline{z_3}\, z_2\, \overline{z_1}\, z_0 \vee \overline{z_3}\, z_1\, \overline{z_0} \vee z_3\, \overline{z_2}\, \overline{z_1} \vee \overline{z_3}\, \overline{z_2}\, \overline{z_0}$$

$$\overset{=}{\underset{*}{}} \overline{z_2}\, \overline{z_0} \vee \overline{z_2}\, z_1 \vee z_2\, \overline{z_1}\, z_0 \vee z_1\, \overline{z_0} \vee z_3$$

$$e = \overline{z_3}\, z_1\, \overline{z_0} \vee \overline{z_2}\, \overline{z_1}\, \overline{z_0}$$

$$\overset{=}{\underset{*}{}} \overline{z_2}\, \overline{z_0} \vee z_1\, \overline{z_0}$$

$$f = \overline{z_3}\, z_2\, \overline{z_1} \vee \overline{z_3}\, z_2\, \overline{z_0} \vee z_3\, \overline{z_2}\, \overline{z_1} \vee \overline{z_3}\, \overline{z_1}\, \overline{z_0}$$

$$\overset{=}{\underset{*}{}} \overline{z_1}\, \overline{z_0} \vee z_2\, \overline{z_1} \vee z_2\, \overline{z_0} \vee z_3$$

$$g = \overline{z_3}\, \overline{z_2}\, z_1 \vee \overline{z_3}\, z_2\, \overline{z_1} \vee z_3\, \overline{z_2}\, \overline{z_1} \vee \overline{z_3}\, z_1\, \overline{z_0}$$

$$\overset{=}{\underset{*}{}} \overline{z_2}\, z_1 \vee z_2\, \overline{z_1} \vee z_3 \vee z_2\, \overline{z_0}$$

$$u = \overline{z_3}\, \overline{z_2}\, \overline{z_1}\, \overline{z_0} \quad \text{(D-FF)}$$

$$u = z_3\, \overline{z_2}\, \overline{z_1}\, z_0 \quad \text{(JK-FF)}$$

Der Vorteil dieser Lösungsvariante liegt in der Einsparung der Dekoder-Schaltkreise, wird jedoch von einer aufwändigen Schaltung für den Ausgabeblock μ erkauft.

6.4.2 Frequenzteiler

Es ist ein programmierbarer Frequenzteiler zu entwerfen, dessen Teilerverhältnis über den Programmiervektor $p = [p_2, p_1, p_0]$ zwischen 2:1 bis 8:1 beliebig einstellbar ist (siehe Bild 6.45). Anhand dieses Beispieles wollen wir die Wirkungsweise von Programmiervariablen demonstrieren.

6.4.2.1 Funktionelle Vorüberlegungen

Prinzipiell kann die Zuordnung der Programmiervektor-Belegung zum Teilerverhältnis beliebig gewählt werden. Es bietet sich allerdings an, das Teilerverhältnis entsprechend der Binärbelegung von p zu wählen. Da auch bei der hier vorgestell-

Bild 6.45 Programmierbarer Frequenzteiler

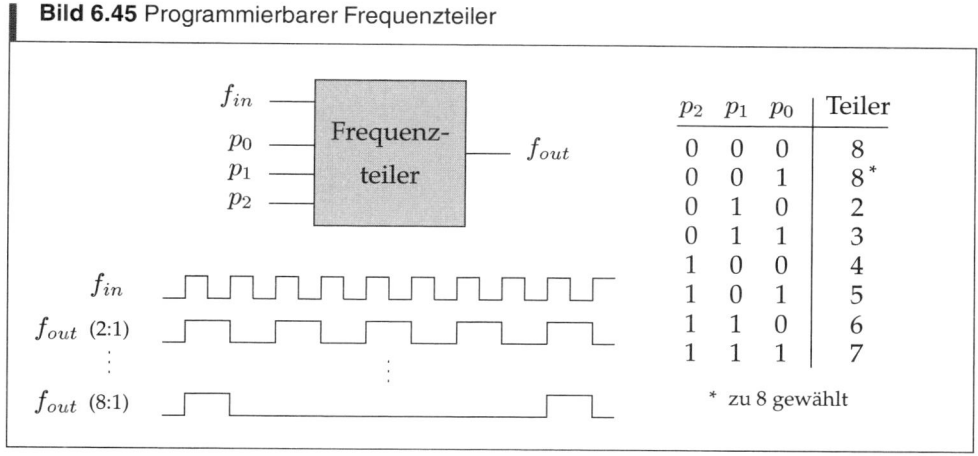

p_2	p_1	p_0	Teiler
0	0	0	8
0	0	1	8*
0	1	0	2
0	1	1	3
1	0	0	4
1	0	1	5
1	1	0	6
1	1	1	7

* zu 8 gewählt

ten Realisierungsvariante die zu teilende Frequenz des Eingangssignals f_{in} wieder unmittelbar als Automatentakt genutzt wird, ist ein Teilerverhältnis von 1:1 nicht realisierbar (aber auch nicht sinnvoll), d.h., dass für eine Programmiervektor-Belegung ein Teilerverhältnis doppelt vergeben werden muss. In unserem Beispiel wurde für die Belegung P_1 nochmals das Tastverhältnis 8:1 gewählt (siehe Teiler-Tabelle in Bild 6.45).

Bild 6.46 Automatengraph des Frequenzteilers

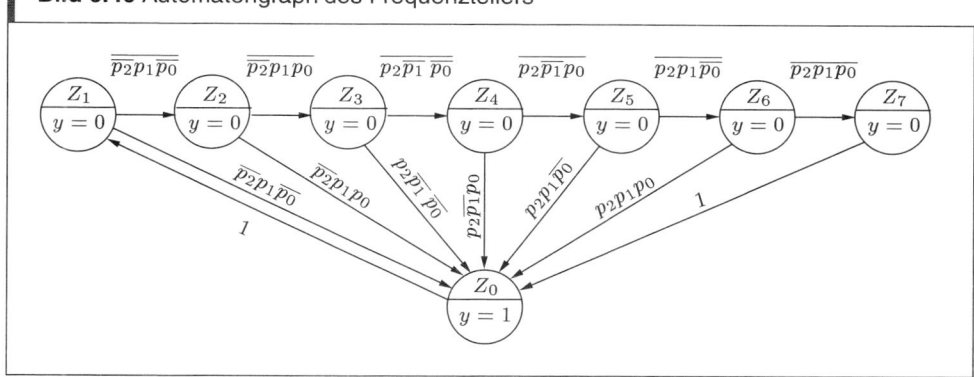

6.4.2.2 Lösungsvariante

Mit diesen Annahmen ergibt sich der in Bild 6.46 dargestellte Automatengraph.

Durch Auslesen aus dem Automatengraphen erhalten wir folgende (nicht minimierte) Automaten-Gleichungen:

▪ Ansteuer-Gleichungen für D-Flip-Flops:

$$z_0 \quad := \quad \overline{z_2}\,\overline{z_1}\,\overline{z_0} \;\vee\; \overline{z_2}\,z_1\,\overline{z_0}\,\overline{\overline{p_2}\,p_1\,p_0} \;\vee\; z_2\,\overline{z_1}\,\overline{z_0}\,\overline{p_2\,\overline{p_1}\,p_0} \;\vee\; z_2\,z_1\,\overline{z_0}\,\overline{\overline{p_2}\,p_1\,p_0}$$

$$z_1 \quad := \quad \overline{z_2}\,\overline{z_1}\,z_0\,\overline{\overline{p_2}\,p_1\,\overline{p_0}} \;\vee\; \overline{z_2}\,z_1\,\overline{z_0}\,\overline{\overline{p_2}\,p_1\,p_0} \;\vee\; z_2\,\overline{z_1}\,z_0\,\overline{p_2\,p_1\,\overline{p_0}} \;\vee$$
$$z_2\,z_1\,\overline{z_0}\,\overline{p_2\,\overline{p_1}\,p_0}$$

$$z_2 \quad := \quad \overline{z_2}\,z_1\,z_0\,\overline{p_2\,\overline{p_1}\,\overline{p_0}} \;\vee\; z_2\,\overline{z_1}\,\overline{z_0}\,\overline{p_2\,\overline{p_1}\,p_0} \;\vee\; z_2\,\overline{z_1}\,z_0\,\overline{p_2\,p_1\,\overline{p_0}} \;\vee$$
$$z_2\,z_1\,\overline{z_0}\,\overline{p_2\,\overline{p_1}\,p_0}$$

▪ Ausgabe-Gleichungen:

$$y \quad = \quad \overline{z_2}\,\overline{z_1}\,\overline{z_0}$$

6.4.3 Portalkran-Laufkatze

Gesucht ist ein Steuerwerk für eine Portalkran-Laufkatze, welches durch Auswertung der Positionssignale x_l, x_r, x_u, x_o und Erzeugung der Motorsteuersignale y_l, y_r, y_u, y_o folgenden Ablauf realisiert (siehe Bild 6.47):

▪ Der Punkt P soll unabhängig von seiner Anfangsstellung nach der »1-0«-Flanke von x_s möglichst schnell nach links/unten bewegt werden.

▪ Danach soll er am linken Rand nach oben

▪ und am oberen Rand nach rechts gefahren werden, worauf die Bewegung gestoppt werden soll.

Ein Neustart ist nur mit einer erneuten »1-0«-Flanke von x_s möglich. Die Motor-Ansteuersignale y_o, y_u, y_l und y_r sind low-aktiv[14].

6.4.3.1 Vorüberlegungen

In dieser Fallstudie wollen wir anhand unterschiedlicher Entwürfe einen Vergleich zwischen einer Realisierung als *Moore-Automat* und einer Realisierung als *Mealy-Automat* herstellen.

6.4.3.2 Lösungsvariante

Bild 6.48 stellt einen Entwurf als *Moore-Automat* dar.

Automaten mit weniger Zuständen erhält man i.A. beim Entwurf von *Mealy-Automaten*. Bild 6.49 zeigt einen *Mealy-Automaten* mit vier Zuständen, der sich durch geeignetes Zusammenfassen der Zustände Z_2 und Z_3 zu einem *Mealy-Automaten* mit drei Zuständen vereinfachen lässt (Bild 6.50).

---

[14] Bei low-aktiven Signalen ist der »0«-Pegel der schaltwirksame Pegel (auch als »active-low« bezeichnet).

Bild 6.47 Portalkran-Laufkatze

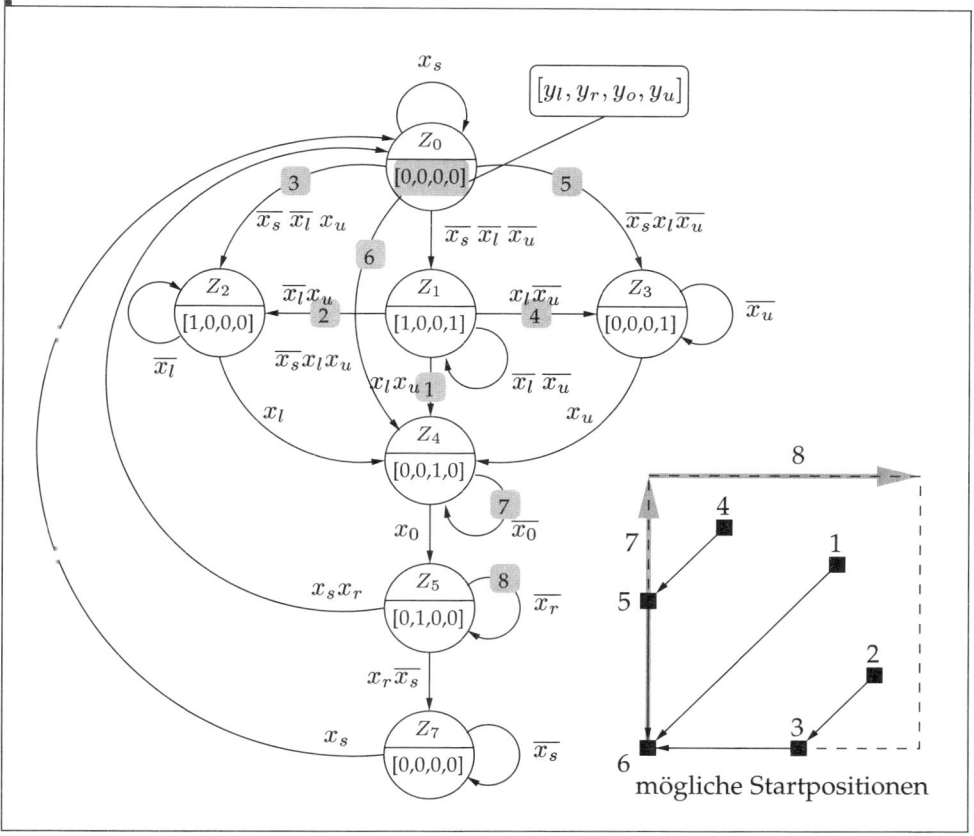

Bild 6.48 Moore-Automatengraph für den Portalkran

Bild 6.49 Mealy-Automatengraph für den Portalkran mit vier Zuständen

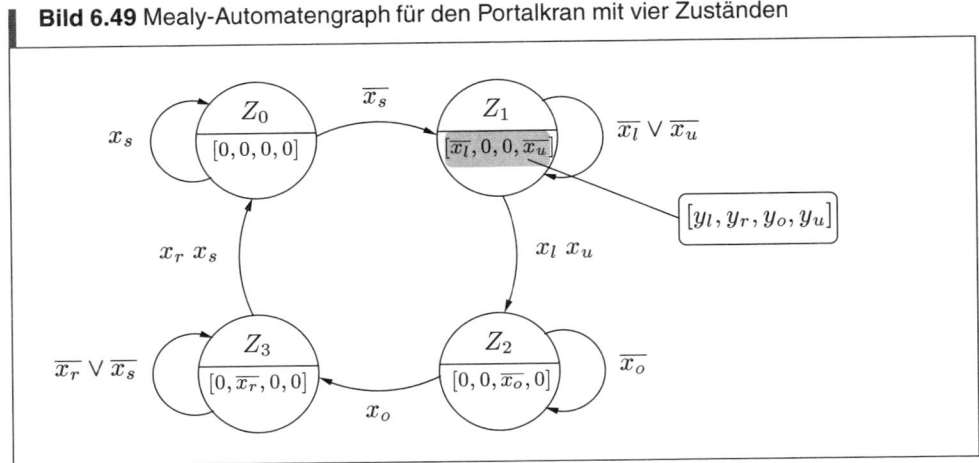

Bild 6.50 Mealy-Automatengraph für den Portalkran mit drei Zuständen

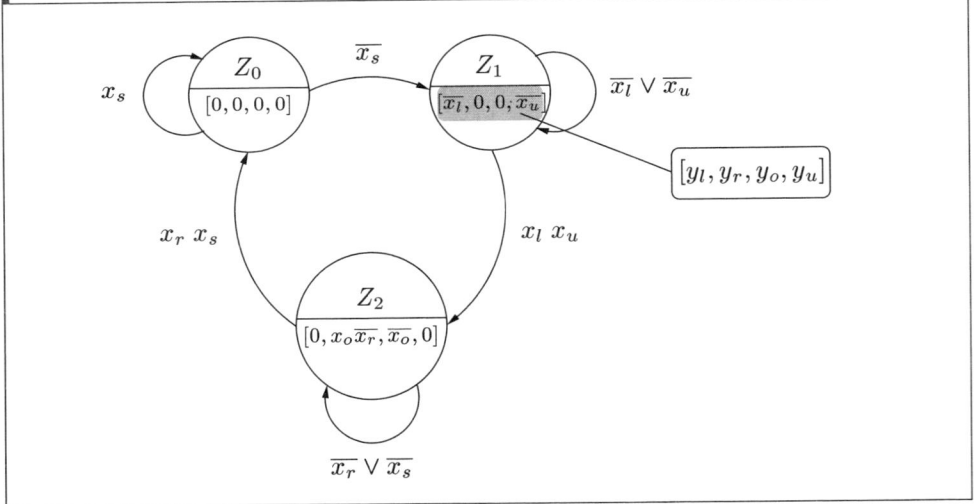

Wir überlassen es bei diesem einfachen und anschaulichen Beispiel dem Leser, anhand der einzelnen Entwürfe die Arbeitsweise der Steuerautomaten nachzuvollziehen und sich von deren Korrektheit zu überzeugen.

6.4.4 Pumpensteuerung

Entsprechend der angegebenen technologischen Skizze sollen zwei Pumpen einen Wasserbehälter füllen. Das Verhalten der Verbraucher ist nicht bekannt. Die vier Füllstandsmelder x_0 bis x_3 sprechen jeweils bei Überschreitung eines bestimmten Füllstandes statisch an. Die Pumpen sollen entsprechend dem angegebenen Diagramm arbeiten, wobei die Schalthäufigkeit der Pumpen gleich verteilt sein soll.

Um ein »Flattern« der Pumpen bei Füllständen im Bereich der jeweiligen Füllstandsmelder zu vermeiden, soll eine Pumpe erst wieder eingeschaltet (bzw. aus-
geschaltet) werden, wenn der nächste Füllstandssensor erreicht wird (Hystereseverhalten nach Bild 6.51).

Bild 6.51 Pumpensteuerung

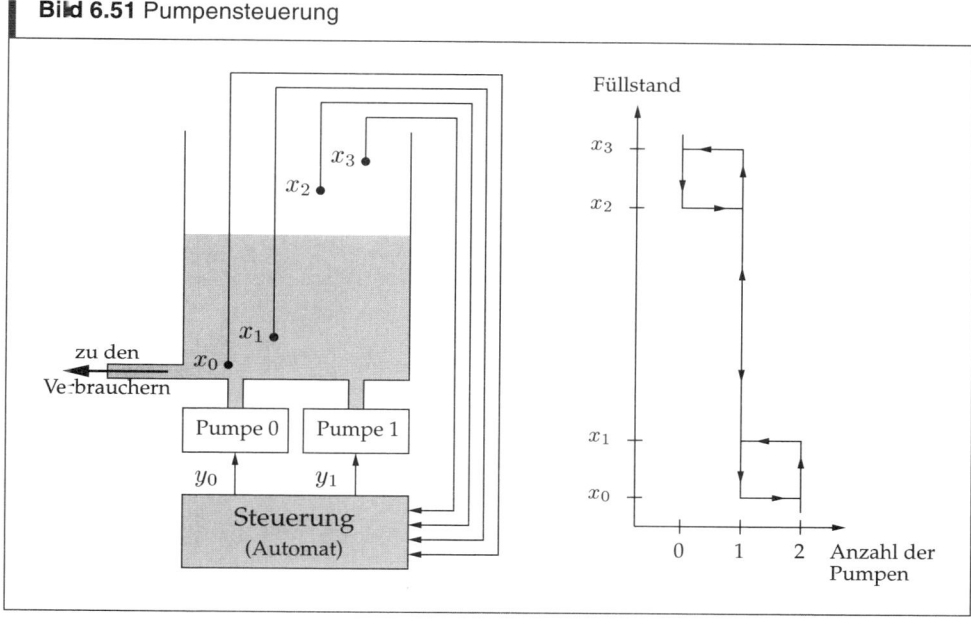

Bei Erreichen eines Schaltpunktes wird das Signal statisch auf 1 gesetzt (vgl. Bild
6.51). Alle Füllstandsmelder, die vom Wasser bedeckt sind, bleiben gesetzt, d.h. für
den obersten Schaltpunkt ergibt sich: $x_3 = x_2 = x_1 = x_0 = 1$. An diesem Beispiel diskutieren wir die Nutzung von don't care-Belegungen für eine vereinfachte
Funktionsnotation und Schaltungsrealisierung sowie unterschiedliche Interpretati-
onsvarianten der verbalen Aufgabenstellung.

6.4.4.1 Funktionelle Vorüberlegungen

Bei der Einführung der don't care-Belegung im Abschnitt 3.2.4 haben wir ein Beispiel einer Füllstandsmessung kennen gelernt und können mit diesen Überlegun-
gen einen h^*-Ausdruck für das hier betrachtete Beispiel bestimmen:

$$h^* = x_1\overline{x_0} \vee x_3\overline{x_2} \vee x_2\overline{x_1} \tag{6.18}$$

Wir nutzen diese Bedingung für eine vereinfachte Notation der Kantengewichte
und lassen beispielsweise in Z_3 einen scheinbaren Widerspruch zwischen h_{30} und
h_{35} zu. Ausführlich müssten die Kantengewichte folgende Form haben:

$$h_{30} \;=\; x_3 x_2 x_1 x_0$$
$$\stackrel{=}{_*} \; x_3$$

$$h_{35} \;=\; \overline{x_3}\;\overline{x_2}\;\overline{x_1}\;\overline{x_0}$$
$$\stackrel{=}{_*} \; \overline{x_0}$$

6.4.4.2 Lösungsvariante

Zur Realisierung des Schaltverhaltens benötigen wir drei Zustände (keine, eine oder zwei aktive Pumpen). Das Hystereseverhalten können wir realisieren, indem wir drei weitere Zustände vorsehen, die alternativ die jeweils andere Pumpe priorisieren und auf diese Weise für eine gleichmäßige Auslastung sorgen. Bild 6.52 zeigt den entsprechenden Automatengraphen. Auf Grund der sechs (von acht möglichen) Zustände lässt sich der h^*-Ausdruck (6.18) um den Teilausdruck $z_2 z_1$ (für Z_6 und Z_7) erweitern.

Man verdeutliche sich anhand der Zustandsfolge $Z_1 \dashrightarrow Z_3 \dashrightarrow Z_5 \dashrightarrow Z_2 \dashrightarrow Z_1$ oder $Z_0 \dashrightarrow Z_2 \dashrightarrow Z_4 \dashrightarrow Z_3 \dashrightarrow Z_0$ das wechselseitige Schalten der Pumpen. Auch die Zustandsfolge $Z_0 \dashrightarrow Z_2 \dashrightarrow Z_1 \dashrightarrow Z_3 \dashrightarrow Z_0$ erfüllt die Anforderungen der Aufgabenstellung. Wir werden dieses Beispiel auch in den Fallstudien des Kapitels 8 und auf den Autoren-Webseiten [WH02a] verwenden.

Bild 6.52 Automatengraph der Pumpensteuerung

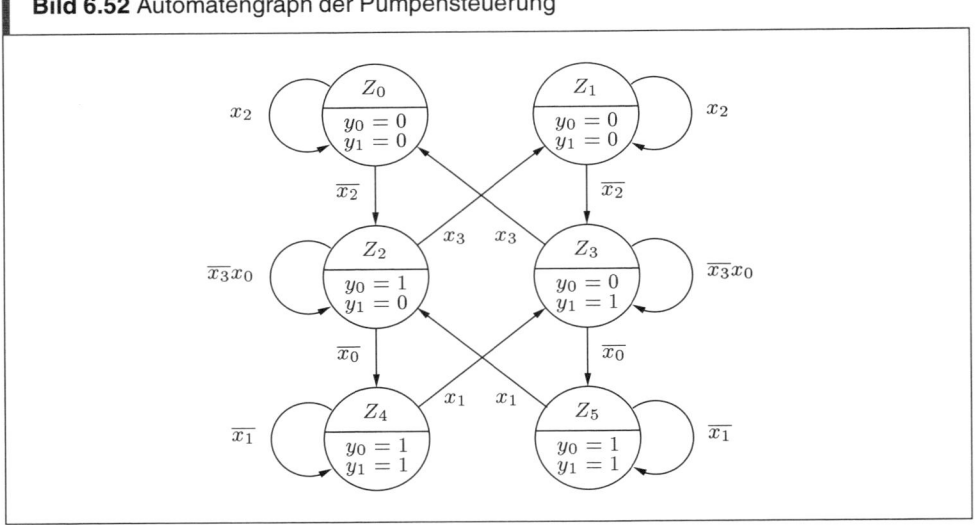

Eine weitere Lösungsmöglichkeit stellt der Automatengraph in Bild 6.53 dar. Im Unterschied zur Lösung aus Bild 6.52 findet bei dieser Variante auch ein Wechsel der Pumpenaktivität statt, wenn ständig eine Pumpe aktiv sein soll (Kanten $[Z_2, Z_1]$ und $[Z_1, Z_2]$). Diese Interpretation der Aufgabenstellung führt zu einem vereinfachten Automatengraphen, ist aber auf den ersten Blick schwerer zu verstehen.

Bild 6.53 Automatengraph der Pumpensteuerung

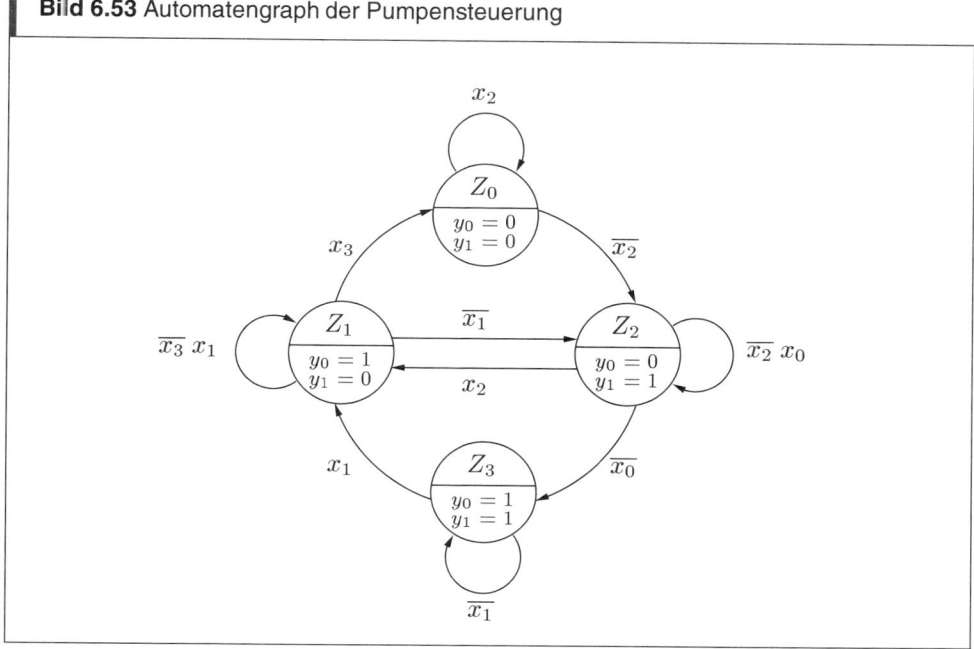

6.5 Zusammenfassung

Die Synthese sequentieller Schaltungen baut auf den Kenntnissen zur Synthese kombinatorischer Schaltungen auf. Detaillierte Kenntnisse zeitlicher Randbedingungen, die in diesem Kapitel vermittelt werden, helfen bei der Auswahl geeigneter Flip-Flops und führen zu sicheren Lösungen. Mit der dargestellten Klassifizierung von Flip-Flop-Typen und ihrer automatentheoretischen Beschreibung sind komplizierte interne Abläufe gut nachvollziehbar. Die praktische Realisierung sequentieller Schaltungen wird anhand von Beispielen sowohl für asynchrone, als auch für synchrone und programmierbare Strukturen gezeigt. Besondere Beachtung gilt den Fallstudien dieses Kapitels, da hier sehr ausführlich auf Beweggründe eingegangen wird, die zu bestimmten Entwurfsentscheidungen führen. Erfahrungsgemäß ist dieser kreative Prozess der schwierigste, aber bedeutungsvollste, da die weiteren Schritte weitestgehend algorithmisch beschreibbar und damit in entsprechende CAD-Tools implementierbar sind.

6.6 Aufgaben

Aufgabe 6.1

Zu entwerfen ist ein Automat zur Ermittlung der relativen x-Position einer PC-Maus (Bild 6.54). Das Maus-Modul generiert die Signale x_0 und x_1 entsprechend der im Bild gezeigten Kurvenverläufe.

Durch den Automaten sind entsprechend dem angegebenen Impulsschema die Signale l und r zu generieren, die zur Anzeige der relativen Position an einen Vor-/ Rückwärts-Zähler weitergeleitet werden können. Es sind

- die Ansteuer-Gleichungen sowie

- die Ausgabe-Gleichungen

für eine Realisierung mit D-Flip-Flops und JK-Flip-Flops zu ermitteln.

Bild 6.54 Maussteuerung

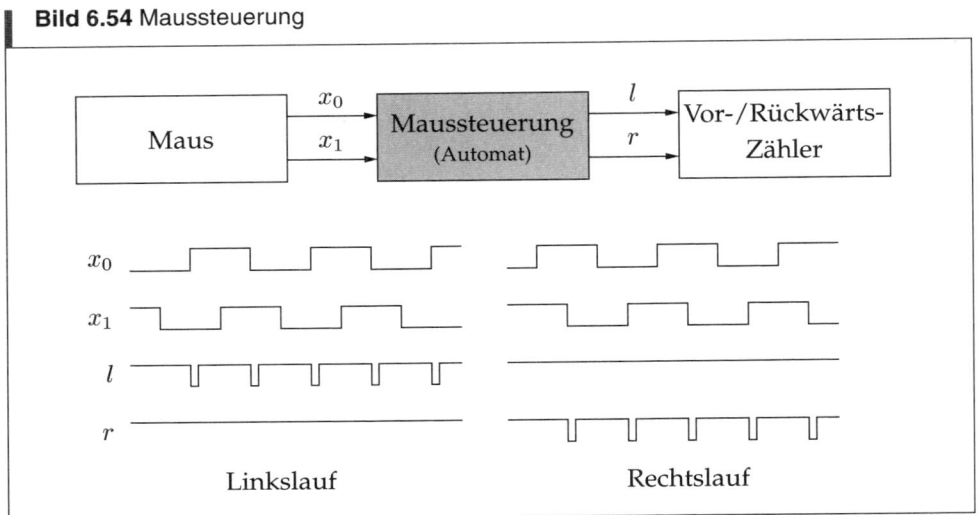

Aufgabe 6.2

Die in Abschnitt 6.4.4 vorgestellte Pumpensteuerung wird wie folgt modifiziert:

Die Füllstandsmelder x_0 bis x_3 (siehe Bild 6.51) sprechen bei Überschreitung eines bestimmten Füllstandes nicht statisch an, sondern generieren jeweils bei Erreichen des Schaltpunktes einen »1«-*Impuls*.

Es ist ein Automatengraph zu entwerfen, der diese modifizierte Aufgabenstellung realisiert.

Unter Einbeziehung von h^* sind

- die Ansteuer-Gleichungen sowie

- die Ausgabe-Gleichungen

für eine Realisierung mit D-Flip-Flops und JK-Flip-Flops zu ermitteln.

Aufgabe 6.3

Es soll eine Ampelsteuerung[15] realisiert werden, die im Ruhezustand für den Auto-
fahrer *grün* zeigt und auf Anforderung eines Fußgängers diesem das sichere Über-
queren der Straße ermöglicht (Bild 6.55).

Bild 6.55 Ampelsteuerung

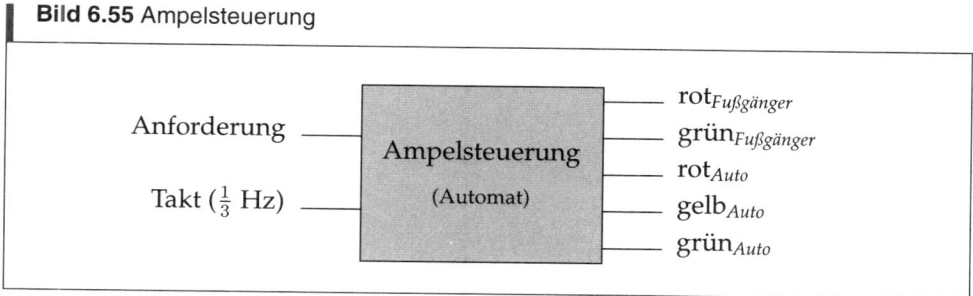

Die dazu nötigen Phasen zeigt die folgende Tabelle:

Phase	Autoampel	Fußgängerampel	Dauer (s)
S1	grün	rot	Ruhezustand
S2	gelb	rot	3
S3	rot	rot	3
S4	rot	grün	24
S5	rot	rot	12
S6	rot-gelb	rot	3

Es sind

▨   die Ansteuer-Gleichungen sowie

▨   die Ausgabe-Gleichungen

für eine Realisierung mit D-Flip-Flops und JK-Flip-Flops zu ermitteln.

Anmerkung: Als Automatentakt wird ein »3-Sekunden-Takt« verwendet.

---

[15] nach einer Aufgabenstellung aus [Hack,Hoffmann]

Kapitel 7

Analyse sequentieller Schaltungen

7.1 Konstruktion des Automatengraphen

In Abschnitt 6.1.2 ist bei der Analyse des Basis-Flip-Flops ein erstes Beispiel einer Strukturanalyse sequentieller Schaltungen angegeben worden. Der (Analyse-) Weg von der Struktur zur Funktion führt im Falle sequentieller Schaltungen zu Gleichungen mit zeitlichen Differenzen zwischen »neuen« und »alten« Zustands-Variablenbelegungen. Der Schnitt zwischen diesen Variablen ist dabei so zu legen, dass möglichst wenig Zustandsvariablen entstehen (siehe Bild 7.1). Dabei muss mindestens jeder Kreis in der Struktur, d.h. jede Rückführung geschnitten werden.

Bild 7.1 Schnittbildung

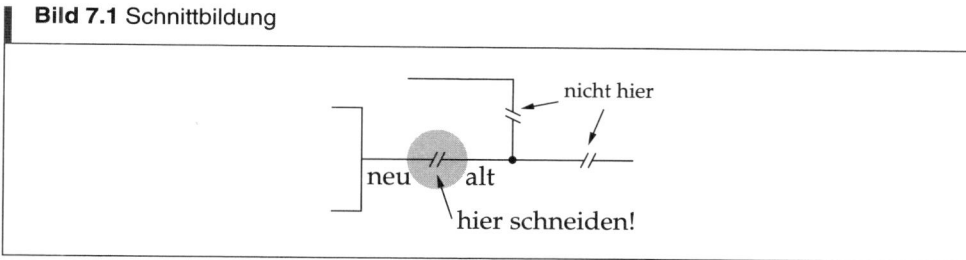

Diese so genannte **Schnittmethode** beruht im Wesentlichen darauf, die Rückkopplungen der z- Variablen zwischen Ausgang und Eingang aufzutrennen und in die zeitliche Interpretation der z-Gleichungen $^n z := h(^a z, x)$ zu übertragen (vgl. Abschnitt 5.2.4 und die Einleitung zu Abschnitt 6). Als Beispiel wollen wir die Schaltung des taktflankengesteuerten D-Flip-Flops aus Abschnitt 6.1.3.4 analysieren, dessen Schaltung wir dort ohne Herleitung angegeben haben. Bild 7.2 zeigt die Schaltung aus Abschnitt 6.1.3.4, ergänzt um die Schnittpunkte.

Wir können daraus die drei z-Gleichungen ermitteln:

$$
\begin{aligned}
^n z_0 \;\; &:= \;\; \overline{\overline{D\,^a z_1}\,^a z_0\; C\,^a z_1} \\
&:= \;\; \overline{D\,^a z_1}\,^a z_0 \vee \overline{C} \vee \overline{^a z_1}
\end{aligned}
\tag{7.1}
$$

$$
\begin{aligned}
^n z_1 \;\; &:= \;\; \overline{\overline{D\,^a z_1}\; C\,^a z_0} \\
&:= \;\; D\,^a z_1 \vee \overline{C} \vee \overline{^a z_0}
\end{aligned}
\tag{7.2}
$$

Bild 7.2 Schnittmethode für sequentielle Schaltungen

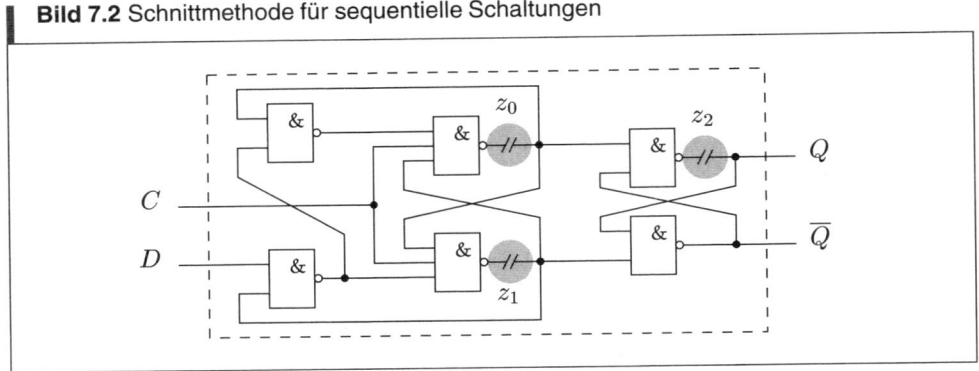

$$^{n}z_2 \quad := \quad \overline{\,^{a}z_2\,^{a}z_1\,^{a}z_0\,}$$
$$\quad := \quad ^{a}z_2\,^{a}z_1 \;\vee\; \overline{^{a}z_0} \tag{7.3}$$

Diese z-Gleichungen beschreiben das Verhalten je einer der Zustandsvariablen. Zur Konstruktion des Automatengraphen werden aus diesen Gleichungen die Zustands-Gleichungen ermittelt. Sie bestehen linksseitig aus Elementarkonjunktionen von z-Variablen des neuen Zustandes und rechtsseitig aus Ausdrücken in z-Variablen des alten Zustandes und aus Eingangsvariablen. Man erhält die Zustands-Gleichungen, indem man aus den linken Seiten der z-Gleichungen alle möglichen Elementarkonjunktionen erzeugt und deren zugehörige rechte Seiten negiert oder unnegiert als rechte Seite der Zustands-Gleichung miteinander konjunktiv verknüpft, je nachdem, ob die entsprechende z-Variable in der linksseitigen Elementarkonjunktion negiert oder unnegiert vorkommt[1]:

$$k_0 = \overline{z_2}\,\overline{z_1}\,\overline{z_0} \quad := \quad \underbrace{\overline{(z_2\,z_1 \vee \overline{z_0})}}_{\text{Negation von (7.3)}} \;\underbrace{\overline{(D\,z_1 \vee \overline{C} \vee \overline{z_0})}}_{\text{Negation von (7.2)}} \;\underbrace{\overline{(D\,\overline{z_1}\,z_0 \vee \overline{C} \vee \overline{z_1})}}_{\text{Negation von (7.1)}}$$

$$k_1 = \overline{z_2}\,\overline{z_1}\,z_0 \quad := \quad \overline{(z_2\,z_1 \vee \overline{z_0})}\;\overline{(D\,z_1 \vee \overline{C} \vee \overline{z_0})}\;(\overline{D\,\overline{z_1}\,z_0 \vee \overline{C} \vee \overline{z_1}})$$

$$k_2 = \overline{z_2}\,z_1\,\overline{z_0} \quad := \quad \overline{(z_2\,z_1 \vee \overline{z_0})}\;(D\,z_1 \vee \overline{C} \vee \overline{z_0})\;\overline{(D\,\overline{z_1}\,z_0 \vee \overline{C} \vee \overline{z_1})}$$

$$k_3 = \overline{z_2}\,z_1\,z_0 \quad := \quad \overline{(z_2\,z_1 \vee \overline{z_0})}\;(D\,z_1 \vee \overline{C} \vee \overline{z_0})\;(D\,\overline{z_1}\,z_0 \vee \overline{C} \vee \overline{z_1})$$

$$k_4 = z_2\,\overline{z_1}\,\overline{z_0} \quad := \quad (z_2\,z_1 \vee \overline{z_0})\;\overline{(D\,z_1 \vee \overline{C} \vee \overline{z_0})}\;\overline{(D\,\overline{z_1}\,z_0 \vee \overline{C} \vee \overline{z_1})}$$

$$k_5 = z_2\,\overline{z_1}\,z_0 \quad := \quad (z_2\,z_1 \vee \overline{z_0})\;\overline{(D\,z_1 \vee \overline{C} \vee \overline{z_0})}\;(D\,\overline{z_1}\,z_0 \vee \overline{C} \vee \overline{z_1})$$

---

[1] Der Übersichtlichkeit halber schreiben wir für $k(z)$ nur k und lassen die Bezeichnungen »alt« (^{a}z) und »neu« (^{n}z) weg.

$$k_6 = z_2\, z_1\, \overline{z_0} \quad := \quad (z_2\, z_1 \vee \overline{z_0})\ (D\, z_1 \vee \overline{C} \vee \overline{z_0})\ \overline{(D\, z_1\, z_0 \vee \overline{C} \vee \overline{z_1})}$$

$$k_7 = z_2\, z_1\, z_0 \quad := \quad \underbrace{(z_2\, z_1 \vee \overline{z_0})}_{(7.3)}\ \underbrace{(D\, z_1 \vee \overline{C} \vee \overline{z_0})}_{(7.2)}\ \underbrace{(D\, z_1\, z_0 \vee \overline{C} \vee \overline{z_1})}_{(7.1)}$$

Die rechten Seiten der Zustands-Gleichungen sind nun noch so umzuformen, dass alle darin vorkommenden Terme jeweils aus einer Elementarkonjunktion in (»alten«) z-Variablen und einem damit konjunktiv verknüpften Ausdruck in x-Variablen bestehen. Die Terme in x-Variablen bilden die Übergangsausdrücke der zu dem »neuen« Zustand hinführenden Kanten, die Elementarkonjunktion in z-Variablen den Kanten-Anfangsknoten. Für die Zustands-Gleichung von Z_1 ist der Teilgraph exemplarisch angegeben und außerdem im Automatengraphen in Bild 7.4 markiert.

$$k_0 := 0$$

$$k_1 := k_5\, C \vee k_3\, C\, \overline{D} \vee k_1\, C \qquad \Longrightarrow$$

$$k_2 := k_3\, C\, D$$

$$k_3 := k_5\, \overline{C} \vee k_3\, \overline{C} \vee k_1\, \overline{C}$$

$$k_4 := 0$$

$$k_5 := k_7\, C\, \overline{D}$$

$$k_6 := k_7\, C\, D \vee k_6\, C \vee k_2\, C$$

$$k_7 := k_7\, \overline{C} \vee k_6\, \overline{C} \vee k_4 \vee k_2\, \overline{C} \vee k_0$$

Eine weitere Variante, den Automatengraphen zu ermitteln, ist das Aufstellen der Zustands-Tabelle aus den Gleichungen (7.1) bis (7.3), indem man die Werte der $^n z$-Variablen aus den Gleichungen bestimmt. In Bild 7.3 ist das Ergebnis der Berechnungen als Zustands-Tabelle dargestellt, wobei alle Berechnungsergebnisse, die zu Zustand $^n Z_1$ führen, exemplarisch hervorgehoben sind.

Die Teilgraphen werden nun zu einem Zustandsgraphen zusammengesetzt, indem gleiche Zustände zusammengelegt werden.

Für die Ermittlung der Ausgabe-Gleichungen sind nun je Ausgangsvariable der Struktur beginnend bei einer Ausgangsvariablen die Teilstrukturen bis zu den Eingangsvariablen der Struktur zu analysieren, die keine Rückführungen enthalten. Wird eine Rückführung erreicht, so ist das Verhalten der weiteren Struktur bereits durch die entsprechende Zustandsvariable in der Überführungsfunktion erfasst und die Analyse bricht an dieser Stelle mit der Einbeziehung der z-Variablen in den Analyse-Ausdruck ab. Im Falle von *Moore-Automaten* ist das für alle Analysepfade der Fall, da es keine Pfade vom Ausgang zum Eingang der Struktur gibt.

Bild 7.3 Zustands-Tabelle

$^a z_2\ ^a z_1\ ^a z_0$ $\quad \dfrac{D}{C}$	$\dfrac{0}{0}$	$\dfrac{1}{0}$	$\dfrac{1}{1}$	$\dfrac{0}{1}$ $\qquad \boxed{^n Z_i\ ^n z_2\ ^n z_1\ ^n z_0}$
Z_0 0 0 0	Z_7 111	Z_7 111	Z_7 111	Z_7 111
Z_1 0 0 1	Z_3 011	Z_3 011	Z_1 001	Z_1 001
Z_2 0 1 0	Z_7 111	Z_7 111	Z_6 110	Z_6 110
Z_3 0 1 1	Z_3 011	Z_3 011	Z_2 010	Z_1 001
Z_4 1 0 0	Z_7 111	Z_7 111	Z_7 111	Z_7 111
Z_5 1 0 1	Z_3 011	Z_3 011	Z_1 001	Z_1 001
Z_6 1 1 0	Z_7 111	Z_7 111	Z_6 110	Z_6 110
Z_7 1 1 1	Z_7 111	Z_7 111	Z_6 110	Z_5 101

In unserem Beispiel sind alle Ausgänge direkt mit einem Modul gekoppelt, dessen Ausgang rückgeführt wird, sodass die Ausgabe-Gleichungen folgende Gestalt haben:

$$Q = z_2$$
$$\overline{Q} = \overline{z_2}$$

Da sich beide Ausgänge komplementär verhalten, genügt die Notation des Verhaltens einer Variablen im Automatengraphen. Bild 7.4 zeigt das Ergebnis der Analyse unter Hervorhebung des Teilgraphen für Z_1.

Der so erzeugte Automatengraph beschreibt das Verhalten vollständig und widerspruchsfrei, enthält jedoch unter Umständen Zustände, die nur kurzzeitig angenommen werden. Wir unterscheiden dementsprechend

- instabile,

- bedingt stabile oder

- stabile Zustände,

je nachdem, welche der im folgenden Abschnitt definierten Eigenschaften auf die Kantengewichte zutreffen.

7.2   Stabilität von Zuständen

Die nachfolgenden Untersuchungen gehen von den zu einem Zustand Z_j hinführenden Kanten aus, wobei Stabilitätsbetrachtungen sowohl für einzelne Zustände als auch für Zustandsfolgen (Pfade) mit Anfangs- und Endzustand durchführbar sind.

Bild 7.4 Resultierender Automatengraph

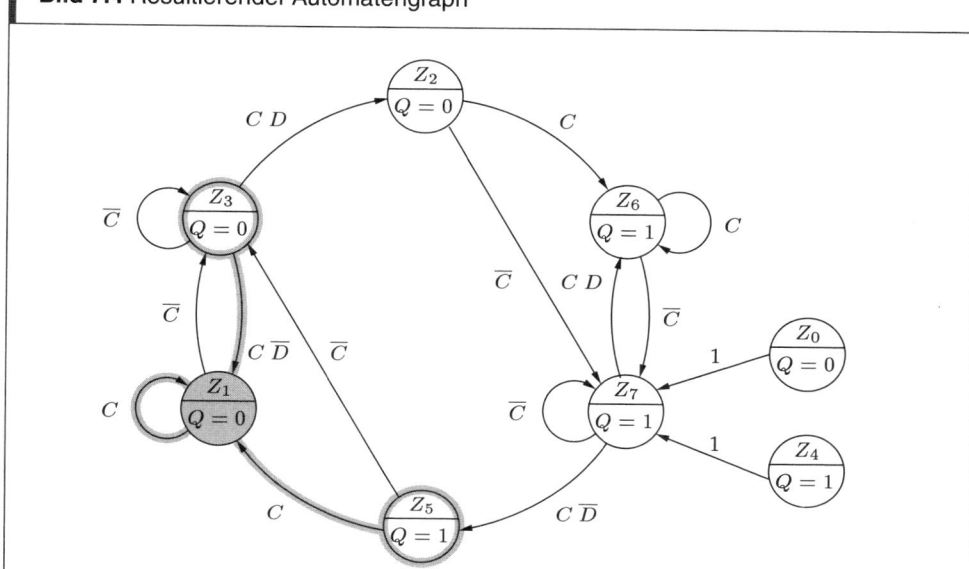

Ein Zustand heißt **stabil**, wenn alle Eingangsbelegungsmengen X^{ij} der zu einem Zustand Z_j führenden Kanten $[Z_i, Z_j]$ auch an der Eigenschleife $[Z_j, Z_j]$ stehen:

$$\bigcup_{i \neq j} X^{ij} \subseteq X^{jj} \tag{7.4}$$

Für die Überprüfung dieser Eigenschaft muss nachgewiesen werden, dass

$$\bigcup_{i \neq j} X^{ij} \cap \overline{X^{jj}} = \emptyset \tag{7.5}$$

bzw.

$$\bigvee_{i \neq j} h_{ij} \wedge \overline{h_{jj}} = 0 \tag{7.6}$$

gilt.

Ein Zustand heißt **instabil**, wenn kein Element der Eingangsbelegungsmengen X^{ij} in der Belegungsmenge der Eigenschleife enthalten ist:

$$\forall i (X_i \notin X^{jj}) \quad \text{mit} \quad X_i \in \bigcup_{i \neq j} X^{ij} \tag{7.7}$$

Der Nachweis dieser Eigenschaft gelingt über:

$$\bigcup_{i \neq j} X^{ij} \cap \overline{X^{jj}} = \bigcup_{i \neq j} X^{ij} \tag{7.8}$$

bzw.

$$\bigvee_{i \neq j} h_{ij} \wedge \overline{h_{jj}} = \bigvee_{i \neq j} h_{ij} \tag{7.9}$$

Wenn keine der Bedingungen (7.4) bis (7.9) zutrifft, heißt ein Zustand **bedingt stabil** bzw. **bedingt instabil**. Das bedeutet, es existiert (mindestens) eine Eingangsbelegung X_i an den hinführenden Kanten, bei der der Zustand Z_j sofort wieder verlassen werden kann. Zur Überprüfung dieser Eigenschaften muss die Gültigkeit der Beziehungen

$$\left(\bigcup_{i \neq j} X^{ij} \cap \overline{X^{jj}} \neq \emptyset \right) \quad \text{und} \quad \left(\bigcup_{i \neq j} X^{ij} \cap \overline{X^{jj}} \neq \bigcup_{i \neq j} X^{ij} \right) \tag{7.10}$$

bzw.

$$\left(\bigvee_{i \neq j} h_{ij} \wedge \overline{h_{jj}} \neq 0 \right) \quad \text{und} \quad \left(\bigvee_{i \neq j} h_{ij} \wedge \overline{h_{jj}} \neq \bigvee_{i \neq j} h_{ij} \right) \tag{7.11}$$

nachgewiesen werden.

Einen Spezialfall instabiler Zustände bilden Zustände, deren Eigenschleife mit »0« bewertet (bzw. weggelassen) ist.

Bild 7.5 gibt drei Beispiele zu diesen Stabilitätsbetrachtungen an.

Bild 7.5 Stabilität von Zuständen

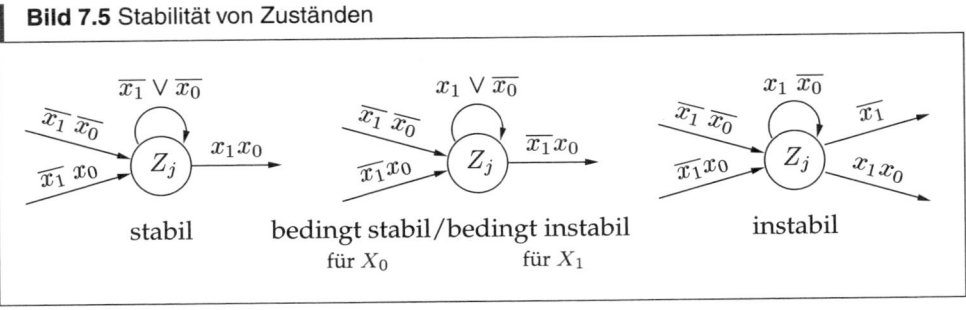

Analoge Betrachtungen können auch für Zustandsfolgen $Z_i, \ldots, Z_j, \ldots, Z_k$ (sog. Pfade) gemacht werden.

Eine Folge von Zuständen wird **stabiler Pfad** genannt, wenn alle Zustände stabil nach (7.4) bis (7.6) sind. Ein **instabiler Pfad** enthält nur instabile Zustände nach (7.7) bis (7.9).

Gemäß diesen Definitionen können wir das Ergebnis der Strukturanalyse aus Abschnitt 7.1 nun auch funktionell weiter untersuchen. Der Automatengraph in Bild 7.4 beschreibt das Verhalten detailliert unter Beachtung der Zwischenbelegungen, die infolge instabiler Zustände nur vorübergehend angenommen werden. Eine funktionelle Analyse findet diese Zustände und eventuelle Zwischenbelegungen am Ausgang.

Nach Beziehung (7.7) bis (7.9) sind die Zustände Z_0, Z_2, Z_4 und Z_5 instabil. Sie sind in Bild 7.6 grau markiert.

Falls die Zwischenzustände keine Auswirkungen auf das Verhalten am Ausgang der Schaltung haben, kann auch ein abstrahierter (d.h. ein auf die stabilen Zustände reduzierter) Automatengraph das externe Verhalten vollständig beschreiben. Eine diesbezügliche Analyse des Automatengraphen ergibt, dass keine Auswirkungen auf den Ausgang erfolgen, da die Ausgaben der Zwischenzustände Z_2 und Z_5 mit denen ihrer Vorgängerzustände übereinstimmen und somit lediglich zu einer zeitlichen Verzögerung, nicht aber zu Signalwechseln am Ausgang führen. Z_0 und Z_4 sind Initialzustände, die nur im Einschaltmoment angenommen werden können und sofort in den stabilen Zustand Z_7 übergehen.

Bild 7.6 Instabile Zustände

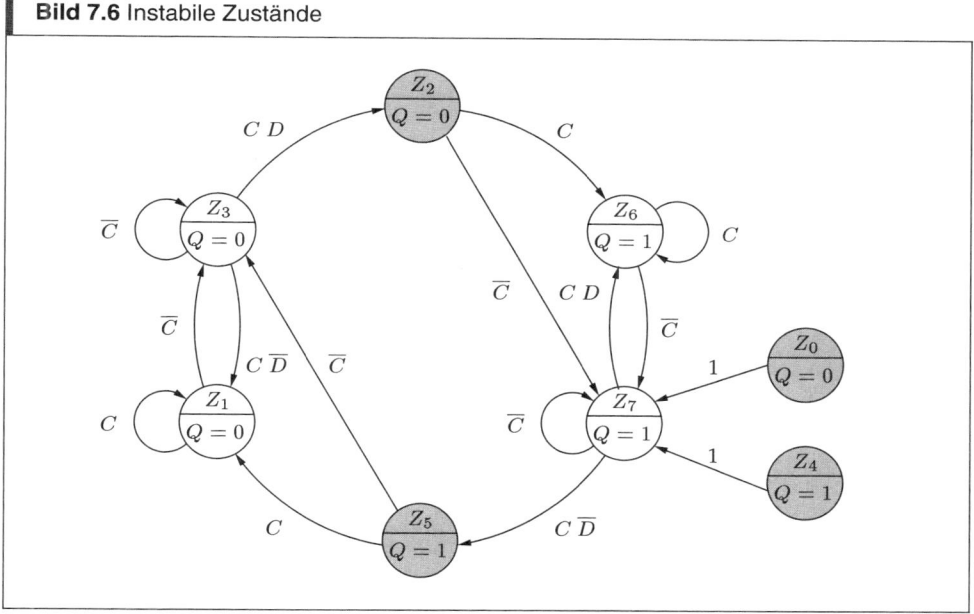

Der abstrahierte Automatengraph in Bild 7.7 stimmt mit dem systematisch entworfenen Automatengraphen in Bild 6.23 des D-Flip-Flops aus Abschnitt 6.1.3.4 überein und zeigt damit die Gleichwertigkeit der Praxisschaltung in Bild 7.2. Interessant ist, dass bei bewusstem Inkaufnehmen von Instabilitäten sogar ein Automat mit einer größeren Zustandszahl zu einem reduzierten Schaltungsaufwand führt.

Dieser Aspekt wurde auch schon in Abschnitt 6.1.2 bei der Analyse des Basis-Flip-Flops sichtbar, kann an dieser Stelle aber lediglich als Anregung für eigene Untersuchungen dienen und nicht systematisch vertieft werden.

Bild 7.7 Abstrakter Automatengraph aus Bild 7.4

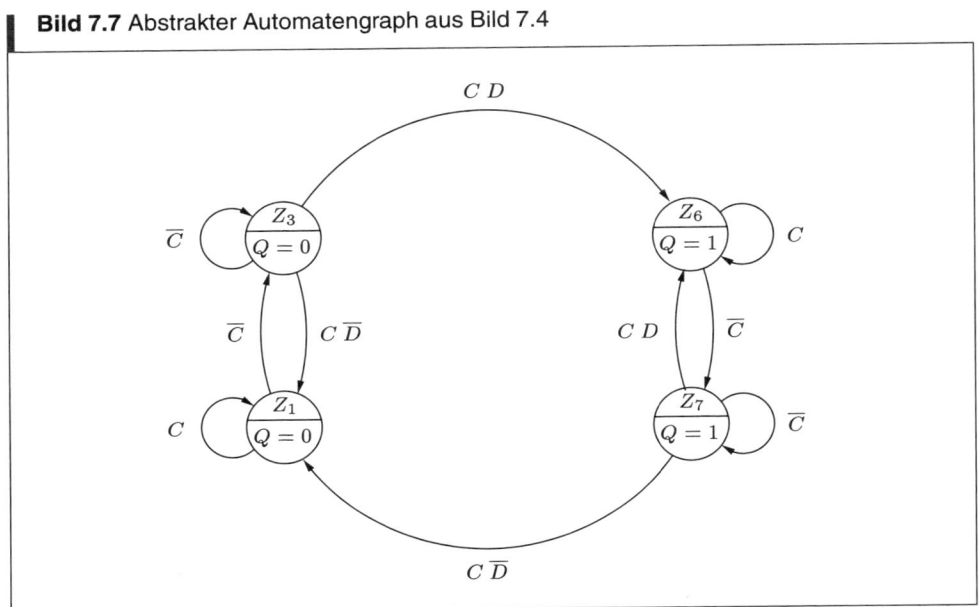

7.3 Dynamische Effekte

Auch bei sequentiellen Schaltungen können die dynamischen Effekte auftreten, die in Abschnitt 4.3 für kombinatorische Strukturen diskutiert wurden. Bei asynchronen, sequentiellen Schaltungen wirken sie sich jedoch weitaus gefährlicher aus, da sie zu ungewollten Zustandsübergängen führen können. Sie treten nur in der konkreten Realisierung auf und sind deshalb schwer diagnostizierbar. Mithilfe von Simulationen sind sie nicht erkennbar.

Bild 7.8 zeigt die Auswirkungen eines Hasards in Zustand Z_2. Falls beim Übergang zu Z_1 nicht beide z-Variablen ihren Wert gleichzeitig ändern, wird Z_0 oder Z_3 angenommen. Die Eigenschleife an Z_3 bewirkt, dass der Automat stabil in diesem Zustand bleibt, bis eine entsprechende Änderung der Eingangsvariablen eintritt. Ein Wechsel in Z_0 würde dagegen nur einen kurzen »0«-Impuls an y_1 erzeugen und dann auf Grund der Gleichheit der Übergangsbedingungen $h_{21} = h_{01}$ wieder in den ursprünglich gewünschten Zustand Z_1 führen. Man kann sich sicher vorstellen, wie schwierig derartige Fehler zu entdecken sind.

Bild 7.8 Dynamische Effekte in sequentiellen Funktionen

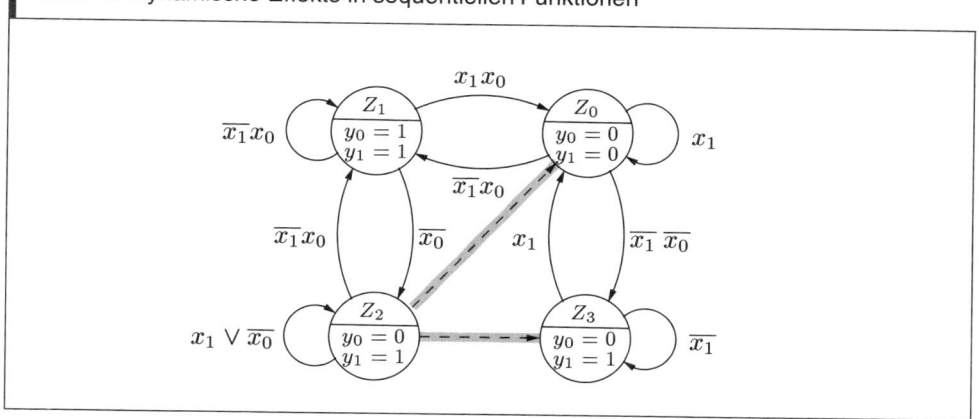

Man nennt dynamische Effekte, die zu ungewollten Zustandswechseln führen:

- **Trios**, wenn unterschiedliche Signallaufzeiten der Eingangs- und Zustandsvariablen während der Zustandsübergänge entstehen bzw.

- **Wettrennen**, wenn kurzzeitig unerwünschte Zwischenzustände entstehen. Denkbar sind dabei Wettrennen, die in jedem Fall im richtigen Zielzustand enden (Stabilisierung), oder aber solche, bei denen ein falscher Endzustand möglich ist. Letztere werden auch als **Races** (gefährliche Wettrennen) bezeichnet.

Eine synchrone Taktung aller Signale vermeidet derartige Effekte. In diesem konkreten Beispiel würde auch eine andere Zustandskodierung (Beispielsweise die Vertauschung von Z_1 und Z_0) das Problem bezüglich der Funktions-Hasards nach Abschnitt 4.3.1 lösen, da dabei je Zustandsübergang nur eine z-Variable ihren Wert ändert. Die Verhinderung von Struktur-Hasards (siehe Abschnitt 4.3.2) ist aber auch hier nur mithilfe einer synchronen Taktung gewährleistet.

Wir wollen an dieser Stelle nicht detaillierter auf diese Effekte eingehen, da wir im Wesentlichen von einem synchronen Entwurf ausgehen. Dem interessierten Leser sei aber [Zan89] als weiterführende Literatur zu diesem Thema empfohlen.

7.4 Zusammenfassung

Dieses Kapitel gibt einen kurzen Überblick über die Analyse sequentieller Schaltungen. Es wird gezeigt, wie aus einer sequentiellen Struktur mit Hilfe der Schnittmethode Automatengraphen erzeugt werden können, die das Verhalten der Schaltung detailliert beschreiben. Eine Analyse dieser detaillierten Verhaltensbeschreibung zeigt, dass eine Reihe von instabilen Zuständen auftreten können, die sich jedoch nicht immer auf den Ausgang der Schaltung auswirken. In diesem Fall kann man eine Abstraktion des Automatengraphen vornehmen, der das an der Schnittstelle gezeigte Verhalten vollständig beschreibt.

7.5 Aufgaben

Aufgabe 7.1

Gegeben ist die in Bild 7.9 dargestellte Schaltung mit zwei Eingängen ($x = [x_b, x_a]$) und zwei Ausgängen ($y = [y_v, y_r]$). Gesucht sind nach der in Abschnitt 7.1 vorgestellten Schnittmethode

- der Automatengraph sowie

- eine Beschreibung des Verhaltens der Schaltung für das in Bild 7.10 dargestellte Eingangssignal-Verhalten.

Bild 7.9 Zu analysierende Schaltung für Aufgabe 7.1

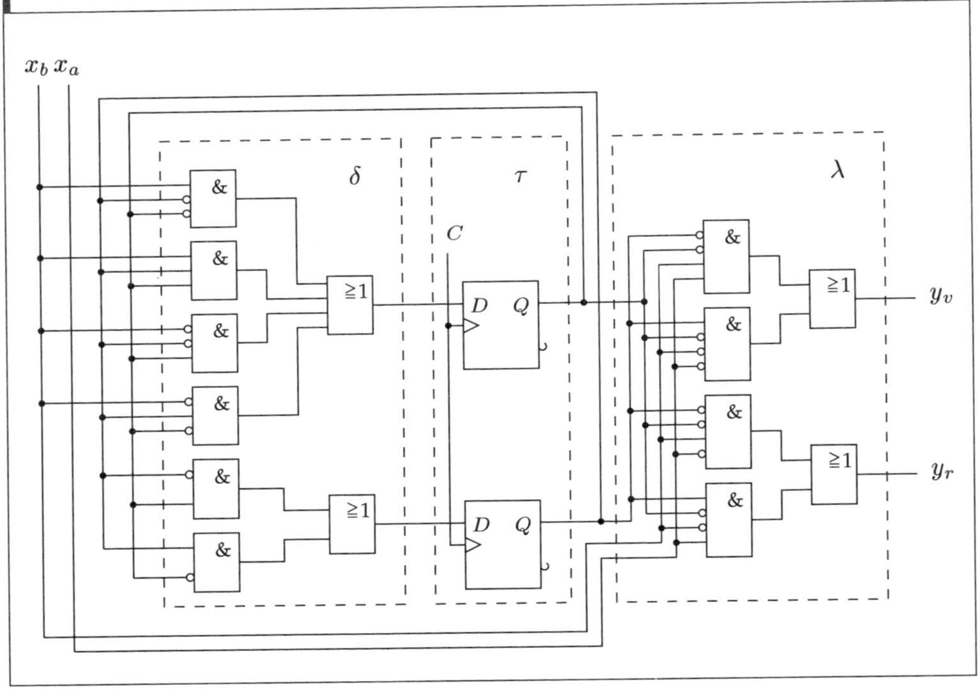

Aufgabe 7.2

Gegeben ist die in Bild 7.11 dargestellte Schaltung (aus [Zan89]) mit einer Eingangsvariablen (x) und zwei Ausgangsvariablen ($y = [y_v, y_r]$). Gesucht sind nach der in Abschnitt 7.1 vorgestellten Schnittmethode

- der Automatengraph sowie

- eine Beschreibung des Verhaltens der Schaltung.

Bild 7.10 Zu untersuchendes Eingangssignal-Verhalten für Aufgabe 7.1

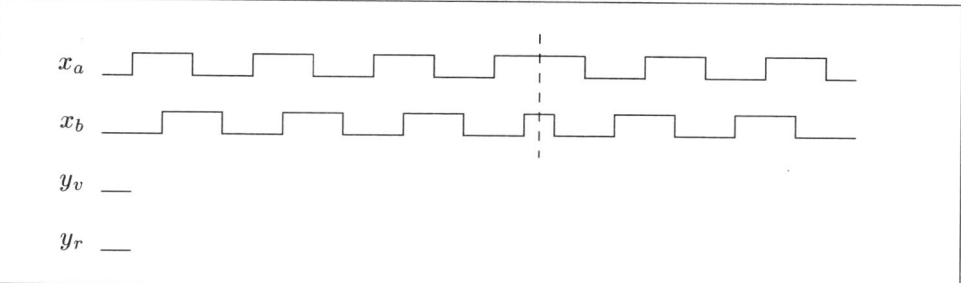

Bild 7.11 Zu analysierende Schaltung für Aufgabe 7.2

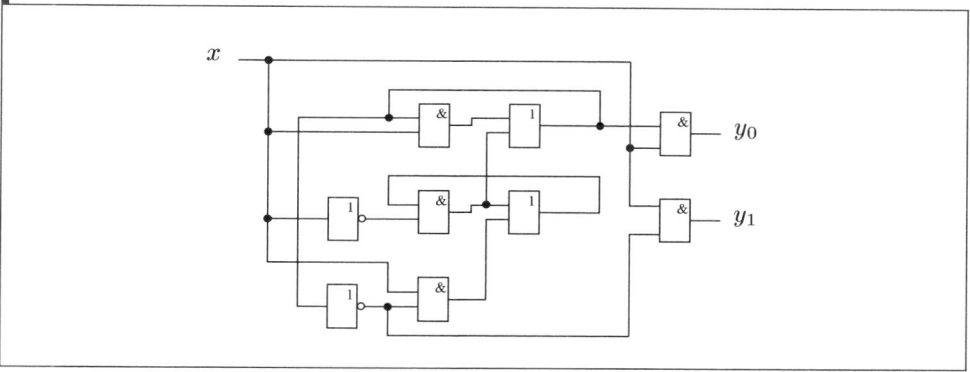

Aufgabe 7.3

Beim Entwurf des in Bild 5.13 dargestellten Automatengraphen der Bandsteuerung wurde versehentlich an den Kanten $h_{00}, h_{01}, h_{11}, h_{10}$ der Teilausdruck x_2 vergessen, sodass sich der in Bild 7.12 dargestellte Automatengraph ergeben hat. Würde man für diesen Automatengraphen die Automaten-Gleichungen bestimmen und ihn praktisch realisieren (z.B. mit D-Flip-Flops), ergäbe sich ein anderes funktionelles Verhalten des Automaten. Welches?

Aufgabe 7.4

Welches funktionelle Verhalten hätte der Automat aus Aufgabe 5.3 (Bild 5.18(a)), wenn man ihn (z.B. mit D-Flip-Flops) realisieren würde?

Bild 7.12 »Fehlerhafter« Automatengraph der Bandsteuerung

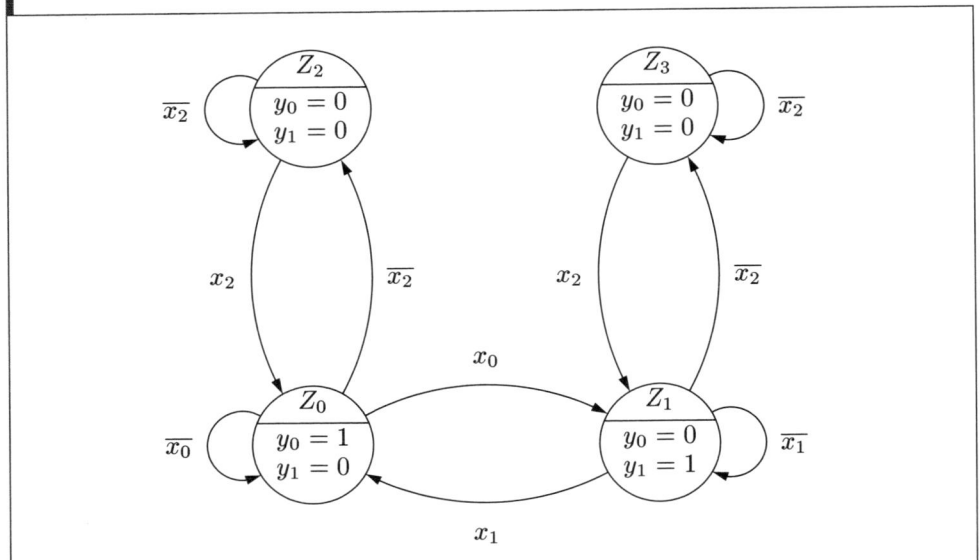

Kapitel 8

Entwurf paralleler Automaten

Der Entwurf digitaler Systeme ist nicht immer als monolithischer Automat beschreibbar oder realisierbar. Gründe der Überschaubarkeit und technologische Randbedingungen (z.B. begrenzte Chipgröße) verlangen alternativ nach einer Systematik, in der Teilfunktionen getrennt entworfen und realisiert werden können. Hierfür bietet sich das Konzept so genannter **Automatennetze** an, die als Ergebnis einer Dekomposition entstehen oder a priori entworfen werden. Wir wollen in diesem Kapitel Möglichkeiten der *Dekomposition* und *Komposition* von Automaten diskutieren und Eigenschaften paralleler Automaten untersuchen, die für deren korrektes Koagieren von Bedeutung sind. Darüber hinaus soll ein Einblick in den Entwurf paralleler Automaten gegeben werden. Die am Ende dieses Kapitels angegebenen Fallbeispiele zeigen die Vorteile des parallelen Entwurfes [Kra91, Zer94].

8.1 Parallelität

Der Begriff der Parallelität begegnet uns sowohl bei der Spezifikation als auch bei der Implementierung digitaler Systeme. Umgangssprachlich verbindet sich damit die Vorstellung paralleler Geraden, die keine gemeinsamen Punkte besitzen. In der Technik spricht man auch von Parallelität, wenn Koppelbeziehungen bestehen. Eine parallele Rechnerschnittstelle ist beispielsweise synchron getaktet. Auch synchrone Automaten sind nur unter Berücksichtigung dieser Abhängigkeit interpretierbar. In der Fachliteratur wird zur Präzisierung des Parallelitätsbegriffes deshalb zwischen Nebenläufigkeit (als Oberbegriff), Parallelität (im »engeren Sinn«) und Konkurrenz unterschieden.

Unter Parallelität soll hier im engeren Sinn verstanden werden, dass

1. unabhängige Teilbereiche oder -abläufe existieren und

2. eine Abstimmung bei Notwendigkeit erfolgt.

Obwohl wir den Begriff hier auf die Realisierung digitaler Systeme beziehen, können die Betrachtungen auch auf andere Gebiete wie z.B. die Betriebssystemtheorie oder die Kommunikationstechnik übertragen und zur Veranschaulichung entsprechender Konzepte herangezogen werden. Bezogen auf die Arbeitsweise paralleler Automaten präzisieren wir:

Zwei Automaten arbeiten **parallel**, wenn

1. mindestens ein Zustandswechsel in beiden Automaten unabhängig vom anderen Automaten vollzogen werden kann,

2. mindestens eine funktionelle Koppelbeziehung[1] existiert und

3. die Automaten als System eine gemeinsame (Steuer-)Aufgabe bearbeiten.

Kann die Bedingung (2) für alle Zustandsübergänge ausgeschlossen werden, arbeiten die Automaten **konkurrent**. Wir werden die Definition der Begriffe in Abschnitt 8.5.1 weiter formalisieren.

Parallele bzw. konkurrente Automaten entstehen als Ergebnis einer Dekomposition, sind Ausgangspunkt der Komposition und können als Entwurfsmethode komplexer Systeme für die primäre Notation der Funktionalität genutzt werden, ohne dass deren Komposition explizit ausgeführt werden muss.

8.2 Dekomposition

Unter funktioneller **Dekomposition** verstehen wir die Zerlegung einer Funktion in Teilfunktionen. Die Zerlegung kombinatorischer Funktionen haben wir bereits in Kapitel 3 diskutiert, als wir explizite Gleichungen für Ausgangsvariablen kombinatorischer Schaltungen aufgestellt haben. In diesem Kapitel liegt der Schwerpunkt daher auf der Dekomposition der Überführungsfunktion sequentieller Automaten. Im Abschnitt 8.3 diskutieren wir Möglichkeiten und Konsequenzen verschiedener Realisierungsvarianten der Ausgabe-Funktion.

Die Dekomposition der Zustandsüberführungsfunktion beruht – wie in Bild 8.1[2] dargestellt – auf dem Verfahren, das wir bereits bei der Ermittlung der Flip-Flop-Ansteuer-Gleichungen in Abschnitt 5.2.4 vorgestellt haben. Flip-Flops sind in ihrer vom Takt abstrahierten Funktionalität die elementarsten sequentiellen Strukturen, da sie nur zwei Zustände besitzen. Somit erfolgt die allgemeine Dekomposition in den gleichen Schritten, wie das in Abschnitt 5.2.4 dargestellte Verfahren zur Ermittlung der z-Gleichungen: Die Zustände des zu dekomponierenden Automaten werden entsprechend der gewünschten Teilfunktionalität *kodiert*, alle Zustandsübergänge der Zustände eines Teilautomaten werden unter Berücksichtigung der Zustände der weiteren Teilautomaten und der Übergangsbedingungen ermittelt und als Zustands-Gleichungen nach (5.8) oder unmittelbar als Zustandsgraph notiert.

8.2.1 Verfahren

Die funktionelle Dekomposition kann nach verschiedenen Kriterien vorgenommen werden. Beispielsweise kann ein Ziel der Dekomposition sein, Teilautomaten

---

[1] Funktionelle Koppelbeziehung: Abhängigkeit von Zustands- und/oder Ausgangsvariablen anderer Automaten

[2] In weiteren Strukturbildern werden wir den δ^L/τ^L-Block einschließlich der Rückführungen vereinfacht als einen Block δ^L zeichnen, ohne die Rückführung der z^L-Variablen innerhalb eines Blockes darzustellen.

Bild 8.1 Funktionelle Dekomposition

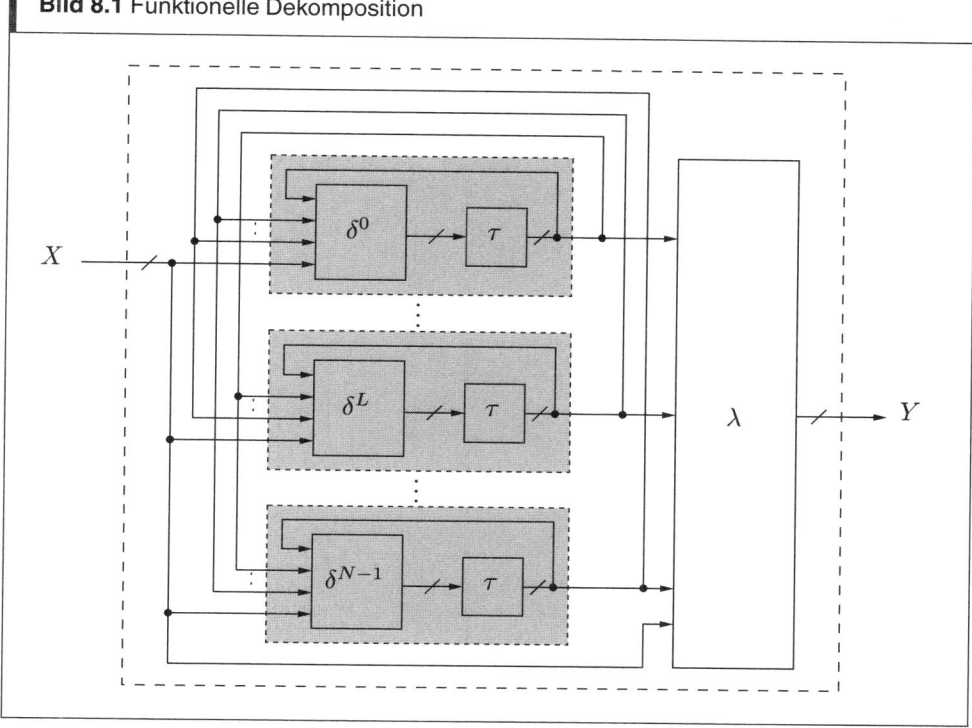

zu erhalten, die möglichst wenig Koppelbeziehungen haben oder eine bestimmte Maximalzahl von Zuständen nicht überschreiten. Für diese nach formalen Kriterien entscheidbaren Dekompositionsvarianten verweisen wir auf die Literatur [HS66, JvD92]. Wir wollen an dieser Stelle nur ein Grundverständnis für die Verfahren der Dekomposition vermitteln und gehen daher auf die ad hoc einfacher zu verstehende Variante der »*Dekomposition nach semantischen Kriterien*« ein. Ein Automat wird hierbei so dekomponiert, dass die Teilautomaten jeweils eine Teilfunktion der Aufgabenstellung realisieren. Dies ist der kreative Schritt der Dekomposition.

Am Beispiel der Pumpensteuerung aus Abschnitt 6.4.4, Bild 6.52 können zwei Teilfunktionen unterschieden werden [Kra91]:

1. die Steuerung der Anzahl aktiver Pumpen, die wir Teilautomat A^0 zuordnen und

2. die Überwachung der gleichmäßigen Auslastung der Pumpen, die Teilautomat A^1 übernehmen soll.

Entsprechend dieser Funktionalität kodieren wir die Zustände des ursprünglichen Automaten nun so, dass jeder Zustand je eine Komponente $Z_i^0 \in Z^0$ von Automat A^0 und eine Komponente $Z_j^1 \in Z^1$ von Automat A^1 enthält. Die kodierten Zustände bezeichnen wir mit Z'. Bild 8.2 zeigt die Kodierung.

Bild 8.2 Kodierung der Zustände des Globalautomaten

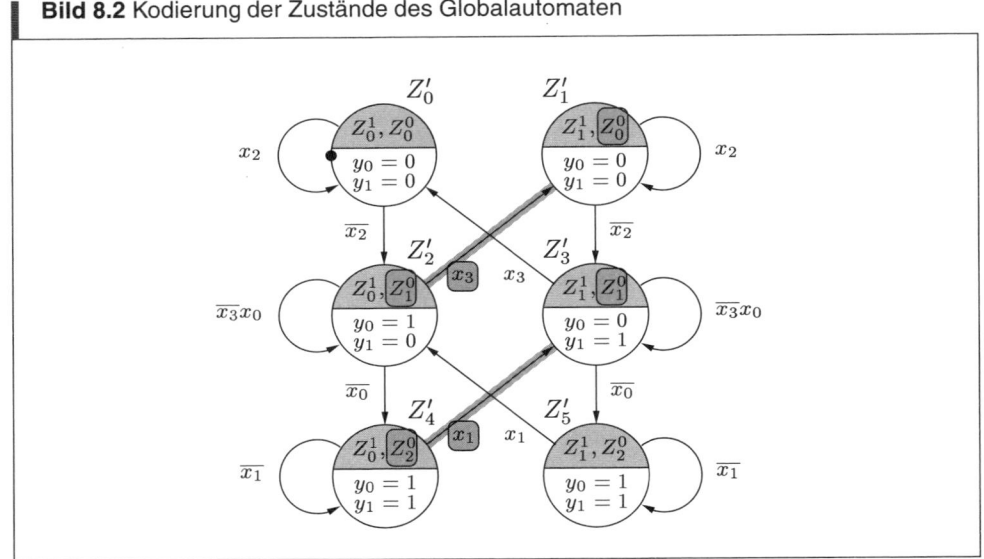

Man erkennt, dass z.B. in den linken drei Zuständen Pumpe 1 priorisiert ist, kodiert durch Zustand Z_0^1 des (Teil-)Automaten A^1. Damit die Teilautomaten das gleiche Verhalten wie der ursprüngliche Automat realisieren, müssen sie synchron getaktet werden und in einer Zustandskombination gestartet werden, die auch im ursprünglichen Automaten existiert. Dazu wird ein »**Initialzustand**« festgelegt (markiert mit einem Punkt), der als Startzustand in die Teilautomaten übernommen wird.

Im nächsten Schritt werden die Teilautomaten separiert. Man kann dabei analog zu der im Abschnitt 5.2.4 beschriebenen Vorgehensweise entweder

- die Zustands-Gleichungen oder

- die z-Gleichungen ableiten.

Die entsprechenden Gleichungen sind in den Abschnitten 8.2.1.2 und 8.2.1.3 jeweils als Beispiel angegeben. Eine direkte Ableitung der Graphen der Teilautomaten ist ebenfalls möglich und soll anhand des Beispiels gezeigt werden. Hierbei notiert man die Zustände der Teilautomaten und ermittelt die Kantengewichte als Disjunktion aller im urspünglichen Automaten zwischen den entsprechenden Zuständen liegenden Kantengewichte. Zu beachten ist hierbei insbesondere, dass die ursprünglichen Kantengewichte jeweils konjunktiv mit den Elementarkonjunktionen der z-Variablen aller Zustände der Teilautomaten des Kantenanfangs-Knotens zu verknüpfen sind. Beispielsweise wird das Kantengewicht h_{01}^1 des Teilautomaten A^1 als $h_{01}^1 = k_1^0(z^0)x_3 \vee k_2^0(z^0)x_1$ ermittelt (in den Bildern 8.2 und 8.4(a) hervorgehoben). Man kann sich zunächst auf Kanten beschränken, die zu unterschiedlichen Zuständen im Teilautomaten führen, also keine Eigenschleifen bilden. Im Fall vollständig bestimmter Automaten erhält man über die Bildung des zur Disjunktion der wegführenden Kantengewichte negierten Ausdrucks im Teilautomaten das Gewicht der Eigenschleifen. Bei partiellen Automaten erhält man Eigenschleifen, die bzgl. h^* wertverlaufsgleich zu den Ausdrücken sind, die man über die beschriebene Disjunktion der Kantengewichte zwischen gleichen Zuständen der Teilautomaten ermitteln könnte.

Bild 8.3 und Bild 8.4 zeigen die Graphen der Teilautomaten (die Kantengewichte sind bezüglich h^* minimiert).

Bild 8.3 Teilautomat A^0

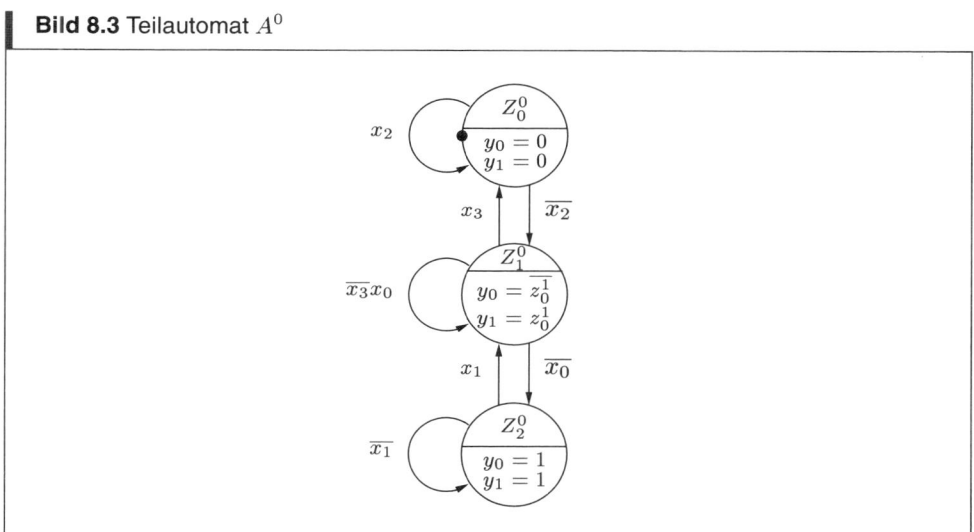

Bild 8.4 (a) Teilautomat A^1, (b) über h^* minimiert

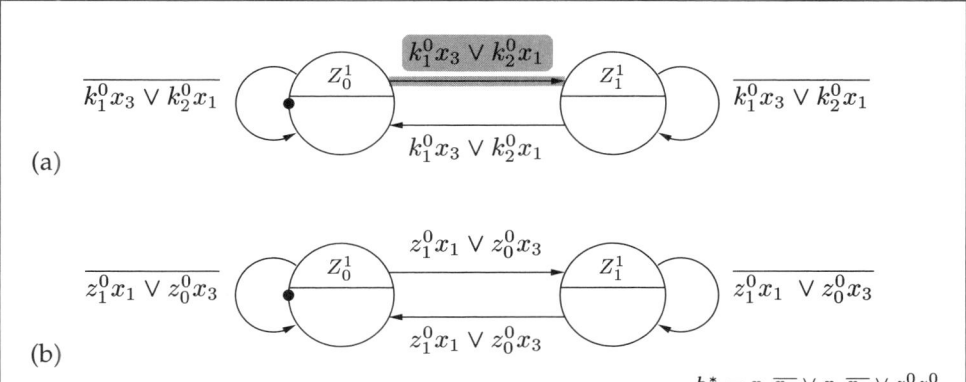

Werden beide im Initialzustand gestartet und synchron getaktet, erfüllen sie die gleiche Funktion wie der ursprüngliche Automat.

Die Ausgaben in den einzelnen Zuständen können entsprechend der im nächsten Abschnitt beschriebenen Varianten den Knoten der Teilautomaten zugeordnet werden.

Nachfolgend sind die einzelnen Schritte der Dekompoition allgemeingültig zusammengefasst und anhand des Beispiels jeweils (grau hinterlegt) verdeutlicht.

8.2.1.1   Kodierung der Zustände des Automaten A

1. Kodierung $\mathcal{K}$ der Zustände $Z_i \in Z$ des Automaten A in Zustände $Z_i' \in Z'$ des Automaten A' durch N-Tupel von Zuständen $Z_{i^L}^L \in Z^L$ der Teilautomaten A^L

$$\mathcal{K}(Z_i) = Z_i' = [Z_{i^{N-1}}^{N-1}, \ldots, Z_{i^L}^L, \ldots, Z_{i^0}^0] \tag{8.1}$$

mit $0 \le i^L \le |Z^L|$; i^L :   Zustandsindex der L-ten Komponente in der Kodierung $\mathcal{K}$ des Zustandes Z_i

$$\mathcal{K}(Z_0) = Z_0' = [Z_{0^1}^1, Z_{0^0}^0] = [Z_0^1, Z_0^0]$$
$$\mathcal{K}(Z_1) = Z_1' = [Z_{1^1}^1, Z_{1^0}^0] = [Z_1^1, Z_0^0]$$
$$\mathcal{K}(Z_2) = Z_2' = [Z_{2^1}^1, Z_{2^0}^0] = [Z_0^1, Z_1^0]$$
$$\mathcal{K}(Z_3) = Z_3' = [Z_{3^1}^1, Z_{3^0}^0] = [Z_1^1, Z_1^0]$$
$$\mathcal{K}(Z_4) = Z_4' = [Z_{4^1}^1, Z_{4^0}^0] = [Z_0^1, Z_2^0]$$
$$\mathcal{K}(Z_5) = Z_5' = [Z_{5^1}^1, Z_{5^0}^0] = [Z_1^1, Z_2^0]$$

2. Markieren der Initialzustände $Z_{i^L}^L$ der Teilautomaten A^L

Markieren von Z_0^0 im Teilautomat A^0 und Z_0^1 im Teilautomat A^1 als Initialzustände

8.2.1.2   Separierung der Teilautomaten A^L

1. Ermittlung der je Teilautomat A^L notwendigen Zustandsvariablen z^L

$$|z^L| = \lceil ld|Z^L| \rceil \tag{8.2}$$

- A^0 : $Z^0 = \{Z_0^0, Z_1^0, Z_2^0\}$ $|Z^0| = \lceil ld3 \rceil = 2$ $\Rightarrow$ $z^0 = [z_1^0, z_0^0]$
- A^1 : $Z^1 = \{Z_0^1, Z_1^1\}$ $|Z^1| = \lceil ld2 \rceil = 1$ $\Rightarrow$ $z^1 = [z_0^1]$
- $\Rightarrow$ $z' = [z_0^1, z_1^0, z_0^0]$

2. Zustandsrepräsentation durch Elementarkonjunktionen

$$k_{i^L}^L \in k^L(z^L) \qquad |k^L| = 2^{|z^L|} \tag{8.3}$$

Für die Ermittlung der Zustands-, z- und y-Gleichungen werden

- die Zustände $Z_{i^L}^L$ der Teilautomaten A^L durch die Elementarkonjunktionen $k_{i^L}^L(z^L)$,

- die Zustände Z_i' des Automaten A' durch Elementarkonjunktionen $k_i'(z')$

$$k_i'(z') = \bigwedge_{L=0}^{N-1} k_{i^L}^L(z^L) \tag{8.4}$$

repräsentiert.

- $Z_0^0 :$ $k_0^0 = \overline{z_1^0}\,\overline{z_0^0}$
- $Z_1^0 :$ $k_1^0 = \overline{z_1^0}\,z_0^0$
- $Z_2^0 :$ $k_2^0 = z_1^0\,\overline{z_0^0}$

- $Z_0^1 :$ $k_0^1 = \overline{z_0^1}$
- $Z_1^1 :$ $k_1^1 = z_0^1$

- $Z_0' :$ $k_0' = k_0^1\,k_0^0$
- $Z_1' :$ $k_1' = k_1^1\,k_0^0$
- $Z_2' :$ $k_2' = k_0^1\,k_1^0$
- $Z_3' :$ $k_3' = k_1^1\,k_1^0$
- $Z_4' :$ $k_4' = k_0^1\,k_2^0$
- $Z_5' :$ $k_5' = k_1^1\,k_2^0$

3. Nicht benötigte Elementarkonjunktionen bzw. Kombinationen davon werden dem h^*-Ausdruck zugeordnet.

$$k^0 = \{k_0^0, k_1^0, k_2^0, k_3^0\}, \quad k^1 = \{k_0^1, k_1^1\}$$

$$\Rightarrow \ h^* \text{ nach (6.18) ergänzt um } k_3^0\,k_0^1 \vee k_3^0\,k_1^1 = k_3^0 = z_1^0\,z_0^0$$

$$\Rightarrow \ h^* = x_3\overline{x_2} \vee x_2\overline{x_1} \vee x_1\overline{x_0} \vee z_1^0\,z_0^0$$

4. Ermittlung der Zustands-Gleichungen (nach (5.28) aus Abschnitt 5.3)

$$k_{j^L}^L(z^L) := \bigvee_{j \in M_{j^L}^L} \underbrace{\bigvee_{i=0}^{2^p-1} \Big(k_i'(z') \wedge h_{ij}(x,g)\Big)}_{\text{alle zu } Z_j' \text{ führenden Kanten}} \tag{8.5}$$

$$\underbrace{\phantom{\bigvee_{j \in M_{j^L}^L} \bigvee_{i=0}^{2^p-1}}}_{\text{für alle Knoten } Z_j' \text{, in denen } Z_{j^L}^L \text{ vorkommt}}$$

mit $j \in M_{j^L}^L \leftrightarrow Z_{j^L}^L \in Z_j'$

Für den Teilautomaten A^0 ($ES\ldots$ Eigenschleifen)

$$
\begin{aligned}
k_0^0 \ &:= \ k_3' x_3 \vee k_2' x_3 \vee ES \\
&:= \ k_1^0 k_1^1 x_3 \vee k_1^0 k_0^0 x_3 \vee ES \\
&:= \ k_1^0 x_3 \vee ES
\end{aligned}
$$

$$
\begin{aligned}
k_1^0 \ &:= \ k_0' \overline{x_2} \vee k_5' x_1 \vee k_1' \overline{x_2} \vee k_4' x_1 \vee ES \\
&:= \ k_0^0 k_0^1 \overline{x_2} \vee k_2^0 k_1^1 x_1 \vee k_0^0 k_1^1 \overline{x_2} \vee k_2^0 k_0^1 x_1 \vee ES \\
&:= \ k_0^0 \overline{x_2} \vee k_2^0 x_1 \vee ES
\end{aligned}
$$

$$
\begin{aligned}
k_2^0 \ &:= \ k_2' \overline{x_0} \vee k_3' \overline{x_0} \vee ES \\
&:= \ k_1^0 k_0^1 \overline{x_0} \vee k_1^0 k_1^1 \overline{x_0} \vee ES \\
&:= \ k_1^0 \overline{x_0} \vee ES
\end{aligned}
$$

Für den Teilautomaten A^1

$$
\begin{aligned}
k_0^1 \ &:= \ k_3' x_3 \vee k_5' x_1 \vee ES \\
&:= \ k_1^0 k_1^1 x_3 \vee k_2^0 k_1^1 x_1 \vee ES \\
&:\underset{*}{=} \ k_1^1 (z_0^0 x_3 \vee z_1^0 x_1) \vee ES
\end{aligned}
$$

$$
\begin{aligned}
k_1^1 \ &:= \ k_2' x_3 \vee k_4' x_1 \vee ES \\
&:= \ k_1^0 k_0^1 x_3 \vee k_2^0 k_0^1 x_1 \vee ES \\
&:\underset{*}{=} \ k_0^1 (z_0^0 x_3 \vee z_1^0 x_1) \vee ES
\end{aligned}
$$

5. Zuordnung der y-Gleichungen zu den Zuständen der Teilautomaten A^L nach semantischen Gesichtspunkten

Die Ausgabe soll in unserem Beispiel dem Teilautomaten A^0 zugeordnet werden.

8.2.1.3 Ermittlung der verallgemeinerten z- und y-Gleichungen

Gemäß (5.30) und (5.33) des im Abschnitt 5.3 vorgestellten Verfahrens:

$$z_0^0 := k_0^0 \overline{x_2} \vee k_1^0 \overline{x_3} x_0 \vee k_2^0 x_1$$
$$:\underset{*}{=} \overline{z_1^0}\, z_0^0\, \overline{x_2} \vee z_0^0 \overline{x_3} x_0 \vee z_1^0 x_1$$

$$z_1^0 := k_1^0 \overline{x_0} \vee k_2^0 \overline{x_1}$$
$$:\underset{*}{=} z_0^0 \overline{x_0} \vee z_1^0 \overline{x_1}$$

$$z_0^1 := k_0^1 (z_0^0 x_3 \vee z_1^0 x_1) \vee k_1^1 \overline{(z_0^0 x_3 \vee z_1^0 x_1)}$$
$$:= \overline{z_0^1}(z_0^0 x_3 \vee z_1^0 x_1) \vee z_0^1 \overline{(z_0^0 x_3 \vee z_1^0 x_1)}$$

$$y_0 = k_0^1\, k_1^0 \vee k_2^0\, (k_0^1 \vee k_1^1)$$
$$\underset{*}{=} k_1^0 \overline{z_0^1} \vee k_2^0$$
$$\underset{*}{=} z_0^0 \overline{z_0^1} \vee z_1^0$$

$$y_1 = k_1^1\, k_1^0 \vee k_2^0\, (k_0^1 \vee k_1^1)$$
$$\underset{*}{=} k_1^0 z_0^1 \vee k_2^0$$
$$\underset{*}{=} z_0^0 z_0^1 \vee z_1^0$$

8.3 Ausgabezuordnung

In diesem Abschnitt soll anhand der Pumpensteuerung gezeigt werden, dass eine Ausgabezuordnung entsprechend dem konkreten Anwendungsfall

- komplett zu einem einzigen Teilautomaten,
- komplett zu allen Teilautomaten oder
- zu ausgewählten Teilautomaten

möglich ist.

Wir gehen dabei von den im vorigen Abschnitt 8.2.1.3 ermittelten y-Gleichungen aus:

$$y_0 = k_0^1\, k_1^0 \vee k_2^0\, (k_0^1 \vee k_1^1) = k_0^1\, k_1^0 \vee k_2^0$$
$$y_1 = k_1^1\, k_1^0 \vee k_2^0\, (k_0^1 \vee k_1^1) = k_0^1\, k_1^0 \vee k_2^0$$

8.3.1 Ausgabe in komplett einem Teilautomaten

In diesem Fall soll ein Teilautomat sämtliche Ausgaben übernehmen. Im Beispiel der Dekomposition der Pumpensteuerung in zwei Teilautomaten sind deshalb folgende Varianten denkbar:

■ **Ausgabe in Teilautomat A^0**
Der Automat A^0, der für die Steuerung der zwei Pumpen verantwortlich ist, übernimmt die gesamte Ausgabe. Dieser Fall ist in Abbildung 8.5 dargestellt.

Bild 8.5 Ausgabe im Teilautomaten A^0

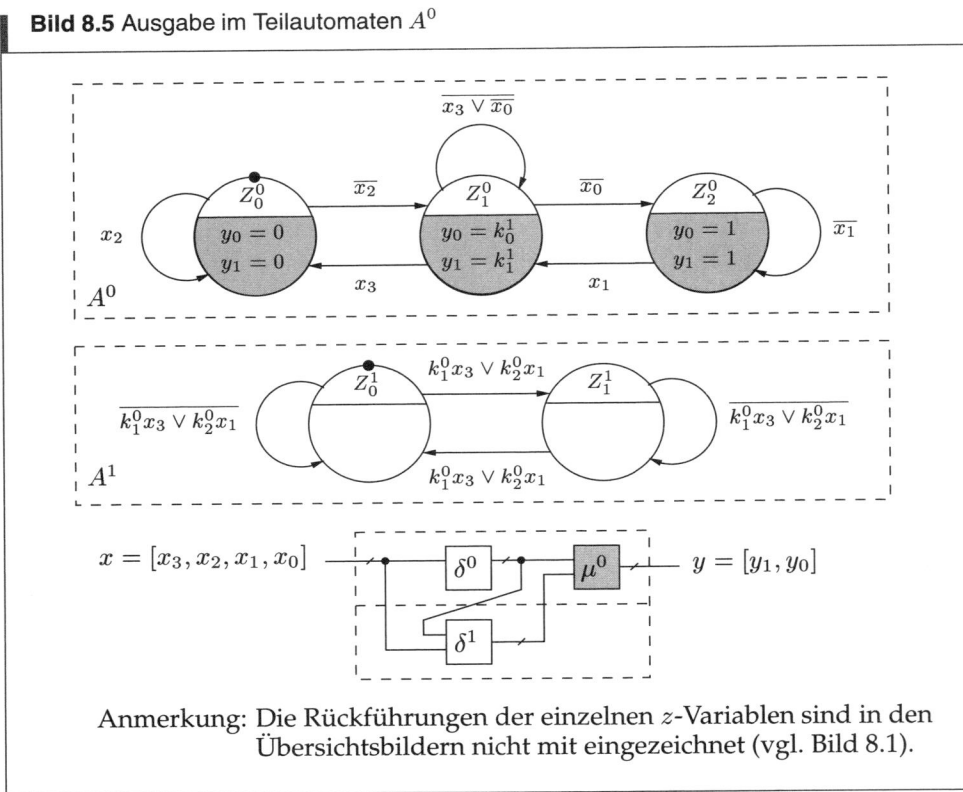

Anmerkung: Die Rückführungen der einzelnen z-Variablen sind in den Übersichtsbildern nicht mit eingezeichnet (vgl. Bild 8.1).

■ **Ausgabe in Teilautomat A^1**
Der Automat A^1, der für die Gleichverteilung verantwortlich ist, übernimmt die gesamte Ausgabe. Dieser Fall ist in Abbildung 8.6 dargestellt.

8.3.2 Ausgabe in verschiedenen Teilautomaten

In diesem Fall sollen einzelne Teilautomaten bestimmte Ausgaben übernehmen. Im Beispiel der Dekomposition der Pumpensteuerung in zwei Teilautomaten sind folgende Varianten denkbar:

Bild 8.6 Ausgabe im Teilautomaten A^1

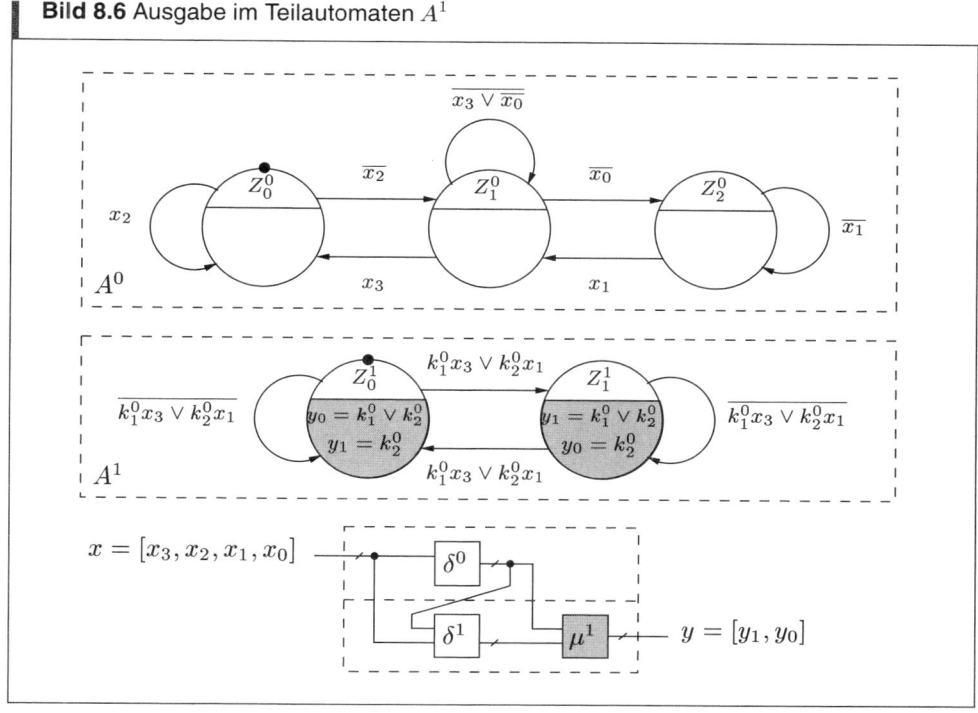

- Der Teilautomat A^0 übernimmt komplett die Ansteuerung der Pumpe 0 (y_0).

- Der Teilautomat A^1 übernimmt komplett die Ansteuerung der Pumpe 1 (y_1).

Abbildung 8.7 stellt diesen Sachverhalt dar.

8.3.3 Ausgabe in ausgewählten Teilautomaten

Es ist nicht zwingend vorgeschrieben, dass die Teilautomaten die gewünschte Ausgabefunktion vollständig realisieren. Vielmehr kann es vorkommen, dass einzelne Teilautomaten nur Teilfunktionen einzelner Ausgaben realisieren. Diese Teilfunktionen werden disjunktiv je Ausgangsvariable zusammengefasst.

In Abbildung 8.8 realisieren die beiden Teilautomaten A^0 und A^1 jeweils je einen Teil der Ausgaben ($y_0 = y_0^0 \vee y_0^1$ bzw. $y_1 = y_1^0 \vee y_1^1$).

8.4 Komposition

In diesem Abschnitt soll ein Verfahren der Komposition von Teilautomaten beschrieben werden. Es kann im Wesentlichen als Umkehrung der im Abschnitt 8.2 vorgestellten Dekomposition angesehen werden.

Bild 8.7 Ausgabe komplett in einzelnen Teilautomaten

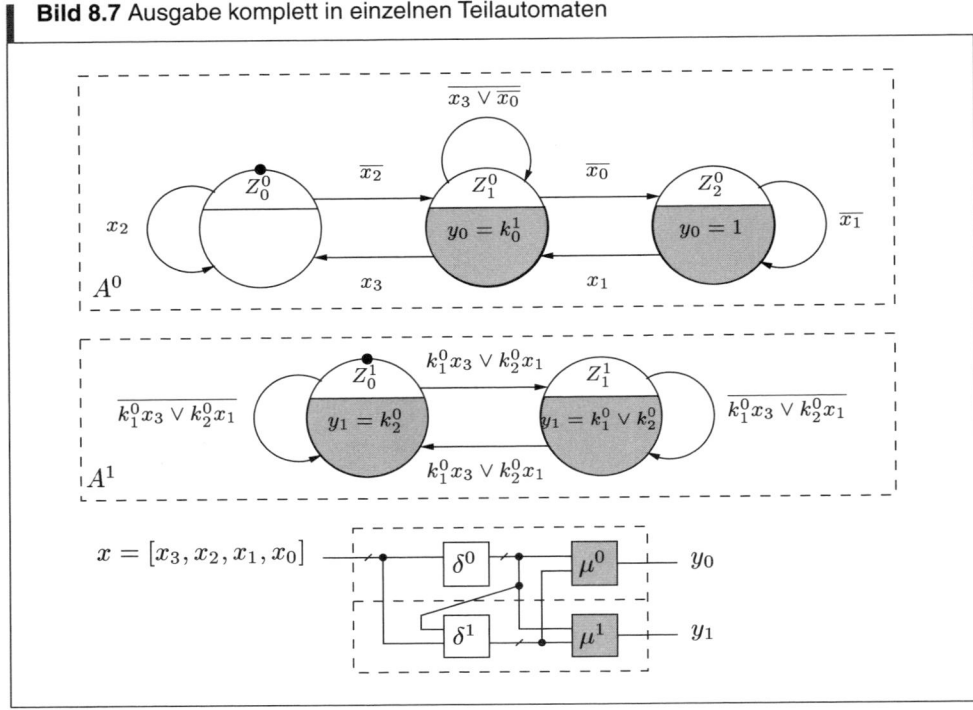

Im Ergebnis der Komposition entsteht ein sog. **Globalautomat**, der das gleiche Verhalten wie die zu komponierenden Teilautomaten aufweist. Die Zustände des Globalautomaten A ergeben sich entweder

Variante 1: aus dem Kreuzprodukt der N Zustände der Teilautomaten A^L *ohne* Berücksichtigung der Z^*-Menge

$$Z^A = \bigtimes_{L=0}^{N-1} Z^L \tag{8.6}$$

$$|Z^A| = \prod_{L=0}^{N-1} |Z^L| \tag{8.7}$$

Variante 2: oder aus dem Kreuzprodukt der N Zustände der Teilautomaten A^L *mit* Berücksichtigung der Z^*-Menge

$$Z^A = \bigtimes_{L=0}^{N-1} (Z^L \cup Z^{L*}) \tag{8.8}$$

$$|Z^A| = \prod_{L=0}^{N-1} |Z^L \cup Z^{L*}| \tag{8.9}$$

Bild 8.8 Ausgabe partiell in einzelnen Teilautomaten

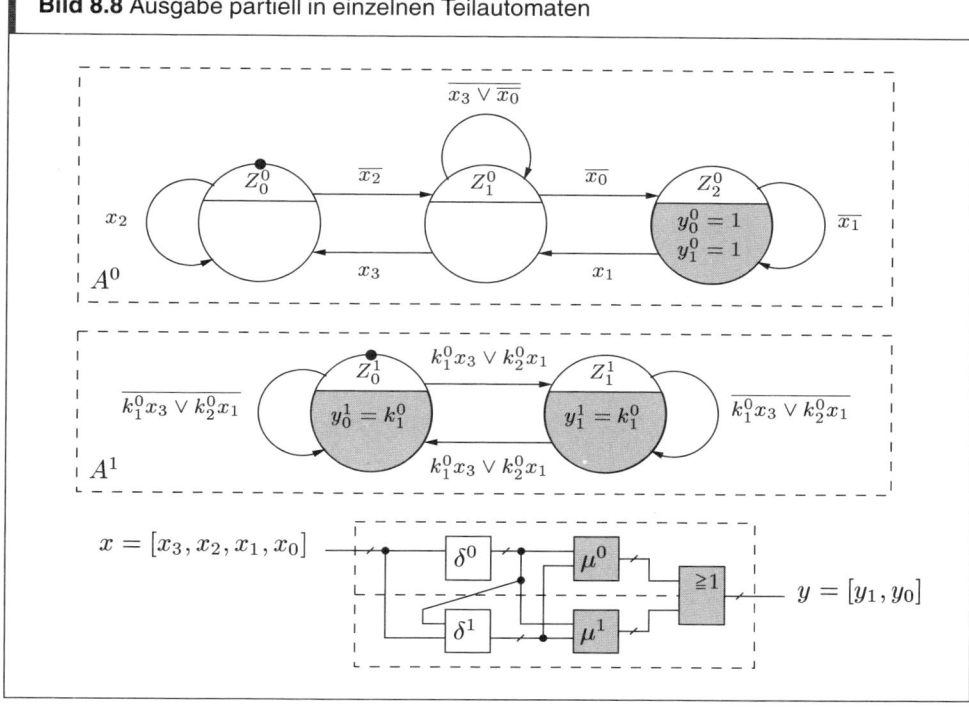

Während Variante 1 nur als softwaretechnische Realisierung entstehen kann, ist Variante 2 bei einer hardwaremäßigen Umsetzung aufgrund der binären Zustandskodierung stets implizit vorhanden.

Beispiel 8.1

Gegeben seien die Teilautomaten A^0 mit drei, A^1 mit fünf und A^2 mit zwei Zuständen.

▪ Für Variante 1 ergibt sich die Zustandszahl des Globalautomaten A zu:

$$\begin{aligned}
|Z^A| &= |Z^0| \cdot |Z^1| \cdot |Z^2| \\
&= |\{Z_0^0, Z_1^0, Z_2^0\}| \cdot |\{Z_0^1, Z_1^1, Z_2^1, Z_3^1, Z_4^1\}| \cdot |\{Z_0^2, Z_1^2\}| \\
&= 3 \cdot 5 \cdot 2 = 30
\end{aligned}$$

▪ Für Variante 2 ergibt sich die Zustandszahl des Globalautomaten A zu:

$$\begin{aligned}
|Z^A| &= |Z \cup Z^*| = 2^{\lceil ld\, |Z^0| \rceil} \cdot 2^{\lceil ld\, |Z^1| \rceil} \cdot 2^{\lceil ld\, |Z^2| \rceil} \\
&= |Z^0 \cup Z^{0^*}| \cdot |Z^1 \cup Z^{1^*}| \cdot |Z^2 \cup Z^{2^*}| \\
&= |\{Z_0^0, Z_1^0, Z_2^0\} \cup \underbrace{\{Z_3^0\}}_{Z^{0^*}}| \cdot |\{Z_0^1, Z_1^1, Z_2^1, Z_3^1, Z_4^1\}
\end{aligned}$$

$$\cup \underbrace{\{Z_5^1, Z_6^1, Z_7^1\}}_{Z^{1*}} | \cdot |\{Z_0^2, Z_1^2\}|$$

$$= \quad 4 \cdot 8 \cdot 2 = 64$$

Nachfolgend diskutieren wir drei Varianten, um diesen Globalautomaten *parallel* zu komponieren:

1. die Komposition über die Bildung des Erreichbarkeitsgraphen,

2. die Komposition als Ergebnis der Konjunktion der Zustands-Gleichungen,

3. die Komposition durch Aufstellen einer Automaten-Tabelle

und betrachten als weitere Kompositionsvariante die *serielle* Komposition.

8.4.1 Komposition durch Bildung des Erreichbarkeitsgraphen

Ausgangspunkt hierbei bilden die Initialzustände der Teilautomaten A^i, die zu dem Initialzustand des Globalautomaten zusammengefasst werden.

Es folgt die Untersuchung des Übergangsverhaltens der einzelnen Teilautomaten für alle Eingangsbelegungen. Ein neuer Zustand des Globalautomaten als Zustandskombination der Teilautomaten wird immer dann eingeführt, wenn sich mindestens eine z-Variable eines Teilautomaten ändert, d. h. wenn mindestens ein Teilautomat einen Zustandsübergang ausführt. Auf diese Weise lässt sich sukzessive der Globalautomat konstruieren. Der im Ergebnis dieses Verfahrens entstehende Graph wird auch **Erreichbarkeitsgraph** genannt, da in ihm alle von einem Initialzustand aus möglichen Situationen ermittelt und somit alle erreichbaren Zustände erfasst werden.

Dieses Verfahren ist allerdings nur sinnvoll für Teilautomaten mit geringer Komplexität und mit einem großen h^*-Anteil.

8.4.2 Komposition durch Konjunktion der Zustands-Gleichungen

Ausgangspunkt bei diesem Verfahren bilden die Zustands-Gleichungen k_{iL}^L der einzelnen N Teilautomaten A^L, deren Anzahl

▨ für die **Variante 1** der *vorgegebenen* Zustandszahl der jeweiligen Teilautomaten entspricht,

▨ sich für die **Variante 2** aus der Anzahl der *insgesamt möglichen* Zustände einer Hardware-Realisierung ergibt. Diese lässt sich aus der Anzahl der Zustandsvariablen des jeweiligen Teilautomaten ermitteln und kann größer als die vorgegebene Anzahl der Zustände des jeweiligen Teilautomaten sein.

$$k_{i^L}^L(z^L) = \bigwedge_{s=0}^{|z^L|-1} (Z_{i^L}^L(z_s) \sim z_s^L) \text{ mit } k_{i^L}^L \in k^L(z^L), |k^L| = 2^{|z^L|}, |z^L| = \lceil ld|Z^L|\rceil$$

(8.10)

Die in den Teilautomaten nicht definierten Zustände werden in einem zusätzlichen h^*-Anteil zusammengefasst. Beispiele dafür werden in den Fallstudien und auf den Autoren-Webseiten [WH02a] vorgestellt.

Für die Ermittlung der Zustands-Gleichungen werden die Zustände Z_i des komponierten Automaten A durch Elementarkonjunktionen $k_i^A(z^A)$

$$k_i^A(z^A) = \bigwedge_{L=0}^{N-1} k_{i^L}^L(z^L)$$

(8.11)

repräsentiert (siehe auch Gleichung (8.4)).

Beispiel

Gegeben sind zwei Teilautomaten: A^0 mit drei Zuständen ($Z = \{Z_0^0, Z_1^0, Z_2^0\}$) und A^1 mit zwei Zuständen ($Z = \{Z_0^1, Z_1^1\}$), die wir bereits in dem Beispiel in Abschnitt 8.2.1.3 vorgestellt haben. Die z-Gleichungen hatten wir wie folgt bestimmt:

$$z_1^0 \quad := \quad \overline{z_1^0} \ \overline{z_0^0} \ \overline{x_2} \vee z_0^0 \overline{x_3} x_0 \vee z_1^0 x_1$$

$$z_0^0 \quad := \quad z_0^0 \overline{x_0} \vee z_1^0 \overline{x_1}$$

$$z_0^1 \quad := \quad \overline{z_0^1}(z_0^0 x_3 \vee z_1^0 x_1) \vee z_0^1 \overline{(z_0^0 x_3 \vee z_1^0 x_1)}$$

Bei der Komposition erhalten wir für den Automaten A folgende Zustandskodierungen:

- ▪ für *Variante 1* ergibt sich unter Berücksichtigung, dass die Zustandskombinationen $[Z_0^1, Z_3^0]$ und $[Z_1^1, Z_3^0]$ gemäß Aufgabenstellung nicht auftreten können, folgende Zustandskodierung:

$$\mathcal{K}(Z_0) = Z_0^A \cong k_0' = k_0^1 \ k_0^0$$
$$\mathcal{K}(Z_1) = Z_1^A \cong k_1' = k_0^1 \ k_1^0$$
$$\mathcal{K}(Z_2) = Z_2^A \cong k_2' = k_0^1 \ k_2^0$$
$$\mathcal{K}(Z_4) = Z_4^A \cong k_4' = k_1^1 \ k_0^0$$
$$\mathcal{K}(Z_5) = Z_5^A \cong k_5' = k_1^1 \ k_1^0$$
$$\mathcal{K}(Z_6) = Z_6^A \cong k_6' = k_1^1 \ k_2^0$$

- ▪ für *Variante 2* ergibt sich bei vollständiger Kodierung folgende Zustandskodierung:

$$\mathcal{K}(Z_0) = Z_0^A \,\hat{=}\, k_0' = k_0^1 \, k_0^0$$

$$\mathcal{K}(Z_1) = Z_1^A \,\hat{=}\, k_1' = k_0^1 \, k_1^0$$

$$\mathcal{K}(Z_2) = Z_2^A \,\hat{=}\, k_2' = k_0^1 \, k_2^0$$

$$\mathcal{K}(Z_3^*) = Z_3^{A*} \,\hat{=}\, k_3' = k_0^1 \, k_3^0$$

$$\mathcal{K}(Z_4) = Z_4^A \,\hat{=}\, k_4' = k_1^1 \, k_0^0$$

$$\mathcal{K}(Z_5) = Z_5^A \,\hat{=}\, k_5' = k_1^1 \, k_1^0$$

$$\mathcal{K}(Z_6) = Z_6^A \,\hat{=}\, k_6' = k_1^1 \, k_2^0$$

$$\mathcal{K}(Z_7^*) = Z_7^{A*} \,\hat{=}\, k_7' = k_1^1 \, k_3^0$$

Die Ermittlung der Zustands-Gleichungen erfolgt nach dem im Abschnitt 7.1 vorgestellten Verfahren und sei an dieser Stelle exemplarisch nur für den Zustand Z_2^A angegeben:

$$k_2^A = \underbrace{\overline{z_1^0}\;\overline{z_0^0}\;\overline{x_2} \vee z_0^0 \overline{x_3} x_0 \vee z_1^0 x_1}_{k_0^1 = \overline{z_0^1}} \wedge \underbrace{z_0^0 \overline{x_0} \vee z_1^0 \overline{x_1} \wedge \overline{z_0^1 (z_0^0 x_3 \vee z_1^0 x_1)} \vee z_0^1 (z_0^0 x_3 \vee z_1^0 x_1)}_{k_2^0 = z_1^0\;\overline{z_0^0}}$$

8.4.3 Komposition durch Aufstellen der Transitionstabelle

Eine weitere Möglichkeit, die Überführungsfunktion eines Automaten zu notieren, ist neben der Automaten-Tabelle und dem Automatengraphen die so genannte Transitionstabelle (auch Übergangstabelle genannt). Sie enthält als Zeilenindex die *alten* und als Spaltenindex die *neuen* Zustände. Im Kreuzungspunkt von $^aZ_i, ^nZ_j$ wird das Kantengewicht h_{ij} eingetragen. Sie stellt somit eine 1:1-Darstellung des Automatengraphen dar und kann günstig zu dessen rechnerinterner Repräsentation genutzt werden. Die Komposition durch Aufstellen einer Transitionstabelle geht von den Kantengewichten h_{ij}^L der einzelnen N Teilautomaten A^L aus.

Dazu werden in den einzelnen Tabellenplätzen die Kantengewichte als Konjunktionen der Kantengewichte der Einzelautomaten eingetragen. Für das Kantengewicht der Kante $[Z_i, Z_j]$ des Globalautomaten ergibt sich für h_{ij}:

$$h_{ij}(x, z) = \bigwedge_{L=0}^{N-1} h_{i^L j^L}^L (x, z^L) \tag{8.12}$$

Das Aufstellen der Tabelle erfolgt so, dass beginnend mit

$$Z_0^A = [Z_0^{N-1}, \; \dots, \; Z_0^L, \; \dots, \; Z_0^0]$$

die Zustandsbezeichnungen (-belegungen) in aufsteigender Reihenfolge miteinander kombiniert werden. Auf diese Weise erhält man eine Zustandskodierung des Globalautomaten, die unserer üblichen Vereinbarung bezüglich der Belegung der z-Variablen und dem zugehörigen Zustandsindex entspricht (siehe Abschnitt 5.2 und Bild 8.11).

Der Zustandsindex des Globalautomaten ergibt sich aus der Kombination der Zustände der Teilautomaten. Falls beispielsweise für die Realisierung der Teilautomaten A^0 bis A^2 folgende Anzahl an Zustandsvariablen erforderlich ist:

$$|Z^0| = 4 \quad \rightsquigarrow \quad |z^0| = 2$$
$$|Z^1| = 7 \quad \rightsquigarrow \quad |z^1| = 3$$
$$|Z^2| = 2 \quad \rightsquigarrow \quad |z^2| = 1,$$

wird der Zustandsindex i des Zustandes $Z_i^A = [Z_1^2, Z_6^1, Z_2^0]$ des Globalautomaten A als Dualzahl wie folgt zusammengesetzt:

$$i = [\underbrace{1}_{\text{Anteil } Z^2} \quad \underbrace{110}_{\text{Anteil } Z^1} \quad \underbrace{10}_{\text{Anteil } Z^0}] = [111010]_2 = 58 \tag{8.13}$$

Beispiel

Gegeben sind die in Bild 8.9 dargestellten Teilautomaten A^0 und A^1, die so komponiert werden sollen, dass sie die Aufgabe der Pumpensteuerung nach Abschnitt 6.4.4 übernehmen können:

- Teilautomat A^0 (mit vier Zuständen) schaltet die einzelnen Pumpen (keine Pumpe, Pumpe 0, Pumpe 1, beide Pumpen).

- Teilautomat A^1 (mit zwei Zuständen) ist für ein wechselseitiges Schalten der Pumpen verantwortlich.

Die Ausgabe ist dem Teilautomaten A^0 zugeordnet. Teilautomat A^1 liefert keinen Beitrag zur Ausgabe.

In Bild 8.10 sind die Transitionstabellen für die beiden Teilautomaten als Ausgangspunkt für die Komposition dargestellt.

Diese werden in Bild 8.11 zu einer Transitionstabelle des Globalautomaten A zusammengefasst.

Das Gewicht der Kante $[Z_4, Z_6]$ des Globalautomaten wird beispielsweise folgendermaßen berechnet: Zustand Z_4 des Globalautomaten A setzt sich nach (8.13) anteilig aus den Zuständen $[Z_1^1, Z_0^0]$ der Teilautomaten A^1 und A^0 und Zustand Z_6 aus den Zuständen $[Z_1^1, Z_2^0]$ der Teilautomaten zusammen.

Ein Zustandsübergang von Z_4 nach Z_6 im Globalautomaten A bedeutet, dass sich Teilautomat A^1 im Zustand Z_1^1 ($k_1^1 = 1$) und Teilautomat A^0 im Zustand Z_0^0 ($k_0^0 = 1$) befinden und Teilautomat A^0 nach Z_2^0 wechselt, während Teilautomat A^1 seinen Zustand beibehält. Dementsprechend sind für die Ermittlung des Kantengewichts h_{46} die Kantengewichte h_{11}^1 und h_{02}^0 relevant:

$$h_{46} = h_{11}^1 \, h_{02}^0$$

Bild 8.9 Teilautomaten A^0 und A^1

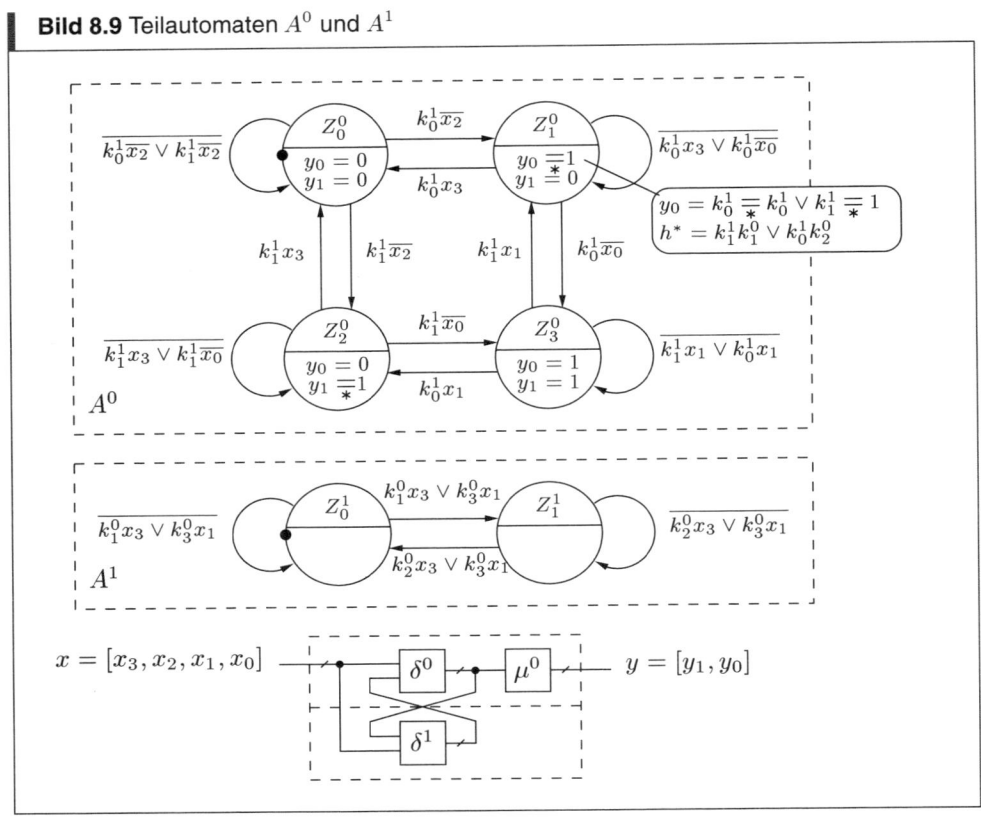

Bild 8.10 Transitionstabellen der Teilautomaten A^0 und A^1

A^1 $_aZ$ \ ^nZ	Z_0^1	Z_1^1
Z_0^1	ES h_{00}	$k_1^0 x_3 \vee k_3^0 x_1$ h_{01}
Z_1^1	$k_2^0 x_3 \vee k_3^0 x_1$ h_{10}	ES h_{11}

ES ... Eigenschleife

A^0 $_aZ$ \ ^nZ	Z_0^0	Z_1^0	Z_2^0	Z_3^0
Z_0^0	ES h_{00}	$k_0^1 \overline{x_2}$ h_{01}	$k_1^1 \overline{x_2}$ h_{02}	0 h_{03}
Z_1^0	$k_0^1 x_3$ h_{10}	ES h_{11}	0 h_{12}	$k_0^1 \overline{x_0}$ h_{13}
Z_2^0	$k_1^1 x_3$ h_{20}	0 h_{21}	ES h_{22}	$k_0^1 \overline{x_0}$ h_{23}
Z_3^0	0 h_{30}	$k_1^1 x_1$ h_{31}	$k_0^1 x_1$ h_{32}	ES h_{33}

Anstelle der Eigenschleife h_{11}^1 nutzen wir $\overline{h_{10}^1}$:

$$= \overline{h_{10}^1} \, h_{02}^0$$

$$= \overline{\left(k_2^0 x_3 \vee k_3^0 x_1\right)} \left(k_1^1 \overline{x_2}\right)$$

Für den Übergangsausdruck ergibt sich wegen $k_0^0 = 1$, dass $k_1^0 = k_2^0 = k_3^0 = 0$ gilt und somit:

$$h_{46} = \left(\overline{\underbrace{k_2^0}_{0} \, x_3 \vee \underbrace{k_3^0}_{0} \, x_1} \right) \left(\underbrace{k_1^1}_{1} \, \overline{x_2} \right)$$

$$= \overline{x_2}$$

Der Ausdruck $h_{46} = \overline{x_2}$ wird in Bild 8.11 als Gewicht der Kante $[Z_4, Z_6]$ eingetragen (grau markiert). Die Verknüpfung der Kantengewichte ergibt für die Zustände Z_2 und Z_5, dass diese nicht von anderen Zuständen erreichbar sind, d. h. die zu diesen Zuständen führenden Kanten sind mit „0" bewertet (ebenfalls hervorgehoben).

Bild 8.11 Resultierende Transitionstabelle des Globalautomaten A

A $\quad nZ$ ^aZ	Z_0 $[Z_0^1, Z_0^0]$	Z_1 $[Z_0^1, Z_1^0]$	Z_2 $[Z_0^1, Z_2^0]$	Z_3 $[Z_0^1, Z_3^0]$	Z_4 $[Z_1^1, Z_0^0]$	Z_5 $[Z_1^1, Z_1^0]$	Z_6 $[Z_1^1, Z_2^0]$	Z_7 $[Z_1^1, Z_3^0]$
Z_0 $[Z_0^1, Z_0^0]$	h_{00} x_2	h_{01} $\overline{x_2}$	h_{02} 0	h_{03} 0	h_{04} 0	h_{05} 0	h_{06} 0	h_{07} 0
Z_1 $[Z_0^1, Z_1^0]$	h_{10} 0	h_{11} $\overline{x_3}x_0$	h_{12} 0	h_{13} $\overline{x_0}$	h_{14} x_3	h_{15} 0	h_{16} 0	h_{17} 0
Z_2 $[Z_0^1, Z_2^0]$	h_{20} 0	h_{21} 0	h_{22} 1	h_{23} 0	h_{24} 0	h_{25} 0	h_{26} 0	h_{27} 0
Z_3 $[Z_0^1, Z_3^0]$	h_{30} 0	h_{31} 0	h_{32} 0	h_{33} $\overline{x_1}$	h_{34} 0	h_{35} 0	h_{36} x_1	h_{37} 0
Z_4 $[Z_1^1, Z_0^0]$	h_{40} 0	h_{41} 0	h_{42} 0	h_{43} 0	h_{44} x_2	h_{45} 0	h_{46} $\overline{x_2}$	h_{47} 0
Z_5 $[Z_1^1, Z_1^0]$	h_{50} 0	h_{51} 0	h_{52} 0	h_{53} 0	h_{54} 0	h_{55} 1	h_{56} 0	h_{57} 0
Z_6 $[Z_1^1, Z_2^0]$	h_{60} x_3	h_{61} 0	h_{62} 0	h_{63} 0	h_{64} 0	h_{65} 0	h_{66} $\overline{x_3}x_0$	h_{67} $\overline{x_1}$
Z_7 $[Z_1^1, Z_3^0]$	h_{70} 0	h_{71} x_1	h_{72} 0	h_{73} 0	h_{74} 0	h_{75} 0	h_{76} 0	h_{77} $\overline{x_1}$

Aus der Transitionstabelle in Bild 8.11 lässt sich wieder der in Abschnitt 6.4.4 vorgestellte Automatengraph der Pumpensteuerung (Bild 6.52) ableiten.

8.4.4 Serielle Komposition

Im Gegensatz zu den in den Abschnitten 8.4.1 bis 8.4.3 diskutierten Kompositions-varianten aus N Teilautomaten wird bei der seriellen Komposition nicht ein Global-automat mit $\prod_{L=0}^{N-1} |Z^L|$ Zuständen nach (8.7) bzw. (8.9) komponiert, sondern die Zustandszahl des komponierten Automaten ergibt sich als Summe aus der Anzahl der Zustände der Teilautomaten.

Die Teilautomaten arbeiten hier nicht parallel, sondern *nacheinander*, so dass die Ausgänge des einen Automaten mit den Eingängen des nachfolgenden Automaten verbunden werden. Als Varianten der seriellen Komposition kann man unterschei-den, ob

(a) die Kopplung mit Moore- oder/und Mealy-Automaten realisiert wird,

(b) alle Kopplungen intern erfolgen, d. h. die Ausgaben nur vom „letzten" Automaten der seriellen Kopplung erzeugt werden und

(c) Ausgaben von mehreren Automaten der seriellen Kopplung erzeugt werden.

Bild 8.12 zeigt als Strukturbild diese Varianten der seriellen Komposition.

Bild 8.12 Serielle Komposition

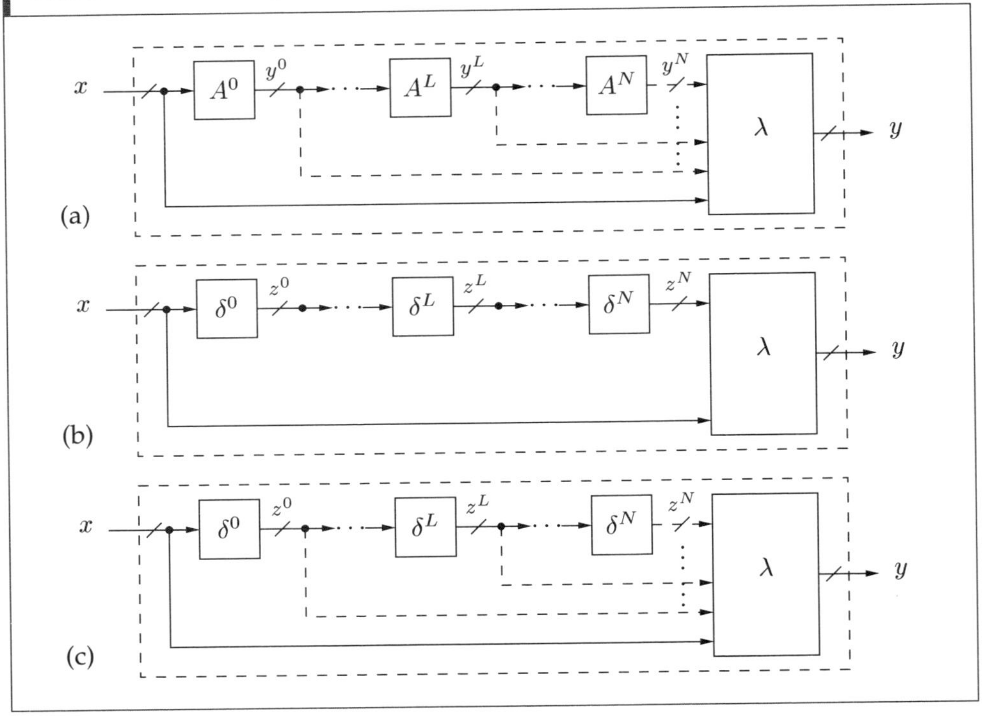

Insbesondere der Fall (c) kann in der Praxis zu Zeitproblemen führen, da Laufzeiten der einzelnen Automaten zu zeitlichen Verzögerungen zwischen den Ausgaben führen. Ein Beispiel einer seriellen Kopplung sind serielle Zähler, die in Abschnitt 6.1.5.1 beschrieben sind. In den Fallstudien ist ein weiteres Beispiel dafür angegeben.

8.5   Validierung

Eine der zentralen Aufgaben im Entwurfsprozess ist die Überprüfung der Spezifikation und der Implementierung bezüglich

- der Korrektheit (Verifikation: »*Sind Spezifikation und Implementierung* **richtig**?«) und falls korrekt,

- der Erfüllung der ursprünglichen Aufgabenstellung (Validierung: »*Haben wir* **das Richtige** *korrekt spezifiziert und implementiert?*«).

Wir sehen deshalb den Begriff »Validierung« als Oberbegriff für alle Formen der Überprüfung eines Systems an. Abbildung 8.13 gibt eine Übersicht zu den entsprechenden Begriffen.

Bild 8.13 Überblick über Validierungsmethoden

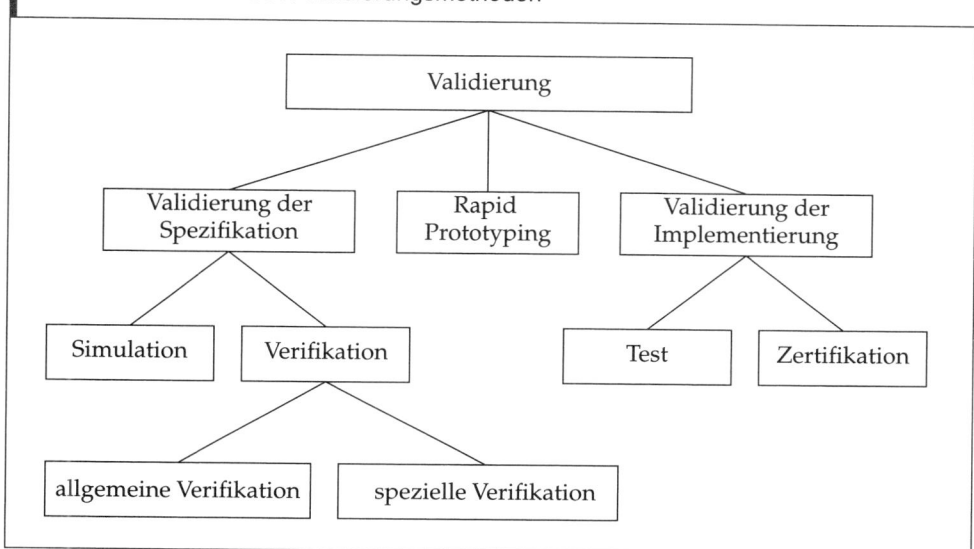

Idealerweise müsste man formal zeigen können, dass die Implementierung am Ende des Entwurfsweges genau das Modell der ursprünglichen Spezifikation realisiert. Für diese komplexe Aufgabe sind aber bis heute keine durchgängigen Validierungs- und Verifikationstechniken bekannt. Ersatzweise muss daher eine Überprüfung auf allen Zwischenebenen erfolgen [Mar99]. Fehler können in allen Phasen des Entwurfsprozesses entstehen, angefangen bei einer inadäquaten Spe-

zifikation über Fehler im Entwurf bis hin zu Implementierungs- und Integrations-
fehlern. Sie bilden eine potentielle Gefahr für den späteren Betrieb des Systems
und müssen deshalb möglichst vollständig erkannt und beseitigt werden. Darüber
hinaus sollten Systeme gegenüber bestimmten Ausfallerscheinungen fehlertolerant
realisiert werden, so dass das System in einen sicheren Zustand überführt wird
[Mon97].

Die **Validierung** erstreckt sich sowohl auf die Spezifikation als auch auf die Implementierung. Im Rahmen dieses Buches soll schwerpunktmäßig die *Validierung
der Spezifikation* betrachtet werden. Diese Form der Validierung kann anhand der
prototypischen Ausführung einer operationalen, d.h. ausführbaren Spezifikation in
der vorgesehenen Einsatzumgebung, z.B. durch Simulation und Animation vorgenommen werden. In Zusammenarbeit mit dem Auftraggeber wird dabei geprüft,
ob das Spezifizierte den Erwartungen entspricht. Die Validierung trägt dazu bei,
Verständnisfehler schon in frühen Phasen des Entwurfs zu finden. Werden diese
Fehler erst bei oder nach der Implementierung erkannt, ist ihre Korrektur wesentlich kostenaufwändiger.

Die **Verifikation** weist auf der Basis formaler Analysen allgemeine und spezielle Eigenschaften eines Systems anhand konkreter, vorgegebener Anforderungen nach.
Durch formale Verifikation kann überprüft werden, ob die Spezifikation in sich
konsistent und widerspruchsfrei ist, bestimmte Reaktionszeiten garantiert werden
können und die in der Spezifikation festgelegten Anforderungen formal erfüllt
worden sind. Man kann dabei zwischen zwei verschiedenen Überprüfungstech-
niken, der allgemeinen und der speziellen Verifikation unterscheiden.

- Bei der **allgemeinen Verifikation** werden Eigenschaften untersucht, die für jedes spezifizierte Modell einer bestimmten Modellklasse (z.B. Automaten) gelten müssen. Dazu gehören beispielsweise die Untersuchung der Spezifikation
auf Vollständigkeit und Widerspruchsfreiheit, aber auch die Überprüfung de-
komponierter Teilsysteme auf gegenseitige Abhängigkeiten (z.B. Konkurrenz,
Verzögerung, Synchronisation), wie sie in Abschnitt 8.5.1 vorgestellt werden.

- Bei der **speziellen Verifikation** steht die Untersuchung spezifischer Eigenschaften, beispielsweise die der Erreichbarkeit bestimmter Zustände, im Vorder-
grund. Dazu haben sich in der Praxis zwei prinzipielle Ansätze bewährt: der
modellbasierte und der beweisbasierte Ansatz, auf den im Abschnitt 8.5.2 noch
näher eingegangen wird.

Neben der Verifikation spielt auch die **Simulation** eine wichtige Rolle. Sie wird
gelegentlich auch als *dynamische Verifikation* bezeichnet. Die Ergebnisse der Simu-
lationsläufe können mit den Implementierungsbeschreibungen verglichen werden,
um festzustellen, ob diese voneinander abweichen. Meist wird mit dem Begriff der
Simulation das Studium von Fallbeispielen verbunden. Da in der Regel bei komplexen Systemen keine vollständige Simulation gelingt, kann damit nicht die Ab-
wesenheit von Fehlern, sondern nur die Anwesenheit von Fehlern nachgewiesen
werden [Meh94, Eng98, Hoh99].

Als spezielle Form der Simulation wird häufig auch die **Emulation** eingesetzt, bei der das zu realisierende System derartig nachgebildet wird, dass eine Ausführungsgeschwindigkeit in der Nähe der späteren Arbeitsgeschwindigkeit erreicht werden kann. Allerdings muss bei dieser Methode aus der Spezifikation nicht nur die spätere echte Realisierung erzeugt werden, sondern auch das Emulationsmodell. Das kann u.U. einen erheblichen Zeitaufwand bedeuten, was im Extremfall zu einer Verlangsamung statt zu einer Beschleunigung des Entwurfsprozesses führen kann [Mar99].

Ein weiteres wichtiges Instrument der Validierung während der Spezifikationsphase ist das **Rapid Prototyping**, welches dazu dient, in möglichst frühen Phasen des Entwurfs Konzeptsicherheit zu erreichen. Es stellt ein schnelles und kostengünstiges Verfahren dar, bei dem neu spezifizierte Funktionen des Systems in realer Umgebung frühzeitig erlebbar und bewertbar werden, ohne dabei den Verbrauch kritische Ressourcen wie z.B. Rechenleistung, Speicherbedarf oder Bedarf an elektrischer Leistung im Entwurf des Prototypen berücksichtigen zu müssen. Damit ist es möglich, eine frühzeitige Entscheidung hinsichtlich unterschiedlicher Konzepte mit optimalem Nutzen im Interesse des Kunden herbeizuführen und den Entwurfsprozess zu beschleunigen [EF97].

Eine Form der Validierung einer Implementierung ist das **Testen**. Hierfür wird beispielsweise aus den Anforderungen automatisch ein Satz von Testfällen generiert. Diese werden als Stimuli in das implementierte System eingegeben und die Reaktionen darauf werden protokolliert. Eine Auswertung des Testprotokolls gibt Auskunft über Abweichungen vom gewünschten Verhalten. Testfälle, die aus den Anforderungen generiert werden, sind im Allgemeinen jedoch nicht optimal. Eine Herausforderung für die Forschung auf diesem Gebiet ist das Finden solcher Testfälle, die mit wenig Tests möglichst viele Fehler erkennen oder deren Existenz sicher ausschließen. Tests sind eine Form der formalen Verifikation der Implementierung, d.h. Spezifikationsfehler können damit nur insofern ermittelt werden, als sie im Widerspruch zu den Funktionstests der Implementierung stehen [Uba01].

8.5.1   Formal verifizierbare Eigenschaften

In Abschnitt 8.1 haben wir die Begriffe *Nebenläufigkeit, Parallelität* und *Konkurrenz* bereits verbal eingeführt. Nun wollen wir sie so formalisieren, dass sie als Eigenschaften einer Spezifikation verifizierbar sind. Der Begriff der Nebenläufigkeit soll in diesem Abschnitt auf die Abarbeitung von kooperierenden Automaten bezogen werden. Wir definieren den Begriff der Parallelität in diesem Zusammenhang und setzen ihn in Beziehung zu dem Begriff Konkurrenz in Anlehnung an [Kra91]. Aufbauend auf dieser Definition werden charakteristische Eigenschaften spezifiziert, die auch in anderen Gebieten der Informatik, beispielweise in der Betriebssystemtechnik, von Bedeutung sind.

Für die formale Definition betrachten wir die in Bild 8.14 dargestellten Ausschnitte aus den Graphen zweier Automaten A^L und A^M. Die oberen Indizes, die die Zugehörigkeit zum jeweiligen Teilautomaten angeben, lassen wir der Übersichtlichkeit halber im weiteren Verlauf dieses Kapitels weg, da aus den unteren Indizes in unseren Beispielen eindeutig die Schlussfolgerung gezogen werden kann, dass alle mit i oder j indizierten Ausdrücke zum Automaten A^L und alle mit l und k indizierten Ausdrücke zum Automaten A^M gehören. Außerdem werden in den entsprechenden Bildern nur die relevanten Komponenten dargestellt.

Bild 8.14 Funktionelle Koppelbeziehungen

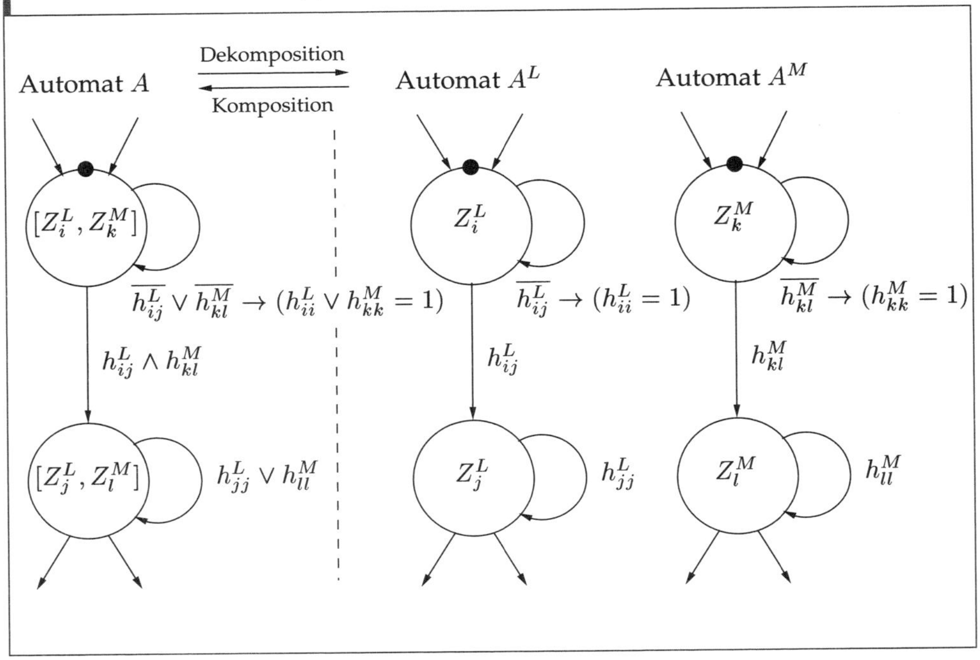

Entscheidend für das gemeinsame Verhalten der zwei Automaten A^L und A^M ist der Übergangsausdruck

$$h_u = k_i\, h_{ij} \wedge k_k\, h_{kl} \tag{8.14}$$

der sich aus Elementarkonjunktionen in z-Variablen und den Übergangsausdrücken zwischen den betrachteten Zuständen zusammensetzt.

8.5.1.1   Parallelität und Konkurrenz

Zwei Teilautomaten eines Automatennetzes arbeiten genau dann **parallel**, wenn für mindestens einen Übergangsausdruck gilt:

$$\exists(i,j,k,l)(k_i\, h_{ij} \wedge k_k\, h_{kl} \not\equiv_* 0) \qquad \text{mit} \qquad i \neq j, k \neq l \tag{8.15}$$

d.h. es existiert mindestens ein Zustandspaar $[Z_i, Z_k]$, das bei bestimmten Belegungen in beiden Automaten gleichzeitig verlassen wird. In der Komposition der beiden Automaten existiert eine Kante $[[Z_i, Z_k], [Z_j, Z_l]]$.

Zwei Teilautomaten eines Automatennetzes arbeiten genau dann **konkurrent**, wenn für alle Übergangsausdrücke gilt:

$$\forall (i, j, k, l)(k_i\ h_{ij} \wedge k_k\ h_{kl} \underset{*}{=} 0) \qquad \text{mit} \qquad i \neq j, k \neq l, \tag{8.16}$$

d.h. wenn kein Zustandspaar $[Z_i, Z_k]$ existiert, das bei irgend einer Belegung in beiden Automaten gleichzeitig verlassen wird. In der Komposition der beiden Automaten existiert keine Kante $[[Z_i, Z_k], [Z_j, Z_l]]$, mit der die beiden Teilautomaten gleichzeitig einen Zustandsübergang vollziehen können

Man erkennt, dass die Bedingungen der Parallelität und der Konkurrenz komplementär sind, so dass jeweils nur eine der Eigenschaften bestimmt werden muss und auf die andere geschlossen werden kann.

Analysiert man die vier Bestandteile des Übergangsausdrucks, so kann die Konjunktion jeweils zweier Teilausdrücke aus (8.15) den Wert »0« verursachen. Es sind folgende Fälle zu unterscheiden:

(a) $k_i k_k = 0$

(b) $k_i h_{ij} = 0$

(c) $k_k h_{kl} = 0$

(d) $k_i h_{kl} = 0$

(e) $k_k h_{ij} = 0$

(f) $h_{ij} h_{kl} = 0$

Die Fälle (a) bis (c) scheiden aus, da vorausgesetzt wird, dass sowohl die Zustände, als auch die entsprechenden Übergänge in den einzelnen Automaten existieren und somit verschieden von »0« sind. Die Fälle (d) und (e) beschreiben Koppelbeziehungen, die durch »innere« Einflüsse, d.h. unabhängig von der Belegung der Eingangsvariablen den Übergangsausdruck auf »0« setzen. Fall (f) beschreibt Koppelbeziehungen, die durch »äußere« Einflüsse, d.h. abhängig von der Belegung der Eingangsvariablen den Übergangsausdruck auf »0« setzen.

Sowohl die Parallelität als auch die Konkurrenz können *intern* ($k_k h_{ij} = 0$ bzw. $k_i h_{kl} = 0$) oder *extern* ($h_{ij} h_{kl} = 0$) verursacht sein.

Arbeiten Teilautomaten eines Automatennetzes paarweise konkurrent, brauchen sie nicht synchron getaktet zu werden. Dadurch ist eine *asynchrone Realisie-*

rung möglich, d.h. jeder Teilautomat kann mit einem individuellen Takt versorgt werden. Ziel der Dekomposition ist deshalb häufig, eine Dekompositionsvariante zu finden, bei der einzelne Teilautomaten asynchron realisiert werden können.

Beispiel 8.2

Gegeben sei der in Abbildung 8.15 dargestellte Automat mit $h^*(x) = x_1 x_0$. Gesucht wird eine Dekompositionsvariante, bei der zwei konkurrente Teilautomaten A^0 und A^1 entstehen.

Bild 8.15 Beispielautomat für die Konkurrenz

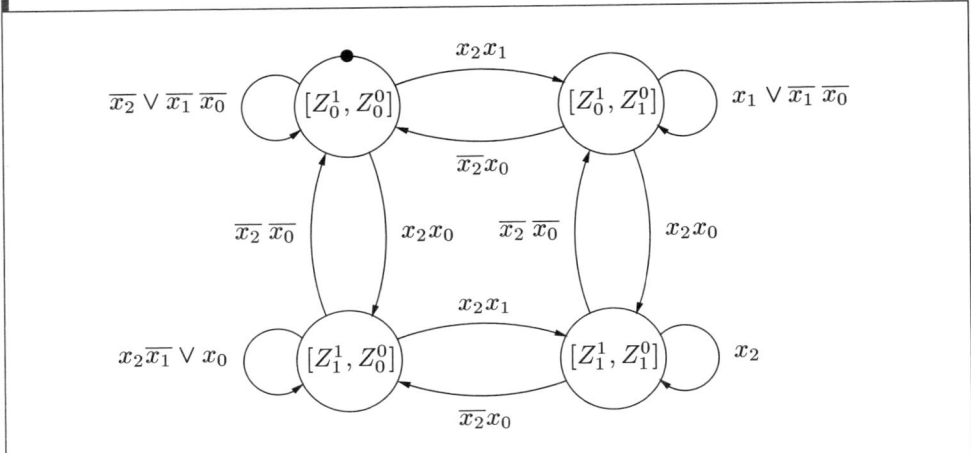

Abbildung 8.16 zeigt die durch Dekomposition erhaltenen Teilautomaten A^0 und A^1, die auf Konkurrenz zu untersuchen sind:

(a) h_{10}^1, h_{10}^0 : $k_1^1 h_{10}^1 \wedge k_1^0 h_{10}^0 = z^1 \, \overline{x_2} \, \overline{x_0} \wedge z^0 \, \overline{x_2} \, x_0 = 0$ konkurrent

(b) h_{01}^1, h_{01}^0 : $k_0^1 \, h_{01}^1 \wedge k_0^0 \, h_{01}^0 = \overline{z^1} \, \overline{z^0} \, x_2 \, x_1 \, x_0 \neq 0$ nicht konkurrent

                            bezüglich $h^* = x_1 x_0$: $\overline{z^1} \, \overline{z^0} \, x_2 \, x_1 \, x_0 \underset{*}{=} 0$ konkurrent

Ergebnis: Unter Berücksichtigung von $h^*(x) = x_1 x_0$ sind die beiden Teilautomaten A^0 und A^1 konkurrent und können somit asynchron betrieben werden.

Nachfolgend betrachten wir einige spezielle Konstellationen, die als weitere Eigenschaften der parallel arbeitenden Automaten definiert werden.

Bild 8.16 Dekompositionsergebnis für das Beispiel Konkurrenz

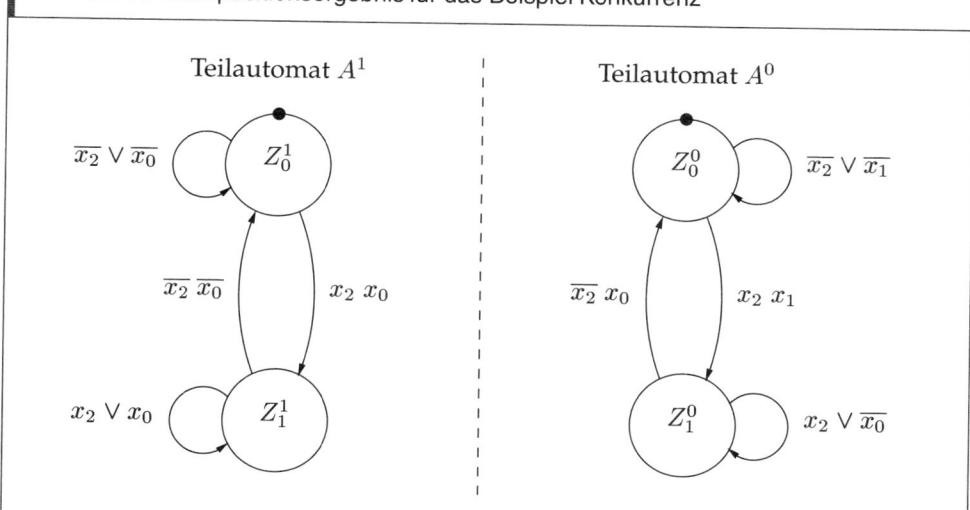

8.5.1.2 Verzögerung

Kann der Teilautomat A^L den Zustand Z_i erst dann verlassen, wenn der Teilautomat A^M den Zustand Z_k verlassen hat, spricht man von **Verzögerung**, d.h. der Teilautomat A^M (Zustand Z_k) verzögert den Teilautomaten A^L (Zustand Z_i).

Formal bedeutet das:

$$k_k \rightarrow h_{ii} \underset{*}{=} 1 \tag{8.17}$$

d.h., das Kantengewicht h_{ii} kann umgeformt werden in:

$$h_{ii} = k_k \vee h'_{ii}. \tag{8.18}$$

In Bild 8.17 ist zu sehen, dass in der Eigenschleife von Z_i der Zustand Z_k in Form der Elementarkonjunktion k_k enthalten ist und dadurch der Teilautomat A^L durch den Teilautomat A^M verzögert wird.

Bild 8.17 Beispiel für die Verzögerung von A^L durch A^M

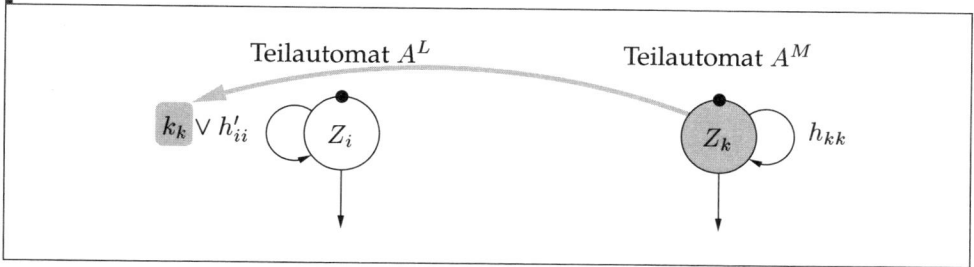

8.5.1.3 Synchronisation

Kann im Gegensatz zur Verzögerung der Zustand Z_i erst dann verlassen werden, wenn im Teilautomat A^M der Zustand Z_k erreicht wird, spricht man von **Synchronisation**. Z_k synchronisiert Z_i, d.h. Teilautomat A^L wartet (im Zustand Z_i) auf Teilautomat A^M (Z_k).

Formal bedeutet das:

$$\overline{k_k} \rightarrow h_{ii} \underset{*}{=} 1 \tag{8.19}$$

In Bild 8.18 ist zu sehen, dass in der Eigenschleife von Z_i der Zustand Z_k in Form der negierten Elementarkonjunktion k_k enthalten ist und dass dadurch Teilautomat A^L durch den Teilautomat A^M synchronisiert wird.

Bild 8.18 Beispiel für die Synchronisation von A^L durch A^M

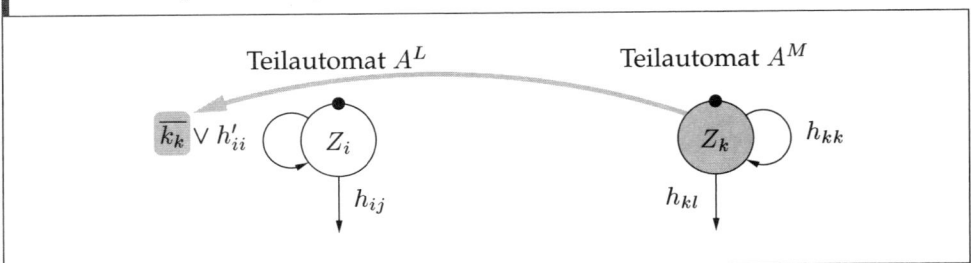

8.5.1.4 Rendezvous

Warten beide Teilautomaten gegenseitig aufeinander, tritt also eine gegenseitige Synchronisation ein, spricht man von **Rendezvous**.

Hier muss die Formel 8.19 für beide Teilautomaten erfüllt sein, was formal bedeutet:

$$(\overline{k_k} \rightarrow h_{ii} \underset{*}{=} 1) \wedge (\overline{k_i} \rightarrow h_{kk} \underset{*}{=} 1) \tag{8.20}$$

In Abbildung 8.19 ist ein Beispiel dafür angegeben.

8.5.1.5 Gegenseitiger Ausschluss

Der **gegenseitige Ausschluss** (mutual exclusion) von Zustandswechseln in Teilautomaten ist dann wichtig, wenn z.B. zwei oder mehrere Teilautomaten auf eine gemeinsame Systemressource zugreifen. Zustandsfolgen, die eine solche exklusive Nutzung erfordern, werden als »kritische Bereiche« (hier Z_j und Z_l) bezeichnet. Als klassisches Beispiel hierfür dient der Zugriff mehrerer Rechner auf einen gemeinsamen Drucker. Es muss sichergestellt werden, dass jeweils nur ein Teilautomat in den kritischen Bereich wechseln kann und alle anderen warten, bis der kritische

Bild 8.19 Beispiel für Rendezvous zwischen A^L und A^M

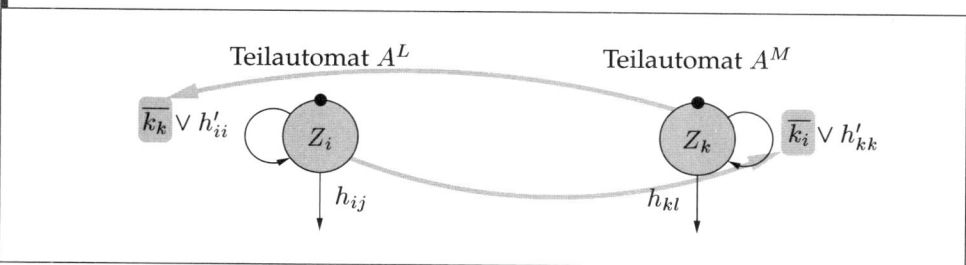

Bereich durch den berechtigten Teilautomaten wieder verlassen wurde. Auch diese Situation ist formal beschreibbar:

$$\underbrace{h_{ij}\,k_i\,h_{kl}\,k_k}_{Konkurrenz} \quad \vee \quad \underbrace{h_{ij}\,k_l}_{Z_l\,verzögert\,Z_i} \quad \vee \quad \underbrace{h_{kl}\,k_j}_{Z_j\,verzögert\,Z_k} \quad \overset{\ast}{=} 0 \tag{8.21}$$

Die erste Teilbedingung in Formel (8.21) schließt das gleichzeitige Eintreten in den kritischen Bereich aus. Die beiden anderen Teilbedingungen verhindern das Eintreten, falls sich ein Teilautomat schon im kritischen Bereich befindet.

In Bild 8.20 ist ein Beispiel dafür angegeben.

Bild 8.20 Beispiel für den gegenseitigen Ausschluss

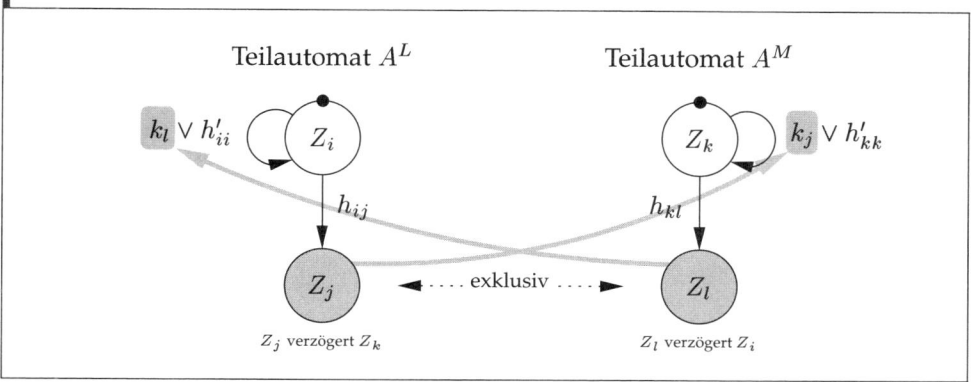

Ist dieser wechselseitige Ausschluss nicht gegeben, spricht man von **»interleaving«**, zu deutsch »Verschachtelung«. Hiermit wird allgemein die Möglichkeit bezeichnet, dass sich ein Prozess in den sequentiellen Ablauf eines anderen Prozesses hineinschiebt. Erfolgt diese Verschachtelung unkontrolliert, so führt das in der Regel zum Fehlverhalten des Systems [CS01].

8.5.1.6 Blockierung

Die Konkurrenzbedingung aus Formel (8.21) ist auch dann erfüllt, wenn gleichzeitig $h_{ij}\,k_k \underset{*}{=} 0$ und $h_{kl}\,k_i \underset{*}{=} 0$ gelten.

$$h_{ij}\,k_k \underset{*}{=} 0 \ \wedge \ h_{kl}\,k_i \underset{*}{=} 0 \tag{8.22}$$

In diesem Fall liegt eine symmetrische Abhängigkeit vor. Falls A^L in Z_i und A^M in Z_k sind, kann kein Teilautomat in den kritischen Bereich eintreten. Diese Eigenschaft wird als **Blockierung** oder Verklemmung (*deadlock*) bezeichnet.

Diesen Fall stellt Abbildung 8.21 dar.

Bild 8.21 Beispiel für die Bockierung von Teilautomaten

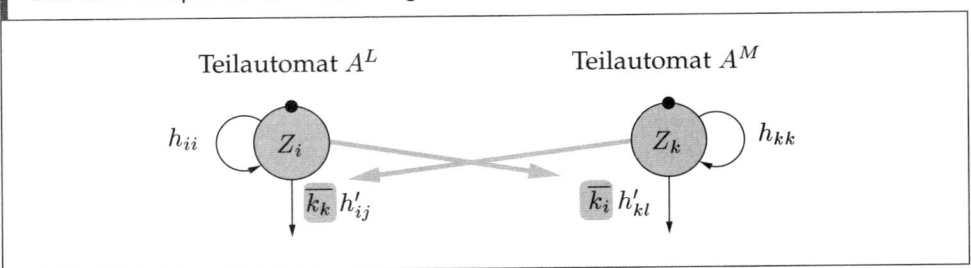

Eine Möglichkeit, diese Verklemmung zu vermeiden, ist die **Priorisierung** einzelner Teilautomaten gegenüber anderen Teilautomaten. In Abbildung 8.22 ist erkennbar, dass der Teilautomat A^L gegenüber dem Teilautomaten A^M priorisiert ist.

Bild 8.22 Beispiel für die Priorisierung eines Teilautomaten

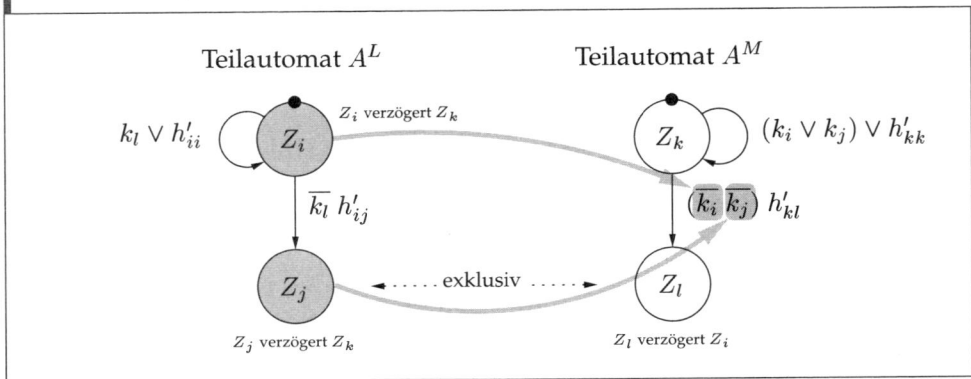

8.5.2   Verifikation zeitlicher Abhängigkeiten – Modelchecking

Modelchecking ist ein formales Verifikationsverfahren einer Spezifikation (»Modell«), bei dem Fragen nach der Abarbeitungsreihenfolge und dem Eintreten bestimmter Zustände oder Ausgaben überprüft (»gecheckt«) werden. Es gehört zu den speziellen Verifikationsverfahren, da dem Modelchecker als Eingaben spezielle, auf die konkrete Spezifikation bezogene Fragestellungen sowie die Spezifikation selbst zur Verfügung gestellt werden müssen. Zur Formulierung dieser Fragestellungen ist eine Beschreibungsform erforderlich, mit der neben den bisher behandelten booleschen Ausdrücken auch Formulierungen wie z.B.

▦   *»Kann Zustand Z_3 erreicht werden, wenn x_1 nie den Wert »0« annimmt?«*

▦   *»Kann, wenn Z_2 angenommen ist und x_2 immer den Wert »0« hat, irgendwann am Ausgang y_0 eine »1« ausgegeben werden?«*

▦   *»Gibt es einen Zustand, in dem im aktuellen Takt an y_1 eine »0« ausgegeben und an y_0 im nächsten Takt eine »1« ausgegeben wird?«*

ausgedrückt werden können. Es müssen zeitliche (*temporale*) Relationen beschreibbar sein, die das Nacheinander bestimmter Eingabe-, Zustands- oder Ausgabefolgen ausdrücken. Eine solche Ausdrucksmöglichkeit steht z.B. mit CTL (Computation Tree Logic) zur Verfügung. Wir gehen exemplarisch auf diesen Formalismus ein, um den Leser einen Eindruck von diesem Problemkreis zu vermitteln. Für tiefergehende Studien sei z.B. auf [Pnu77, MP81, Pnu86, CE81] verwiesen.

8.5.2.1   Temporale Aussagenlogik

Temporale Logik ist eine *modale Logik*, d.h. es gibt verschiedene Modi von Wahrheit, z.B. gilt an einem Montag der Satz *»Es ist Montag.«*, an allen weiteren Tagen aber nicht.

Es gibt verschiedene Typen temporaler Logiken, die sich unter anderem dadurch unterscheiden,

▦   ob sie sich auf diskrete oder kontinuierliche Zeit beziehen,

▦   ob sie zukunfts- oder vergangenheitsbezogene Aussagen zulassen,

▦   ob sich diese Aussagen auf Zeitpunkte oder Zeitintervalle beziehen,

▦   und ob sie einen linearen oder verzweigenden Verlauf der Berechnungen (Linear-time Temporal Logic – LTL bzw. Branching-time Temporal Logic – BTL) zu Grunde legen.

Die Temporaloperatoren werden mit Formeln in Aussagenlogik oder Prädikatenlogik erster Ordnung zu einer temporalen Logik kombiniert.

In einer zukunftsbezogenen temporalen Logik mit diskreter Zeit werden im Allgemeinen folgende Operatoren definiert:

$\Box p$ »zu jedem Zeitpunkt der Berechnung ist die Aussage p wahr«

$\Diamond p$ »irgendwann im Verlauf der Berechnung wird die Aussage p wahr«

$\bigcirc p$ »im nächsten Schritt der Berechnung ist die Aussage p wahr«

Weit verbreitet im Bereich der FSM-Verifikation ist die temporale Logik CTL (Computation Tree Logic). Die Beschreibungssprachen für FSMs und logische Aussagen sind implementierungsabhängig. Im Allgemeinen werden bei Rechnerimplementierungen von CTL die Symbole $\Box, \Diamond, \bigcirc$ durch die Buchstaben G, F und X ersetzt [Kro98, Eve99]. Dabei kann eine Formel

- für *jeden Folgezustand* eines Pfades (**G** oder *global, always*) oder

- für *irgend einen möglichen Folgezustand* des Pfades (**F** oder *future, sometimes*) gelten;

- oder man kann nur über den *unmittelbaren Folgezustand* Aussagen treffen (**X** oder *next*).

Weiterhin kann man zwei Formeln miteinander verknüpfen, bei der die erste so lange wahr werden muss, bis die zweite gilt (**U** oder *until*).

Diese werden kombiniert mit den **Pfadquantoren**

- **E** (»es gibt einen Pfad«) und

- **A** (»für alle Pfade«).

Bei CTL muss jedem der Operatoren G, F, X und U ein Pfadquantor A oder E direkt vorangestellt werden. Damit sind beispielsweise nur Formeln der Art »AX p« oder »E(p U r)« zulässig, nicht aber solche wie »A(X p $\vee$ F r)«.

Damit lassen sich acht Basisoperationen in CTL bilden, die in Abbildung 8.23 zusammengefasst sind (nach [Hei98]).

Beispiele sind auf den Autoren-Web-Seiten [WH02a] zu finden.

8.5.2.2 Verfahren

Der Modelchecker benötigt als **Eingabe**

- die – in temporallogischen Formeln (z.B. CTL) definierten – *zu prüfenden Bedingungen* (so genannte Conditions).

- eine Repräsentation des System-Entwurfs als *abstraktes FSM-Model*.

Bild 8.23 CTL-Basisoperationen

EX (p)

p ist möglich im nächsten Schritt

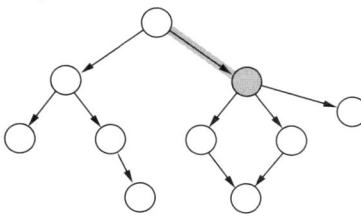

AX (p)

p ist unvermeidlich im nächsten Schritt

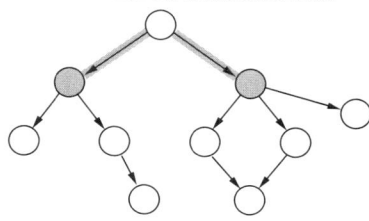

EF (p)

p ist erreichbar (jetzt oder später)

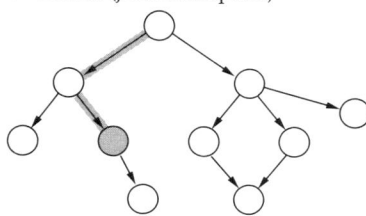

AF (p)

p ist unvermeidlich (jetzt oder später)

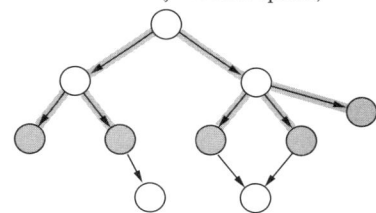

EG (p)

p gilt global auf mindestens einem Pfad

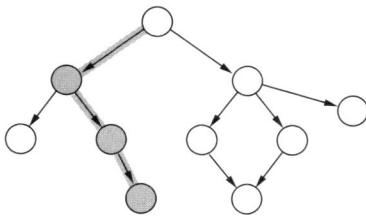

AG (p)

p gilt immer

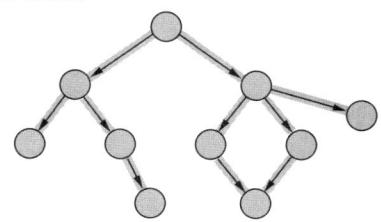

EU (q,p)

p ist erreichbar (jetzt oder später),
und bis dahin gilt q

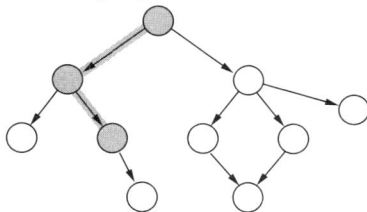

AU (q,p)

p ist unvermeidlich (jetzt oder später),
und bis dahin gilt q

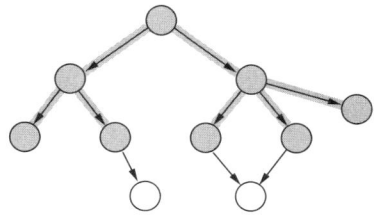

Anhand dieser Eingabedaten entscheidet der Modelchecker, ob der zu testende Systementwurf den spezifischen Anforderungen genügt oder nicht. Dabei werden *alle* Möglichkeiten – beginnend von einem vorgegebenen Startzustand – überprüft. Der Modelchecker weist formal die Gültigkeit der zu prüfenden Bedingung nach.

Als **Ausgabe** liefert der Modelchecker

■ *true*, wenn die zu prüfende Bedingung erfüllt ist.

■ *false*, wenn die zu testende Bedingung nicht erfüllt wurde.
Der Modelchecker liefert in diesem Fall ein Negativ-Beispiel, den so genannten Fehlerpfad, aus dem ersichtlich wird, wie es zu diesem Fehler gekommen ist.

8.5.2.3 Ausgewählte Verifikations-Tools

SMV

Das SMV-System (Symbolic Model Verifier) wurde speziell für die Überprüfung von FSM-Systemen entwickelt [McM92]. Die zu testenden Bedingungen werden in der temporalen Logik CTL (Computation Tree Logic) formuliert.

Das Programm »smv« selbst liest eine Textdatei, prüft das dort beschriebene System auf die Einhaltung der vorgegebenen Bedingungen und gibt die Ergebnisse aus, gegebenenfalls mit Gegenbeispiel.

VIS und SIS

VIS ist ein System der Universität Berkeley, die Initialen stehen dabei für »Verification Interacting with Synthesis« [VIS96, SSL$^+$92]. VIS ist ein Programmpaket zur Überprüfung und Manipulation von Hardwarebeschreibungen. Es arbeitet mit dem aus dem selben Hause stammenden Synthesetool SIS zusammen.

Als (internes) Dateiformat verwendet VIS eine Erweiterung von BLIF[3], genannt BLIF-MV. Es existieren Import- und Exportfunktionen für Hardwarebeschreibungen in der Sprache Verilog, wobei allerdings nur eine (realisierbare) Teilmenge unterstützt wird. Es ist keine parametrisierte Konstruktion paralleler Automaten möglich.

Als Abfragesprache wird in VIS ebenfalls CTL verwendet.

Das eigentliche Modelchecking-Tool ist ein Teil des VIS-Programmpakets, das über eine Skriptsprache steuerbar ist. Als Ergänzung wurden in Berkeley graphische Editoren für FSMs und SpecCharts entwickelt, die beide Verilog-Code ausgeben können.

Beide Editoren fungieren jedoch nur als Eingabe (Front End) und bieten keine echte Integration mit Rückmeldungen für den Anwender.

---

[3] BLIF: Berkeley Logic Interchange Format (eine FSM-Beschreibungssprache) [gB98]

WELD

»Web-based Electronic Design«, entwickelt an der Universität Berkeley [CSN02].

Alle wichtigen Tools wie FSM-Editor, SpecChart[4]-Editor, Simulator und Workflow-Manager sind in Java programmiert und somit Internet-weit verfügbar, weitere rechenintensive bzw. nicht frei verfügbare Funktionen werden als Client/Server-Anwendung realisiert.

STeP

Der Stanford Temporal Prover ist ein Werkzeug zum computerunterstützten Erstellen von Korrektheitsbeweisen für Programme [Ma94]. Zu diesem Zweck werden die (in der prozeduralen Sprache SPL formulierten) Programme intern in Transitionssysteme umgewandelt. Es ist auch möglich, solche Transitionssysteme (die große Ähnlichkeit mit endlichen Automaten besitzen) direkt einzugeben.

Die Modelcheck-Komponente von STeP kann dann dieses Transitionssystem auf die Einhaltung bestimmter Bedingungen testen. Solche Bedingungen werden in der Temporalen Logik CTL formuliert und in einer separaten *.spec-Datei gespeichert. Diese Implementierung von CTL unterscheidet sich von der in SMV durch eine andere Syntax und einen größeren Sprachumfang.

8.5.2.4   Beispiel

Das im Abschnitt 8.5.2.2 beschriebene Verfahren soll anhand des aus Abschnitt 6.4.4 bekannten Beispiels der Pumpensteuerung (nach Bild 6.52) verdeutlicht werden. Es wird zunächst die Spezifikation des Automaten auf der Zustandsebene definiert. Daran anschließend werden exemplarische Fragestellungen an den Modelchecker spezifiziert.

In SMV-Syntax [McM92] werden Zustands- und Ein/Ausgangsvariable, initiale Belegungen und Übergangsbedingungen wie folgt festgelegt:

```
MODULE main
    -- Beispiel  der Pumpensteuerung,
    -- Eigenschleifen weggelassen,
    -- Ausgangsvariable "pumpe" eingefuehrt

    VAR
        x0 : boolean;
        x1 : boolean;
        x2 : boolean;
        x3 : boolean;
        state: {Z0, Z1, Z2, Z3, Z4, Z5};
        pumpe: {aus, a, b, ab};
```

---

4   SpecCharts: ein automatenorientiertes Beschreibungsmittel [VNG95]

```
ASSIGN
    -- init (state) := Z2;
    next (state) := case
        state = Z0 & !x2 : Z2;
        state = Z1 & !x2 : Z3;

        state = Z2 &  x3 : Z1;
        state = Z2 & !x0 : Z4;
        state = Z3 &  x3 : Z0;
        state = Z3 & !x0 : Z5;

        state = Z4 &  x1 : Z3;
        state = Z5 &  x1 : Z2;

        1 : state;
    esac;
```

Die Variable pumpe soll die Ausgabe des Automaten darstellen und dient dazu, spätere Tests zu vereinfachen und zu vereinheitlichen.

Die letzte Zuweisung der bcase-Anweisung legt fest, dass in allen noch nicht behandelten Fällen die Variable state unverändert bleibt. Dies erspart die explizite Definition der Eigenschleifen.

```
init (pumpe) := case
        state = Z0 |
        state = Z1 : aus;
        state = Z4 |
        state = Z5 : ab;
        state = Z2 : a;
        state = Z3 : b;
    esac;

    next (pumpe) := case
        next (state) = Z0 |
        next (state) = Z1 : aus;
        next (state) = Z4 |
        next (state) = Z5 : ab;
        next (state) = Z2 : a;
        next (state) = Z3 : b;
    esac;

-- "Prozessmodell" -> Drucksensoren liefern
                        konsistente Werte
    init (x0) := 0;
    init (x1) := 0;
    init (x2) := 0;
    init (x3) := 0;

    next (x0) := case
                    next (x1) : 1;
                    1 : {0, 1};
```

```
                          esac;
     next (x1) := case
                     next (x2) : 1;
                     1 : {0, x0};
                  esac;
     next (x2) := case
                     next (x3) : 1;
                     1 : {0, x1};
                  esac;
     next (x3) := case
                     1 : {0, x2};
                  esac;
```

Mit dieser Definition wird sichergestellt, dass die Drucksensoren konsistente Werte liefern, d.h. wenn Sensor x_3 anspricht, liefern auch x_2, x_1 und x_0 den Wert »1«. Bei der Zuweisung einer Menge – wie etwa {0,1} – an eine Variable wird nichtdeterministisch (zufällig) ein Element ausgewählt.

Die in CTL formulierten Bedingungen stehen in der selben Textdatei wie die oben angegebenen Systemdefinitionen.

```
-- wenn Druckobergrenze erreicht, schalten die Pumpen ab;
   SPEC AG AF (x3 -> AX (pumpe 0 aus));

   -- wenn Druckgrenze erreicht, schaltet sich
      mindestens eine Pumpe ein;
   SPEC AG AF (!x0 -> AX !(pumpe = aus));

   -- wenn Pumpe "a" einzeln laeuft, wird sie vor
      "b" nicht nochmal einzeln benutzt;
   SPEC AG ((pumpe = a & AX !(pumpe = a))
      -> (AX (AF (pumpe = b)
      -> A[!(pumpe = a) U (pumpe = b)])));

   oder:

   SPEC AG ((pumpe = b & AX !(pumpe = b))
      -> (AX A[(pumpe = b) V !(pumpe = a)]));
```

Erreichbarkeitstests lassen sich folgendermaßen formulieren: »Gibt es einen Pfad vom Initialzustand zum gesuchten Zustand?«

```
-- Erreichbarkeitstests:

        SPEC EF (state = Z4);
        SPEC EF (state = Z2);
        SPEC EF (state = Z0);

        SPEC EF (state = Z5);
        SPEC EF (state = Z3);
        SPEC EF (state = Z1);
```

Neben der Notation des Automaten auf der Zustandsebene ist auch eine belegungsorientierte Notation auf der Bit-Ebene möglich. Bei dieser Variante werden die Zustände nicht symbolisch, sondern als Elementarkonjunktion der z-Variablen notiert. Die Automaten-Funktion wird mittels z-Gleichungen beschrieben. Das hat zur Folge, dass dabei auch »verbotene« Zustände auftreten können. Andererseits läßt sich nur so testen, ob der Automat diese Zustände »korrekt« behandelt. Beispiele für diese SMV-Notationsart sind auf den Autoren-Webseiten angegeben [WH02a].

8.6 Fallstudien

8.6.1 Dekomposition der Pumpensteuerung

Neben der in Abschnitt 8.2 diskutierten Variante einer Dekomposition der Pumpensteuerung aus Fallstudie 6.4.4 können auch weitere semantische Kriterien zu anderen Dekompositionsvarianten führen. Wir zeigen nachfolgend

- eine Variante, bei der die Ausgabe vollständig einem Teilautomaten zugeordnet wird und

- eine Variante, bei der Automaten gleicher Topologie[5] entstehen.

Die Ausgabe kann vollständig in einem Teilautomaten erfolgen, wenn

- die Ausgabegleichungen in den Knoten nur Konstante oder x-Variable enthalten, d.h. nur Abhängigkeiten zu den z-Variablen dieses Teilautomaten existieren und

- in dem anderen Teilautomaten keine Ausgabefunktion definiert ist. Bild 8.24 zeigt die Kodierung und Bild 8.25 die Automatengraphen dieser Dekompositionsvariante.

Um eine Dekompositionsvariante zu erhalten, bei der die Teilautomaten topologisch gleich sind, dekomponieren wir den Automaten so, dass jeweils eine Pumpe bedient wird und ein vollständiger Zyklus (keine, eine, zwei aktive Pumpen) durchlaufen werden kann (Bild 8.26).

Bild 8.27 zeigt diese Dekomposition. Der Vorteil dieser Variante besteht darin, dass identische Schaltungen realisierbar sind und das Starten in den unterschiedlichen Initialzuständen Z_0^0 und Z_0^1 lediglich über eine Reset-Schaltung für die Flip-Flops erzeugt werden müssen.

8.6.2 Serielle Komposition

Die serielle Komposition nach Abschnitt 8.4.4 soll mit der folgenden Fallstudie belegt werden. Dabei leiten wir die Schaltung des taktflankengesteuerten D-Flip-

---

[5] Topologie: Anordnung der Kanten und Knoten des Graphen

Bild 8.24 Zustandskodierung des Automaten A

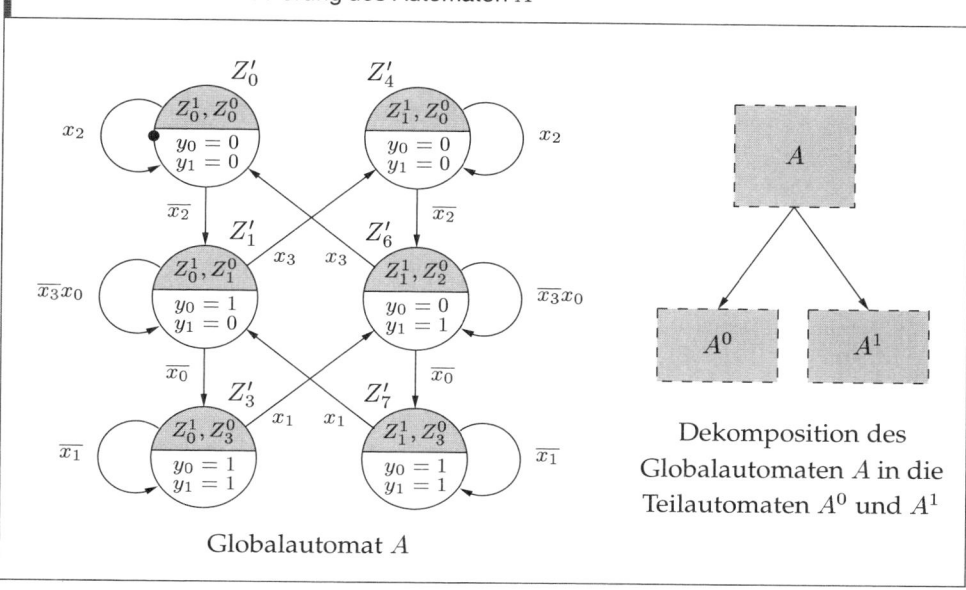

Dekomposition des
Globalautomaten A in die
Teilautomaten A^0 und A^1

Flops nach Abschnitt 6.1.3.4 als serielle Komposition zweier Teilautomaten her, von denen

▦   der eine Teilautomat die Flankensteuerung realisiert und

▦   der andere für die Speicherung des Ausgangssignals für eine Taktperiode genutzt wird.

Die Kopplung dieser Teilautomaten ist in Bild 8.28 dargestellt.

Gemäß Tabelle 6.1 kann die Eigenschaft der Flankensteuerung durch einen Automaten mit drei Zuständen realisiert werden:

▦   einem Zustand zum Setzen des Ausgangs (Z_1),

▦   einem Zustand zum »Rücksetzen« des Ausgangs (Z_2) und

▦   einem »Ruhe«-Zustand (Z_3), in dem auf die aktive Flanke »gewartet« wird.

Der resultierende Automatengraph ist in Bild 8.29 dargestellt. Die angegebene Codierung gewährleistet, dass keine Funktions-Hasards in den z-Variablen auftreten.

Da die umgesetzte Struktur jedoch noch Struktur-Hasards aufweist, wird der für die Funktion nicht benötigte Zustand Z_0 so mit einbezogen, dass keine Struktur-Hasards auftreten. Aus der Analyse der beiden z-Gleichungen ergibt sich, dass

▦   bei Betrachtung der Variable z_0 der Zustand Z_0 entweder zu Zustand Z_1 oder Z_3 führen muss,

▦   bei Betrachtung der Variable z_1 der Zustand Z_1 entweder zu Zustand Z_2 oder Z_3 führen muss .

Bild 8.25 Teilautomaten A^0 und A^1

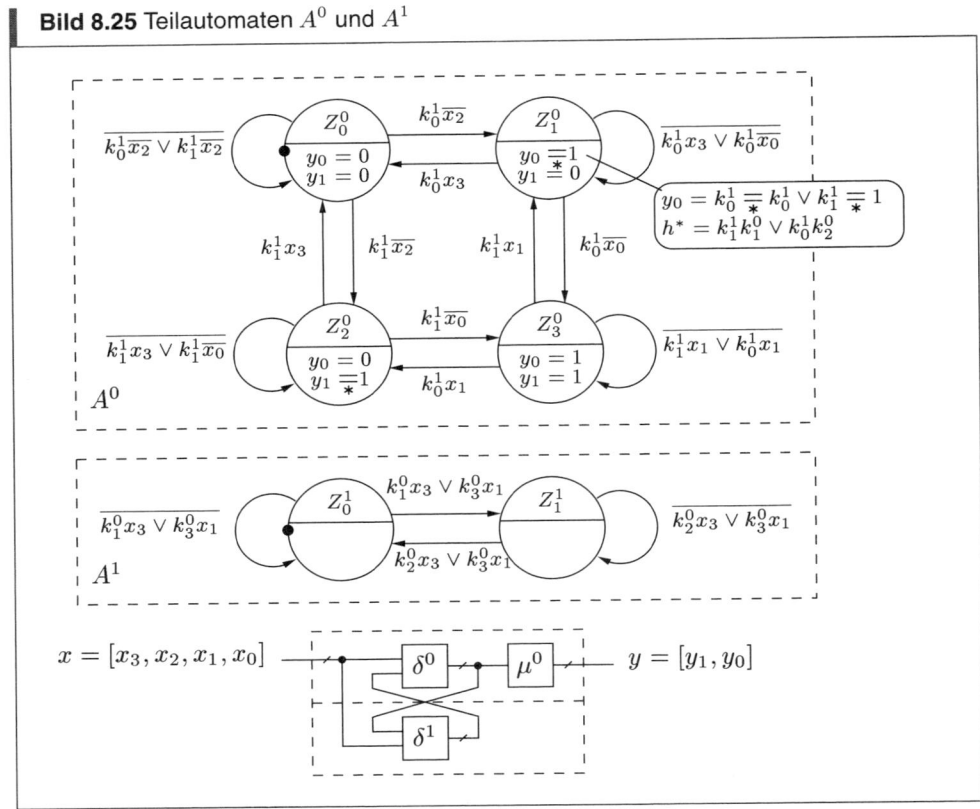

Diese Betrachtungen führen schließlich zu der hasardfreien Realisierung nach Bild 8.30.

Daraus ergeben sich die folgenden Gleichungen mit $h^* = \overline{z_1}\,\overline{z_0}$:

$$z_0 \;:=\; \overline{z_1}\,z_0 \vee z_1\,\overline{C} \vee z_0\,\overline{D}$$
$$\;:\underset{*}{=}\; \overline{z_1} \vee z_0\,\overline{D} \vee \overline{C}$$

$$z_1 \;:=\; z_1\,\overline{z_0} \vee z_1\,D \vee z_0\,\overline{C}$$
$$\;:\underset{*}{=}\; \overline{z_0} \vee z_1\,D \vee \overline{C}$$

Zur Realisierung des Speicherverhaltens am Ausgang des Flip-Flops wird eine Standard-RS-Kippstufe in NAND-Realisierung (Bild 8.31) verwendet.

Die synthetisierte Schaltung dieser RS-Speicherstufe ist hasardfrei und entspricht folgender Gleichung:

$$z_2 \;:=\; z_2\,z_1 \vee \overline{z_0} \qquad \text{mit} \qquad z_0 = \overline{S} \text{ und } z_1 = \overline{R}$$

Bild 8.26 Zustandskodierung des Automaten A

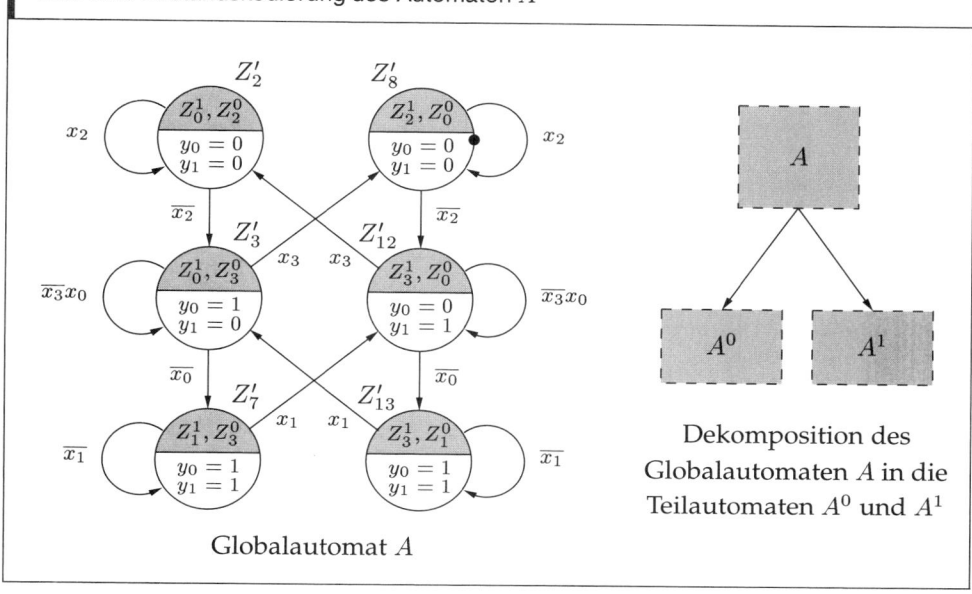

Globalautomat A

Dekomposition des
Globalautomaten A in die
Teilautomaten A^0 und A^1

Die serielle Komposition der beiden Teilautomaten »Flankensteuerung« und »Ausgangs-Speicher« ist in Bild 8.32 dargestellt.

Die synthetisierte Struktur entspricht somit der aus Abschnitt 6.1.3.4 bekannten und in Abschnitt 7.1 analysierten Struktur des taktflankengesteuerten D-Flip-Flops.

8.6.3   Verkaufsautomat

8.6.3.1   Aufgabenstellung

Es ist ein Automat zur »Münzsteuerung« für einen Verkaufsautomaten, der drei Waren zur Verfügung stellt, zu entwerfen, der folgender Spezifikation genügt:

1. Der Münzautomat akzeptiert 5-, 10- und 50-Cent-Stücke.

2. Alle Waren kosten 50 Cent, 70 Cent oder 1 €.

3. Der Käufer kann solange keine Waren wählen, bis die korrekte Geldmenge eingeworfen wurde.

4. Der Münzautomat kann Wechselgeld auszahlen, nachdem eine Ware gewählt wurde.

5. Der Münzautomat verfügt über eine Geldrückgabetaste.

6. Der Käufer soll gleichzeitig nur einen der drei verschiedenen Artikel wählen können.

7. Geld, welches den Betrag von 1 € übersteigt, soll sofort wieder ausgegeben werden.

Bild 8.27 Teilautomaten A^0 und A^1

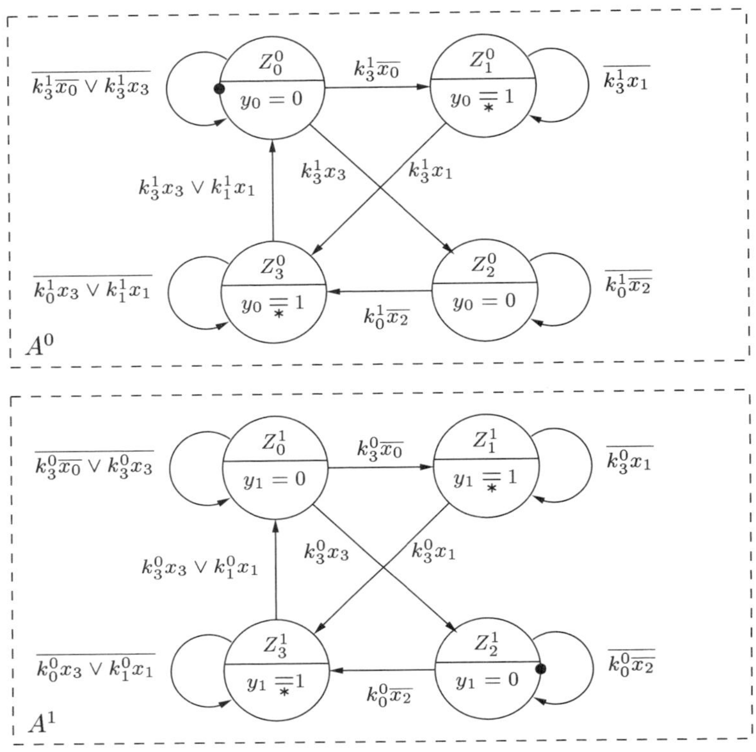

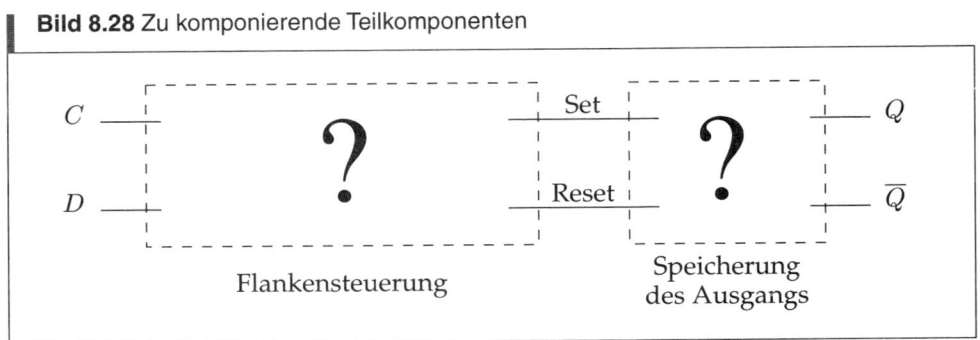

Bild 8.28 Zu komponierende Teilkomponenten

Der nachfolgende Lösungsansatz wurde auszugsweise aus [FJSZ02] entnommen und kann auf den Autoren-Webseiten [WH02a] eingesehen werden.

Bild 8.29 Realisierung der Flankensteuerung

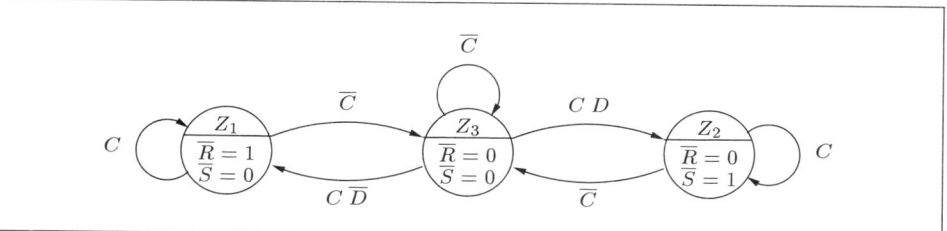

Bild 8.30 Hasardfreie Realisierung der Flankensteuerung

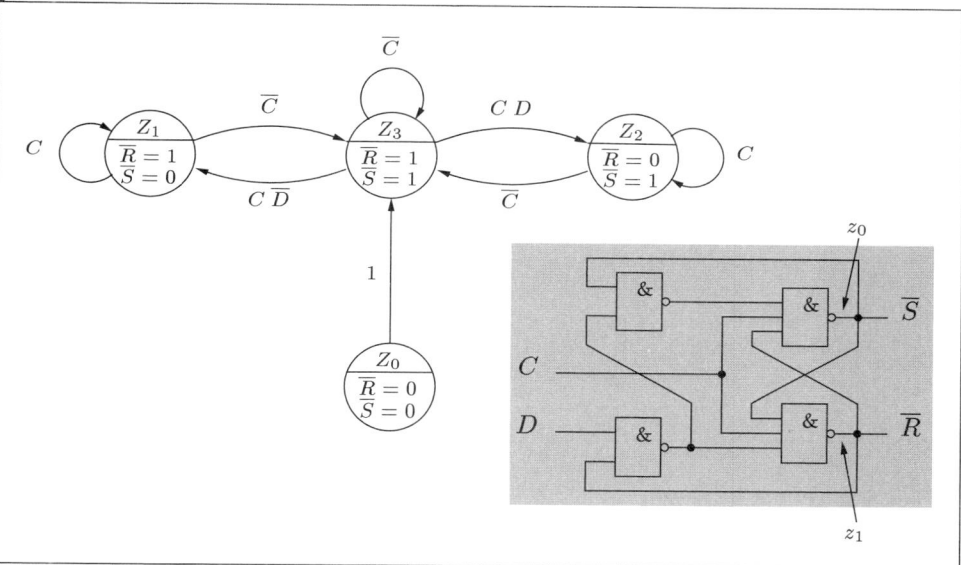

8.6.3.2 Funktionelle Vorüberlegungen

Da die Münzkassetten in ihrer Größe beschränkt sind, überprüft unser Automat seine Betriebsbereitschaft auch anhand deren Füllhöhe. Man kann laut Aufgabenstellung maximal 1 € einwerfen, also muss noch Platz für 20 5-Cent-Münzen, 10 10-Cent-Münzen oder 2 50-Cent-Münzen sein.

Eingeworfene Münzen verbleiben so lange im »Detektor«, bis sie entweder in die passende Münzkassette übernommen werden oder wieder ausgeworfen werden. Wird die Geldrückgabe-Taste betätigt, gibt der Automat den eingeworfenen Betrag in der günstigsten Stückelung wieder aus. Deshalb sind gewisse Münzvorräte zum Betrieb nötig.

Wirft man beispielsweise 20 mal 5 Cent ein, so erhält man (wenn vorhanden) zwei 50-Cent-Münzen zurück. Für acht 5-Cent-Stücke bekommt man 4 mal eine 10-Cent-

Bild 8.31 RS-Speicherstufe

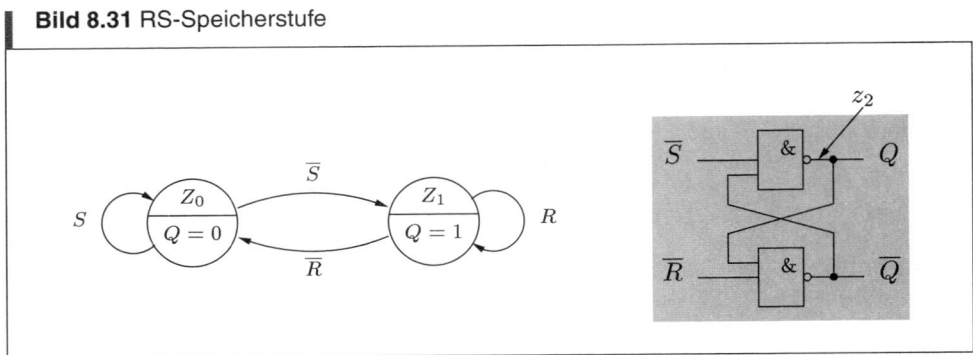

Bild 8.32 Serielle Komposition der Teilkomponenten

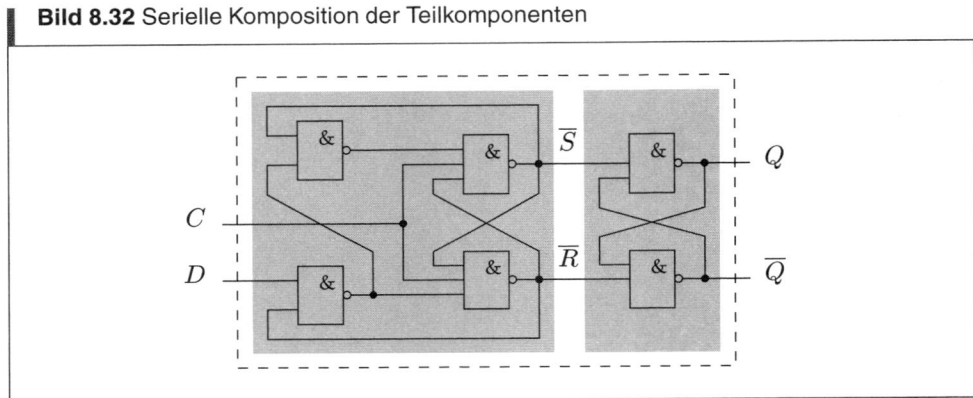

Münze ausgegeben. Also müssen mindestens zwei 50-Cent-Stücke und vier 10-Cent-Münzen vorhanden sein. Wenn man 5-Cent-Stücke zurückbekommt, hat man sie vorher eingeworfen, da alle Waren durch 10 Cent teilbare Beträge kosten.

Die Betriebsbereitschaft hängt auch vom Warenvorrat ab. Unser Automat überprüft, welche Waren er noch vorrätig hat. Deshalb benötigt er jeweils einen Sensor für das Vorhandensein noch mindestens eines Stückes dieser Ware. Für jede Ware existiert noch eine LED. Diese leuchtet, wenn die Ware verfügbar ist und genug Geld eingeworfen wurde.

Ein Reset versetzt den Automaten und seine Teilautomaten wieder in den Startzustand. Dies ist auch nötig, wenn sich zu viele oder zu wenige Münzen in den Geldkassetten befinden.

Wird gleichzeitig eine Münze eingeworfen und eine Ware gewählt oder die Geldrückgabetaste betätigt, so wird diese Münze direkt ausgeworfen und nicht bei der optimalen Stückelung berücksichtigt.

Münzen können nur nacheinander eingeworfen werden. In manchen Zuständen ist der Münzeinwurf nicht möglich, deshalb wird der Münzeinwurfschlitz geschlossen.

Wird mehr als eine Warenausgabetaste bzw. die Geldrückgabetaste gleichzeitig gedrückt, so werden alle Tasten ignoriert. Die Warenausgabe bzw. Geldrückgabe findet nur bei exakt einem Eingangssignal, also einem Tastendruck, statt. Wird während eines Tastendruckes eine zweite Taste gedrückt, so wird diese solange ignoriert, wie die erste Taste gedrückt gehalten wird.

8.6.3.3   Lösungsvariante

Teilaufgaben

Der Ablauf des Verkaufsvorgangs gibt die Teilaufgaben vor. Zu Beginn des Vorganges befindet sich noch genug Geld in den Kassetten, um gegebenenfalls eine Geldrückgabe durchzuführen. Außerdem muss noch mindestens eine Ware vorhanden sein. Sind diese Bedingungen nicht gegeben, ist der Verkaufsautomat nicht betriebsbereit.

Als nächster Schritt erfolgt die Geldeingabe. Dieses Geld muss gezählt werden. Nebenbei ist auch für alle drei Waren die Verfügbarkeit zu überprüfen. Sollte der Kunde eine Ware anwählen bzw. die Geldrückgabetaste drücken, so müssen Geld und/oder Ware ausgegeben werden. Anschließend kehrt der Verkaufsautomat in den Ruhezustand zurück.

Komposition

Intuitiv ergeben sich aus der Aufgabenstellung und den Vorüberlegungen folgende Teilaufgaben (siehe Bild 8.33):

(a) Geldeingabe

(b) Geldzählen

(c) Geld- bzw. Warenausgabe

(d) Warenverfügbarkeit für jede Ware

(e) Betriebsbereitschaft

Die *Geldeingabe* weist falsche Münzen und Geldstücke, die den Einwurfbetrag von 1 € übersteigen, ab.

Beim *Geldzählen* wird jede mögliche Geldsumme im Verkaufsautomaten durch einen Zustand repräsentiert. Das ergibt 21 Zustände für die Summen von 0 € bis 1 € in 5-Cent-Schritten. Jeder Automat zählt nur so viele Münzen, dass deren Summe unter der Wertmenge der nächst größeren Münze liegt. Das heißt, der *5-Cent-Automat* zählt nur null oder eine 5-Cent-Münze, der *10-Cent-Automat* null bis vier 10-Cent-Münzen und der *50-Cent-Automat* null bis zwei 50-Cent-Münzen. Damit würde zum Beispiel die Geldmenge 75 Cent durch 1 x 50 Cent + 2 x 10 Cent + 1 x 5 Cent repräsentiert. Dabei ist es egal, in welcher Stückelung der Betrag eingeworfen wurde.

Bild 8.33 Kompositionsvariante des Münzautomaten

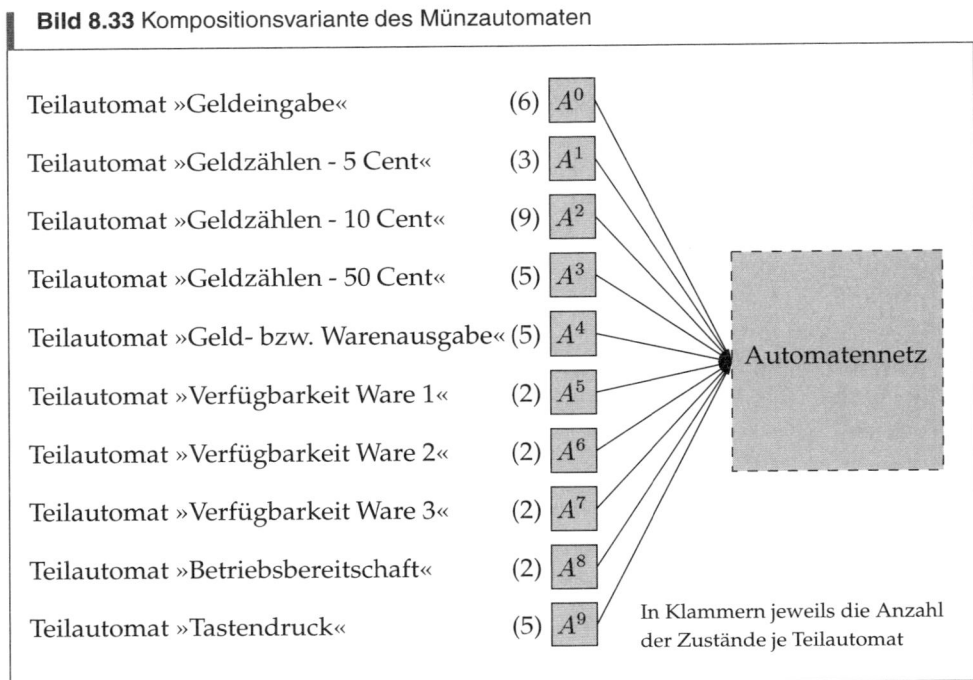

Teilautomat »Geldeingabe« (6) A^0

Teilautomat »Geldzählen - 5 Cent« (3) A^1

Teilautomat »Geldzählen - 10 Cent« (9) A^2

Teilautomat »Geldzählen - 50 Cent« (5) A^3

Teilautomat »Geld- bzw. Warenausgabe« (5) A^4

Teilautomat »Verfügbarkeit Ware 1« (2) A^5

Teilautomat »Verfügbarkeit Ware 2« (2) A^6

Teilautomat »Verfügbarkeit Ware 3« (2) A^7

Teilautomat »Betriebsbereitschaft« (2) A^8

Teilautomat »Tastendruck« (5) A^9

Automatennetz

In Klammern jeweils die Anzahl der Zustände je Teilautomat

Die *Warenausgabe* könnte direkt auf Tastatureingaben des Benutzers reagieren. Dieser Tastendruckautomat reagiert direkt auf die Tasten. Sollte mehr als eine Taste gleichzeitig gedrückt werden, werden die anderen Tasten ignoriert. Ansonsten wird ein Zustand angenommen, der der gedrückten Taste entspricht.

In Abhängigkeit von der *Warenverfügbarkeit* und dem Tastendruckautomaten arbeitet die Warenausgabe. Die Warenverfügbarkeit wird von drei voneinander unabhängigen Verfügbarkeitsautomaten festgestellt. Je nach eingeworfener Geldmenge und Vorhandensein der beobachteten Ware geht der Verfügbarkeitsautomat in den Verfügbarkeitszustand.

Der *Betriebszustand* wird unabhängig von den anderen Automaten im Betriebszustandsautomaten überwacht.

8.6.3.4 Model-Checking

Einige Regeln, die sich aus der Aufgabenstellung ableiten lassen:

(a) **Akzeptierte Münzen**
Akzeptiert werden Münzen im Wert von 5, 10 und 50 Cent (Regel 1 der Aufgabenstellung).

(b) **Wählbarkeit**
Der Käufer kann solange keine Ware wählen bis die korrekte Geldmenge (50 Cent, 70 Cent oder 1 €) eingeworfen wurde (Regel 2 und 3 der Aufgabenstellung).

(c) **Wechselgeld**
Die Maschine kann Wechselgeld auszahlen, nachdem eine Ware gewählt wurde (Regel 4 der Aufgabenstellung).

(d) **Geldrückgabe**
Die Maschine verfügt über eine Geldrückgabetaste (Regel 5 der Aufgabenstellung).

(e) **Tastendruck**
Der Käufer soll gleichzeitig nur einen der drei verschiedenen Artikel wählen können (Regel 6 der Aufgabenstellung).

(f) **Zu viele Münzen**
Geld, welches über den Betrag von 1 € hinausgeht, soll sofort wieder ausgegeben werden (Regel 7 der Aufgabenstellung).

(g) **Münzeinwurf**
Eine Münze wird entweder akzeptiert oder wieder ausgeworfen.

(h) **Unbekannte Münzen**
Unbekannte Münzen fallen immer durch.

(i) **Geldwert**
Für eine akzeptierte Münze wird der Geldwert korrekt hochgezählt.

(j) **Warenausgabe**
Wählt ein Käufer eine Ware, wird sie ausgegeben.

8.6.4 Entwurf synchroner Zähler und Frequenzteiler

Beim Einsatz asynchroner Zähler, wie wir sie im Abschnitt 6.1.5.1 beschrieben haben, kann es zu Störungen beim Zählen kommen. Diese treten besonders häufig auf, wenn man

- im hochfrequenten Bereich arbeitet und

- größere Zählerketten benutzt.

In diesen Fällen ist es möglich, dass auf Grund der Gatterlaufzeiten der seriell komponierten Flip-Flops falsche Zählergebnisse entstehen. Bild 8.34 zeigt den Zeitversatz, der in Folge der seriellen Komposition entsteht.

Um derartige Fehler zu vermeiden, können Zähler als hierarchische synchrone Zähler aufgebaut werden. Eine Variante davon wurde bereits im Abschnitt 6.4.1 vorgestellt. Dabei wurde jedoch nur eine Zählerstelle betrachtet.

Bild 8.34 Laufzeitprobleme bei asynchronen Zählern

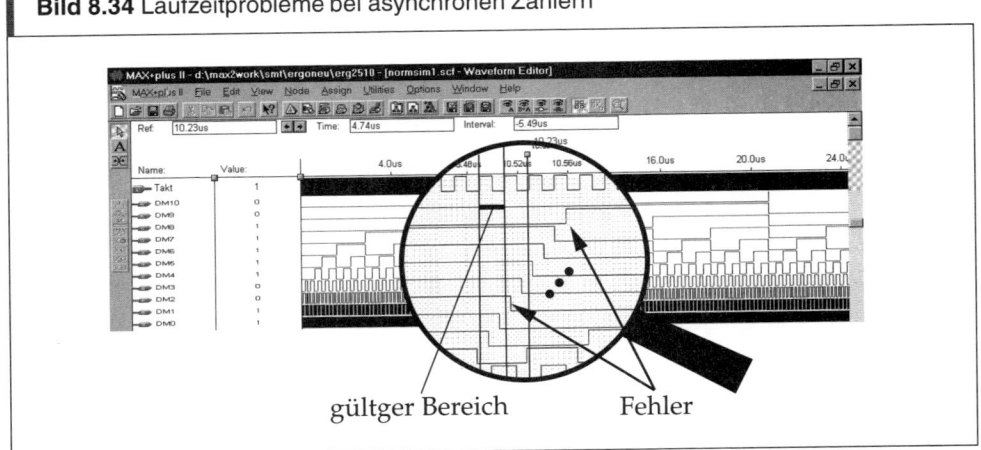

gültger Bereich   Fehler

Bild 8.35 Entwurf synchroner Zähler

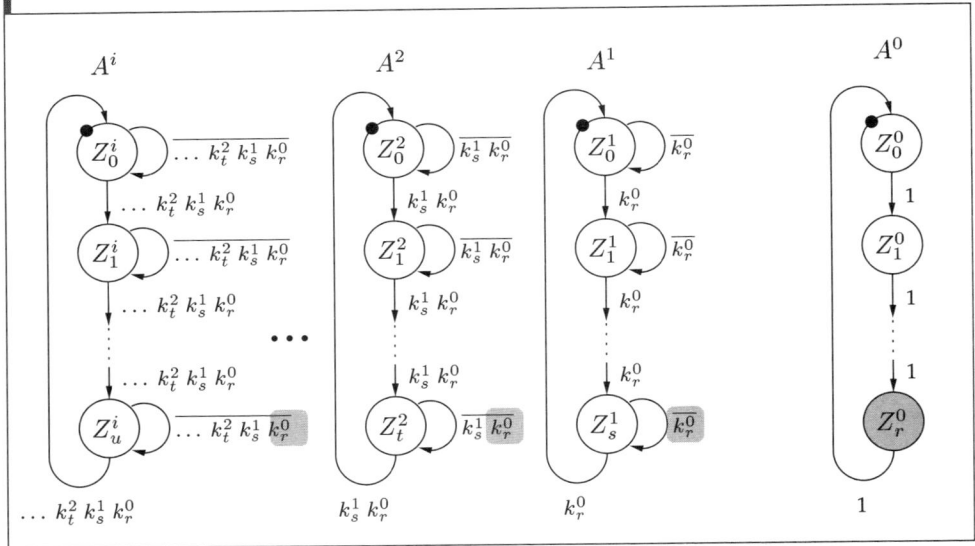

Mit den Kenntnissen aus Kapitel 8 können wir nun das Zusammenspiel aller Automaten beschreiben.

Das Prinzip der hierarchischen Zusammenarbeit der parallelen Automaten beruht darauf, dass der Zählautomat der niedrigeren Zählstufe alle weiteren Zählautomaten der nächsten Stufe *synchronisiert*. Erst wenn er einen vollständigen Zyklus durchlaufen hat, können die weiteren Automaten einen Zustandsübergang ausführen. Nach (8.19) synchronisiert Z_r^0 in Bild 8.35 den Zustand Z_s^1, wenn gilt:

$$\overline{k_r^0} \rightarrow h_{ss}^1 \underset{*}{=} 1$$

Für Z_r^0 ist diese Bedingung wegen $h_{ss}^1 = \overline{k_r^0}$ bezüglich Z_s^1 erfüllt. Wegen

$$h_{tt}^2 = \overline{k_r^0 \, k_s^1} = \overline{k_r^0} \vee \overline{k_s^1}$$

gilt sie entsprechend auch für Z_t^2 usw.

Als Beispiel für diese Entwurfsmethode soll ein synchroner 24-Bit-Zähler vorgestellt werden, der aus vier Teilautomaten zu je 64 Zuständen (mit je sechs z-Variablen) besteht. Der Zähler besitzt als einzige Eingangsvariable einen zusätzlichen Rücksetzeingang *reset*. Bei der Verwendung von Flip-Flops mit eigenem Rücksetzeingang[6] kann diese zusätzliche Eingangsvariable beim Entwurf vernachlässigt werden.

Als z-Gleichungen für alle Teilautomaten erhalten wir aus dem Entwurf nach Bild 8.35 und 8.36:

$$z_0^0 := \overline{reset} \, \overline{z_0^0}$$

$$z_1^0 := \overline{reset} \, z_0^0 \, \overline{z_1^0} \vee \overline{reset} \, \overline{z_0^0} \, z_1^0$$

$$z_2^0 := \overline{reset} \, z_0^0 \, z_1^0 \, \overline{z_2^0} \vee \overline{reset} \, \overline{z_1^0} \, z_2^0 \vee \overline{reset} \, \overline{z_0^0} \, z_2^0$$

$$z_3^0 := \overline{reset} \, z_0^0 \, z_1^0 \, z_2^0 \overline{z_3^0} \vee \overline{reset} \, \overline{z_2^0} \, z_3^0 \vee \overline{reset} \, \overline{z_1^0} \, z_3^0 \vee \overline{reset} \, \overline{z_0^0} \, z_3^0$$

$$z_4^0 := \overline{reset} \, z_0^0 \, z_1^0 \, z_2^0 \, z_3^0 \, \overline{z_4^0} \vee \overline{reset} \, \overline{z_3^0} \, z_4^0 \vee \overline{reset} \, \overline{z_2^0} \, z_4^0 \vee \overline{reset} \, \overline{z_1^0} \, z_4^0 \vee \\ \overline{reset} \, \overline{z_0^0} \, z_4^0$$

$$z_5^0 := \overline{reset} \, z_0^0 \, z_1^0 \, z_2^0 \, z_3^0 \, z_4^0 \, \overline{z_5^0} \vee \overline{reset} \, \overline{z_4^0} \, z_5^0 \vee \overline{reset} \, \overline{z_3^0} \, z_5^0 \vee \overline{reset} \, \overline{z_2^0} \, z_5^0 \vee \\ \overline{reset} \, \overline{z_1^0} \, z_5^0 \vee \overline{reset} \, \overline{z_0^0} \, z_5^0$$

$$z_0^1 := (z_5^0 \, z_4^0 \, z_3^0 \, z_2^0 \, z_1^0 \, z_0^0) \, \overline{reset} \, \overline{z_0^1} \vee \overline{(z_5^0 \, z_4^0 \, z_3^0 \, z_2^0 \, z_1^0 \, z_0^0)} \, \overline{reset} \, z_0^1$$

$$z_1^1 := (z_5^0 \, z_4^0 \, z_3^0 \, z_2^0 \, z_1^0 \, z_0^0) \, \overline{reset} \, z_0^1 \, \overline{z_1^1} \vee \overline{reset} \, \overline{z_0^1} \, z_1^1 \vee \overline{(z_5^0 \, z_4^0 \, z_3^0 \, z_2^0 \, z_1^0 \, z_0^0)} \, \overline{reset} \, z_1^1$$

$$z_2^1 := (z_5^0 \, z_4^0 \, z_3^0 \, z_2^0 \, z_1^0 \, z_0^0) \, \overline{reset} \, z_0^1 \, z_1^1 \, \overline{z_2^1} \vee \overline{reset} \, \overline{z_1^1} \, z_2^1 \vee \overline{reset} \, \overline{z_0^1} \, z_2^1 \vee \\ \overline{(z_5^0 \, z_4^0 \, z_3^0 \, z_2^0 \, z_1^0 \, z_0^0)} \, \overline{reset} \, z_2^1$$

$$z_3^1 := (z_5^0 \, z_4^0 \, z_3^0 \, z_2^0 \, z_1^0 \, z_0^0) \, \overline{reset} \, z_0^1 \, z_1^1 \, z_2^1 \, \overline{z_3^1} \vee \overline{reset} \, \overline{z_2^1} \, z_3^1 \vee \overline{reset} \, \overline{z_1^1} \, z_3^1 \vee \\ \overline{reset} \, \overline{z_0^1} \, z_3^1 \vee \overline{(z_5^0 \, z_4^0 \, z_3^0 \, z_2^0 \, z_1^0 \, z_0^0)} \, \overline{reset} \, z_3^1$$

$$z_4^1 := (z_5^0 \, z_4^0 \, z_3^0 \, z_2^0 \, z_1^0 \, z_0^0) \, \overline{reset} \, z_0^1 \, z_1^1 \, z_2^1 \, z_3^1 \, \overline{z_4^1} \vee \overline{reset} \, \overline{z_3^1} \, z_4^1 \vee \overline{reset} \, \overline{z_2^1} \, z_4^1 \vee \\ \overline{reset} \, \overline{z_1^1} \, z_4^1 \vee \overline{reset} \, \overline{z_0^1} \, z_4^1 \vee \overline{(z_5^0 \, z_4^0 \, z_3^0 \, z_2^0 \, z_1^0 \, z_0^0)} \, \overline{reset} \, z_4^1$$

---

[6] Die meisten Flip-Flops verfügen neben den h_{01}- und h_{10}-Eingängen zusätzlich noch über »Setz«-bzw. »Rücksetz«-Eingänge, mit denen man eine definierte Voreinstellung unabhängig von den h_{01}- und h_{10}-Eingangen vornehmen kann.

$$z_5^1 := (z_5^0\, z_4^0\, z_3^0\, z_2^0\, z_1^0\, z_0^0)\, \overline{reset}\, z_0^1\, z_1^1\, z_2^1\, z_3^1\, z_4^1\, \overline{z_5^1} \vee \overline{reset}\, \overline{z_4^1}\, z_5^1 \vee \overline{reset}\, \overline{z_3^1}\, z_5^1 \vee$$
$$\overline{reset}\, \overline{z_2^1}\, z_5^1 \vee \overline{reset}\, \overline{z_1^1}\, z_5^1 \vee \overline{reset}\, \overline{z_0^1}\, z_5^1 \vee \overline{(z_5^0\, z_4^0\, z_3^0\, z_2^0\, z_1^0\, z_0^0)}\, reset\, z_5^1$$

$$z_0^2 := (z_5^1\, z_4^1\, z_3^1\, z_2^1\, z_1^1\, z_0^1\, z_5^0\, z_4^0\, z_3^0\, z_2^0\, z_1^0\, z_0^0)\, \overline{reset}\, \overline{z_0^2} \vee$$
$$\overline{(z_5^1\, z_4^1\, z_3^1\, z_2^1\, z_1^1\, z_0^1\, z_5^0\, z_4^0\, z_3^0\, z_2^0\, z_1^0\, z_0^0)}\, reset\, z_0^2$$

$$z_1^2 := (z_5^1\, z_4^1\, z_3^1\, z_2^1\, z_1^1\, z_0^1\, z_5^0\, z_4^0\, z_3^0\, z_2^0\, z_1^0\, z_0^0)\, \overline{reset}\, z_0^2\, \overline{z_1^2} \vee \overline{reset}\, \overline{z_0^2}\, z_1^2 \vee$$
$$\overline{(z_5^1\, z_4^1\, z_3^1\, z_2^1\, z_1^1\, z_0^1\, z_5^0\, z_4^0\, z_3^0\, z_2^0\, z_1^0\, z_0^0)}\, \overline{reset}\, z_1^2$$

$$z_2^2 := (z_5^1\, z_4^1\, z_3^1\, z_2^1\, z_1^1\, z_0^1\, z_5^0\, z_4^0\, z_3^0\, z_2^0\, z_1^0\, z_0^0)\, \overline{reset}\, z_0^2\, z_1^2\, \overline{z_2^2} \vee \overline{reset}\, \overline{z_1^2}\, z_2^2 \vee$$
$$\overline{reset}\, \overline{z_0^2}\, z_2^2 \vee \overline{(z_5^1\, z_4^1\, z_3^1\, z_2^1\, z_1^1\, z_0^1\, z_5^0\, z_4^0\, z_3^0\, z_2^0\, z_1^0\, z_0^0)}\, \overline{reset}\, z_2^2$$

$$z_3^2 := (z_5^1\, z_4^1\, z_3^1\, z_2^1\, z_1^1\, z_0^1\, z_5^0\, z_4^0\, z_3^0\, z_2^0\, z_1^0\, z_0^0)\, \overline{reset}\, z_0^2\, z_1^2\, z_2^2\, \overline{z_3^2} \vee$$
$$\overline{reset}\, \overline{z_2^2}\, z_3^2 \vee \overline{reset}\, \overline{z_1^2}\, z_3^2 \vee \overline{reset}\, \overline{z_0^2}\, z_3^2 \vee$$
$$\overline{(z_5^1\, z_4^1\, z_3^1\, z_2^1\, z_1^1\, z_0^1\, z_5^0\, z_4^0\, z_3^0\, z_2^0\, z_1^0\, z_0^0)}\, \overline{reset}\, z_3^2$$

$$z_4^2 := (z_5^1\, z_4^1\, z_3^1\, z_2^1\, z_1^1\, z_0^1\, z_5^0\, z_4^0\, z_3^0\, z_2^0\, z_1^0\, z_0^0)\, \overline{reset}\, z_0^2\, z_1^2\, z_2^2\, z_3^2\, \overline{z_4^2} \vee$$
$$\overline{reset}\, \overline{z_3^2}\, z_4^2 \vee \overline{reset}\, \overline{z_2^2}\, z_4^2 \vee \overline{reset}\, \overline{z_1^2}\, z_4^2 \vee \overline{reset}\, \overline{z_0^2}\, z_4^2 \vee$$
$$\overline{(z_5^1\, z_4^1\, z_3^1\, z_2^1\, z_1^1\, z_0^1\, z_5^0\, z_4^0\, z_3^0\, z_2^0\, z_1^0\, z_0^0)}\, reset\, z_4^2$$

$$z_5^2 := (z_5^1\, z_4^1\, z_3^1\, z_2^1\, z_1^1\, z_0^1\, z_5^0\, z_4^0\, z_3^0\, z_2^0\, z_1^0\, z_0^0)\, \overline{reset}\, z_0^2\, z_1^2\, z_2^2\, z_3^2\, z_4^2\, \overline{z_5^2} \vee$$
$$\overline{reset}\, \overline{z_4^2}\, z_5^2 \vee \overline{reset}\, \overline{z_3^2}\, z_5^2 \vee \overline{reset}\, \overline{z_2^2}\, z_5^2 \vee \overline{reset}\, \overline{z_1^2}\, z_5^2 \vee$$
$$\overline{reset}\, \overline{z_0^2}\, z_5^2 \vee \overline{(z_5^1\, z_4^1\, z_3^1\, z_2^1\, z_1^1\, z_0^1\, z_5^0\, z_4^0\, z_3^0\, z_2^0\, z_1^0\, z_0^0)}\, reset\, z_5^2$$

$$z_0^3 := (z_5^2\, z_4^2\, z_3^2\, z_2^2\, z_1^2\, z_0^2\, z_5^1\, z_4^1\, z_3^1\, z_2^1\, z_1^1\, z_0^1\, z_5^0\, z_4^0\, z_3^0\, z_2^0\, z_1^0\, z_0^0)\, \overline{reset}\, \overline{z_0^3} \vee$$
$$\overline{(z_5^2\, z_4^2\, z_3^2\, z_2^2\, z_1^2\, z_0^2\, z_5^1\, z_4^1\, z_3^1\, z_2^1\, z_1^1\, z_0^1\, z_5^0\, z_4^0\, z_3^0\, z_2^0\, z_1^0\, z_0^0)}\, \overline{reset}\, z_0^3$$

$$z_1^3 := (z_5^2\, z_4^2\, z_3^2\, z_2^2\, z_1^2\, z_0^2\, z_5^1\, z_4^1\, z_3^1\, z_2^1\, z_1^1\, z_0^1\, z_5^0\, z_4^0\, z_3^0\, z_2^0\, z_1^0\, z_0^0)\, \overline{reset}\, z_0^3\, \overline{z_1^3} \vee$$
$$\overline{reset}\, \overline{z_0^3}\, z_1^3 \vee \overline{(z_5^2\, z_4^2\, z_3^2\, z_2^2\, z_1^2\, z_0^2\, z_5^1\, z_4^1\, z_3^1\, z_2^1\, z_1^1\, z_0^1\, z_5^0\, z_4^0\, z_3^0\, z_2^0\, z_1^0\, z_0^0)}\, \overline{reset}\, z_1^3$$

$$z_2^3 := (z_5^2\, z_4^2\, z_3^2\, z_2^2\, z_1^2\, z_0^2\, z_5^1\, z_4^1\, z_3^1\, z_2^1\, z_1^1\, z_0^1\, z_5^0\, z_4^0\, z_3^0\, z_2^0\, z_1^0\, z_0^0)\, \overline{reset}\, z_0^3\, z_1^3\, \overline{z_2^3} \vee$$
$$\overline{reset}\, \overline{z_1^3}\, z_2^3 \vee \overline{reset}\, \overline{z_0^3}\, z_2^3 \vee$$
$$\overline{(z_5^2\, z_4^2\, z_3^2\, z_2^2\, z_1^2\, z_0^2\, z_5^1\, z_4^1\, z_3^1\, z_2^1\, z_1^1\, z_0^1\, z_5^0\, z_4^0\, z_3^0\, z_2^0\, z_1^0\, z_0^0)}\, \overline{reset}\, z_2^3$$

$$z_3^3 := (z_5^2\, z_4^2\, z_3^2\, z_2^2\, z_1^2\, z_0^2\, z_5^1\, z_4^1\, z_3^1\, z_2^1\, z_1^1\, z_0^1\, z_5^0\, z_4^0\, z_3^0\, z_2^0\, z_1^0\, z_0^0)\, \overline{reset}\, z_0^3\, z_1^3\, z_2^3\, \overline{z_3^3} \vee$$
$$\overline{reset}\, \overline{z_2^3}\, z_3^3 \vee \overline{reset}\, \overline{z_1^3}\, z_3^3 \vee \overline{reset}\, \overline{z_0^3}\, z_3^3 \vee$$
$$\overline{(z_5^2\, z_4^2\, z_3^2\, z_2^2\, z_1^2\, z_0^2\, z_5^1\, z_4^1\, z_3^1\, z_2^1\, z_1^1\, z_0^1\, z_5^0\, z_4^0\, z_3^0\, z_2^0\, z_1^0\, z_0^0)}\, \overline{reset}\, z_3^3$$

$$z_4^3 \quad := \quad (z_5^2\, z_4^2\, z_3^2\, z_2^2\, z_1^2\, z_0^2\, z_5^1\, z_4^1\, z_3^1\, z_2^1\, z_1^1\, z_0^1\, z_5^0\, z_4^0\, z_3^0\, z_2^0\, z_1^0\, z_0^0)\; \overline{reset}\; z_0^3\, z_1^3\, z_2^3\, z_3^3\, \overline{z_4^3} \;\vee$$
$$\overline{reset}\; \overline{z_3^3}\, z_4^3 \vee \overline{reset}\; \overline{z_2^3}\, z_4^3 \vee \overline{reset}\; \overline{z_1^3}\, z_4^3 \vee \overline{reset}\; \overline{z_0^3}\, z_4^3 \;\vee$$
$$\overline{(z_5^2\, z_4^2\, z_3^2\, z_2^2\, z_1^2\, z_0^2\, z_5^1\, z_4^1\, z_3^1\, z_2^1\, z_1^1\, z_0^1\, z_5^0\, z_4^0\, z_3^0\, z_2^0\, z_1^0\, z_0^0)}\; \overline{reset}\; z_4^3$$

$$z_5^3 \quad := \quad (z_5^2\, z_4^2\, z_3^2\, z_2^2\, z_1^2\, z_0^2\, z_5^1\, z_4^1\, z_3^1\, z_2^1\, z_1^1\, z_0^1\, z_5^0\, z_4^0\, z_3^0\, z_2^0\, z_1^0\, z_0^0)\; \overline{reset}\; z_0^3\, z_1^3\, z_2^3\, z_3^3\, z_4^3\, \overline{z_5^3} \;\vee$$
$$\overline{reset}\; \overline{z_4^3}\, z_5^3 \vee \overline{reset}\; \overline{z_3^3}\, z_5^3 \vee \overline{reset}\; \overline{z_2^3}\, z_5^3 \vee \overline{reset}\; \overline{z_1^3}\, z_5^3 \vee \overline{reset}\; \overline{z_0^3}\, z_5^3 \;\vee$$
$$\overline{(z_5^2\, z_4^2\, z_3^2\, z_2^2\, z_1^2\, z_0^2\, z_5^1\, z_4^1\, z_3^1\, z_2^1\, z_1^1\, z_0^1\, z_5^0\, z_4^0\, z_3^0\, z_2^0\, z_1^0\, z_0^0)}\; \overline{reset}\; z_5^3$$

Bild 8.36 Synchroner 24-Bit-Zähler

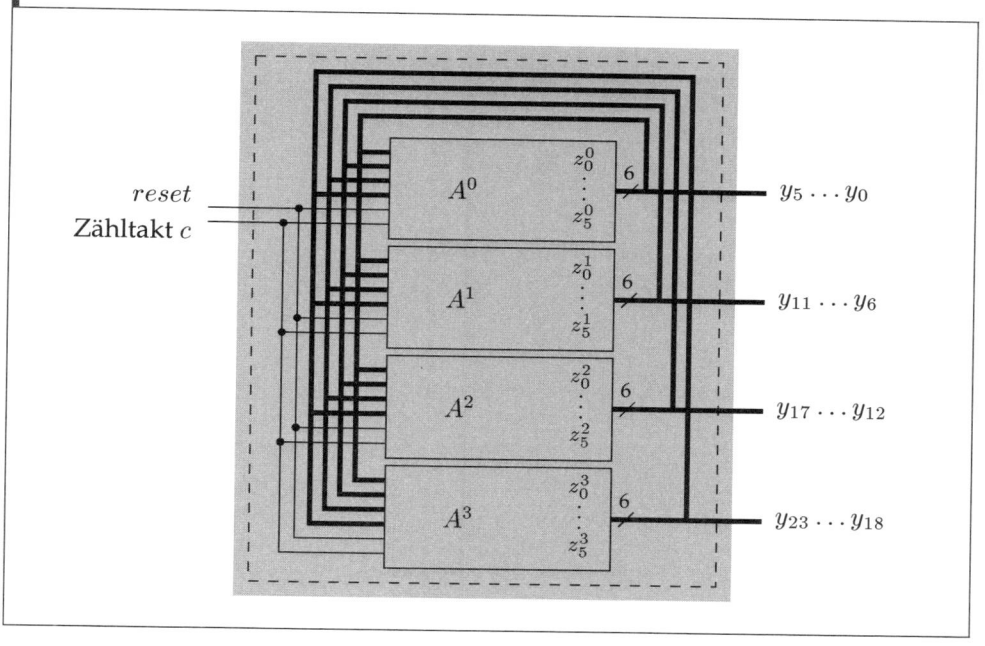

Bild 8.36 zeigt das zugehörige Strukturbild.

Das hier beschriebene Verfahren wird hauptsächlich beim werkzeuggestützten Entwurf eingesetzt. Bild 8.37 zeigt einen Screenshot des Systems MaxPlus$^+$ der Firma Altera ([HF01]). Es ist zu erkennen, dass dabei die z-Gleichungen der Zustandsüberführungsfunktion δ textuell eingegeben werden. Der fertig entworfene und getestete Zähler kann letztlich als Symbol in die Bauelemente-Bibliothek aufgenommen und für weitere Entwürfe wiederverwendet werden.

Nach der vorgestellten Methode lassen sich auch **Frequenzteiler** entwerfen. Ist der Teilerfaktor allerdings keine Zweierpotenz, muss er geeignet »zerlegt« werden, um

Bild 8.37 Toolbasierter Entwurf synchroner Zähler

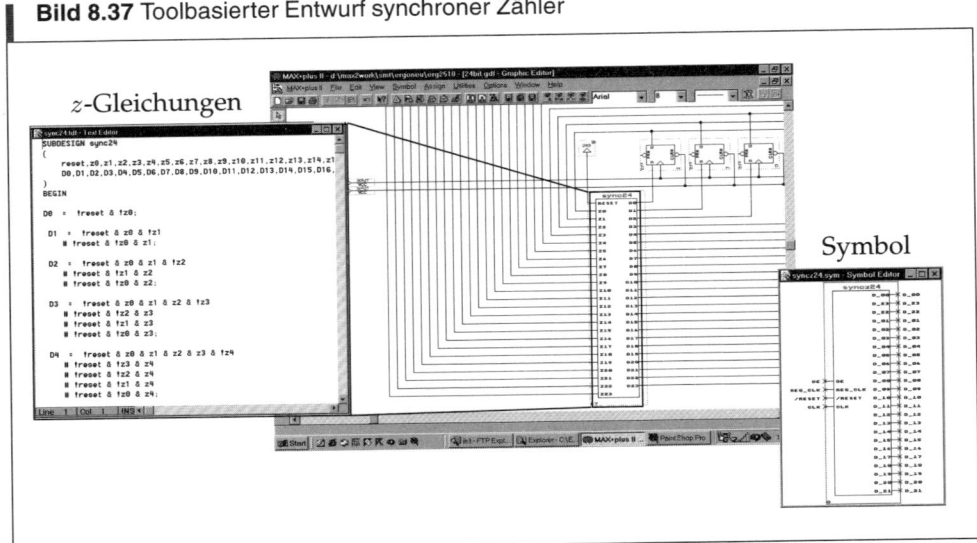

die Anzahl der Zustände je Teilautomat zu erhalten. Im folgenden Beispiel soll ein Teiler durch 250 entworfen werden. Der Teilerfaktor wurde dazu wie folgt zerlegt:

$$250 \;=\; (16 \cdot 15) + 10$$

Daraus ergibt sich, dass wir einen Teilautomaten mit 16 Zuständen und einen Teilautomaten mit 15 Zuständen benötigen, die nach dem für Zähler beschriebenen Verfahren arbeiten und zyklisch bis 240 zählen. Um die Zahl 250 zu erreichen, sind nach jedem 240er Zyklus weitere zehn Schritte notwendig, die von einem weiteren Automaten übernommen werden. Hierfür wird ein weiterer Automat mit 11 Zuständen entworfen, dessen Zustand Z_0 von den jeweils letzten Zuständen der Zählautomaten A^0 und A^1 (Z_{15}^0 und Z_{14}^1) synchronisiert wird. Dieser Zustand synchronisiert den Zählautomaten der niedrigsten Stufe und verhindert damit, dass ein neuer 240er-Zyklus gestartet wird, bevor die Zahl 250 erreicht wurde. Die einzelnen Teilautomaten sind in Bild 8.38 dargestellt.

Für die Ausgabe wurde in ein 1:1-Tastverhältnis gewählt, d.h. das Ausgangssignal y liefert 125 Takte lang einen »1«-Pegel und danach 125 Takte lang einen »0«-Pegel. In den einzelnen Zuständen ergeben sich deshalb folgende y-Ausdrücke:

$$Z_0^0 : \qquad y = k_0^2 \, (k_0^1 \vee k_1^1 \vee k_2^1 \vee k_3^1 \vee k_4^1 \vee k_5^1 \vee k_6^1 \vee k_7^1)$$

$$Z_1^0 \dots Z_{12}^0 : \qquad y = k_0^1 \vee k_1^1 \vee k_2^1 \vee k_3^1 \vee k_4^1 \vee k_5^1 \vee k_6^1 \vee k_7^1$$

$$Z_{13}^0 \dots Z_{15}^0 : \qquad y = k_0^1 \vee k_1^1 \vee k_2^1 \vee k_3^1 \vee k_4^1 \vee k_5^1 \vee k_6^1$$

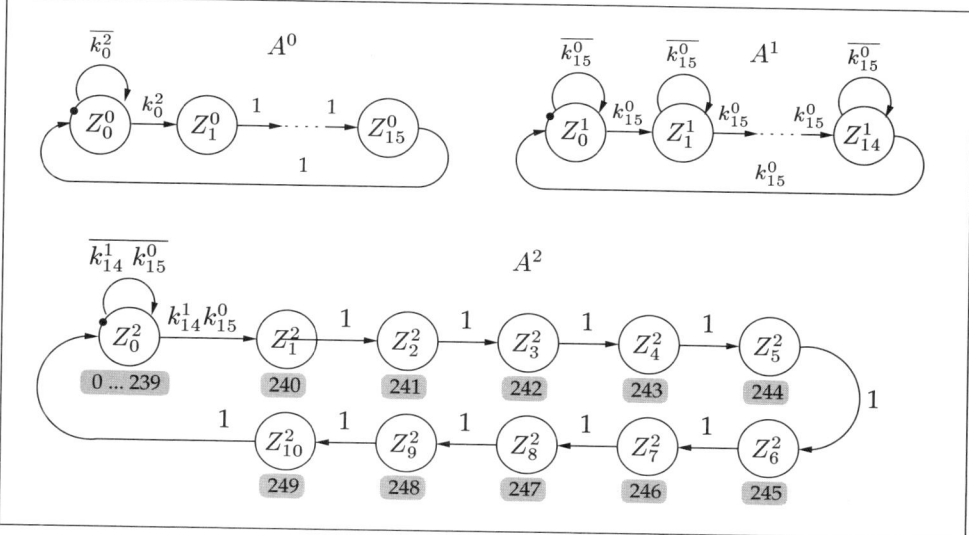

Bild 8.38 Synchroner Teiler 250:1

Als Ausgabe-Gleichung erhalten wir:

$$y = z_3^0\,\overline{z_0^1}\,\overline{z_3^1} \vee z_2^0\,\overline{z_3^0}\,\overline{z_3^1} \vee z_1^0\,\overline{z_2^0}\,\overline{z_3^1} \vee z_0^0\,\overline{z_2^0}\,\overline{z_3^1} \vee z_3^0\,\overline{z_1^1}\,\overline{z_3^1} \vee z_3^0\,\overline{z_2^1}\,\overline{z_3^1} \vee$$
$$\overline{z_0^0}\,\overline{z_1^0}\,z_3^0\overline{z_3^1} \vee \overline{z_3^0}\,\overline{z_3^1}\,z_0^2\,z_1^2\,z_2^2\,z_3^2$$

8.7 Zusammenfassung

Die Realisierung paralleler Automaten ist von hoher praktischer Relevanz, da auf diese Weise komplexe Systeme beherrschbar werden. Die in diesem abschließenden Kapitel diskutierten Methoden sollen dem Leser einen Überblick über die in parallelen Systemen auftretenden Problemen und deren Erkennung bzw. Vermeidung geben. Analysemethoden, mit deren Hilfe bestimmte Eigenschaften paralleler Systeme überprüft werden können, sind ebenfalls Gegenstand dieses Kapitels. Von besonderer Bedeutung sind dabei Synchronisations- und Blockierungssituationen, die sich systematisch mithilfe von Modelcheckern ermitteln lassen. Weitere Beschreibungs- und Verifikationsmethoden werden ebenfalls kurz vorgestellt und sollen Anregungen für weitergehende Literaturstudien geben.

8.8   Aufgaben

Aufgabe 8.1

Der im Abschnitt 6.4.4 vorgestellte Automatengraph der Pumpensteuerung (Bild 6.52) ist so zu dekomponieren, dass

- jeder Teilautomat die Steuerung einer Pumpe übernimmt.

Unter Einbeziehung von h^* sind

- die Ansteuer-Gleichungen sowie

- die Ausgabe-Gleichungen

für eine Realisierung mit D-Flip-Flops für jeden Teilautomaten zu ermitteln.

Aufgabe 8.2

Der im Abschnitt 6.4.4 vorgestellte Automatengraph der Pumpensteuerung (Bild 6.52) ist so zu dekomponieren, dass

- ein Teilautomat die Steuerung der Pumpe 0 realisiert,

- ein Teilautomat die Steuerung der Pumpe 1 realisiert und

- ein Teilautomat die Steuerung der »Gleichverteilung« übernimmt.

Unter Einbeziehung von h^* sind

- die Ansteuer-Gleichungen sowie

- die Ausgabe-Gleichungen

für eine Realisierung mit D-Flip-Flops für jeden Teilautomaten zu ermitteln.

Aufgabe 8.3

Gegeben ist folgender Automatengraph G:

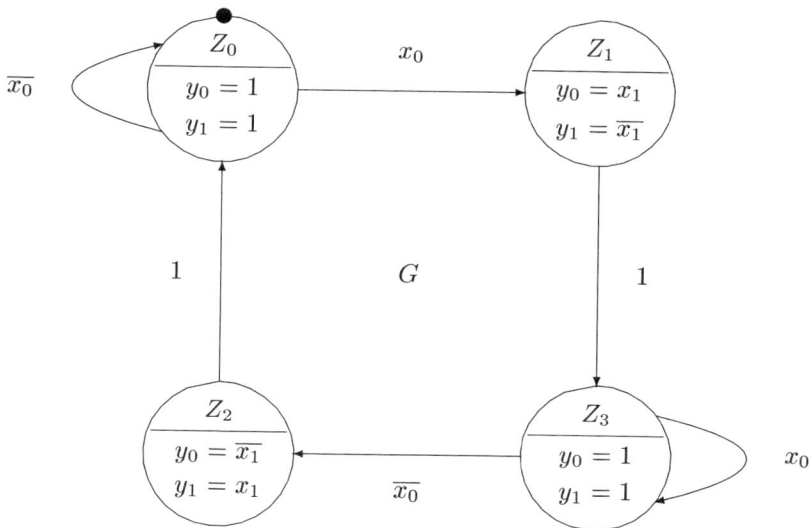

(a) Dieser Automatengraph ist so in zwei Teilgraphen G_0 und G_1 mit je zwei Zuständen zu dekomponieren, dass jeder Teilgraph eine Ausgabevariable berechnet:

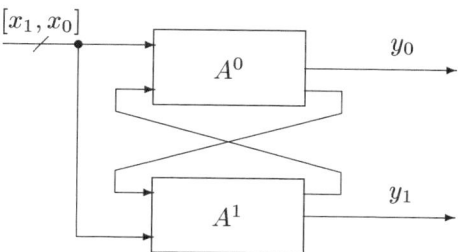

(b) Die beiden Teilautomaten sind auf *Parallelität* zu untersuchen!

(c) Können die beiden Teilautomaten *asynchron* getaktet werden?

Aufgabe 8.4

Für die in Aufgabe 6.3 vorgestellte Ampelsteuerung ist eine verteilte Steuerung zu entwerfen. Dazu ist die Steuerungsaufgabe so zu dekomponieren, dass

- ein Teilautomat die eigentliche Ablaufsteuerung (Phasen S1 bis S6) und

- der andere Teilautomat die Steuerung der Dauer (3, 12, 24 Sekunden)

übernimmt.

Es sind

- die Ansteuer-Gleichungen sowie

- die Ausgabe-Gleichungen

für eine Realisierung mit D-Flip-Flops für jeden Teilautomaten zu ermitteln.

Aufgabe 8.5

Für ein Fahlstuhlmodell (siehe Bild 8.39) ist eine Steuerung zu entwerfen, die folgenden Anforderungen genügt:

Das Modell verfügt über vier Etagen. In jeder Etage signalisieren die *Etagenkontakte* »EtKont 1« bis »EtKont 4«, wenn sich der Fahrstuhl in der entsprechenden Etage befindet.

Der Fahrstuhl kann in den einzelnen Etagen über die *Richtungstasten* Taste »auf 1« bis Taste »auf 3« bzw. Taste »ab 2« bis Taste »ab 4« angefordert werden. Eine akzeptierte Anforderung kann über die jeweiligen *Kontroll-Lampen* LED »auf x« bzw. LED »ab x« signalisiert werden.

Im Fahrkorb kann die gewünschte Etage über die *Etagentasten* »Taste Floor 1« bis »Taste Floor 4« angewählt werden. Eine akzeptierte Anforderung muss über die jeweiligen *Kontroll-Lampen* »LED Taste x« signalisiert werden.

Die Richtungssteuerung wird über die *Motor-Ansteuerung* »Motor aufwärts« bzw. »Motor abwärts« realisiert. Dem Fahrverhalten soll eine »benutzerfreundliche« Strategie zugrunde liegen. D.h., angenommene Fahraufträge werden in einer Richtung ausgeführt, bevor ein Richtungswechsel erfolgt. Wenn sich der Fahrstuhl in Abwärts-Richtung bewegt, werden keine Aufträge der Tasten »auf 1« bis »auf 3« angenommen usw.

Der Entwurf sollte aus Aufwandsgründen möglichst mit parallelen Automaten realisiert werden. Weitere Hinweise und Musterentwürfe sind auf den Autoren-Webseiten [WH02a] und in [KR01] enthalten.

Bild 8.39 Fahrstuhlsteuerung

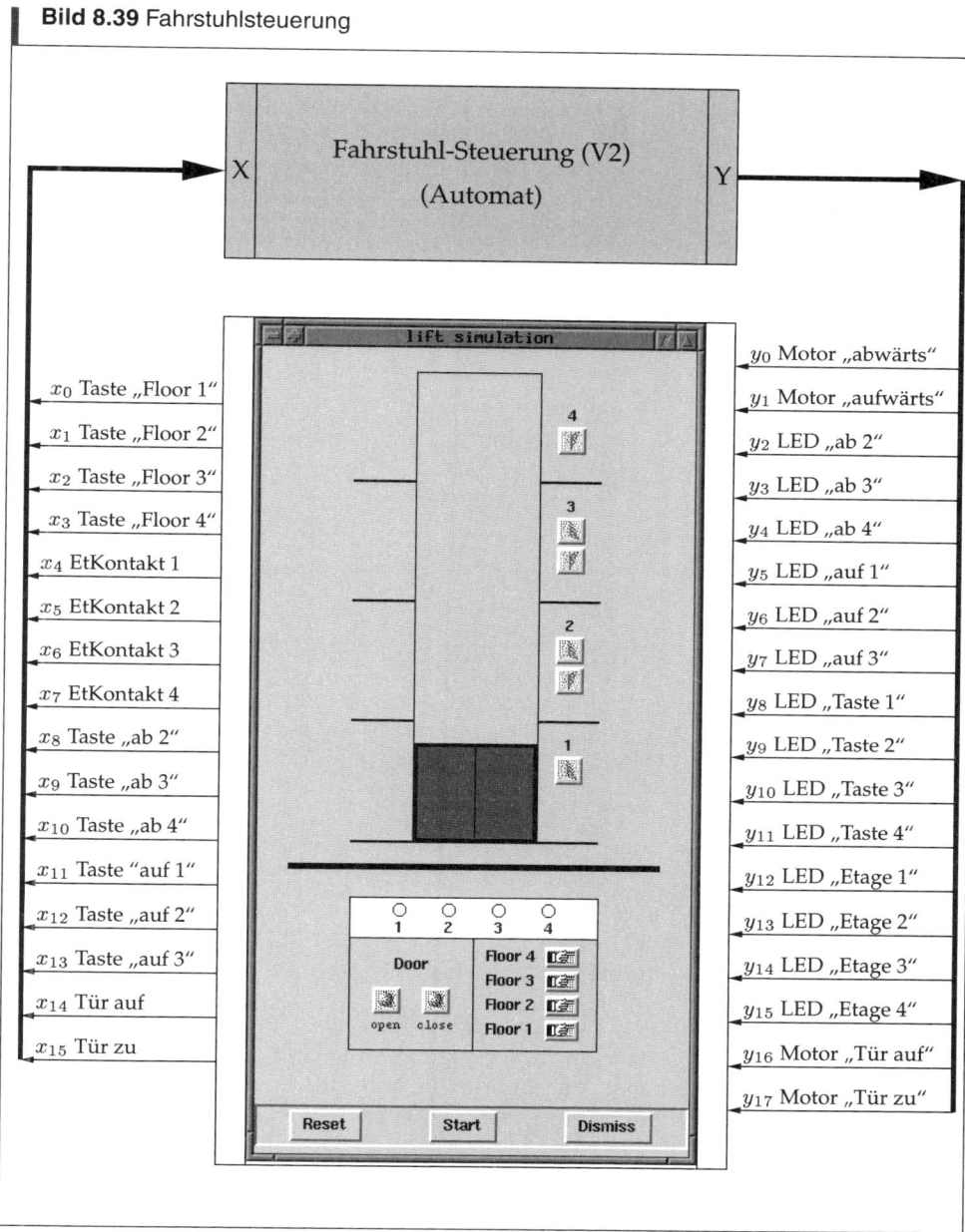

Interaktive Lernmodule

Begleitend zu diesem Buch bieten die Autoren auf ihren Webseiten interaktive Lernmodule zur Vertiefung des Lehrstoffes an [WH02a]. Alle Lernmodule basieren auf der Idee der »Living Pictures«: Ausgangspunkt dafür ist die bildliche Darstellung eines komplexen Zusammenhanges in unterschiedlichen Sichten oder Abstraktionsebenen. Dieses Bild wird durch Interaktionsmöglichkeiten belebt, die es erlauben, experimentelle Untersuchungen anhand vorgegebener oder selbst erstellter Beispiele vorzunehmen. Die Interaktionen können beliebig in jeder der vorhandenen Sichten vorgenommen werden und wirken sich parallel in allen Sichten aus. Dadurch ist einerseits ein Übergang von einfachen zu komplizierten Beispielen in Abhängigkeit vom jeweiligen Verständnis möglich. Andererseits kann die Interaktion zunächst in der bereits vertrauten (d.h. bereits gelernten) Sicht vorgenommen und deren Auswirkung auf andere Sichten beobachtet werden, ehe in neu zu erlernenden Sichten experimentiert wird [Wut01, WH01d, WH01c, WH02c, WH02b, HH02a, HH02b].

Aus den experimentellen Eingaben erzeugt die Simulationskomponente stets korrekte Ergebnisse, sodass die Lernmodule für einfache Beispiele auch als Entwurfstools nutzbar sind. Damit unterscheiden sie sich von multimedial aufbereiteten Lernmodulen, die sich in den Interaktionsmöglichkeiten auf die Auswahl vorgefertigter Beispiele und Animationen sowie auf die Variation von Parametern beschränken. Im Vergleich zu professionellen Tools ist der Anwendungsbereich jedoch bewusst so eingeschränkt worden, dass eine intuitive Bedienbarkeit gegeben ist.

Die Lernmodule sind als JAVA-Applets implementiert und können weitgehend plattformunabhängig in beliebigen Internetbrowsern genutzt werden. Damit ist es auch möglich, übliche Browserfunktionen zum Editieren und Kommunizieren zu nutzen, die in ihrer Bedienung bereits bekannt sind. Ergebnisse aus Experimenten mit einem Lernmodul können mit den üblichen Kopier- und Einfügefunktionen des Browsers in andere Lernmodule oder in E-Mails und News übertragen werden. Auf diese Weise sind einerseits die einzelnen Entwurfsschritte, die die Lernmodule unterstützen, zu Entwurfsprozessen aneinanderzureihen, andererseits ist auch unmittelbar eine elektronische Kommunikation über Ergebnisse zwischen Lehrenden und Lernenden möglich.

Bild A.1 zeigt als Beispiel ein Lernmodul, welches den Stoff der ersten beiden Abschnitte des Kapitels 3 vertieft. Es verdeutlicht den Zusammenhang zwischen der Beschreibung der Funktion digitaler Schaltungen mithilfe von

- Wertetabellen,

- Mengen von Belegungsindizes sowie

- schaltalgebraischen Ausdrücken.

Die unterschiedlichen Sichten können zunächst einzeln betrachtet werden, wobei durch geeignete Auswahl der Größe des Browserfensters die jeweils anderen Sichten verdeckt werden können. Die Wertetabelle beschreibt den Werteverlauf der drei voneinander unabhängigen schaltalgebraischen Ausdrücke h_1, h_2 und h_3 bei allen möglichen Belegungen der Eingangsvariablen x_0, x_1, x_2 und x_3. Die Indizes der Belegungen, bei denen der jeweilige Ausdruck den Wert »1« annimmt, werden innerhalb der korrespondierenden Mengendiagramme M^1, M^2 und M^3 angezeigt. Belegungen, die für mehrere Ausdrücke den Wert »1« erzeugen, sind im Schnitt der jeweiligen Mengen zu sehen. Änderungen der drei Funktionen können in allen Sichten vorgenommen werden. So können z.B. beliebige Ausdrücke mit bis zu vier Eingangsvariablen eingegeben werden. Nach der Zuweisung des Ausdrucks sind die Belegungsindizes der Belegungen, die den Funktionswert »1« erzeugen, im korrespondierenden Mengendiagramm zu sehen. Gleichzeitig erscheint in der Wertetabelle der Werteverlauf des eingegebenen Ausdrucks.

Bild A.1 Lernmodul zur BOOLEschen Algebra

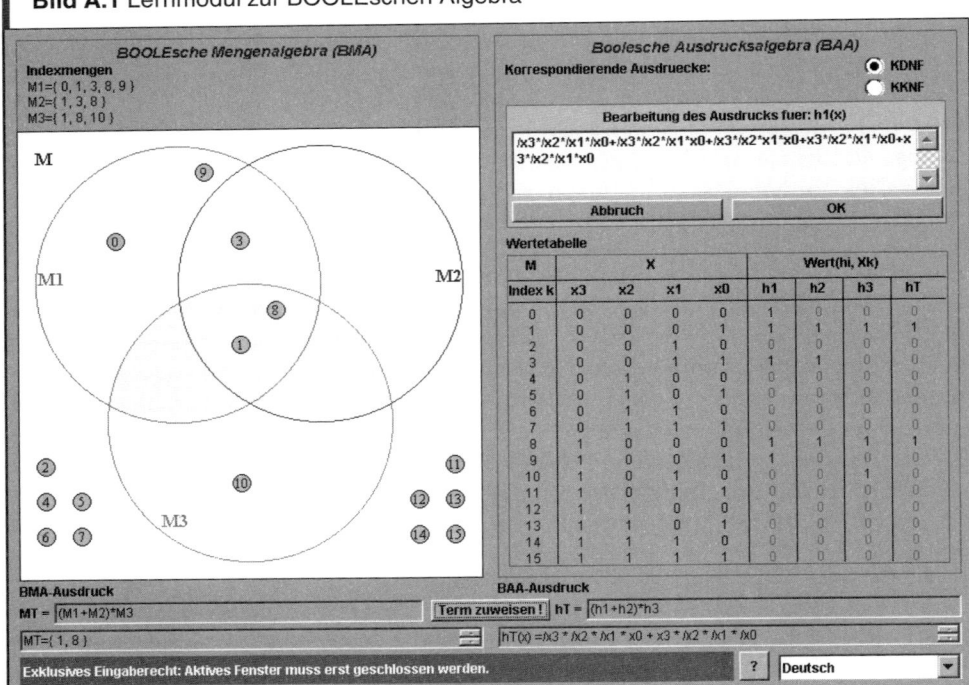

Dieselben Ergebnisse erreicht man auch durch mausgesteuerte Zuordnung von Belegungsindizes zu den Mengen im Mengendiagramm (Wertetabelle und zugehörige Ausdrücke ändern sich simultan) oder Anklicken der Funktionswerte in der Wertetabelle, wobei sich der jeweilige Wert alternativ ändert und der korrespondierende Ausdruck sowie das Mengendiagramm aktualisiert werden. Darüber hinaus kann man die Ausdrücke h_1, h_2, h_3 oder deren korrespondierende Indexmengen M^1, M^2, und M^3 zu einem neuen Ausdruck h_T bzw. einer neuen Menge M^T verknüpfen und das Resultat in allen Sichten beobachten (im Mengendiagramm: markierter Bereich, im Ausdrucksfeld: Ausdruck h_T in Normalform, in der Wertetabelle: Werteverlauf des Ausdrucks h_T).

Als Werkzeug kann dieses Lernmodul u.a. zur Analyse der Wertverlaufsgleichheit zweier Ausdrücke oder zur Erzeugung einer KDNF (Kanonisch-Disjunktive Normalform) oder KKNF (Kanonisch-Konjunktive Normalform) aus beliebigen Ausdrücken eingesetzt werden, indem man in die Eingabefelder der Ausdrücke h_1, h_2, oder h_3 einen beliebigen Ausdruck in diesen Variablen eingibt. Beim Schließen des Eingabefensters wird automatisch die kanonische Form erzeugt und die korrespondierenden Darstellungen werden aktualisiert. Auf diese Weise kann das Lernmodul auch zur Überprüfung wertverlaufsgleicher Umformungen genutzt werden, indem der ursprüngliche Ausdruck beispielweise als Ausdruck h_1 und der umgeformte als h_2 eingegeben werden. Im korrespondierenden Mengendiagramm müssen alle Belegungsindizes im Schnitt der beiden Mengen liegen, andernfalls wurde ein Fehler bei der Umformung gemacht. Auf diese Weise lassen sich auch die Beispiele der verallgemeinerten Wertverlaufsgleichheit aus Abschnitt 3.2.4 anschaulich nachvollziehen. Die Stabilitätsanalyse nach Abschnitt 7.2 kann ebenfalls mit diesem Lernmodul nachvollzogen und anhand eigener Beispiele vertieft werden.

Weitere Lernmodule beziehen sich auf Minimierungsverfahren nach Karnaugh, Quine McCluskey und Kasakow, erläutern Verfahren zum Lösen impliziter Boolescher Gleichungen und zur Einbeziehung von Nichtdeterminismen in schaltalgebraische Ausdrücke mithilfe von g-Parametern [TU].

Zur Analyse von Schaltungen auf funktionelle und strukturelle Hasards existiert ein Lernmodul, welches Quellen für mögliche Hasards in Karnaugh-Plänen verdeutlicht und Varianten zur Beseitigung struktureller Hasards vorschlägt. Über die Vermittlung von Kenntnissen zu Hasards hinaus kann das Lernmodul zum Experimentieren eingesetzt werden, um zu tieferen Erkenntnissen zu gelangen. So können z.B. Antworten auf Fragen der Art: »*Gibt es Schaltungen, bei denen bei gleicher Anzahl von Gattern, je nachdem, ob sie in DNF oder KNF realisiert werden, eine unterschiedliche Anzahl von Hasards auftreten kann?*« experimentell ermittelt werden.

Der Programmierung von PLDs widmet sich ein Lernmodul, mit dessen Hilfe die in Abschnitt 3.6.5 diskutierten Strukturen experimentell untersucht werden können. Auch hier sind unterschiedliche Sichten als »Living Picture« zusammengefasst und in ihrer Wechselwirkung dargestellt. Ein weiteres Lernmodul erläutert die Funktionsweise von Flip-Flops für unterschiedliche Eingangsbelegungen anhand ihrer Darstellung als Schaltung, Automatengraph und Impulsdiagramm. Dabei sind Unterschiede ausgewählter Flip-Flop-Typen in allen Darstellungsweisen und wahlweise auch mit automatischer Taktung in ihrem dynamischen Verhalten beobachtbar.

Die Module wurden von Studenten der TU Ilmenau programmiert und werden stetig erweitert.

Glossar

Automat

Grundlegendes Konzept der Informatik, das in diesem Buch zur anschaulichen Beschreibung sequentieller Funktionen genutzt wird. In diesem Zusammenhang beschreibt ein Automat das sequentielle Verhalten eines digitalen Systems, bei dem abhängig vom inneren Zustand des Systems auf gleiche Eingangsbelegungen mit unterschiedlichen Ausgangsbelegungen reagiert werden kann. Diese Interpretation wird auch als FSM (Finite State Machine) bezeichnet.

Automatengraph

Grafische Darstellung der Zustandsüberführungs- und Ausgabe-Funktion eines Automaten

Azyklischer Graph

Ein Graph ohne Schleifen (Pfade, bei denen Anfangs- und Endknoten identisch sind) heißt azyklisch oder kreisfrei.

Baum

Ein Baum ist ein gerichteter azyklischer Graph mit einem exponierten Knoten ohne Vorgänger (Wurzel). Die Nachfolger der Wurzel heißen Knoten. Knoten ohne Nachfolger heißen Blätter.

Belegung

Geordnete Menge (n-Tupel) von binären Werten, die einem n-stelligen Variablenvektor zugeordnet werden kann. Wir unterscheiden die Eingangsbelegung X, die Ausgangsbelegung Y sowie die Zustandsbelegung Z und bezeichnen sie stets mit Großbuchstaben.

Binärer Baum

Ein binärer Baum ist ein Baum, dessen Knoten jeweils genau zwei Nachfolger haben.

Boolesche Ausdrucks-Algebra (BAA)

Regelwerk zur Verknüpfung binärer Variablen zur strukturorientierten Beschreibung Digitaler Systeme. Die syntaktische Struktur der Ausdrücke kann direkt einer Modulstruktur zugeordnet werden.

Boolesche Mengen-Algebra (BMA)

Regelwerk zur Verknüpfung von Belegungsmengen binärer Vektoren zur funktionsorientierten Beschreibung Digitaler Systeme

Digitales System (DS)

Ein System, welches in definierter Weise binären Eingangswerten (bzw. Folgen von Eingangswerten) binäre Ausgangswerte (bzw. Folgen von Ausgangswerten) zuordnet, heißt Digitales System. Sowohl das System als auch die Werte können unterschiedliche physikalische Repräsentationen haben.

Funktion eines DS

Formale Beschreibung der Zuordnung von binären Eingangswerten (»Belegungen«) bzw. Folgen von Eingangswerten auf binäre Ausgangswerte bzw. Folgen von Ausgangswerten

Funktioneller Entwurf

Beim funktionellen Entwurf werden die benötigten Strukturelemente ausgehend von einer strukturorientierten Funktionsbeschreibung (BAA) durch schrittweise Verfeinerung der Funktion ermittelt und die einzelnen Strukturelemente entsprechend der Beschreibungsstruktur verknüpft.

Gerichteter Graph

Ein Graph, dessen Kanten als Pfeile in einer bestimmten Richtung notiert sind und die nur in dieser Richtung semantisch erklärt sind, heißt gerichteter Graph. Knoten an der Pfeilspitze heißen Nachfolger bezüglich des am Pfeilanfang liegenden Knotens; Knoten am Pfeilanfang heißen Vorgänger bezüglich des an der Pfeilspitze liegenden Knotens.

Graph

Ein Graph besteht aus Knoten (meist als Kreise dargestellt) und Kanten (Knotenpaaren, meist als Verbindungslinie zwischen dem Anfangs- und Endknoten dargestellt). Knoten und Kanten können gewichtet (d.h. mit Eigenschaften oder Bedingungen bewertet) werden. Graphen sind ein Hilfsmittel zur abstrakten Beschreibung von Modellen und können nach der Art der Beschränkung zulässiger Kanten klassifiziert werden. Solche Beschränkungen können sich z.B. auf die Anzahl oder Richtung der Kanten beziehen.

Pfad

Ein Pfad ist eine bei einem so genannten Anfangsknoten beginnende, zusammenhängende Kantenfolge in einem Graphen. Der letzte Knoten des Pfades heißt Endknoten.

Schaltsystem

Spezielles digitales System, das den Steuerteil technischer Geräte und Anlagen bildet. Man unterscheidet kombinatorische Schaltsysteme (»Schaltnetze«) und sequentielle Schaltsysteme (»Schaltwerke«). Schaltwerke werden in der Literatur noch in sog. »Schaltglieder« (Flip-Flops) und Schaltnetze unterteilt, die über eine Rückführung verbunden sind. Die Begriffe Schaltsystem und Digitales System werden in diesem Buch synonym verwendet.

Schnittstelle

Gesamtheit der Ein-/Ausgangsvariablen eines Digitalen Systems, die mit der Umwelt verbunden werden können und über die die Funktion des DS wirksam wird

Struktur eines DS

Gesamtheit der Module eines Digitalen Systems, deren Ein-/Ausgänge und Verbindungen sowie die Schnittstelle des Systems zu seiner Umgebung

Struktureller Entwurf

Beim strukturellen Entwurf ist die Funktion der zu verwendenden Baugruppen festgelegt bzw. durch eine Programmierung der Struktur variierbar (ROM, PLA, PAL). Das Verbinden bzw. Programmieren der Strukturelemente entscheidet über die Funktion der Gesamtstruktur.

Variablenvektor

Geordnete Menge von binären Variablen der Schnittstelle eines digitalen Systems. Wir unterscheiden den Eingangsvektor x, den Ausgangsvektor y sowie den Vektor der Zustandsvariablen z und bezeichnen sie stets mit Kleinbuchstaben.

Symbole und Abkürzungen

Symbol	Bedeutung
A	Automat
$\mathcal{A}$	Abbildung
A, B, C, D	Aussagenvariable (Kapitel 2)
B, C, D	allgemeine Mengen
$\mathcal{D}$	Dekodierung
E	unendliche Menge aller Ausdrücke
$\mathcal{F}$	Funktion
G	(Automaten-) Graph
H	Menge der Repräsentanten der BAA
I	Indexmenge der Eingangs-Belegungen
K	Kantenmenge
$\mathcal{K}$	Kodierung
L	geordnete Menge
M	Modulmenge (bei Strukturen)
M	Grundmenge (Kapitel 2)
N	Nachbereich
$\mathcal{O}$	Operation
P	Belegungsmenge eines Primimplikanten
P	Potenzmenge
Π	Partition
R	Relation
S	Struktur
$\mathcal{T}$	Transformation
V	Vorbereich
W	Wertfunktion

Symbol	Bedeutung
X	Eingangsbelegungsmenge
Y	Ausgangsbelegungsmenge
Z	Zustands(belegungs)menge
a	»alter« Zustand (hochgestellt)
d	Elementardisjunktion (Maxterm)
δ	Zustandsüberführungsfunktion
e	Ausdruck
f	Wahrheitswert »*falsch*«
$f(\ )$	Funktion
$g(\ )$	Funktion
g	g-Parameter
h	allgemeiner Ausdruck der BAA
$i, j, k, l, m, n, o, p, r, s, t, u$	Laufindizes (hoch-/tiefgestellt)
k	Elementarkonjunktion (Minterm)
κ	Koppelfunktion
λ	(*Mealy-*) Ausgabefunktion
m	Anzahl der Elemente
μ	*Moore*-Ausgabefunkton
n	»neuer« Zustand (hochgestellt)
o	Obacht – verwechselbar mit Null !
p, q, r, s, t	Prädikate (Kapitel 2)
p	Programmiervektor
p	Primimplikant
r	allgemeine Relation (Kapitel 2)
t	Term (Kapitel 2)
w	Wahrheitswert »*wahr*«
x	Eingangsvariable/Eingangsvariablenvektor
y	Ausgangsvariable/Ausgangsvariablenvektor
z	Zustandsvariable/Zustandsvariablenvektor
$\overline{}$	Negation (»nicht«)

Symbol	Bedeutung
$\wedge$	Konjunktion (»und«)
$\vee$	Disjunktion (»oder«)
$\rightarrow$	Implikation (»wenn ..., dann ...«)
$\leftrightarrow$	Äquivalenz (»genau dann, wenn«)
$=$	»gleich«oder »ist gleich«
$\neq$	»ungleich«
$<$	»(echt) kleiner«
$\leq$	»kleiner gleich«
$>$	»(echt) größer«
$\geq$	»größer gleich«
$\exists$	Existenzquantor (»es existiert (mindestens) ein ... für das gilt«)
$\forall$	Allquantor (»für alle ... gilt«)
$\in$ $(\ni)$	»ist Element von«
$\notin$	»ist nicht Element von«
$\emptyset$, $\{\}$	leere Menge
$\subseteq$	Teilmenge
$\subset$	echte Teilmenge
$\cup$	Mengenvereinigung (»vereinigt mit«)
$\cap$	Mengenschnitt (»geschnitten mit«)
$\backslash$	Mengendifferenz
$-$	Komplement (BMA), Negation (BAA)
$\times$	Kreuzprodukt
$\{A_0, A_1, \ldots, A_{n-1}\}$	geordnete Menge
$[a_{n-1}, a_{n-2}, \ldots, a_0]$	n-Tupel
f^{-1}	Umkehrfunktion
$\sim$	Äquivalent
$\nsim$	Antivalent
$\overset{=}{\underset{0}{}}$	Wertverlaufsgleich bezüglich 0
$\overset{=}{\underset{*}{}}$	Wertverlaufsgleich bezüglich h^*

Symbol	**Bedeutung**
$*$	Stern (Symbol für verbotene Eingangsbelegungen)
$\bullet$	Punkt (Symbol für spezielle verbotene Belegungen)
$?$	»was soll das sein?«
$\widehat{=}$	»entspricht«
$\lceil n \rceil$	»ceiling«: Kleinste ganze Zahl, die größer oder gleich n ist.
$\lfloor n \rfloor$	»floor«: Größte ganze Zahl, die kleiner oder gleich n ist.
$\overset{?}{=}$	Gleichheit soll erst noch nachgewiesen werden
$\vdash$	(direkte) Modulverkettung
$\vdash^{*}$	Modulverkettung über mehrere Module (transitiv)
$:=$	Anweisungssymbol (»ergibt sich zu«)
$:\underset{*}{=}$	»ergibt sich zu« (bezüglich h^{*})

Literaturverzeichnis

[Beu98]   BEUTH, KLAUS: *Digitaltechnik*. Vogel Buchverlag, Würzburg, 1998.

[Bis93]   BISWAS, NRIPENDRA NATH: *Logic design theory*. Prentice-Hall, Englewood Cliffs, NJ, 1993.

[Bit98]   BITTERLE, DIETER: *Schaltungstechnik mit GALs*. Franzis' Verlag, München, 1998.

[Bö81]   BÖHME, GERT: *Einstieg in die Mathematische Logik*. Hanser Verlag, München, Wien, 1981.

[Bry86]   BRYANT, RANDAL E.: *Graph-based algorithms for boolean function manipulation*. In: *IEEE Transactions on Computers*, Nummer 38, 1986.

[BS91]   BOCHMANN, DIETER und BERND STEINBACH: *Logikentwurf mit XBOOLE – Algorithmen und Programme*. Verlag Technik, Berlin, 1991.

[BW96]   BOLLIG, BENEDIKT und INGO WEGENER: *Improving the variable ordering of OBDDs in NP-complete*. In: *IEEE Transactions on Computing*, Nummer 45(9), 1996.

[CE81]   CLARKE, E.M. und E.A. EMERSON: *Design and synthesis of synchronisation skeletons using branching time temporal logic*. In: *Logic of Programs*, Band 131 der Reihe *LNCS*. Springer Verlag, Berlin, Heidelberg, New York, 1981.

[CHR95]   CHARLES H. ROTH, JR.: *Fundamentals of Logic Design*. International Thomson Publishing, Mexico, Bonn, Singapore, Tokyo, 4 Auflage, 1995.

[CS01]   CLAUS, VOLKER und ANDREAS SCHWILL (Herausgeber): *Informatik – Ein Fachlexikon für Studium und Praxis*, Band 1. Duden Verlag, Mannheim, Leipzig, 2001.

[CSN02]   CHAN, FRANCIS L., MARK D. SPILLER und A. RICHARD NEWTON: *WELD - An Environment for Distributed Electronic Design*. In: *Proceedings of the Design Automation Conference, San Francisco*, 2002.

[DG99]   DRECHSLER, ROLF und WOLFGANG GÜNTHER: *Event-Driven Dynamic Minimization during BDD Construction*. In: *Entwurf Integrierter Schaltkreise*. GMM-Fachtagung, VDE Verlag Berlin, Offenbach, 22.-24.09. 1999.

[EF97]   ECKRICH, M. und M. FUCHS: *Semiformale Entwurfsmethoden bei BMW*. In: *Formale Methoden in der Praxis*, Band 3(39) der Reihe *it+it*, Seiten 29–33. Oldenbourg Verlag, München, 1997.

[EKP98]   ELES, PETRU, KRYZYSZTOF KUCHCINSKI und ZEBO PENG (Herausgeber): *System Synthesis with VHDL*. Kluwer Academic Publishers, Boston, 1998.

[Ell99]   ELLWEIN, CHRISTIAN: *Programmierbare Logik mit GAL und CPLD*. Oldenbourg Verlag, München, 1999.

[Eng98]   ENGELI, MAX (Herausgeber): *Fortschritte in der Simulationstechnik*. Frontiers in simulation; Fortschritte in der Simulationstechnik. Hochschul-Verlag an der ETH Zürich, 1998.

[Esc93]   ESCHERMANN, BERNHARD: *Funktionaler Entwurf digitaler Schaltungen*. Springer Verlag, Berlin, Heidelberg, New York, 1993.

[Eve99]   EVEKING, H.: *Formale Verifikation - Tutorial*. In: *Entwurf integrierter Schaltungen*. GMM Fachbericht, VDE Verlag Berlin, Offenbach, 22.-24.9. 1999.

[FJSZ02] FRINGS, GABI, MANJA JANDER, MARTIN SÜSSKRAUT und SEBASTIAN ZIEGLER: *Entwurf eines Verkaufsautomaten*. Projektseminar, TU Ilmenau, 2002.

[FL94]   FLICK, THOMAS und HANS LIEBIG: *Mikroprozessortechnik – CISC, RISC, Systemaufbau, Programmierung*. Springer Verlag, Berlin, Heidelberg, New York, 1994.

[gB98]   BLIF GROUP: *BLIF – The Berkeley Logic Interchange Format*. Technischer Bericht, University of California Berkeley, 1998.

[Hag95]   HAGEN, KLAUS TEN: *Abstrakte Modellierung digitaler Schaltungen - VHDL vom funktionalen Modell bis zur Gatterebene*. Springer Verlag, Berlin, Heidelberg, New York, 1995.

[Hah89]   HAHNEMANN, MARIO: *Untersuchung und Implementierung von Minimierungsverfahren für ein Automatennetz-Entwurfssystem*. Diplomarbeit, TU Ilmenau, 1989.

[Hau95]   HAUCK, S.: *Asynchronous Design Methodologies: An Overview*. In: *Proceedings of the IEEE*, Band 83, 1995.

[HE99]   HERRMANN, DIRK und ROLF ERNST: *Synthese und Simulation für mehrere Zielsprachen*. In: *Entwurf integrierter Schaltungen*. GMM-Fachbericht, VDE Verlag Berlin, Offenbach, 22.-24.9. 1999.

[Hei98]   HEINER, MONIKA: *Petri Net Analysis Techniques*. Technischer Bericht, TU Cottbus, 1998.

[HF01]   HAMBLEN, JAMES O. und MICHAEL D. FURMAN: *Rapid Prototyping of Digital Systems*. Kluwer Academic Publishers, Boston, 2001.

[HH93]   HACK, ULRICH und MARKUS HOFFMANN: *Das GAL-Buch*. Elektor-Verlag, Aachen, 1993.

[HH02a] HENKE, KARSTEN, HEINZ-DIETRICH WUTTKE und SVEN HELLBACH: *Laboratory via Internet - New Ways in Education and Research*. In: *IASTED International Conference Computers and Advanced Technology in Education – CATE 2002*. Cancun, Mexico, 2002.

[HH02b] HENKE, KARSTEN, HEINZ-DIETRICH WUTTKE und SVEN HELLBACH: *Praktika über Internet – Neue Wege in Lehre und Forschung*. In: *Mensch & Computer 2002*. Hamburg, 2002.

[HK98] HORN, CHRISTIAN und IMMO O. KERNER: *Lehr- und Übungsbuch Informatik, Teil: Technische Informatik und Systemgestaltung*. Fachbuchverlag Leipzig, Leipzig, 1998.

[Hoh99] HOHMANN, GEORG (Herausgeber): *Simulationstechnik*. Frontiers in Simulation; Fortschritte in der Simulationstechnik. SCS International, San Diego, 1999.

[HS66] HARTMANIS, J. und R.E. SEARNS: *Algebraic Structure Theory of Sequential Machines*. Prentice-Hall, Englewood Cliffs, NJ., 1966.

[Huf54] HUFFMAN, D.A.: *The Synthesis of Sequential Switching Circuits*. Franklin Institute Journal, 1954.

[HW00] HENKE, KARSTEN und HEINZ-DIETRICH WUTTKE: *PLD-Programmierung mit dem System LOG/iC – Praktikumsanleitung*. TU Ilmenau, 2000.

[IEE92] IEEE STANDARDS DEPARTMENT: *IEEE Standard VHDL - Language Reference Manual*, 1992.

[Ins88] INSTITUTE OF ELECTRICAL AND ELECTRONICS ENGINEERS (IEEE), Std. 1076-1987: *IEEE Standard VHDL - Language Reference Manual*, 1988.

[ISD95] ISDATA GMBH KARLSRUHE: *LOG/iC - Systembeschreibung*, 1995.

[Jon00] JONES, CHRIS: *CPLD Development Tools & Software: An Overview*. Technischer Bericht, Cypress Semiconductor Corporation, 2000.

[JvD92] JOZWIAK, L. und A.P.H. VAN DIJK: *A Method for General Simultaneous Full Decomposition of Sequential Machines: Algorithms and Implementation*. Doktorarbeit, Eindhoven University of Technology, Netherlands, 1992.

[Kat95] KATZ, RANDY H.: *Contemporary Logic Design*. Prentice Hall, Englewood Cliffs, NJ, 1995.

[Kna93] KNAUF, RAINER: *Logische Programmierung und wissensbasierte Systeme*. Shaker Verlag, Aachen, 1993.

[Kom92] KOMMISSION, DEUTSCHE ELEKTROTECHNISCHE: *DIN 40 900 (Teil 2): Graphische Symbole für Schaltungsunterlagen*. Deutsches Institut für Normung, 1992.

[KR01] KLAUE, C. und C. RANG: *Entwurf und Validierung einer Fahrstuhlsteuerung*. Projektseminar, TU Ilmenau, 2001.

[Kra91]   KRAPP, MICHAEL: *Digitale Automaten*. Verlag Technik, Berlin, 1991.

[Kro98]   KROPF, TH.: *Hardware-Verifikation: Verfahren und Werkzeuge zum Entwurf korrekter Schaltungen und Systeme*. Vorlesungs-Skript WS97/98, Universität Karlsruhe, 1998.

[Kü88]   KÜHN, EBERHARD: *Handbuch TTL- und CMOS-Schaltkreise*. Verlag Technik, Berlin, 1988.

[Lat02]   LATTICE SEMICONDUCTOR CORPORATION: *Introduction to GAL Devices*, Februar 2002.

[Lee00]   LEE, WENG FOOK: *VHDL – Coding and Logic Synthesis with Synopsis*. Academic Press, London, 2000.

[LKM98]   LANGHOLZ, GIDEON, ABRAHAM KANDEL und JOEL MOTT: *Foundations of Digital Logic Design*. World Scientific, Singapore, New Jersey, London, Hong Kong, 1998.

[LS97]   LUTZ, MICHAEL und FRANZ JOSEPH SCHMIDT: *Vom Prozessor zum Programm – Ein Lehrbuch für Informatik- und Ingenieurstudenten*. Fachbuchverlag Leipzig, Leipzig, 1997.

[LT96]   LIEBIG, HANS und STEFAN THOME: *Logischer Entwurf digitaler Systeme*. Springer Verlag, Berlin, Heidelberg, New York, 1996.

[LWS94]   LEHMANN, GUNTHER, BERNHARD WUNDER und MANFRED SELZ: *Schaltungsdesign mit VHDL*. Franzis' Verlag, München, 1994.

[Ma94]   MANNA, Z. und ANDERE: *STeP: The Standford Temporal Prover*. Technischer Bericht STAN-CD-TR-94-1518, Standford University, 1994.

[Mä01]   MÄRTIN, CHRISTIAN: *Rechnerarchitekturen – CPUs, Systeme, Software-Schnittstellen*. Fachbuchverlag Leipzig, Leipzig, 2001.

[Mar99]   MARWEDEL, P.: *Rechnergestützter Entwurf / Produktion (Mikroelektronik)*. Begleitmaterial zur Vorlesung, Universität Dortmund, WS 1998/99.

[McM92]   MCMILLAN, K.L: *The SMV System*. Technischer Bericht, Carnegie-Mellon University, 1992.

[Mea55]   MEALY, G.H.: *A Method for Synthesizing Sequential Circuits*. Bell Systems Technical Journal, 1955.

[Meh94]   MEHL, HORST: *Methoden verteilter Simulation*. Vieweg Verlag, Wiesbaden, 1994.

[MK01]   MANO, M. MORRIS und CHARLES R. KIME: *Logic and Computer Design Fundamentals*. Prentice Hall, Englewood Cliffs, NJ, 2001.

[Mon97]   MONTENEGRO, S.: *Formale Methoden in der Softwareentwicklung Heute und Morgen*. Technischer Bericht, GMD-First, 1997.

[Moo64]   MOORE, E.F. (Herausgeber): *Sequential Machines: Selected Papers.* Addison-Wesley, Reading, Mass., 1964.

[MP81]   MANNA, Z. und A. PNUELI: *Verification of concurrent programs: temporal proof principles.* In: *Logic of Programs*, Band 131 der Reihe *LNCS.* Springer Verlag, Berlin, Heidelberg, New York, 1981.

[NNCI95]   NELSON, VICTOR P., H. TROY NAGLE, BILL D. CARROLL und J. DAVID IRWIN: *Digital Logic Circuit Analysis and Design.* Prentice Hall, Englewood Cliffs, NJ, 1995.

[Pil77]   PILZ, SIGFRIED: *Taschenbuch der Elektrotechnik*, Band 2, Kapitel Theorie der digitalen Schaltungen. Verlag Technik Berlin, 1977.

[Pnu77]   PNUELI, A.: *The temporal logic of programs.* In: *IEEE Symposium on Foundations of Computer Science (FOCS)*, 1977.

[Pnu86]   PNUELI, A.: *Applications of temporal logic to the specification and verification of reactive systems: A servey of current trends.* In: BAKKER, J.W., W.-P. DE ROEVER und G. ROTZENBERG (Herausgeber): *Current trends in Concurrency*, Band 224 der Reihe *LNCS.* Springer Verlag, Berlin, Heidelberg, New York, 1986.

[RP97]   RECHENBERG, PETER und GUSTAV POMBERGER (Herausgeber): *Informatik-Handbuch.* Hanser Verlag, München, Wien, 1997.

[Sca96]   SCARBATA, GERD: *Synthese und Analyse Digitaler Schaltungen.* Oldenbourg Verlag, München, Wien, 1996.

[SD02]   SIKORA, AXEL und ROLF DRECHSLER: *Software-Engineering und Hardware-Design – Eine systematische Einführung.* Hanser Verlag, München, Wien, 2002.

[Sei82]   SEIFART, MANFRED: *Digitale Schaltungen und Schaltkreise.* Verlag Technik, Berlin, 1982.

[SS92]   SCHIFFMANN, WOLFRAM und ROBERT SCHMITZ: *Technische Informatik 2 – Grundlagen der Computertechnik.* Springer Verlag, Berlin, Heidelberg, New York, 1992.

[SSL⁺92]   SENTOVICH, E.M., K.J. SINGH, L. LAVAGNO, CH. MOON, R. MURGAI, A. SALDANHA, H. SAVOI, P.R. STEPHAN, R.K. BRAYTON und A. SANGIOVANNI-VINCENTELLI: *SIS: A System for Sequential Circuit Design.* Technischer Bericht UCB/ERL M92/41, Department of Electrical Engineering and Computer Science, University of California, Berkeley, 1992.

[SST90]   STERNHEIM, E., R. SINGH und Y. TRIVEDI: *Hardware Modeling with Verilog HDL.* Automata Publishing Company, Cupertino, CA, 1990.

[SW00]   SCHNEIDER, UWE und DIETER WERNER (Herausgeber): *Taschenbuch der Informatik.* Fachbuchverlag Leipzig, Leipzig, 2000.

[TM91]   THOMAS, D.E. und P. MOORBY: *The Verilog Hardware Description Language*. Kluwer Academic Press, Boston, 1991.

[TU]   TU ILMENAU: *Projektseite »SANE« – Schaltsysteme Arbeitsblätter im Netz*. http://www-ihs.theoinf.tu-ilmenau.de/KAUAI/sane_d.

[Uba01]   UBAR, RAIMUND: *Multi-Level Test Generation for Digital Systems at System, Circuit and Defect Levels*. In: *Proceedings of the 7th International Scientific Conference »Theory and Technique of Information Transmission, Reception and Processing«*, Tuapse, 2001.

[uJDU94]   JEFFREY D. ULLMANN, JOHN E. HOPCROFT UND: *Einführung in die Automatentheorie, Formale Sprachen und Komplexitätstheorie*. Addison Wesley, Bonn, 1994.

[Uye99]   UYEMURA, JOHN P.: *A First Course in Digital System Design – An Integrated Approach*. Brooks/Cole Publishing Company, Pacific Grove, 1999.

[Van98]   VANDENBOUT, DAVE: *The practical Xilinx designer lab book*. Prentice Hall, Upper Saddle River, NJ, 1998.

[VIS96]   VIS, GROUP: *VIS: A system for Verification and Synthesis*. In: ALUR, R. und T. HENZINGER (Herausgeber): *Springer Lecture Notes in Computer Science*, Band 1102, Seiten 428–432, Juli 1996.

[VNG95]   VAHID, F., S. NARAYAN und D. D. GAJSKI: *SpecCharts: A VHDL Front-End for Embedded Systems*. IEEE Transactions on Computer-Aided Design of Integrated Circuits and Systems, 14(6), 1995.

[Wak01]   WAKERLY, JOHN F.: *Digital Design – Principles and Practices*. Prentice Hall, Upper Saddle River, NJ, 2001.

[WH01a]   WUTTKE, HEINZ-DIETRICH und KARSTEN HENKE: *Arbeitsblätter »Rechnerorganisation«*. TU Ilmenau, 2001.

[WH01b]   WUTTKE, HEINZ-DIETRICH und KARSTEN HENKE: *Arbeitsblätter »Schaltsysteme«*. TU Ilmenau, 2001.

[WH01c]   WUTTKE, HEINZ-DIETRICH und KARSTEN HENKE: *»Living Pictures« – tool-orientierte Lernmodule zur Vermittlung komplexer Zusammenhänge*. In: *46. Internationales Wissenschaftliches Kolloquium*. TU Ilmenau, 2001.

[WH01d]   WUTTKE, HEINZ-DIETRICH und KARSTEN HENKE: *Lernmodule für die Ausbildung zum Thema »Entwurf von Schaltsystemen«*. In: *ITG-Fachbericht 164*. VDE Verlag Berlin, Offenbach, 2001.

[WH02a]   WUTTKE, HEINZ-DIETRICH und KARSTEN HENKE (Herausgeber): *Autoren-Webseite*. http://www.irgendwo.de. TU Ilmenau, 2002.

[WH02b]   WUTTKE, HEINZ-DIETRICH und KARSTEN HENKE: *Teaching Digital Design with Tool-Oriented Learning Modules (»Living Pictures«)*. In: *FIE 2002, »Frontiers in Education« Conference*. Boston, Mass., 2002.

[WH02c]   WUTTKE, HEINZ-DIETRICH und KARSTEN HENKE: *Tool-Oriented Learning Modules and Laboratory for Teaching Digital Design via the Internet.* In: *ICEE-2002, International Conference on Engineering Education UMIST.* Manchester, 2002.

[Wut01]   WUTTKE, HEINZ-DIETRICH: *Living Pictures – Lernmodule für die Informatikausbildung.* it + ti, Informationstechnik und Informatik, Oldenbourg Verlag, 43, 2001.

[Xil97]   XILINX: *Xilinx student edition: the complete programmable logic design environment.* Prentice Hall, Upper Saddle River, NJ, 1997.

[Xil00]   XILINX: *Xcell journal.* The Authoritative Journal for ProgrammableXcell journal, Xilinx Inc., ab 2000.

[Yal01]   YALAMANCHILI, SUDHAKAR: *Introductory VHDL: From Simulation to Synthesis.* Prentice Hall, Upper Saddle River, NJ, 2001.

[Yar97]   YARBROUGH, JOHN M.: *Digital Logic – Applications and Design.* West Publishing Company, Minneapolis, New York, Los Angeles, San Francisco, 1997.

[Zan89]   ZANDER, H.J.: *Logischer Entwurf binärer Systeme.* Verlag Technik, Berlin, 1989.

[Zer94]   ZERBE, VOLKER: *Systematischer Entwurf paralleler, digitaler Schaltungen.* In: *1. Workshop Boolesche Probleme.* TU Bergakademie Freiberg, 1994.

Register